インターネット消費者
取引被害救済の実務

山田茂樹 編著

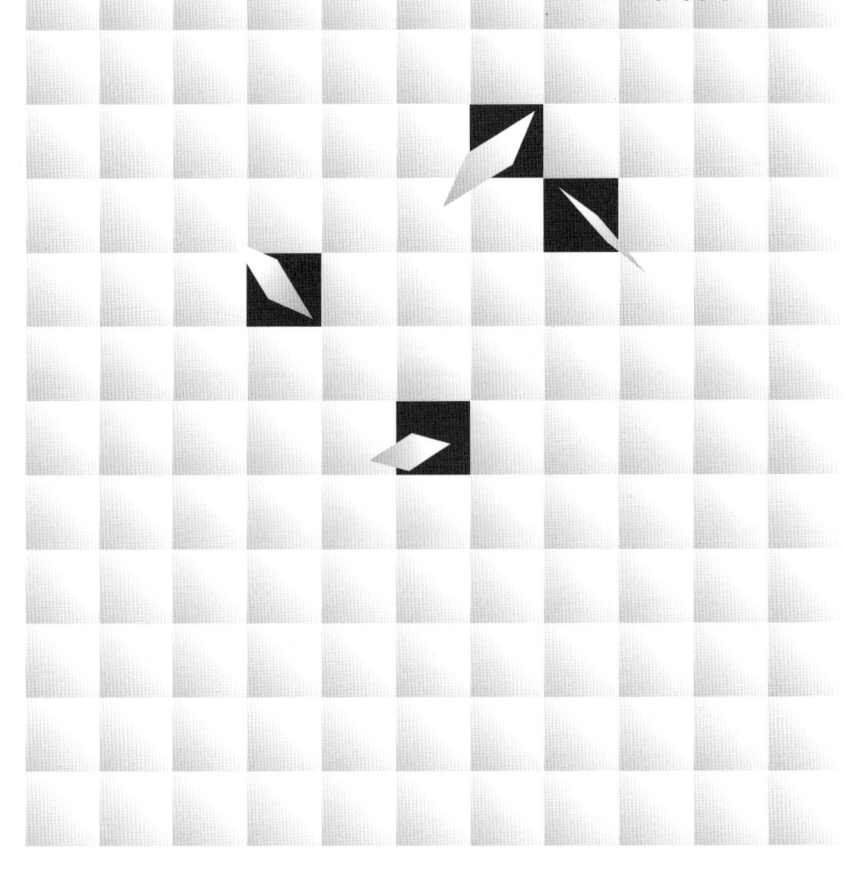

発行 民事法研究会

推薦の辞——現代消費者法の理解にとって不可欠な検討

東京大学教授
内閣府消費者委員会委員長
河 上 正 二

　現代の消費生活を考えるうえで、インターネットの普及は、良くも悪くも避けて通れない前提事情である。ところが、インターネットを利用した情報の流通や取引に関する問題に対する利用者の立場からの検討は著しく立ち後れている。おそらくコンピュータやスマートフォンをはじめとする高度情報機器の性能が技術的にも日進月歩であることや、日々新たなしくみの登場が、この領域での総合的検討を困難なものにしているものと思われる。なるほどインターネットの普及は、私たちの消費生活を便利にしてくれたが、私たちはそこに潜む多くのリスクや問題にも直面するようになった。匿名性の陰でいささか常軌を逸した書き込みがなされたり、イメージの先行する誤認誘導的な情報提供や広告、個人情報の勝手な収集・利用、いつの間にか詐欺的契約に引きずり込まれるような事態など、多くの危険に消費者が曝されているのである。消費者センターに持ち込まれる近時の多くの相談が、コンピュータ等のIT関連事件であり、その数は、年々増加しつつある。加えて高齢化の進展は、いわゆるコンピュータ・リテラシーに欠ける利用者の増加も覚悟しなければならず、消費者法の将来にとって、この分野の知識の獲得や対策を練る作業は不可欠かつ喫緊の課題といわねばならない。

　このたび、内閣府消費者委員会事務局で委嘱調査員として活躍中の山田茂樹氏の手になる『インターネット消費者取引被害救済の実務』が刊行の運びとなったことを、心から慶びたい。現代消費者法の理解にとって不可欠な検討が、これによって大いに前進することが間違いなく期待されるからである（これは決して「断定的判断」や読者に「優良誤認」をもたらす言辞ではない）。

　本書は、インターネットに関する基本的な知識、関係法令の概要、インタ

ーネット取引被害事件を扱う際の事前準備の留意点、立証方法にかかわる問題点をコンパクトにまとめたうえで、相談事例・被害事例の多い「サクラ・サイト詐欺」「ドロップ・シッピング等の在宅ワーク詐欺」「インターネット・ショップ詐欺」「オンラインゲームトラブル」などを具体的に取り上げ、ケースごとに留意すべきポイントや検討課題をわかりやすくまとめており、まさに実践的対応マニュアルにもなっている。のみならず、司法書士としての著者の豊富な経験と鋭い実務感覚から、現行法が抱える理論的・立法論的課題にも随所で言及しており、今後の法改正における議論にとっても極めて有益な材料を提供している点も貴重である。また、「受任通知」などの具体的な書式例を盛り込むといった配慮は、おそらく実務界における使い勝手のよさを高めるものであろう。

　本書が、消費者取引被害の救済にあたる実務家のみならず、この問題に関心を抱く研究者、消費生活相談員、そして一般市民の方々に広く読まれることによって、インターネット取引被害を予防し、トラブルに悩む方々にとっての救いの書となることを心から期待し、ここに推薦したい。

　　平成26年2月

は　し　が　き

　インターネットの人口普及率は現在すでに80％弱にまでのぼり、スマートフォンの普及率の増加も相まって、未成年者も含め広い年齢層が容易にインターネット取引を可能とする時代が到来している。このように急速に拡大したインターネット取引市場において、サクラサイト詐欺、サイドビジネス系の情報商材詐欺、アダルトサイト詐欺など次々に新たな手口による被害が発生している。また、オンラインゲーム事案など未成年者に関するトラブルの発生も看過できない状況となっている。さらに、インターネット取引においてはクレジットカード決済をはじめ、電子マネー、コンビニ収納代行、携帯キャリア課金など多様な決済手段が利用されている。

　インターネット取引は、非対面取引であり、利用者たる消費者は相手方のホームページ、検索サイトによる検索から得られる第三者の評価など、もっぱらインターネット上の表示によって意思形成に至る場合が少なくないところ、インターネットでは、あたかも信頼性のおける事業や優れたサービスであるかのような虚像を容易に表示することや、その存在自体を偽ること、さらには、さまざまなツールを駆使することによって、匿名性を高めることが可能である。また、証拠となるインターネット上の表示・データについては改ざん・消去等が容易である。

　このようにインターネット消費者取引被害においては、そもそも相手方は誰なのかといった相手方の特定の問題をはじめ、インターネット特有の問題が存在するため、相談を受けた実務家としてはこれらの特徴を踏まえた対応や最低限のインターネットに関する知識が不可欠となる。

　本書はこのような問題意識に立ち、インターネット消費者取引被害のうち、近年特に問題とされている類型を中心に取り上げ、それらの事件を受任した実務家が、実務に際し不可欠なインターネットの知識、事前準備における留意点、関連する法令等の概要、具体的な主張方法などを短時間で身に付け、即実践していただけることを企図している（書式については、特にインタ

はしがき

ーネット消費者取引の事案において特徴的な仮差押債権目録、受任通知、進行意見書の登載にとどめた)。さらに、インターネット取引市場の急速な発展に比し、立法状況が立ち遅れないし不十分となっている感は否めず、必要に応じて法改正の必要性等についても実務家の視点から言及した。

　本書がインターネット消費者取引被害の実務において活用され、さらには法改正の一端緒となれば望外の喜びである。

　なお、本書の執筆にあたっては、インターネットに関する知識に長け、なおかつ実務において先鋭的な活動をしている番井菊世司法書士および平野次郎司法書士の両氏に執筆者として多大なる協力をいただいた。両司法書士の協力がなければ本書のコンセプトで書籍という形にまとめることは困難を極めたものと思われる。両氏にはこの場を借りて厚く御礼申し上げる。

　また、本書執筆の機会をいただいた株式会社民事法研究会に御礼を申し上げるとともに、執筆・編集作業の遅れがちな筆者を粘り強く叱咤激励していただいた、担当者である南伸太郎氏にも特に御礼申し上げる。

　　平成26年2月

　　　　　　　　　　　　　　　　　　　　　　　山田　茂樹

=凡　例=

〈法令等〉

消契法　　消費者契約法
特定商取引法、特商法　　特定商取引に関する法律
特定商取引法施行令、特商令　　特定商取引に関する法律施行令
特定商取引法施行規則、特商規　　特定商取引に関する法律施行規則
特定商取引法施行通達　　特定商取引に関する法律等の施行について（通達）
割販法　　割賦販売法
割販令　　割賦販売法施行令
割販規　　割賦販売法施行規則
資金決済法、資決法　　資金決済に関する法律
資金決済法施行令、資決令　　資金決済に関する法律施行令
プロバイダ責任制限法、プロ責法　　特定電気通信役務提供者の損害賠償責任の制限及び発信者情報の開示に関する法律
発信者情報開示請求に関する省令　　特定電気通信役務提供者の損害賠償責任の制限及び発信者情報の開示に関する法律第4条第1項の発信者情報を定める省令
電子商取引準則　　電子商取引及び情報財取引に関する準則（最終改訂：平成25年9月）
個人情報保護法　　個人情報の保護に関する法律
個人情報保護法施行令　　個人情報の保護に関する法律施行令
電子消費者契約法、電子消契法　　電子消費者契約及び電子承諾通知に関する民法の特例に関する法律
特定電子メール法、特電法　　特定電子メールの送信の適正化等に関する法律
特定電子メール令、特電令　　特定電子メールの送信の適正化等に関する法律第2条第1号の通信方式を定める省令
携帯電話不正利用防止法　　携帯音声通信事業者による契約者等の本人確認等及び携帯音声通信役務の不正な利用の防止に関する法律
景品表示法、景表法　　不当景品類及び不当表示防止法
景表法指定告示　　不当景品類及び不当表示防止法第2条の規定により景品類及び表示を指定する件（昭和37年公取委告示第3号）
景表法指定告示運用基準　　景品類等の指定の告示の運用基準（通達）
薬事法　　医薬品、医療機器等の品質、有効性及び安全性の確保等に関する法律

凡例

(平成25年法律第84号による名称変更等の改正後のもの)
振り込め詐欺救済法　　犯罪利用預金口座等に係る資金による被害回復分配金の支払等に関する法律
振り込め詐欺被害救済法施行規則　　犯罪利用預金口座等に係る資金による被害回復分配金の支払等に関する法律施行規則
犯罪収益移転防止法、犯収法　　犯罪による収益の移転防止に関する法律
組織犯罪処罰法　　組織的な犯罪の処罰及び犯罪収益の規制等に関する法律
出会い系サイト規制法　　インターネット異性紹介事業を利用して児童を誘引する行為の規制等に関する法律
風俗営業法、風営法　　風俗営業等の規制及び業務の適正化等に関する法律
民訴法　　民事訴訟法
民保法　　民事保全法
法通則法　　法の適用に関する通則法

〈判例集・文献等〉
民録　　大審院民事判決録
民(刑)集　　大審院／最高裁判所民事(刑事)判例集
集民　　最高裁判所裁判集民事
下級民集　　下級裁判所民事裁判例集
判時　　判例時報
判タ　　判例タイムズ
ジュリ　　ジュリスト
法教　　法学教室
金商　　金融・商事判例
金法　　金融法務事情
証券判例セレクト　　証券取引被害判例セレクト
法セ　　法学セミナー
裁判所HP　　最高裁判所「裁判例情報」〈http://www.courts.go.jp/〉
国民生活センターHP　　独立行政法人国民生活センター「相談事例・判例」
　　〈http://www.kokusen.go.jp/category/jirei_hanrei.html〉
兵庫県弁護士会HP　　兵庫県弁護士会「消費者問題判例検索」
　　〈http://www.hyogoben.or.jp/hanrei/〉

=目　次=

第1章　総　　論

Ⅰ　被害の現状および特徴 …………………………………………………2

1　はじめに …………………………………………………………………2
2　行政庁等の動き …………………………………………………………3
3　インターネット取引の特徴 ……………………………………………3
　(1)　匿名性の高い取引である場合が少なくない ………………………3
　　〈表1〉　ツール提供事業者と法の適用関係／4
　(2)　なりすましの容易性 …………………………………………………6
　(3)　契約関係の実体をつかむのが困難であること——ブラック
　　　ボックス化 ……………………………………………………………7
　(4)　証拠となるべき対象の改ざん・消去の容易性 ……………………7
　(5)　インターネット取引における意思形成 ……………………………8
　　〔図1〕　典型的なインターネットにおける意思形成に係る関連図／9
　　〔図2〕　検索連動型広告／10
　　〔図3〕　コンテンツ連動型広告／10
　　〔図4〕　行動ターゲティング広告／11
　　〔図5〕　リターゲティング広告（リマーケティング広告）／11
　(6)　規約の有効性——規約の認識可能性の担保・理解 ……………13
　　〈表2〉　規約の配置等についての種別と特徴／14
　(7)　多様な決済方法——その発達と法制度の後れ …………………15
　(8)　容易に海外との越境取引となりうる ……………………………17
4　本書の構成 ……………………………………………………………17

目 次

II 実務のためのインターネットの基礎知識 …………………18

1 インターネット接続……………………………………18
- (1) はじめに………………………………………………18
- (2) プロバイダ同士の接続………………………………18
  - 〔図6〕 プロバイダの経路情報／19
- (3) IPアドレス …………………………………………19
  - 〔図7〕 IPアドレスの割りあて／21
  - 〔図8〕 IPアドレスの割りあて（LAN使用）／21
- (4) IPアドレスとプロバイダ責任制限法 ………………22
  - 〔図9〕 発信者情報開示請求による発信者の特定／22
- (5) インターネットに接続してできること………………23

2 Eメール（電子メール）……………………………………23
- (1) Eメールとは…………………………………………23
  - 〈表3〉 通信方法の差異／24
  - 〈表4〉 特定電子メール法と特定商取引法の対象となる「電子メール」／25
- (2) 基本的なEメール送受信のしくみ……………………25
  - 〔図10〕 基本的なEメール送受信のしくみ／26
- (3) ブラウザを利用して送受信するEメール……………26
  - 〔図11〕 ブラウザを利用したEメール送受信のしくみ／27
- (4) 携帯電話のEメール…………………………………27
  - 〔図12〕 従来型携帯電話によるEメール送受信のしくみ／28
- (5) Eメールアドレスの取得方法…………………………28
- (6) 受信したEメールのヘッダ情報………………………30
  - （参考1） あるspamメールのヘッダ情報／31

3 Webサイト閲覧………………………………………37
- (1) はじめに………………………………………………37

(2)　URL ……………………………………………………………37
　　　〔図13〕　端末・OSと表示画面／40
　　　［コラム］　文字化け／40
　　(3)　Webサイト開設 ………………………………………………42
　　　〔図14〕　DNSの役割／43
　　(4)　相手方の特定………………………………………………44
　　　〈表5〉　WHOIS検索によって公表されている登録情報／45
　4　データ復元……………………………………………………………46
　　(1)　ファイルデータのしくみと復元方法……………………………46
　　　〔図15〕　電子データの削除／47
　　　〔図16〕　電子データの並び替え／47
　　(2)　Eメールデータのしくみと復元方法……………………………47
　　　［コラム］　Eメール送信ができない／48

Ⅲ　現行法制の課題 …………………………………………………………50
　1　虚偽広告により意思形成がなされた場合における民事規定…………50
　2　複数介在する第三者との法律関係……………………………………51
　3　改ざん・消去が容易である証拠の保全………………………………53
　4　法規制の対象となる通信技術の進展への対応………………………54
　5　プロバイダの発信者情報開示…………………………………………55
　　(1)　現行プロバイダ責任制限法下の問題点…………………………55
　　(2)　詐欺を行った者の発信者情報を開示する正当性の根拠…………57
　　(3)　1対1のEメールの取扱い………………………………………59
　6　当事者特定のための民事訴訟ルール…………………………………60
　7　多様化する決済方法に対する法整備…………………………………62

目次

第2章　実務のための消費者関連法概説

I　はじめに……………………………………………………………64

　　〔図17〕　インターネット消費者取引被害に関連する法律等の整理／64

II　依頼者・事業者間の契約に関する法律等 ………………………65

　1　民法等による契約、法律構成の概説…………………………65

　　(1)　契約の成立………………………………………………………65

　　〔図18〕　典型的なインターネット取引の流れ／65

　　〈表6〉　電子商取引準則で示された解釈基準／67

　　(2)　規約の拘束力（約款法理）……………………………………69

　　(3)　錯誤無効…………………………………………………………70

　　(4)　未成年者取消し…………………………………………………71

　　〔図19〕　未成年者取消権の検討フローチャート／72

　　〔図20〕　電子商取引準則で示されたクレジット契約の考え方／74

　　〔図21〕　茨木簡判昭和60・12・20の争点／76

　　〈表7〉　詐術の該当性に関する解釈例／77

　　(5)　無権代理（表見代理）…………………………………………78

　　(6)　不法行為…………………………………………………………79

　　(7)　公序良俗違反……………………………………………………80

　2　電子消費者契約法………………………………………………81

　　(1)　概　要……………………………………………………………81

　　(2)　民法95条ただし書の特例………………………………………81

　　〔図22〕　電子消費者契約法における民法95条ただし書の特例／82

10

3 消費者契約法……83
　(1) 概　要……83
　(2) 不当勧誘に関する規定……83
　　〔図23〕 消費者契約法（実体法部分）の概要／84
　(3) 不当条項規制……85
　　〈表8〉 不当条項にあたる可能性のある条項例／86

4 特定商取引法……87
　(1) 概　要……87
　(2) 各取引類型の関係……87
　　〔図24〕 「通信販売」と「電話勧誘販売」の定義／88
　(3) 通信販売における広告表示規制……89
　　〔図25〕 表示義務（特商法11条）／89
　　〈表9〉 表示事項一覧（特商法11条）／90
　　〔図26〕 誇大広告等の禁止（特商法12条）／92
　(4) 勧誘メール規制……93
　　〈表10〉 特定商取引法における勧誘メール規制／93
　(5) 顧客の意に反して売買契約等の申込みをさせる行為の禁止……96
　　〈表11〉 インターネット取引における「顧客の意に反して売買契約等の申込みをさせる」行為（特商法12条）／96
　(6) 法定返品権……97
　　〔図27〕 法定返品権の概要／97
　(7) 通信販売に関するガイドライン……98
　　〈表12〉 通信販売に関するガイドライン／98
　(8) 適用除外……99

5 電子商取引準則……100

Ⅲ 広告表示・勧誘規制に関する法律……101

1 景品表示法……101

目次

 (1)　概　要 …………………………………………………………101
  〔図28〕　景品表示法の構成／101
 (2)　景品類の制限 ………………………………………………102
  〔図29〕　景品類の定義／103
  〔図30〕　景品類の制限の概要／104
 (3)　不当表示規制 ………………………………………………104
  〔図31〕　表示の定義／105
  〔図32〕　表示規制の対象（概要）／106
 (4)　効　果 …………………………………………………………107
 (5)　その他の特別法による表示規制 ……………………108
2　特定電子メール法 ……………………………………………108
 (1)　概　要 …………………………………………………………108
  〈表13〉　特定電子メール法における迷惑メール規制／109
 (2)　迷惑メール規制の現状 …………………………………111

Ⅳ　決済に関する法律等 …………………………………………112

  〈表14〉　インターネット取引における主な決済方法／113
1　割賦販売法 ……………………………………………………114
 (1)　概　要 …………………………………………………………114
  〈表15〉　割賦販売法の適用対象取引とその規定／114
 (2)　包括信用購入あっせん ……………………………………115
  〈表16〉　包括信用購入あっせんの定義／115
 (3)　抗弁の対抗 ……………………………………………………116
 (4)　業務適正化義務 ……………………………………………116
  〈表17〉　イシュアの業務適正化義務／117
 (5)　インターネット取引に用いられる決済方式 …………117
  〔図33〕　決済代行業者介在型（包括加盟型）／119
 (6)　クレジット契約におけるイシュアの請求債権 ………121

2　クレジットカードにおける国際ブランドのトラブル解決ルール……122
(1)　概　要………………………………………………………………122
〔図34〕　国際ブランドのトラブル解決ルール
　　　　（チャージバックプロセス）の流れ／123
(2)　チャージバック……………………………………………………123
(3)　リファンド…………………………………………………………125
3　資金決済法………………………………………………………………125
(1)　概　要………………………………………………………………125
(2)　前払式支払手段……………………………………………………126
〔図35〕　前払式支払手段発行者の定義／127
（参考２）　前払式支払手段発行者に関する金融庁事務ガイド
　　　　　ライン（抄）／128
(3)　資金移動（為替取引）……………………………………………129
〔図36〕　最判平成13・3・12で示された「為替取引」の定義／130
4　その他の決済方法と法律………………………………………………130
(1)　コンビニ収納代行…………………………………………………130
(2)　キャリア課金………………………………………………………132
〔図37〕　キャリア課金の流れ（回収代行型）／133

V　犯罪対策に関する法律………………………………………………137

1　振り込め詐欺救済法……………………………………………………137
(1)　概　要………………………………………………………………137
〔図38〕　振り込め詐欺救済法の手続の流れ／137
(2)　口座凍結要請における留意点……………………………………138
〔図39〕　犯罪利用預金口座の定義／138
(3)　失権手続における留意点…………………………………………139
(4)　口座凍結要請が奏功した場合における口座名義人等との交渉……140
2　携帯電話不正利用防止法………………………………………………141

目次

  (1)　概　要 …………………………………………………………141
  (2)　規定の概要 ……………………………………………………141
  (3)　携帯電話不正利用防止法違反と私法上の効力 ……………142
 3　犯罪収益移転防止法 ………………………………………………143
  (1)　概　要 …………………………………………………………143
  (2)　規定の概要 ……………………………………………………143
   〈表18〉　犯罪収益移転防止法に基づく取引時確認／144
  (3)　犯罪収益移転防止法違反と私法上の効力 …………………146

Ⅵ　情報・通信に関する法律 ……………………………………………147
 1　個人情報保護法 ……………………………………………………147
  (1)　規制対象 ………………………………………………………147
  (2)　対象となる情報とその規制 …………………………………147
   〔図40〕　個人情報保護法の概要／148
   〈表19〉　個人情報保護法の主な用語の定義／148
   〔図41〕　典型的なサードパーティCookieによる行動ターゲティング広告／152
  (3)　業種別ガイドライン …………………………………………153
   〈表20〉　電気通信事業における個人情報保護に関するガイドライン（抜粋）／154
  (4)　パーソナルデータの問題 ……………………………………158
 2　電気通信事業法 ……………………………………………………158
  (1)　概　要 …………………………………………………………158
  (2)　電気通信事業者 ………………………………………………158
   〔図42〕　電気通信事業者の定義／159
  (3)　通信の秘密等 …………………………………………………159
  (4)　その他の行為規制 ……………………………………………162
 3　プロバイダ責任制限法 ……………………………………………162

(1)　概　要 …………………………………………………………162
　　　(2)　発信者情報開示請求 …………………………………………163
　　　　〈表21〉　発信者情報開示請求権の要件／164
　　　　〈表22〉　開示の対象となる発信者情報／166
　　　　〔図43〕　発信者情報開示請求の流れ／168
　　　(3)　発信者情報開示請求の課題 …………………………………169

Ⅶ　代表者・役員に対する責任追及──会社法 …………………170

　1　意　義 ………………………………………………………………170
　2　代表者の不法行為責任 ……………………………………………170
　3　役員の任務懈怠 ……………………………………………………171
　　　〈表23〉　役員の任務懈怠に基づく役員に対する損害賠償請求／171
　　　〔図44〕　株式会社における役員個人の責任／173
　　　〔図45〕　合同会社における業務執行社員（代表社員）の責任／174

Ⅷ　その他の法律 ……………………………………………………175

　1　法の適用に関する通則法 …………………………………………175
　2　民事訴訟法（国際裁判管轄） ……………………………………175
　3　法人税法 ……………………………………………………………176
　　　（参考3）　一般的な会計帳簿の構成／177

目 次

第3章　基本方針・事前準備・立証方法

Ⅰ　基本方針 …………………………………………………………………180

 1　概　要 ………………………………………………………………180

  〔図46〕　基本方針／180

 2　サイト事業者の特定 ………………………………………………181

 3　ツール提供事業者など関係事業者ごとの留意点 ……………181

  (1)　概　要 …………………………………………………………181

  (2)　決済方法の把握 ………………………………………………181

   〈表24〉　主な決済方法と関係事業者／182

  (3)　連絡手段の確認 ………………………………………………184

   〈表25〉　サイト事業者が利用する主な連絡手段と関連事業者／185

 4　代表者・役員への責任追及 ………………………………………186

 5　スキームに着目した攻め方 ………………………………………186

Ⅱ　事前準備（相談・受任） ………………………………………………187

 1　概　要 ………………………………………………………………187

 2　相談・面談における留意点 ………………………………………187

  (1)　面談前に被害者に準備してもらう事項 ……………………187

  (2)　相手方事業者に関する事前調査 ……………………………187

   〈表26〉　代表的な行政・消費者関連団体などのWebサイト／187

   〈表27〉　検索サイトにおけるキーワードの絞り込み／189

 3　相手方事業者等の特定 ……………………………………………190

  (1)　サイト事業者の特定 …………………………………………190

〔図47〕　典型的な Web サイトのトップ画面／191
　　(2)　クレジット決済代行業者の特定 …………………………………193
　　　（参考4）　カード利用明細書のイメージ／193
　　(3)　電子マネー発行業者の特定 ………………………………………195
　　　（参考5）　電子マネーの番号通知票／195
　　(4)　コンビニ収納代行業者の特定 ……………………………………196
　　　（参考6）　コンビニ収納代行の領収証／197
　　(5)　電子マネー発行・コンビニ収納代行の決済代行業者の特定 ……197
　　　（参考7）　コンビニ収納代行の決済代行業者が介在する場合の
　　　　　　　　　領収証／197
　　(6)　銀行振込決済代行業者の特定 ……………………………………197
　　(7)　レンタルサーバ等業者の特定 ……………………………………198
　　(8)　レンタル携帯電話会社の特定 ……………………………………199
　4　証拠の保存 ………………………………………………………………199
　　(1)　Eメールの保存 ……………………………………………………199
　　　（参考8）　携帯電話キャリア各社のサービス一覧／201
　　(2)　Webサイト画面の保存 ……………………………………………201
　　　〈表28〉　URL情報の入手方法と留意点／202
　　　（参考9）　Webサイトの閲覧・保存用ソフト／204
　　(3)　Webサイトの利用代金等に関する資料 …………………………204
　5　受任通知送付の方針 ……………………………………………………206
　　(1)　受任通知送付のタイミング ………………………………………206
　　(2)　受任通知送付の方法 ………………………………………………206

Ⅲ　民事保全法による債権・証拠保全──仮差押え ……………207
　1　概　要 ……………………………………………………………………207
　2　仮差押命令申立て ………………………………………………………207
　　(1)　仮差押命令申立ての要否の検討 …………………………………207

17

(2)　被保全権利・保全の必要性の疎明 …………………………………208
　(3)　保証金と法律扶助の利用 ……………………………………………209
　(4)　仮差押対象財産の調査 ………………………………………………209
　　〔図48〕　法律扶助を利用した立担保手続の流れ／210
　　〈表29〉　仮差押対象財産の調査対象と留意点／211
　(5)　仮差押対象財産の選択 ………………………………………………211
　(6)　仮差押債権目録 ………………………………………………………212
　　【書式１】　仮差押債権目録の記載例(1)──クレジット決済代行業者から支払われる売上金を仮差押えする場合／212
　　【書式２】　仮差押債権目録の記載例(2)──銀行振込決済代行業者から支払われる売上金を仮差押えする場合／213
　　【書式３】　仮差押債権目録の記載例(3)──コンビニ収納代行業者の売上金の取得代行等を行う事業者から支払われる売上金を仮差押えする場合／213
　　【書式４】　仮差押債権目録の記載例(4)──前払式支払手段（電子マネー）の決済代行業者から支払われる売上金を仮差押えする場合／214

Ⅳ　民事訴訟法による証拠収集 ……………………………………………215

1　訴え提起前の証拠収集処分 ……………………………………………215
　(1)　概　要 …………………………………………………………………215
　　〈表30〉　訴え提起前の証拠収集処分（概要）／215
　(2)　活用方法 ………………………………………………………………215

2　文書提出命令 ……………………………………………………………216
　(1)　意　義 …………………………………………………………………216
　　〈表31〉　民事訴訟法224条の効果／216
　(2)　文書の存在 ……………………………………………………………217
　(3)　証拠調べの必要性 ……………………………………………………217

(4)　民事訴訟法に基づく文書提出義務の根拠 …………………217
　(5)　会社法に基づく文書提出命令 …………………………………218

第4章　類型別被害救済の実務と書式

Ⅰ　サクラサイト詐欺 ……………………………………………………220
　1　事案の特徴 …………………………………………………………220
　　〔図49〕　典型的なサクラサイトのしくみ／221
　2　事　例 ………………………………………………………………222
　3　検討課題 ……………………………………………………………223
　　(1)　サイト事業者に対する請求（不法行為構成）………………223
　　(2)　決済方法ごとの対応 …………………………………………230
　　　〔図50〕　クレジットカード決済のしくみ／232
　　　〔図51〕　電子マネー決済のしくみ／235
　　(3)　サイト事業者以外の者に対する請求 ………………………236
　4　事前準備等 …………………………………………………………240
　　(1)　相談者に持参してもらう物 …………………………………240
　　(2)　把握すべき事項 ………………………………………………241
　5　受任通知・法的主張 ………………………………………………244
　　(1)　基本方針 ………………………………………………………244
　　　【書式5】　イシュアに対する通知書／244
　　　【書式6】　決済代行業者に対する通知書／246
　　　【書式7】　電子マネー発行業者に対する通知書／247
　　(2)　サイト事業者に対して──訴えに備えての証拠づくりを

　　　　意識する ……………………………………………………249
　　【書式8】　サイト事業者に対する通知書／250

Ⅱ　アダルトサイト詐欺（架空請求詐欺）……………………252
　1　事案の特徴 …………………………………………………252
　　〔図52〕　アダルトサイト詐欺に関する相談／253
　2　事　例 ………………………………………………………254
　3　検討課題 ……………………………………………………254
　　(1)　成立要件レベルにおける主張（契約不成立）…………255
　　(2)　法的主張の検討に際して押さえておくべき特別法 ……257
　　〈表32〉　意に反して契約の申し込みをさせようとする行為／258
　　(3)　有効要件レベルにおける主張 ……………………………261
　　(4)　料金が未払いである場合の実務上の対応 ………………262
　　(5)　相手方事業者の特定が困難である場合の対応 …………264
　4　事前準備 ……………………………………………………267
　　(1)　資料の収集 …………………………………………………267
　　(2)　事情聴取に際しての留意点 ………………………………268
　5　受任通知・交渉・法的主張 ………………………………268
　　(1)　基本方針 ……………………………………………………268
　　(2)　振り込め詐欺救済法の口座凍結要請 ……………………269
　　(3)　受任通知 ……………………………………………………269
　　(4)　相手方事業者の特定が困難である場合の訴え提起 ……269

Ⅲ　ドロップシッピング等の在宅ワーク詐欺 …………………271
　1　事案の特徴 …………………………………………………271
　2　事　例 ………………………………………………………272
　3　検討課題 ……………………………………………………273
　　(1)　本件取引のとらえ方──特定商取引法の「業務提供誘引販売

　　　　　取引」該当性 ································· 273
　　　〔図53〕　通常のドロップシッピング／274
　　　〔図54〕　典型的なドロップシッピング商法のしくみ／274
　　(2)　不当利得構成か不法行為構成か ··················· 275
　　(3)　立証における留意点 ···························· 278
　4　事前準備 ·· 280
　　(1)　資料の収集・保存 ······························ 280
　　(2)　相手方事業者に関する調査 ······················ 280
　5　受任通知 ·· 281
　　【書式9】　Webサイト制作等事業者に対する通知書／281

Ⅳ　インターネットショップに関するトラブル ············ 284

　1　事案の特徴 ······································ 284
　2　事　例 ·· 285
　3　検討課題 ·· 286
　　(1)　適用対象となる特別法 ·························· 286
　　(2)　法定返品権行使の可否 ·························· 288
　　(3)　消費者契約法に基づく取消権行使の可否──「勧誘をするに
　　　　際し」該当性 ·································· 290
　　(4)　錯誤無効 ······································ 291
　　(5)　公序良俗違反による無効 ························ 293
　　(6)　商品の効果についての立証 ······················ 294
　4　事前準備 ·· 294
　　(1)　Webサイト画面の保存 ··························· 294
　　(2)　相手方事業者の特定 ···························· 295
　　(3)　支払方法の確認 ································ 295
　5　受任通知・交渉 ·································· 296
　　(1)　基本方針 ······································ 296

目　次

　　　(2)　主務大臣に対する申出 …………………………………296
　　　(3)　訴えの提起、進行意見の提出 ………………………297
　　　　【書式10】　進行意見／297

Ⅴ　占いサイトに関するトラブル……………………………300

　1　事案の特徴 ……………………………………………………300
　2　事　例 …………………………………………………………301
　3　検討課題 ………………………………………………………302
　　　(1)　占いサイトの特徴 …………………………………303
　　　　〔図55〕　占いサイトのしくみ／303
　　　　〈表33〉　悪質占いサイトとサクラサイトの比較／304
　　　(2)　消費者契約法に基づく取消権行使の可否 …………307
　　　(3)　公序良俗違反および不法行為構成 …………………309
　4　事前準備 ………………………………………………………311
　　　(1)　資料の収集・保存 …………………………………311
　　　(2)　相手方事業者に関する調査 ………………………311
　5　受任通知・交渉・訴え提起 …………………………………312
　　　(1)　基本方針 ……………………………………………312
　　　　【書式11】　サイト事業者に対する通知書／312
　　　(2)　訴え提起 ……………………………………………313

Ⅵ　未成年者による親権者のクレジットカード不正利用 ………315

　1　事案の特徴 ……………………………………………………315
　2　事　例 …………………………………………………………315
　3　検討課題 ………………………………………………………316
　　　(1)　クレジット契約における当事者と役務提供契約における当事者…317
　　　　〔図56〕　クレジット契約と役務提供契約における契約当事者／317
　　　(2)　クレジット契約と割賦販売法 ………………………318

(3)　未成年者取消しにおける留意点 …………………………319
　　(4)　未成年者取消しにおける原状回復の範囲 ……………324
　　(5)　同居親族の利用とカード会員の責任 ……………………325
　4　事前準備 ………………………………………………………………330
　　(1)　資料の収集・保存 ……………………………………………330
　　(2)　事情聴取に際しての留意点 ………………………………330
　5　受任通知・交渉 ……………………………………………………332
　　(1)　基本方針 …………………………………………………………332
　　(2)　受任通知送付とそのポイント ……………………………332
　　　【書式12】　イシュアに対する通知書／332
　　　【書式13】　決済代行業者に対する通知書／334
　　　【書式14】　サイト事業者に対する通知書／337

Ⅶ　オンラインゲームに関するトラブル ……………………338

　1　事案の特徴 ……………………………………………………………338
　2　事　例 …………………………………………………………………339
　3　検討課題 ………………………………………………………………340
　　(1)　オンラインゲームのしくみ ………………………………340
　　　〔図57〕　ウェブアプリ（ソーシャルゲーム）のしくみ／341
　　　〔図58〕　ネイティブアプリのしくみ／342
　　　〔図59〕　ウェブアプリにおける契約関係とゲーム内通貨購入の
　　　　　　　流れ／345
　　　〔図60〕　ネイティブアプリにおける契約関係とゲーム内通貨購
　　　　　　　入の流れ／346
　　　（参考10）　Google Play 利用規約（Google 社）（抄）／346
　　　（参考11）　App Store サービス規約（iTunes 株式会社）（抄）／347
　　(2)　適用対象となる特別法 ………………………………………348
　　(3)　規約の拘束力 …………………………………………………351

(4)　未成年者利用の問題 …………………………………………352
　4　事前準備・受任通知・交渉 …………………………………………354
　(1)　検討する資料等 ……………………………………………354
　(2)　交　渉 ………………………………………………………354

・事項索引／356
・判例索引／361
・編著者・著者略歴／365

第1章

総　論

　　I　被害の現状および特徴
　　II　実務のためのインターネットの基礎知識
　　III　現行法制の課題

第1章 総 論

Ⅰ 被害の現状および特徴

1 はじめに

　インターネットの人口普及率は平成13年には46.3%だったところ、平成24年には79.5%にまで達しており、通信販売においても「インターネット通販」は45.4%の消費者が利用したと回答しているなど、インターネット取引は消費者に急速に浸透かつ増大している。また、インターネット取引の増大に伴い、全国消費生活情報ネットワーク・システム（PIO-NET）に寄せられた「インターネット通販」に関する相談件数は、平成23年度に引き続き平成24年度も1位であった旨が報告されている。

　このように、統計からはインターネット取引を行う消費者が増加したことに伴い、これに起因するトラブルも増加傾向にあることが読み取れる。

　また、ここ数年、上記「インターネット通販」のカテゴリーに含まれると思われる、サクラサイト商法、ソーシャルゲームをめぐるトラブル、インターネットショップ詐欺、架空請求詐欺などの事件に加え、在宅ワーク詐欺、パチスロ・競馬必勝法詐欺などの情報商材、性風俗アルバイト商法など、最終的には現実に事業者と会って勧誘を受けたり電話勧誘などが行われたりするものの、当該事業者との接触をもつに至るきっかけがインターネットの検索サイトでの検索および検索の結果たどりついた当該事業者等のWebペー

1　総務省「平成24年通信利用動向調査の結果（概要）」〈http://www.soumu.go.jp/main_content/000230981.pdf〉1頁。
2　消費者庁「平成24年度消費者政策の実施の現状」〈http://www.caa.go.jp/adjustments/pdf/25hakusho_honbun_2.pdf〉18頁。
3　独立行政法人国民生活センター「2012年度のPIO-NETにみる消費生活相談の概要」（平成25年8月1日）10頁〈http://www.kokusen.go.jp/pdf/n-20130801_2.pdf〉。なお、「インターネット通販」には商品・役務等別相談件数の1位であった「アダルト情報サイト」および2位であった「デジタルコンテンツその他」が含まれている。

ジの表示であるなど、インターネットが関連する事件の割合が増加傾向にある。

2 行政庁等の動き

消費者行政に目を転じると、消費者庁では、平成22年8月から平成23年3月まで開催されたインターネット消費者取引研究会におけるとりまとめを受けて、インターネット消費者取引連絡会が立ち上げられ、同連絡会では平成23年8月から継続的に、サクラサイト詐欺、ソーシャルゲーム、アフィリエイト、口コミサイトなど、インターネット消費者取引に関するさまざまな論点が検討されている。さらに、総務省においても、平成21年4月に、利用者視点を踏まえたICTに係る諸問題に関する研究会が立ち上げられ、迷惑メール、プロバイダ責任制限法、スマートフォンにおける利用者情報の取扱い等、インターネット取引に関する研究がなされているところである。

3 インターネット取引の特徴

(1) 匿名性の高い取引である場合が少なくない

インターネット消費者取引における詐欺事案においては、①Webサイト

---

[4] インターネット消費者取引研究会「インターネット取引に係る消費者の安全・安心に向けた取組について」〈http://www.caa.go.jp/adjustments/pdf/110311adjustments_1.pdf〉7頁。そのほか、同研究会の検討内容については、消費者庁HP「消費者政策」〈http://www.caa.go.jp/adjustments/index_6.html〉を参照されたい。

[5] 消費者庁HP「消費者政策」〈http://www.caa.go.jp/adjustments/index_8.html〉参照。本書執筆時点（平成26年2月現在）においては、第11回（平成25年12月10日開催）までの議事概要および配布資料が公表されている。

[6] 総務省HP「会議資料・開催案内等」〈http://www.soumu.go.jp/menu_sosiki/kenkyu/11454.html〉参照（すでに活動を終了したWGについては、同「活動が終了したWG」〈http://www.soumu.go.jp/main_sosiki/kenkyu/completed_WG.html〉参照）。本書執筆時点においては、第1回（平成21年4月9日開催）から、第19回（平成25年9月4日開催）までの配布資料等が公表されている。同研究会を親会として、別途、スマートフォン時代における安心・安全な利用環境の在り方に関するWGが立ち上げられ、ここでの議論を踏まえ、「スマートフォン安心安全強化戦略」（平成25年9月4日）が公表された。

第1章 総論

〈表1〉 ツール提供事業者と法の適用関係

道具の種類	サービスの名称（俗称）	詐欺行為に際しての利用方法例	対象事業者	開業規制（免許・登録等）	犯収法2条における特定事業者該当性
預貯金通帳	飛ばし通帳	口座売買によって入手した第三者名義の口座を振込先口座として指定する。	金融機関	○（銀行法）	○（1～16号）
携帯電話	飛ばし携帯	携帯端末売買（プリペイド携帯が主だと思われる）によって入手した第三者を契約者（購入者）とする携帯を連絡先番号として指定する。	携帯電話音声通信事業者(媒介業者等を含む)	○（電気通信事業法）	
	レンタル携帯	電話転送サービスの転送先電話などとして使用する。	レンタル携帯電話事業者		
固定電話（回線）	IP電話	連絡先電話番号として使用する。	電気通信事業者	○（電気通信事業法）	
バーチャルオフィス	私設私書箱	郵便物の送り先として指定したり、広告上の「住所」として記載する。	バーチャルオフィス事業者		○（41号）
	電話受付代行	連絡先電話番号として顧客に知らせたり、広告表示として記載する。	同　上		○（41号）
	電話転送サービス（逆転送含む）	電話受付代行などの番号の転送先としてレンタル携帯電話を使う。	電話転送サービス事業者		○（41号）
レンタルオフィス		郵便物の送り先として指定したり、広告上の「住所」として記載する。	レンタルオフィス事業者		備考欄参照（41号）
メールアドレス	フリーメールアドレス（捨てアド、Webメールなど）	メールによるやりとりに利用する。	メールアドレス付与事業者		
ホームページ（Web）	フリーホームページ	自社のWebサイトを作成する。	ホームページ作成システム提供事業者		

※1　特定事業者は、本人特定事項等の確認義務（犯収法4条）、確認記録（同法6条）、取引記録顧客等が取引時の確認等に協力しない場合は義務の履行を拒むことができる（同法5条）とさ
※2　総務省「改正携帯電話不正利用防止法の施行に伴い貸与業者に求められる対応について」presentation(mic).pdf〉参照。

Ⅰ 被害の現状および特徴

法律の整備状況		備考
その他特別法	規制概要（民事規定はない）	
振り込め詐欺救済法	・特定事業者の各義務（犯収法4条～8条）（※1） ・口座売買は譲渡人・譲受人ともに刑事罰の対象となる（同法27条） ・10万円を超える振込みの際の本人確認義務等（犯収令8条1号）	犯罪利用預金口座等（振り込め詐欺救済法2条4項）に該当する場合は、捜査機関等は凍結要請が可能である（同法3条）。
携帯電話不正利用防止法	・契約締結時における本人確認義務（携帯電話不正利用防止法3条等） ・本人確認記録の作成保存義務（同法4条等）	
携帯電話不正利用防止法、特定商取引法（郵便等で申込みを受ける場合）	・契約締結時における本人確認義務（携帯電話不正利用防止法10条1項） ・本人確認記録の作成保存義務（同法10条2項・4条）（※2） ・広告表示規制（特商法11条・12条）、勧誘メール規制（同法12条の3）等	・レンタル携帯電話事業者に対する特別法における民事規定は特に存在しない。 ・なお、未公開株詐欺事件において、レンタル携帯電話事業者につき共同不法行為責任等が認められた判決として、東京地判平成24・1・25消費者法ニュース92号290頁などがある。 ・本人確認の方法については、法律で具体的に定められていない。
特定商取引法（郵便等で申込みを受ける場合）	・特定事業者の各義務（犯収法4条～8条）（※1） ・広告表示規制（特商法11条・12条） ・勧誘メール規制（同法12条の3）	・現実に事務スペースなどは賃貸せずに、住所、電話番号などを使用させるサービスである。 ・事業活動を伴わない場所を「住所」としてWeb上に標示する場合は特定商取引法11条違反に該当しうる。 ・バーチャルオフィスの住所をもって、会社の本店とすることは、会社法上の「住所」（特商法4条）該当性もが問題になる。
同 上	同 上	・「逆転送サービス」を利用すれば、どの電話機から発信しても特定の番号（03番号など）が相手方に表示される。したがって、転送サービスの利用により、東京にオフィスがなくとも送受信ともに03番号の利用が可能である。
同 上	・事業形態によっては犯収法の各義務を負う（※1） ・広告表示規制（特商法11条・12条） ・勧誘メール規制（同法12条の3）	・バーチャルオフィスとは異なり、専用あるいは他の事業者との共用で、当該場所の会議室などの事務スペースを借りる形態である。 ・もっとも、上記バーチャルオフィスのサービスもあわせて提供されている場合も少なくないようである。この場合は上記同様、特定事業者となる。
特定商取引法（有償で役務提供が行われる場合に限る）		・プロバイダとの契約不要で無料でメールアドレスの取得が可能である。 ・これらの組合せにより、後日の発信者の特定は極めて困難となる。 ・特にいわゆる「捨てアド」は個人情報の入力がいっさい不要である。
同 上		・レンタルサーバ業者との個別の契約が不要である。 ・捨てアド＋Webメールの組合せなどを利用すればホームページの開設者の特定は困難となる。

（同法7条）の作成保存義務、疑わしい取引の届出義務（同法8条）等を負う。なお、特定事業者はれている。
（平成20年11月）〈http://www.soumu.go.jp/main_sosiki/joho_tsusin/d_syohi/050526_1.files/

5

に表示された事業者の住所や商号が実在しないケース、②連絡先として記載されている固定電話番号は、転送サービス契約やレンタル携帯電話契約が介在して利用されており現実に利用していた人物の特定が困難であるケース、③Webサイト自体がフリーホームページ提供サービスの利用等により作成されておりWebサイト開設者の特定が困難であるケース、④Webに記載された住所がいわゆるバーチャルオフィスであり実際の拠点が不明であるケース、⑤振込みを指示した者と振込先口座の名義人が異なるケースなど、当該相手方の特定に困難を来す場合が少なくない。また、詐欺を行った者のメールアドレスは判明しているものの、当該メールアドレスに係るプロバイダが当該メールアドレスの契約者情報の開示に協力しないために、結局相手方を特定できないケースもある。

　このようにインターネット消費者取引は、非対面式の取引であるがゆえに、相手方に関する情報はもっぱらWebサイトなどに頼らざるを得ないこと、また、電話転送業者など多数のツール提供事業者が介在することから、匿名性が高い取引となる場合が少なくない。さらに、プロバイダ等のツール提供事業者に課せられた守秘義務や通信の秘密遵守義務等に優先して、相手方の契約者情報の開示に応じることが正当であると認められる場合が法律上厳格かつ限定的に定められているため、これら事業者から相手方の特定に足る情報開示を受けることができず、結果として相手方の匿名性が保護される結果となる場合がある。

　なお、ツール提供事業者と法の適用関係を整理すると〈表1〉のとおりとなる。

　(2) **なりすましの容易性**

　インターネット取引においては、非対面取引であるゆえに第三者の「なりすまし」も容易に行いうる。第三者による「なりすまし」が行われた場合の考え方については、経済産業省の電子商取引準則 i 41以下で考え方が示されている。

　また、インターネット取引は第三者によるなりすましが行われやすいこと

から、契約意思の確認には特に注意が必要である旨を指摘する下級審判決もみられる。

「なりすまし」は、取引被害の相手方が第三者になりすます場合もあるが、インターネット取引においては、未成年者が親権者名義のクレジットカードを利用したり、IDやパスワードを利用するなどして、当該親権者になりすまして取引が行われるケースもあり、この場合の対処も問題となる（第4章Ⅵ3⑶(ウ)参照）。

⑶　契約関係の実体をつかむのが困難であること
　　——ブラックボックス化

インターネット取引は、上記⑴のとおり、匿名性を高める複数のツール業者が介在していたり、下記⑸のとおり、有名人ブログや、口コミサイトなど、それが一見広告とは判断がつかない、いわゆるステルスマーケティングが行われていたり、下記⑺のとおり、多様な決済方法が用いられているところ、その契約関係等は消費者側からは必ずしも明らかではない場合も少なくない。この場合、当該インターネット取引においてトラブルが発生した場合、いかなる者にいかなる主張をすべきかの検討に困難を来す場合がある。

⑷　証拠となるべき対象の改ざん・消去の容易性

インターネット取引においては、当該Webサイトの規約、消費者が申込みの意思形成をするに至ったWebサイト上における広告表示や体験談、事業者の商号・本店・電話番号・メールアドレス、サクラサイト詐欺事案におけるサクラと思われる会員とのメッセージが記録されたメッセージボックスやポイント利用残高など、訴訟において証拠となりうる対象が、もっぱら、改ざんおよび消去が容易な無体物たるWebサイト上の「情報」である場合が少なくない。

また、個人情報保護法との関連でいえば、たとえば、サクラサイト事業者が形式的には該当することの多い電気通信事業者は、原則として利用目的を

---

[7]　大阪簡判平成24・11・8消費者法ニュース94号109頁（バンク一体型カードにより行われた貸付に関する事件）。

達成した個人情報についてはこれを遅滞なく消去するのが妥当であるとされており（第2章Ⅵ1⑶参照）、詐欺被害における証拠保存という観点からは結果的に真逆の執務体制が推奨されているともいえる。

　したがって、事件受任の早期段階においてこれら「情報」を証拠化するための検討が不可欠である。

　⑸　**インターネット取引における意思形成**

　インターネット取引における意思形成は、〔図1〕のとおり、①検索サイトにおける検索結果の表示順、②検索ワードに連動して表示される広告、③当該事業者のWebサイト上の表示、④口コミサイトなどのいわゆる消費者生成メディア（CGM）[8]や有名人ブログやアフィリエイト[9]等の第三者による評価、⑤上記④に表示される広告といった多様な要素によって形成されることになることが多い。

　現行法においては、インターネットにおける「表示」については、景品表示法などの広告表示規制による行政規制が主であり、虚偽の広告表示に基づき消費者が契約締結意思を形成したとしても、これに対する取消権などの民事規定はおかれていない（第2章Ⅱ4⑶㈱参照）。

　ここでは、インターネット取引の特徴と考えられる、ターゲティング広告（〔図1〕② bi、② ci、② di、② e）、検索サイトにおける検索結果（② a）、第三者のWebにおける表示（② bii、② cii、② dii）について、以下に簡単に紹介する。

---

[8] Consumer Generated Mediaの略。「インターネットなどを活用して消費者が内容を生成していくメディア。個人の情報発信をデータベース化、メディア化したWebサイトのこと。商品・サービスに関する情報を交換するものから、単に日常の出来事をつづったものまでさまざまなものがあり、クチコミサイト、Q&Aコミュニティ、ソーシャルネットワーキングサービス（SNS）、ブログ、COI（Community Of Interest）サイトなどがこれにあたる」〈http://e-words.jp/w/CGM.html〉などと説明される。

[9] ブロガーやWebサイト開設者などが、製品やサービスなどの宣伝を書き、広告主（企業など）のWebサイトへのリンクを張り、Webサイトやブログの閲覧者がそこから広告主のWebサイトへ移行して、実際に商品の購入などにつながった場合、売上の一部が自分の収入（利益）になるというしくみのことである。

Ⅰ 被害の現状および特徴

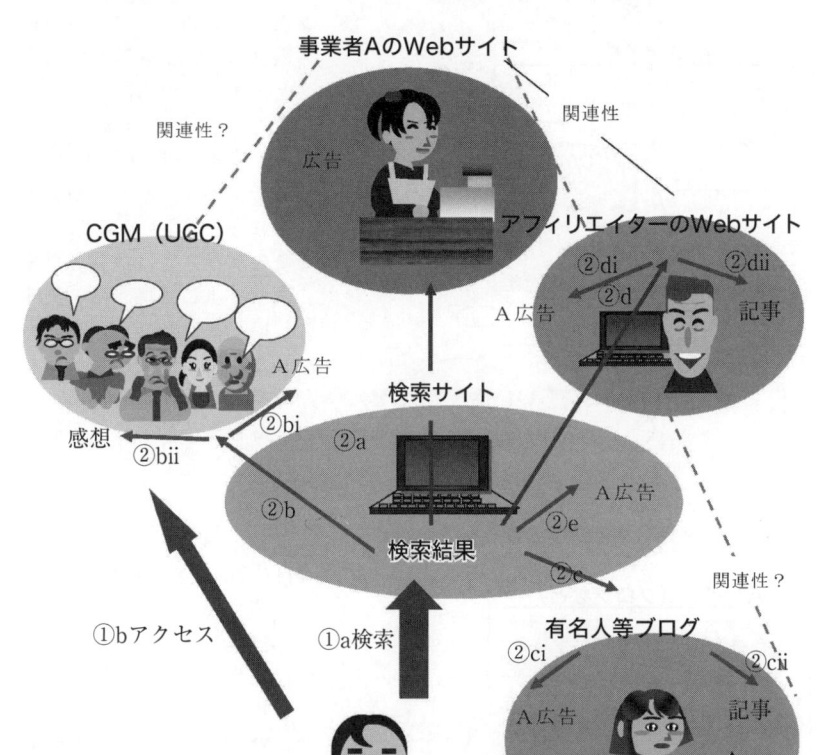

〔図1〕 典型的なインターネットにおける意思形成に係る関連図

（ア）ターゲティング広告

インターネット広告においては、不特定多数向けのいわゆる「マス広告」ではなく、特定のターゲット層にポイントを絞ったターゲティング広告が発達しており、たとえば、①検索連動型広告（〔図2〕参照）、②コンテンツ連動型広告（〔図3〕参照）、③行動ターゲティング広告（〔図4〕参照）、④リターゲティング広告（〔図5〕参照）などの広告が利用されている。

なお、アフィリエイト広告（提携先の商品広告を自分のWebサイト上に掲載し、その広告をクリックした人が提携先から商品を購入するなどした場合、一定

9

〔図2〕 検索連動型広告

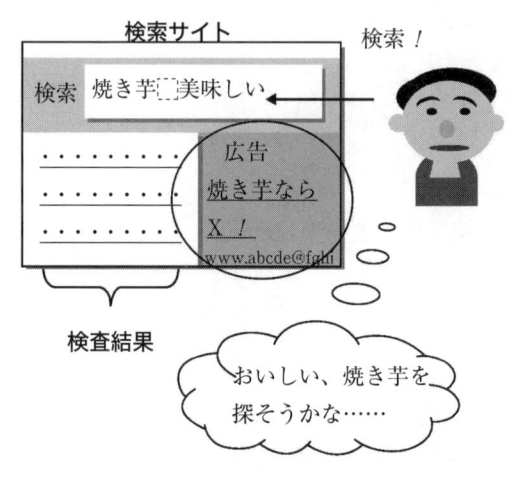

検索サイト
検索！
検索 [焼き芋□美味しい]
広告
焼き芋なら
X !
www.abcde@fghi
検査結果
おいしい、焼き芋を探そうかな……

- あらかじめキーワード（検索クエリ）を登録しておくと、ユーザが当該キーワードを入力して検索した際に、検索結果の画面上に、広告主のWebサイトが掲載されるというしくみ。
- このケースでは消費者が検索サイトに「焼き芋□美味しい」と検索ワードを入力した結果、検索結果とあわせて広告が表示される。
⇒ある程度能動的な顧客層への広告

〔図3〕 コンテンツ連動型広告

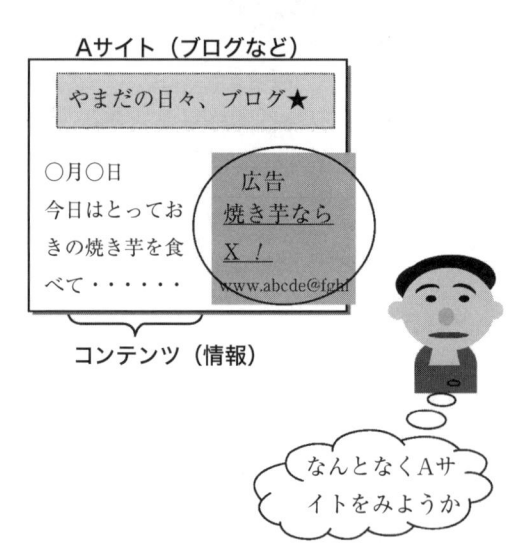

Aサイト（ブログなど）
やまだの日々、ブログ★
○月○日
今日はとっておきの焼き芋を食べて‥‥‥
広告
焼き芋なら
X !
www.abcde@fghi
コンテンツ（情報）
なんとなくAサイトをみようか

- 自社商品（X社の例では「焼き芋」）とコンテンツ内容（文章等）の関連性が高いWebサイトに、広告を表示させるしくみ。
- このケースでは消費者が何気なく訪れたAサイトで、取り上げられているテーマ（焼き芋）と関連性の高いX社の広告が表示される。
⇒潜在的顧客への広告

Ⅰ　被害の現状および特徴

〔図4〕　行動ターゲティング広告

Dサイト
世紀の名演奏を聴く♪
■指揮者
■ヴァイオリニスト
‥‥‥‥
広告
焼き芋ならX！
www.abcde@fghi

そういえば、おいしい焼き芋を探していたんだ！

Aサイト「繊細質豊富なオヤツ」　Bサイト「焼き芋のつくり方」　Cサイト「サツマイモの種類」
過去に閲覧したWebサイト

- 過去のユーザのサイト閲覧履歴や検索キーワードなどから広告主の商品やサービスに興味がありそうな人に広告を表示するしくみ。
- このケースでは消費者は別の目的でDサイトを訪れているが、過去の閲覧履歴などから、「焼き芋」に関するX社の広告が表示される。

⇒潜在的顧客層への広告

〔図5〕　リターゲティング広告（リマーケティング広告）

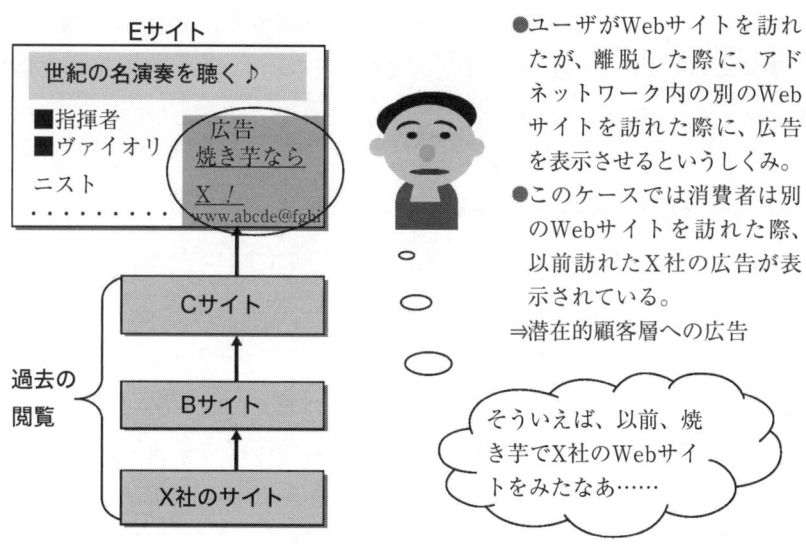

Eサイト
世紀の名演奏を聴く♪
■指揮者
■ヴァイオリニスト
‥‥‥‥
広告
焼き芋ならX！
www.abcde@fghi

過去の閲覧
Cサイト
Bサイト
X社のサイト

そういえば、以前、焼き芋でX社のWebサイトをみたなあ……

- ユーザがWebサイトを訪れたが、離脱した際に、アドネットワーク内の別のWebサイトを訪れた際に、広告を表示させるというしくみ。
- このケースでは消費者は別のWebサイトを訪れた際、以前訪れたX社の広告が表示されている。

⇒潜在的顧客層への広告

11

額の報酬を得られる広告手法）においては、その表示される広告につき、上記②および③などの手法が用いられる場合がある。

(イ) 検索サイト

検索サイトでは、ターゲティング広告の一種である検索連動型広告に加え、消費者が入力した検索ワード（検索クエリ）から検出された検索結果（いわゆるオーガニック検索の結果）が表示されるところ、検索サイトにおける検索の表示順は、さまざまなSEO（Search Engine Optimizationの略。検索エンジン最適化）対策により上位に表示させる技術や、特定の事業者に対する不利益な情報を検索結果下位に押し下げる「逆SEO対策」が存在する。したがって、「検索上位＝優良サイト」とは必ずしもいえないにもかかわらず、「検索上位に表示されたWebサイトだから選択した」など、検索結果における表示順位が、消費者にとっての事業者に対する信頼の指標になっているケースもみられる。

なお、検索サイト事業者においては、不当なSEO対策によって不適当な検索表示が行われることを防ぐため、スパムサイト（たとえば、隠しテキストを埋め込み、検索上位表示を目論むサイト等）の排除や、定期的に検索アルゴリズムを改良するなどの対応をとっているとされており、そのような事実をも踏まえれば、不当なSEO対策と検索サイト事業者側の対応のせめぎ合いが今後も続くものといえるだろう。[10]

(ウ) 第三者によるWebサイト上の表示

インターネット取引においては、①アフィリエイトにおけるアフィリエイター、②口コミサイトにおける投稿者や有名人ブログの記事など、それ自体からは直ちに広告とはわからないステルスマーケティングなど第三者の表示行為が消費者の当該商品購入等の意思形成に強く働きかける場合がみられる。[11]

このようなWebサイト上の表示については、景品表示法4条、特定商取引法11条・12条ほか、健康増進法32条の2、薬事法66条、医療法6条の5、

---

[10] Google「検索の仕組み」〈http://www.google.co.jp/intl/ja/insidesearch/howsearchworks/〉．

宅地建物取引業法32条〜34条、旅行業法12条の7・12条の8、貸金業法14条、金融商品取引法37条等に広告表示規制に関する規定があるところ、薬事法、医療法、健康増進法等を除き、規制客体が広告主に限られ、上記のような第三者によるWebサイト上の表示については規制の対象外となっている。

(6) 規約の有効性——規約の認識可能性の担保・理解

インターネット取引においては、アダルトサイト、サクラサイト、オンラインゲーム、インターネット通販、共同購入クーポンサイト等さまざまな取引において、規約が用いられている。そして、いざトラブルが発生した場合に、事業者は、当該規約に基づき違約金等の請求をしたり、自己の免責を主張することがある。しかし、インターネット取引において、消費者にとって認識が容易であるように表示されておらず、このため規約の有効性が争われる場合が少なくない。[12]

また、上記で例示したカテゴリーに属する複数のサイトを無作為に抽出し、規約の開示状況を調査したところ（〈表2〉参照）、規約の開示場所・開示方法・配色といった点から、消費者にとって、その認識可能性が十分に担保されないまま契約締結に至るであろうことが想起されるWebサイトもみられる。以上から、インターネット取引においては、規約条項の成立要件レベルにおける問題が少なからず存在するといえる。

なお、インターネット取引における規約が契約に組み入れられるための要

---

11 なお、一部のブログ事業者は芸能人や有名人のブログにおける記事について、当該記事が広告であることを明らかにするための「PRマーク」制度の導入などを始めたり、ブログを商業目的や広告目的で利用することを禁止するガイドラインを定めており、違反があった場合はアカウント利用停止措置等をとるなどの対応がとられている（第8回インターネット消費者取引連絡会「資料4」「資料5」等参照）。

12 清原一暁ほか「文章の表示メディアと表示形式が文章理解に与える影響」〈http://ci.nii.ac.jp/els/110003026485〉日本教育工学会論文誌27巻2号117頁など。なお、同論文によると、①印刷物、②CRTディスプレイ（ブラウン管）、③液晶ディスプレイに文章を表示し、文章理解度を測定する実験を行ったところ、文章理解度は①印刷物が最も高く、次いで③液晶ディスプレイ、②CRTディスプレイという結果になったとされる（同121頁）。

件につき、経済産業省は、電子商取引準則において、「①利用者がサイト利用規約の内容を事前に容易に確認できるように適切にサイト利用規約をウェブサイトに掲載して開示されていること、及び②利用者が開示されているサイト利用規約に従い契約を締結することに同意していると認定できることが必要」との解釈を示している。[13]

〈表2〉 規約の配置等についての種別と特徴

種別	特徴
トップページのページトップから「規約」ボタンが視認できるもの	画面をスクロールせずに、「規約」ボタンを確認可能。
トップページにはあるが最下部に「規約」ボタンをおくもの	画面下部に「プライバシーポリシー」や「特定商取引法に基づく表示」などと並んで「規約」ボタンがおかれている。「規約」ボタンの文字サイズが10ポイント程度のものもあり、トップページとはいえ、利用者が規約の存在を認識しにくいと思われるWebサイトもみられた。さらに、商品説明部分には鮮やかな配色で画像や、大きい文字サイズで商品説明を行う一方、規約については、小さい文字サイズで、しかも背景の色に近い配色で認識が困難であると思われるWebサイトもみられた。
トップページの別ウィンドウ	トップページの別ウィンドウ（ポップアップウィ

---

[13] なお、電子商取引準則 i 26では、「取引の申込み画面（例えば、購入ボタンが表示される画面）にわかりやすくサイト利用規約へのリンクを設置するなど、当該取引がサイト利用規約に従い行われることを明瞭に告知しかつサイト利用規約を容易にアクセスできるように開示している場合には、必ずしもサイト利用規約への同意クリックを要求する仕組みまでなくても、購入ボタンのクリック等により取引の申込みが行われることをもって、サイト利用規約の条件に従って取引を行う意思を認めることができる」としており、必ずしも同意クリックを要求しなくても同意の意思を認めることができる場合があるとの解釈が示されている。

に「規約」ボタンをおくもの	ンドウ）をスクロールさせると「規約」ボタンが現れるWebサイトがみられる。
トップページから一定のボタンをクリックして別ページに規約をおくもの	「ご利用ガイド」「ヘルプ」「企業概要」「情報公開」など規約のある画面へ遷移するためのボタンはWebサイトによって異なる。このため、どこに規約がおかれているのかがわからず、たとえばAというサイトの利用規約を知りたい場合に、検索サイトを利用して「A 利用規約」などの検索キーワードによって、規約にたどり着くことができるといった行動をとらざるを得ない場合もある。
申込みフォーム画面にまで進むと「規約」を確認できるもの	申込みボタンをクリックし、申込みフォーム画面に進んだ段階で、規約を確認できるWebサイトがみられる。この場合、規約は、「申込み」ボタンよりも上方に記載され、形式的には「規約」を視認したうえで、申込みを行う構成となっているものがみられる。
ユーザーが通常の方法でアクセスするWebサイトとは別のWebサイトにおくもの	SNS誘導型のサクラサイト商法の事案においては、当該Webサイトの規約やポイント等の掲載されているWebサイトのURLとは、まったく別個のURLに利用者を誘導して、Webサイトの入会契約をさせている事例がみられた。

(7) 多様な決済方法――その発達と法制度の後れ

現在のインターネット消費者取引においては、クレジットカード決済、デビットカード決済、電子マネー決済（サーバ型）、コンビニ収納代行、キャリア課金など多様な決済方法が存在するし、さらには今後、EC複合型と呼ばれる決済方法が本格的に利用される可能性が指摘されている。[14]

『平成25年版消費者白書』によれば、インターネット取引における代金の支払方法は、クレジットカードが67.4％、代金引換えが39.5％、コンビニエンスストア（コンビニ収納代行）での支払いが34.5％、銀行振込み等が25.7％、インターネットバンキングが9.2％、通信料金・プロバイダ利用料金へ

の上乗せ（キャリア課金等）が6.8％、電子マネーが4.3％、その他が1.6％となっており、クレジットカードによる決済方法が圧倒的に多い。[15]

　また、クレジットカード決済については、一般社団法人日本クレジット協会の「信用供与額総括対比表（推計）」によれば、平成23年度の「割賦購入あっせん」は3兆4997円であるのに対し、「非割賦購入あっせん」は、その10倍強の39兆7846円となっていることからすれば、インターネット取引におけるクレジットカード決済の多くも、非割賦である、いわゆるマンスリークリア方式である場合が多いものと思われる。[16] そうだとすれば、マンスリークリア方式は割賦販売法の適用はないから、同決済方法を用いた取引においてトラブルが発生した場合、消費者はクレジット会社に対し支払停止の抗弁（割販法30条の4）などの特別法に基づく主張ができない事態となる。また、決済方法の2位、3位である代金引換えやコンビニ収納代行については、特別法の規制対象とはなっていない。さらに、いわゆるキャリア課金もその決済方法は特別法の適用対象ではなく、電子マネーについては、一定のプリペイド型の電子マネーが資金決済法による行為規制の対象となるにとどまる。

　以上のとおりであることからすれば、インターネット取引において用いられる決済方法は今後もますます加速度的に進歩することが容易に想起されるにもかかわらず、現行法制度は大きな後れをとっているといわざるを得ない。

14　EC複合型とは、EC、検索ポータル、SNSなどの支払機能（チェックアウト）を発展させた総合決済サービスであり、収納代行、個人間決済、店舗でのクレジットカード支払いなどにも対応するものであり（山本正行「消費生活相談に必要な電子決済の知識〜クレジットカード・電子マネー〜」平成24年10月26日明治学院大学消費生活相談フォローアップ講座資料97頁）、「小規模店舗での利用が広がると、不良加盟店が安易にクレジットカード決済に対応する余地を生み、結果的に現在の決済代行業者にとってかわる可能性を有する」（同頁）と指摘されている。

15　『平成25年版消費者白書』20頁。

16　一般社団法人日本クレジット協会「各統計」〈http://www.j-credit.or.jp/information/statistics/download/inv_01_01_130218.pdf〉参照。

(8) 容易に海外との越境取引となりうる

インターネットは、全世界に広くネットワークを形成しており、容易に越境取引が可能であるところ、特に近年は海外のWebサイトであるにもかかわらず、日本語表記のWebサイトが少なからず存在することから、消費者は知らず知らずのうちに海外事業者と越境取引を行っていたというような事案が増加しており、それに伴って当該Webサイトにまつわる取引によってトラブルになるケースも増加している。

このような状況下において、消費者庁は平成23年11月1日、消費者庁越境消費者センター（CCJ。Cross-Border Consumer Center Japanの略）を立ち上げている。CCJは、海外の窓口となる機関と連携し、相手国事業者に相談内容を伝達するなどして、海外事業者に対応を促し、消費者と相手国事業者の間のトラブル解決を行っている。[17]

なお、越境取引による消費者トラブルに際して、適用される法律については、法の適用に関する通則法に消費者契約の特例がおかれ（法通則法11条）、平成23年の民事訴訟法の改正（平成23年法律第36号による改正）により、国際裁判管轄の規定の整備が行われている（この点については、第2章Ⅷ1であらためて触れる）。

4 本書の構成

本書においては、もっぱらインターネット上で行われるサクラサイト詐欺等の「インターネット取引」に加え、上記3の特徴については多くの共通点が存在し、インターネットが重要な関連性を有する在宅ワーク詐欺、1対1のEメールや電話による架空請求詐欺も対象として、これらをあわせて「インターネット消費者取引被害」と総称し、以下、これら被害事案への対処につき必要不可欠な知識（第2章、第3章参照）について触れ、さらに被害類型別のケーススタディ（第4章参照）を行うものとする。

---

17 消費者庁越境消費者センターHP〈http://www.cb-ccj.caa.go.jp/〉参照。

第1章　総　論

Ⅱ　実務のためのインターネットの基礎知識

1　インターネット接続

(1)　はじめに

　インターネット消費者取引の特徴である匿名性の問題（本章Ⅰ3(1)参照）は、そもそも、セキュリティ強化の観点から、インターネットでやりとりする情報やインターネットに接続している端末に保存されている情報の漏えいおよび不正な破壊などによる被害を防止するための技術が進化した結果、その反射的効果として発生したといえる。すなわち、「匿名化」の技術の発展は、本来、市民や企業の情報を守るための技術であるにもかかわらず、昨今のインターネット取引被害においては、むしろ悪質な事業者が同技術を逆手にとってこれを悪用しているといえる。

　ここでは、「匿名化」の発達したインターネット取引において、残された痕跡から相手方の特定に結びつく情報をいかに取得するのかという観点から、インターネットの基本的なしくみを紹介する[1]。

(2)　プロバイダ同士の接続

　インターネットは、プロバイダ（インターネット接続業者＝ISP（インターネットサービスプロバイダ））同士が一定の通信ルールの下に接続されて成り立っている。インターネットで世界中にデータが送受信できるのは、プロバイダが理論上他のすべてのプロバイダに到達するための「経路情報」をもっているからである。

　しかし、現実にはすべてのプロバイダが、他のプロバイダの経路情報を相互にもつのは事実上不可能であり、「上位プロバイダ」がもっている「経路

---

[1]　なお、本書は、平成25年7月現在の状況を基に記述したものである。インターネット分野における技術発展・陳腐化のスピードは極めて速く、本書の記載も数カ月後にはすでに過去のものとなることも十分に考えられる。

Ⅱ　実務のためのインターネットの基礎知識

〔図6〕　プロバイダの経路情報

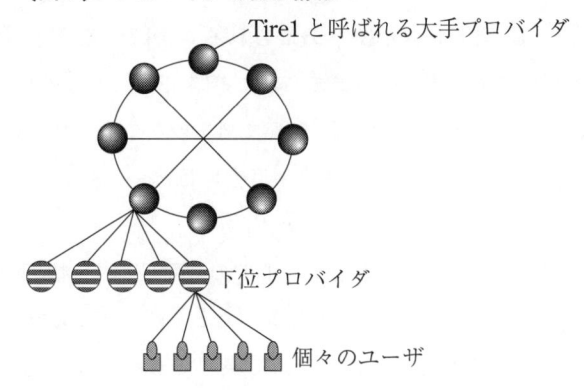

Tire1 と呼ばれる大手プロバイダ

下位プロバイダ

個々のユーザ

情報」を譲り受けたり、購入している。

　その上位プロバイダはさらに大手のプロバイダに接続され、何段もの構造になっているが、最終的に、世界で10社前後の Tier 1 と呼ばれるプロバイダが相互に接続されている。すなわち、Tier 1 すべてをあわせるとすべての情報経路が手に入ることになるのであり、すべてのプロバイダは Tier 1 プロバイダのいずれかの傘下に属していることになる（〔図6〕参照）。

(3)　IP アドレス

　インターネット上でデータ通信をする際に、個々の端末を識別するための番号が IP アドレスである。IP とは、インターネットプロトコルの頭文字であり、割りあてられた IP アドレスは世界で一つのユニーク（唯一無二）アドレスである。

―――――――――――――――――――――――――――――――
　2　「プロトコル」とは、コンピュータが通信を行う際の手順や約束ごと（日経パソコン編『日経パソコン用語事典2012』参照）をいう。英語の protocol は、「議定書、（外交上の）儀礼」と訳される（三省堂 WebDictionary 〈http://www.sanseido.net/〉参照）。IPのほか、URL に表記される「http」の「p」や、Eメールの送受信に使用する通信規約「SMTP」の「P」も「プロトコル」の頭文字である。
　3　IP アドレスには、インターネット接続で利用するグローバル IP アドレスと、社内LAN などで利用できるローカル IP アドレスがあるが、特に断りがない限り、本書ではグローバル IP アドレスを単に「IP アドレス」と表記する。

19

プロバイダとインターネット接続の契約をすると、プロバイダから個々の利用者に対してIPアドレスが割りあてられる（〔図7〕参照）。IPアドレスには、①固定IPアドレス（割りあてられたIPアドレスは不変）と、②動的IPアドレス（接続の度や一定の時間をおいて割りあてられるIPアドレスが変わる）があり、後者のほうがセキュリティ度合いは高い（セキュア）といわれている。

　IPアドレスは、0〜255（8ビット）までの数字四つで構成されるIPv4という方式によるものが一般的であるが（たとえば、255.255.255.255）、インターネット人口が増えたため、この方式で表現できるIPの数量が足りなくなり、現在はIPv6という16ビットまでの16進数八つで構成されるものに徐々にバージョンアップがなされている。本書でのIPアドレスの表記は、わかりやすいようIPv4を使用する。

　Webページを閲覧した場合、アクセスしたパソコンなどの端末に関するIPアドレスは当該Webページに記録される。したがって、インターネット上の掲示板に書き込みなどを行うと、当該書き込みを行った者（発信者）のIPアドレスは、当該掲示板サイト管理者（ホスティングプロバイダ）において確認することが可能である。[4] ただし、当該掲示板サイト管理者が把握できるのはIPアドレス等であって、具体的な発信者情報までは確認できない。

　具体的な発信者情報については、当該発信者にIPアドレスを割りあて、当該Webサイトへのアクセスを可能にさせているアクセスプロバイダが保有している。

　もっとも、アクセスプロバイダは、上記のとおり、特定の利用者に割りあてたIPアドレス情報（ログ）を保持しているが、動的IPアドレスの管理情報は膨大なものになるため、数カ月分しか保持せずに削除してしまう場合がある（下記(4)参照）。

---

[4] なお、書き込みをした者のIPアドレスが書き込み時刻などのようにWebサイト上に自動的に表示され、Webサイト上で閲覧可能なしくみの掲示板も存在するが現在は少数である。

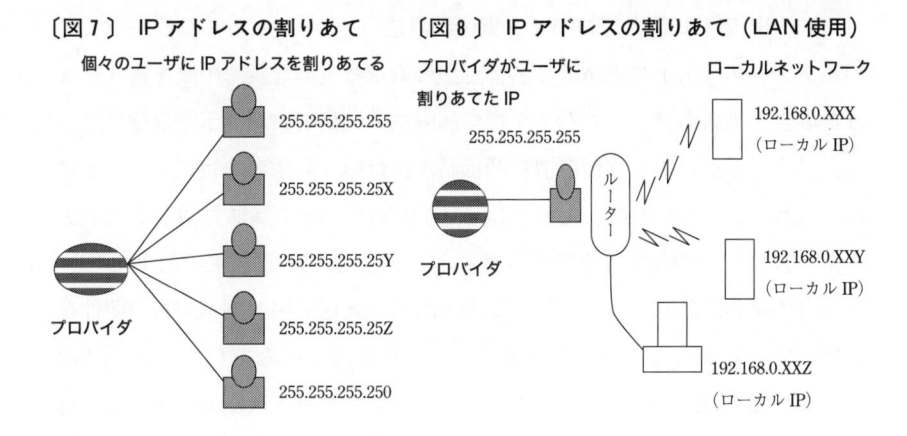

〔図7〕　IPアドレスの割りあて
個々のユーザにIPアドレスを割りあてる

プロバイダ
255.255.255.255
255.255.255.25X
255.255.255.25Y
255.255.255.25Z
255.255.255.250

〔図8〕　IPアドレスの割りあて（LAN使用）
プロバイダがユーザに割りあてたIP
255.255.255.255
プロバイダ
ルーター
ローカルネットワーク
192.168.0.XXX（ローカルIP）
192.168.0.XXY（ローカルIP）
192.168.0.XXZ（ローカルIP）

　また、利用者がLAN（ローカルネットワーク）を使用している場合（〔図8〕参照）はプロバイダが割りあてたIPアドレスはルーターが使用しており、そのルーターに接続されている端末の情報はプロバイダにはわからない。たとえば、インターネットカフェからインターネット上の掲示板などに何者かによる不適切な書き込みがあった場合、ネット掲示板には書き込んだ者に割りあてられたIPアドレスの記録が残るが、IPアドレスの管理者はそのIPアドレスを付与したインターネットカフェを特定することはできても、そのインターネットカフェにある複数台のパソコン（PC）のうち、どの端末から書き込みがなされたのかは通常はわからない。
　この場合、インターネットカフェのLANの管理者が調べて判明する場合もあるが、インターネットカフェに設置されている端末ではなく、無線LAN（主にwifi）で、利用者が所有する端末を利用していた場合、追跡はほぼ不可能となる。
　また、Webブラウザのアドオン機能や、フリーのソフトウェアには、簡単に海外サーバを経由してWebサイトの閲覧を行えるものもあり、このような方法が利用された場合、残されたIPアドレスからの追跡は難しくなる。

5　主要なものに「Internet Explorer」「Safari」「Google Chrome」「Firefox」がある。

(4) IPアドレスとプロバイダ責任制限法

　インターネット上の掲示板に名誉毀損にあたるような誹謗中傷を書き込まれた場合、被害者は、プロバイダ責任制限法の発信者情報開示請求権に基づき、プロバイダに対し発信者情報開示請求を行い、発信者を特定することになる（第2章Ⅵ3(2)参照）。たとえば、〔図9〕の事例を基に説明すると、①A掲示板に誹謗中傷を書き込まれたCは、A掲示板の運営会社に対して、発信者情報開示請求を行う。②上記①の請求が発信者情報開示請求の要件を充足している場合、A掲示板の運営会社はその書き込みをした者が、「255.255.255.25X」というIPアドレスであることやその書き込みがなされた年月日・時刻（タイムスタンプ）などをCに開示する。③Cは当該IPをWHOIS検索（下記3(4)参照）などで調べ、Bプロバイダが発行しているものであることを突き止める。④CはBプロバイダに対して、発信者情報開示を行い、その請求が発信者情報開示請求権の要件を充足している場合、Bが発信者情報を開示することにより、書き込みをした人物が特定できることになる。

〔図9〕　発信者情報開示請求による発信者の特定

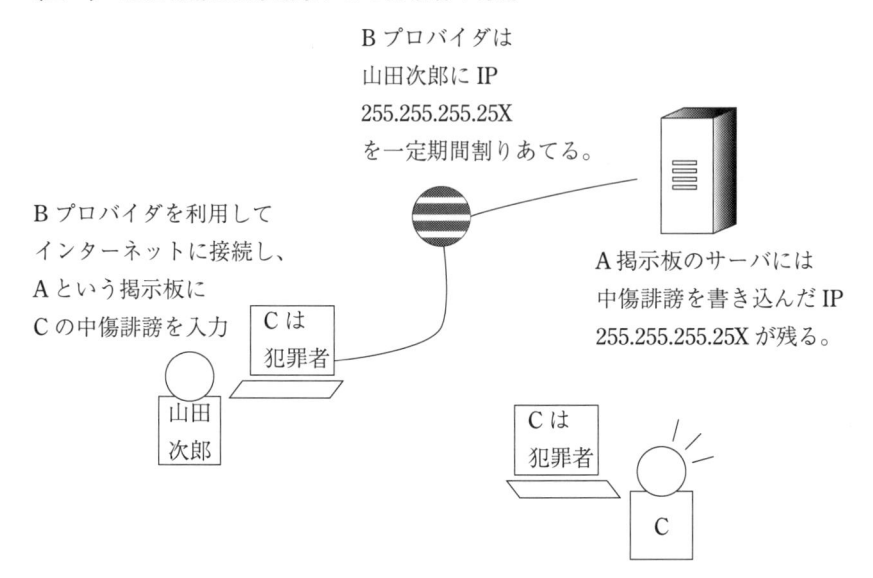

なお、当該 IP が動的 IP アドレスの場合は、「『255.255.255.25X』＝契約者山田次郎」という対称情報は数カ月で消去される場合があるので、実務上は、B プロバイダに対し、消去を行わないよう処分禁止の仮処分による保全措置を行うことになる。[7]

(5) インターネットに接続してできること

インターネットに接続してできることは、大きく分けて以下①〜③の三つである。これらは、それぞれ異なるプロトコルを用いて制御されている。

① HTTP（Hypertext Transfer Protocol）を用いた Web サイトの閲覧
② SMTP／POP3（Simple Mail Transfer Protocol/Post Office Protocol version3）を用いた E メールの送受信
③ FTP（File Trancefer Protocol）というプロトコルを用いて、Web サイト作成のために、インターネット上にデータをおいたり移動させること

昨今は、上記②③の機能を①を介して行うことによって、ユーザがプロトコルの違いを意識することは少なくなりつつある。

2　E メール（電子メール）

(1) E メールとは

インターネットや携帯電話を利用して 1 対 1 でテキストデータなどの送受信を行うことをひとまとめに「メール」と表現することがある。

しかし、正確にいえば、① E メール、②携帯電話の SMS（ショートメッセージサービス）、③ SNS（ソーシャルネットワークサービス）などのダイレクトメッセージは、〈表 3〉のようにそれぞれ通信方式が異なる。

6　発信者と掲示板との 1 対 1 の通信を媒介する経由プロバイダに対して、プロバイダ責任制限法 2 条 3 号にいう「特定電気通信役務提供者」に該当するか争いがあったが、最判平成22・4・8民集64巻 3 号676頁によって、経由プロバイダも特定電気通信役務提供者に含まれると解するのが相当であると判示された。
7　東京地裁保全研究会『民事保全の実務(上)〔新版増補〕』339頁以下。

〈表3〉 通信方法の差異

	Eメール	ショートメッセージ	ダイレクトメッセージ
通信方式	インターネットの通信規約であるシンプルメールトランスファープロトコル方式によるものである。	携帯電話の通信規格を利用する。	インターネット上で提供されるSNSなどの機能で特定のものにメッセージを送る。Webサイト上で行われることから、HTTPが基本である。
送信方法	Eメールアドレスで相手を特定して送信する。	携帯電話番号で相手を特定して送信する。	SNSの登録IDで相手を特定して送信する。

　また、法の適用対象となるか否かも通信方式によって異なる。

　特定電子メール法および特定商取引法の対象となる「電子メール」については〈表4〉のとおり定義されている。特定電子メール令で定められた通信方式のうち、〈表4〉①はインターネットのメール機能（SMTP方式を用いているもの）による電子メール（1号）、②は主に携帯電話のSMS機能による電子メール（2号）のことである。また、特定商取引法施行令で定められた「電磁的方法」のうち、〈表4〉ⓐは電子メール、ⓑはSMS機能による電子メールを規定したものであるとされる。[8]

　したがって、SNSのダイレクトメッセージ機能は、特定電子メール法や特定商取引法の対象となる「電子メール」には該当しないことになる。

　近時、サクラサイト詐欺をはじめインターネット取引被害事件において、SNSのダイレクトメール機能を利用して消費者を特定のWebサイトに誘導するなどの手口が散見されるところであり、かかる法の隙間は早期に是正

---

[8] 消費者庁取引・物価対策課＝経済産業省商務情報政策局消費経済政策課編『特定商取引に関する法律の解説〔平成21年版〕』113頁。

されるべきである。

<表4> 特定電子メール法と特定商取引法の対象となる「電子メール」

特定電子メール法	特定商取引法
「電子メール」(特電法2条1号) ・特定の者に対し通信文存その他の情報をその使用する通信端末機器の映像面に表示されるようにすることにより伝達するための電気通信であって ・特電令で定める通信方式を用いるもの	「電子メール広告」(特商法12条の3) ・当該広告に係る通信文その他の情報を電磁的方法(特商令11条の2)により送信し ・これを当該広告の相手方の使用に係る電子計算機の映像面に表示されるようにする方法により行う広告
特電令 ①その全部または一部においてシンプルメールトランスファープロトコルが用いられる通信方式 ②携帯して使用する通信端末機器に、電話番号を送受信のために用いて通信文その他の情報を伝達する通信方式	特商令11条の2 ⓐ電子情報処理組織を使用して電磁的記録を相手方の使用に係る電子計算機に送信して提供する方法(他人に委託して行う場合を含む) および ⓑ電話番号を送受信のために用いて電磁的記録を相手方の使用に係る携帯して使用する通信端末機器に送信して提供する方法(他人に委託して行う場合を含む)

(2) 基本的なEメール送受信のしくみ

〈表3〉のとおり、Webサイトの閲覧とEメールの送受信は異なるプロトコルを用いている。このため、インターネットの接続に際しては、Webサイトの閲覧に用いるブラウザソフト(Webブラウザ)の設定とは別に、Eメールソフトの設定を行う必要がある。基本的なEメールの送受信のしくみは〔図10〕のとおりとなる。

〔図10〕 基本的なEメール送受信のしくみ

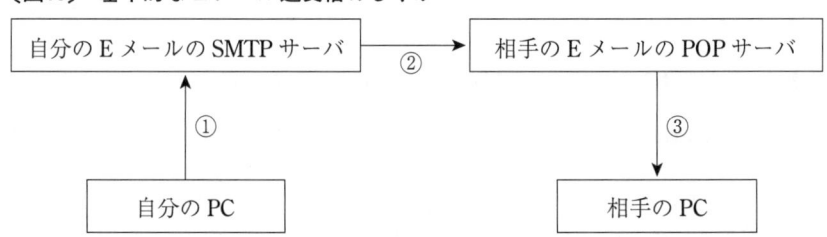

```
自分のEメールのSMTPサーバ  ──②──→  相手のEメールのPOPサーバ
          ↑                                    │
          ①                                    ③
          │                                    ↓
       自分のPC                              相手のPC
```

① Eメールソフトで E メールを作成する機能を用いて文書を作成し、相手の E メールアドレスを指定して送信ボタンを押すことによって、E メールを送信する。E メールは、インターネット網を経由して自分の E メールソフトに設定されている SMTP サーバに送られる。
② SMTP サーバは、指定された相手の E メールアドレスを検索し、相手の郵便ポストのような役割をしている POP サーバに E メールデータを送る。これは通常、直接 SMTP サーバから POP サーバに送られるわけではなく、さまざまなサーバを経由して行われる。郵便物がさまざまな集荷センターを経由するのと似ている。
③ 最後に、相手が E メールの受信コマンドを実行（一定時間ごとの自動受信の設定もできる）することで、POP サーバから相手の PC へと E メールが送られる[9]。

(3) ブラウザを利用して送受信する E メール

　上記(2)とは異なり、端末に E メールソフトをインストールしていない場合であっても、ブラウザソフトによってインターネットに接続して特定の端末に限らず自己の E メールの送受信を確認できる方法（たとえば、日常使用している PC だけでなく、外出先の PC でも確認可能とする方法）として、Gmail や yahoo!のようなクラウドサービス[10]を利用したものがある。この場合、ブラウザソフトから E メールの送受信を行うが、その裏で行われている E メールの送受信の基本的な流れは、〔図11〕のとおり、上記(2)と変わら

---

[9] なお、「到達時期」については、意思表示が相手方にとって了知可能な状態におかれた時点であるとするのが判例であり、E メールの受信については POP サーバに到達した時点であると解されている。一方、Web 画面で申込みと承諾が行われる通信の場合は、受信者のモニタ画面上に表示された時点であると解されている（電子商取引準則 i 4以下）。

〔図11〕 ブラウザを利用したEメール送受信のしくみ

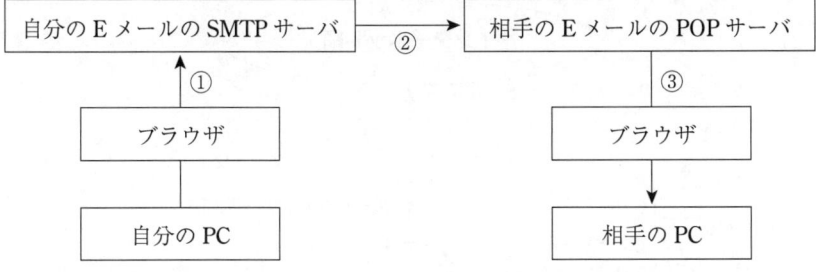

```
┌─────────────────────┐   ②    ┌─────────────────────┐
│自分のEメールのSMTPサーバ│──────▶│相手のEメールのPOPサーバ│
└─────────────────────┘        └─────────────────────┘
           ▲                              │
           │①                             │③
           │                              ▼
      ┌─────────┐                    ┌─────────┐
      │ ブラウザ │                    │ ブラウザ │
      └─────────┘                    └─────────┘
                                          │
                                          ▼
      ┌─────────┐                    ┌─────────┐
      │ 自分のPC │                    │ 相手のPC │
      └─────────┘                    └─────────┘
```

ない。

　もっとも、上記(2)による送受信とは異なり、送受信したメールデータは自分のPCではなく、Webサーバ上に保存されることになる。このため、サービスによっては、一定の期間や容量あるいは通数を超えるとWebサーバ上でデータが削除されてしまうこともあり、当該メールデータの証拠化を検討するに際しては注意が必要である。

　(4)　携帯電話のEメール

　(ア)　携帯電話のEメール

　携帯電話を利用することでも、従来からEメールの送受信を行うことができたが、従来型の携帯電話はインターネットに接続する際に携帯電話会社独自のゲートウェイサーバを通るものであり、他のEメールと異なり、他の端末のEメールソフトを使用して送受信を設定することは原則としては不可能であり汎用性に欠けていた（〔図12〕参照）。

　しかし、近年は、Webサイト上で送受信内容を確認できるサービスや転送サービスによって、他の端末で利用できる方法も広がってきた。

10　「クラウド」とは、英語のcloud（雲）が語源。自分の端末ではなく、インターネット上にコンピュータの作業環境をおくことによって、インターネットに接続さえしていれば、どの端末からでも作業ができるしくみ。メールの送受信のほか、Dropboxのようにデータ保存をしてハードディスク機能をインターネット上においたり、WordやExcelのようなアプリケーションソフトをインターネット上で起動させることもできる。

〔図12〕 従来型携帯電話によるEメール送受信のしくみ

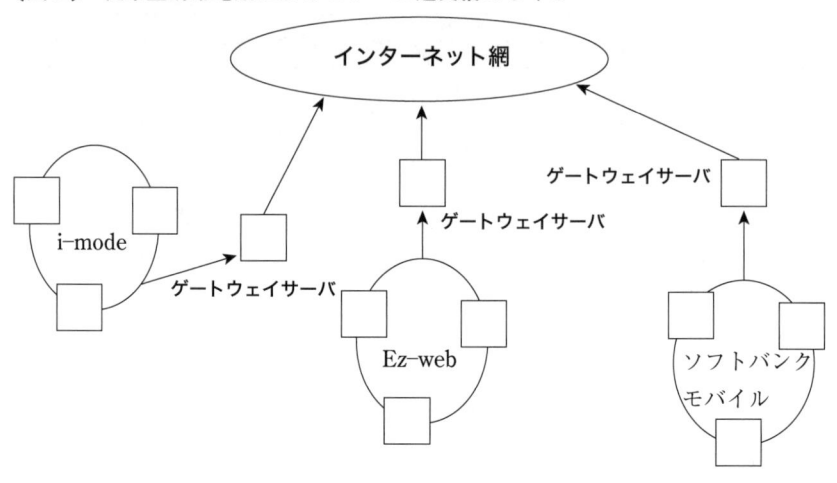

　また、こうした独自の通信網を用いてきたため、平成21年頃まで、スマートフォンのメール機能では携帯電話のメールアドレス（たとえば、@docomo.ne.jp、@ezweb.ne.jp、@softbank.ne.jpなど）が使用できなかった。現在ではスマートフォンでの利用も可能になっている。なお、スマートフォンにおけるEメールの送受信のしくみは、プロバイダを自由に選択できない点を除けば、一般のPCとほぼ同じである。

(イ)　携帯電話のSMS

　携帯電話では、Eメールのほかに、アドレスが不明であっても携帯電話番号で相手を特定してショートメッセージを送信することが可能である。従前は同じ携帯電話会社同士でなければメッセージの送受信はできなかったが、現在はドコモ、ソフトバンク、KDDI（au）、イーモバイルの携帯電話会社間では相互に、ショートメッセージを利用することが可能である。なお、ショートメッセージサービスは、Eメールとは異なり、送受信できるデータの容量が少なく、文字数に制限がある。

(5)　Eメールアドレスの取得方法

　Eメールアドレスは、「matsugai@coral.ocn.ne.jp」のような形で表されて

おり、世界中に唯一無二である。

「matsugai」にあたるところはアカウントまたはIDと呼ばれる個人を識別する情報であり、「@」に続く「coral.ocn.ne.jp」はドメインといい、Eメールアドレスを発行した者（上記ではOCN）が取得・設定した識別情報である。[11]

したがって、「@」以下を確認することによって、どのように取得されたアドレスか推測可能である。メールアドレスの代表的な取得方法は下記(ア)～(エ)のとおりである。

(ア) プロバイダが提供するEメールアドレス

インターネット接続会社であるISPは、インターネット接続契約の際に、利用者に対し、継続的な通信を前提としたEメールアドレスを提供する。

実務上、プロバイダは、契約時に本人確認を行って契約をする場合も多いが、プロバイダは、犯罪収益移転防止法など本人確認およびその記録の保存が義務づけられている法律の適用対象とはされていない。

したがって、プロバイダは、Eメールアドレスを付与した相手の住所・氏名・接続費用支払方法の情報などを保持しているが、あくまでも事業遂行のために保持しているにすぎない。

(イ) インターネットサービス事業者が無償で提供するフリーEメールアドレス

Googleやyahoo!などのインターネットサービス会社は、Eメールアドレス（Webメールアドレス）を提供するサービスを行っている。利用者は無料でメールアドレスの取得およびWeb上でメールの送受信が可能となるが、当該メールに広告が表示されたり、メール本文や件名などがターゲティング広告の解析の対象となるなど、プロバイダメールアドレスとの違いがみられる。

---

[11] コンピュータが扱うIPアドレスは「255.255.255.255」のように数字の羅列であり、人間が扱いにくいので、ドメインとは、それを文字列に変換したものである。たとえば、株式会社民事法研究会の公式Webサイトのドメインは「www.minjiho.com」であり、これをIPにすると「203.141.249.138」になる。

当該Eメールアドレスの付与を受けるためには、上記(ｱ)と比べると対価を伴わないためか、簡単な情報を求められる程度である場合が多い。利用に際しては、電話番号や、ほかに利用しているプロバイダメールアドレスなどの登録が必要である。ただし、フリーのアドレスを使いまわしたり、Eメールアドレスを取得するためだけに期間限定の捨てアドレスを登録時にだけ使い、その後は捨てアドレスを解約してしまうなどの方法をとると、登録情報からは個人の特定がまったくできない場合もありうる。

　(ｳ)　独自でドメインを取得して設定するEメールアドレス

　「@」以下のドメインを自社の名前にしたり、独自の文字列にしたい場合、ドメインを取得してEメールアドレスを作成することが可能である。プロバイダがドメイン取得サービスを行っている場合もあるが、ドメイン取得代行を業とする事業者（リセラー）も存在する（「ドメイン取得」などのキーワードで検索をすると、数多くのドメイン取得代行をしている企業のWebサイトが表示される）。ドメイン取得代行業者には、海外事業者も存在し、詐欺まがいのWebサイトを作成している事業者は、送信者の情報の追及が困難である海外事業者からドメインを取得する場合が少なくない（下記(6)で具体例を紹介する）。

　(ｴ)　携帯電話会社が提供するEメールアドレス

　携帯電話で使用するEメールアドレスも、プロバイダから提供されるアドレスと同様に、継続的な通信契約が前提となっている。なお、携帯電話会社は、プロバイダとは異なり、携帯電話不正利用防止法により、契約時の本人確認義務および本人確認記録の作成保存義務が課せられている（第2章V2(2)(ｱ)参照）。

　(6)　受信したEメールのヘッダ情報

　(ｱ)　概　　要

　Eメールを受信すると、通常、Eメールの件名、本文、送信者のアドレス、送信日時が表示されるが、実際には、さらにヘッダ部分というEメールの送受信の経路情報、送信先のメールソフトなどの情報もあわせて記録さ

Ⅱ　実務のためのインターネットの基礎知識

れている。

　ヘッダの内容については、EメールソフトやWebサイトでのEメールサービスでも「ヘッダを表示する」機能がついているものであれば、確認が可能である。一方、従来型の携帯電話のEメールでは、表示が不可能である場合も少なくない。

　ヘッダは、Eメールを送信する側が任意に設定できる部分と、Eメールの実際の通信経路中に付加され、任意に設定（偽造）できない部分に分かれる。たとえば、実際に送信する側のEメールアドレスが「aaaaa@bbb.ccc.ne.jp」であったとしても、受信した相手には異なったEメールアドレスを知らせることは技術的に可能である。いわゆるspamメール（迷惑メール）[12]は、このように送信者情報を偽造しているものが多い。

　なお、国内の主なISPは、spamメール防止のために、Eメールのヘッダを確認し、送信元が変更されているEメール送信などを受け付けない設定を行っている。したがって、送信されてくるspamメールは、その多くが海外のサーバを経由するものである。

(イ)　ヘッダ情報の読み方

　(参考1)の左側部分は、あるspamメールのヘッダ情報の抜粋である。ヘッダ情報から何を読み取ることが可能であるかにつき、以下のヘッダ情報を例としてみていこう（受信ソフトはThunderbird。①～⑨の付記、文字の強調は筆者による）。

(参考1)　あるspamメールのヘッダ情報

ヘッダ情報（抜粋）	用　語
From - Mon May 20 21：24：09 2013 ①　Return-Path：ndchjj@yahoo.co.jp ②　Received：from mzcmta003.ocn.ad.jp	Return-Path： Eメールが届かなかった

---

[12] 無差別に大量に送信されるメールのことを指す場合が多く、米国の肉の加工食品の缶詰「SPAM」が語源といわれている。総務省などでは「迷惑メール」と表現される。

31

（LHLOmzcmta003.ocn.ad.jp） 　　　（118.23.184.202）by mzcstore182.ocn.ad.jp with LMTP	ときに送り返されるアドレス
③　Received : from mfgw242.ocn.ad.jp（mfgw242.ocn.ad.jp ［180.37.198.108］）by mzc-mta003.ocn.ad.jp（Postfix）with ESMTP ID D1F541505B7F	Received : Eメールの伝達経路。新しい順に表示されるので、Eメール送受信の出発地点は一番下に表示される。送信経路が偽造されている場合、つながりが切れていて矛盾したり、spamでは海外サーバを経由している場合も多い。 from 送信したサーバ名など by 受信したサーバ名など
④　Received-SPF : softfail（mf-ofc-ucb042 : domain）of transitioning dose not designate client-IP as permitted sender）client-IP＝222.168.63.10 ; envelope-from＝〈ndchjj@yahoo.co.jp〉; helo＝180.37.198.108 ; Authentication-Results : mf-ofc-ucb042 ; spf＝softfail SMTP.mailfrom＝ndchjj@yahoo.co.jp	Received-SPF : Eメール送信元の認証結果
⑤　Received : from 180.37.198.108（unknown ［222.168.63.10］） 　　　by mfgw242.ocn.ad.jp（Postfix）with SMTP ID E8FF6180425 ;	
⑥　Received : from 14.54.168.187 by 113.10.174.24	
⑦　From : "glhswhkhtkfj" 〈ujbpbquzdc@yahoo.co.jp〉	
⑧　To : example@coral.ocn.ne.jp	example

Subject：あさみ♪さんから新着メールが届きました Date：Wed, 22 May 2013 06：20：15 -0500 ⑨　X-Mailer：Microsoft Outlook, Build 10.0.2627 Message-ID：〈20130520112534.D1F541505B7F@mzcmta003.ocn.ad.jp〉	実際のヘッダ情報は別の標示であるが、ここでは便宜上このような標示に置き換えている。 X-Mailer： 送信者が使用したメールソフト Message-ID： メールの識別ID

① Return-Path: ndchjj@yahoo.co.jp

　メールが到着しなかった場合に返信される先のメールアドレスが「ndchjj@yahoo.co.jp」であるという意味であり、送信側で設定することが可能である。すなわち、本メールアドレスは、送信先Eメールアドレスにメールが届いているか否かを確認することができるアドレスであるため（メールが到達しない旨の返信がされないメールアドレスは"生きているメールアドレス"ということになる）、spamメール業者にとっては重要なメールアドレスであり、下記⑦の送信元アドレスよりもspamメール業者が実際に使用しているアドレスである可能性がある。[13]

　しかし、spamメールの送信においては、上記①についても、下記⑦同様に詐称したメールアドレスが記載されている場合も少なくなく、この場合は送信ができなかった旨のエラーメールが当該メールアドレスあてに大量送信され、これを受けて受信側サーバが受信制限を行うことがあり、①と同じ受信サーバの利用者にまで受信制限がなされることもある。[14]

13　このような方法によって実在するメールアドレスか否かを確認し、実在メールアドレスを取得する方法は「ハーベスティング」と呼ばれている（総務省迷惑メール対策推進協議会『迷惑メール対策ハンドブック2012』59頁）。
14　これを「Backscatter問題」という。同問題については、総務省迷惑メール対策推進協議会・前掲（注13）71頁、117頁）を参照されたい。

33

第1章 総　論

　　また、spam メールは、セキュリティの弱い第三者の Web サーバを勝手に使用して送受信する方法が使われることがあり（勝手に使われたサーバを「踏み台」という）、この場合、直ちに spam 送信業者にたどり着けるわけではない。

> ②　Received: from mzcmta003.ocn.ad.jp (LHLOmzcmta003.ocn.ad.jp) (118.23.184.202) by mzcstore182.ocn.ad.jp with LMTP
> ③　Received: from mfgw242.ocn.ad.jp (mfgw242.ocn.ad.jp [180.37.198.108]) by mzcmta003.ocn.ad.jp (Postfix) with ESMTP ID D1F541505B7F

　「mfgw242.ocn.ad.jp (mfgw242.ocn.ad.jp [180.37.198.108])」から送信され、それを「mzcmta003.ocn.ad.jp」が受け取り、さらに「mzcmta003.ocn.ad.jp」が送信したものを「mzcstore182.ocn.ad.jp with LMTP」が受け取ったことを示している。

　この部分は、POP サーバ（受信者側のサーバ。この場合は OCN が管理している）の処理であるため、送信者が偽造することはできない。

> ④　Received-SPF: softfail (mf-ofc-ucb042: domain of transitioning dose not designate client-IP as permitted sender) client-IP＝222.168.63.10; envelope-from＝<ndchjj@yahoo.co.jp>; helo＝180.37.198.108; Authentication-Results: mf-ofc-ucb042; spf＝softfail SMTP.mailfrom＝ndchjj@yahoo.co.jp

　受信者のメールアドレスの POP サーバを管理しているプロバイダである OCN が、spam メール対策として送信メールの認証（送信ドメイン認証技術[15]）をし、その結果を E メールのヘッダに付加したものである。なお、本メールについては、「softfail」と表示されており、「送信ドメインは詐称されている可能性があること」[16]を示している。

　なお、送信者は「ndchjj@yahoo.co.jp」と表示されているが、IP アドレ

34

スは「222.168.63.10」であることを示している。「222.168.63.10」をWHOIS検索すると、海外のサーバであり、「yahoo.co.jp」のものではないことがわかる。

⑤　Received: from 180.37.198.108 (unknown [222.168.63.10]) by mfgw242.ocn.ad.jp (Postfix) with SMTP ID E8FF6180425;

「180.37.198.108 (unknown [222.168.63.10])」で送信され、これを「mfgw242.ocn.ad.jp」が受け取ったことを示している。

なお、これは上記④で認証がされた伝達経路である。1行目の「180.37.198.108」と「222.168.63.10」の関係は、通常は同じIPアドレスや、同じIPアドレスとドメイン、もしくは内部でIPアドレスのつながりがあるものが示されるが、「unknown」と表示されており、そのつながりが適切ではないことが表示されている。メールの諸設定によりこのような表示となる場合もあるが、本事例においては、メールヘッダに示す「180.37.198.108」はOCNに割り振られているIPアドレスであるところ、「[222.168.63.10]」は海外のサーバに割り振られているIPアドレスであることから、ここで不適切な処理がなされているとして、④で「送信ドメインは詐称されている可能性がある」と認証されているものと思われる。

⑥　Received: from 14.54.168.187 by 113.10.174.24

15　送信認証技術は、受信者側サーバの迷惑メール対策として行われている。具体的な技術として代表的なものとしてSPF（Sender Policy Framework。ネットワークベースの送信認証技術）、DKIM（DomainKeys Identified Mail。電子署名ベースの送信認証技術）がある（本文の事例ではSPFが用いられている）。詳細については、総務省迷惑メール対策推進協議会・前掲（注13）69頁以下を参照されたい。

16　OCNプロバイダHP「OCN迷惑メール対策」〈http://www.ocn.ne.jp/mail/info/spf/〉。なお、そのほかの結果表示としては、「Pass（送信ドメインの正当性が認証された正しい送信元から送信されたメールである）」、「Fail（送信ドメインは詐称されている）」、「Neutral（送信ドメインの正当性を判断できない）」、「none（送信ドメインの認証情報が公開されていないため認証ができない）」などがある。

WHOIS検索（下記3(4)参照）をすると「14.54.168.187」「113.10.174.24」は、いずれも別々の外国のサーバであることが判明する。「yahoo.co.jp」のメールアドレスを用いて、「yahoo.co.jp」の画面から送信した場合は、国内のyahoo!のメールサーバの情報が表示される。これに加え、上記⑤「from 180.37.198.108 (unknown [222.168.63.10])」となっているにもかかわらず、⑥は「by 113.10.174.24」と一致しないことからすれば、送信経路が偽装されている可能性があると考えることができる。

⑦　From : "glhswhkhtkfj" ujbpbquzdc@yahoo.co.jp

　「ujbpbquzdc@yahoo.co.jp」は送信者のアドレスである。「"glhswhkhtkfj"」は通常氏名などが入る。いずれも送信者が任意に設定することが可能である。spamでは、受信者のアドレスがこの送信者アドレスに設定されているものもあり、その場合は自分からのEメールが届いたようにみえる。

⑧　To : example@coral.ocn.ne.jp

　Eメールのあて先である。1対1の場合、受信者のEメールアドレスが表示されるはずであるが、これは受信者のEメールアドレスではない。あて先のほかに、Ccで他のEメールアドレスへの送信がある場合はヘッダに表示されるが、そのような表示もない。受信者のEメールアドレスと、このEメールアドレスは「@」以下のドメインが同じであるので、ドメインが同じでアカウントが異なるEメールアドレスにあてて、Bccによって一斉送信を行ったことが想定される。

⑨　X-Mailer : Microsoft Outlook, Build 10.0.2627

　送信者が利用したEメールソフトを示している。spamメールは一斉送信を行うことが多いため、専用ソフトを使用することが多いが、この事例では一般的なMicrosoft Outlookを使用したとの表示がなされている。なお、この表記も任意に設定することが可能である。

3 Webサイト閲覧

(1) はじめに

Webサイトに表示されるデータは、「HTML」[17]という基本コンピュータ言語で作成されており、それを表示するためのソフトを「ブラウザソフト」または単に「ブラウザ」[18]という。

わが国では最も一般的と思われるパソコンのブラウザソフトがInternet Explorer（IE）であり、Webサイト作成業者はIEで正常動作することを基本として作成する場合がある。この場合、ほかのブラウザではWebサイトの表示が変わってしまったり、正常に動作しないこともある。

また、同じブラウザでも頻繁にバージョンアップが行われており、バージョンによって表示の状況が異なる。

(2) URL

Webサイトを閲覧する際に指定するのがURLである。URLは下記のような構造になっている。

```
http:// www.minjiho.com /html/ page3.html
  ①        ②          ③       ④      ⑤
```

(ア) ①「http://」

通信プロトコル（取決め）として、HTTP[19]を使用するという宣言である。ブラウザでURLを入力する場合は省略されていてもかまわない。

Web上でのデータ通信にSSL（セキュアサーバランゲージ）という認証・

---

17 「HTML」とは、Hyper Text Markup Languageの略。
18 「ブラウザ」とは、「拾い読み」を意味する「browse」が語源である。
19 「WWW（World Wide Web）上でWebサーバとクライアントが、HTML（Hyper Text Markup Language＝Webページを記述するための言語）で書かれた文書などの情報をやりとりする時に使われる通信手順（プロトコル）を意味」する（一般社団法人日本ネットワークインフォメーションセンターHP〈https://www.nic.ad.jp/ja/〉参照）。

37

暗号化を用いた「https」というプロトコルが使用されているWebサイトもある。クレジットカード情報や個人情報のやりとりを行うWebページはこのプロトコルを用いているのが一般的である。SSLでは、入力された情報は暗号化されて送られ、表示されているWebサイトは第三者機関による認証がなされている。重要情報の入力があるにもかかわらず、httpsプロトコルを使用していないWebサイトは、注意が必要であるとされる。httpsプロトコルを使用している場合は、ブラウザのURL表記が「http」ではなく、「https」と表示されるので容易に判別可能である。

(イ) ②「www」

「world wide web」とは、インターネットのWebサイト網の意味である。ブラウザでURLを入力する場合は省略されていてもかまわない。

(ウ) ③「minjiho.com」

ドメイン部分である。ドメインは唯一のものであり、他者が同一のドメインを使用することはできない。ICANN（The Internet Corporation for Assigned Names and Numbers）によって登録管理がなされており、一定の登録情報は原則としてWHOIS検索により公開されることになる。

ドメインのうち、「.com」のように最後の「．」以下をトップレベルドメイン（TLD）といい、ドメインの中の一番大きなくくりとなるもので、それぞれ特定の組織が管理をしている。TLDの中には国を表す属性をもつものがあり、日本に住所があるものに発行できるTLDは「.jp」である。

「.jp」ドメインは、株式会社日本レジストリサービス（JPRS）が発行・管理をしており、一般企業には「.co.jp」、政府機関には「go.jp」など属性別で発行している。[20]

こうしたさまざまなTLDの発行会社（レジストリという）に対してドメインの登録手続の代行を行う業者のうち、レジストリと直接契約関係にある者を「レジストラ」といい、そのレジストラと登録者との間に立ち、ドメイン

---

20 株式会社日本レジストリサービスHP〈http://jprs.jp/〉。

登録手続を代行する者を「リセラー[21]」という。

　なお、「minjiho」の部分はユーザが指定することが可能であり、同じTLD内に同じドメインがなければ取得可能である。フィッシング詐欺などでは、別のTLDで「minjiho」ドメインを取得し、同じWebサイトのように装うことがある。

　(エ)　④「/html/」

　フォルダの名称である。Webサイトの作成者は、データ整理をするためにフォルダを作成してデータを格納している。このフォルダが「/」で区切られている。

　(オ)　⑤「page3.html」

　表示されるページのファイル名である。ファイル名が表示されていないときは、「index.html」というファイルが自動的に表示される設定になっているものが多い。「html」部分は拡張子といい、作成されたファイル形式を示しており、本事例ではHTML形式を利用していることを示している。

　ファイルがそのまま表示される画像データ「jpg」「gif」「pdf」のほか、閲覧者の動作によって表示が変わる複雑なプログラムが可能な「php」など、さまざまなファイル形式がある。

　基本的には、同じURLで表示されるWebサイトは同じものであるが、Webサイトのつくり方によっては、閲覧する端末のOS[22]やブラウザによって表示を変えることも可能である（〔図13〕参照）。このため、携帯電話専用、スマートフォン専用のWebサイトなどは、PCでは閲覧できないことがある。サクラサイトなどでは、事業者側の情報を収集することを困難にさせた

21　ドメイン登録のしくみについては、一般社団法人ネットワークインフォメーションセンターHP「ドメイン名の登録」〈http://www.nic.ad.jp/ja/dow/vegistration.html〉参照。

22　「OS（オペレーティングシステム）」とは、機械（ハードウェア）とアプリケーションソフトの橋渡しをする基本ソフト。平成25年7月現在、MicrosoftはWindows 8、MacはOS X Mountain Lion、iPhoneはiOS、スマートフォンはAndroid、BlackBerryなどがOSである。タブレットはiOSとAndroidが現在主流である。

〔図13〕 端末・OS と表示画面

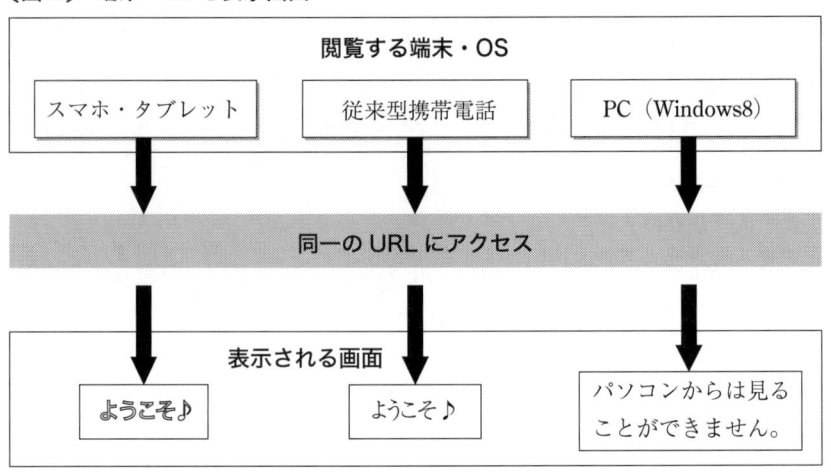

```
┌─────────────────────────────────────────────┐
│              閲覧する端末・OS                │
│  ┌──────────┐  ┌──────────┐  ┌──────────┐  │
│  │スマホ・    │  │従来型携帯 │  │PC(Windows8)│
│  │タブレット  │  │電話       │  │            │
│  └─────┬────┘  └─────┬────┘  └─────┬────┘  │
└────────┼─────────────┼─────────────┼───────┘
         ↓             ↓             ↓
┌─────────────────────────────────────────────┐
│           同一の URL にアクセス              │
└────────┬─────────────┬─────────────┬───────┘
         ↓             ↓             ↓
┌─────────────────────────────────────────────┐
│              表示される画面                  │
│  ┌──────────┐  ┌──────────┐  ┌──────────┐  │
│  │ようこそ♪  │  │ようこそ♪  │  │パソコンからは│
│  │           │  │           │  │見ることがで  │
│  │           │  │           │  │きません。    │
│  └──────────┘  └──────────┘  └──────────┘  │
└─────────────────────────────────────────────┘
```

り、常時会員との連絡を可能にするために携帯電話専用サイトを利用しているケースもみられる（第4章I参照）。

コラム　文字化け

メールや Web サイトでは、いわゆる「文字化け」が起こることがある。サクラサイトでも普通のメッセージのやりとりは1通数百円で、個人情報のやりとりは数千円と高額化したうえで、「文字化けしたのでもう一度送ってほしい」「文字化け解除で追加でお金が必要」「文字化けしないよう1文字ずつ送ってほしい」などと、文字化けをネタにされることがある。これらはサイト事業者が送信による課金をさせるための方便であると考えられるが、文字化けを経験したことがある者は、そのしくみがよくわからないものの、現象については認識しているため、かかるサイト事業者の言い分を信じてしまう場合も少なくない。なぜ文字化けは起こるのか。

　コンピュータは、電気が流れるか流れないかの「0」か「1」で、すべてが成り立っている。この「0」か「1」の情報の最小単位は1ビットという単位で表され、8ビットで1バイト（ハードディスクの容量やメモリの容量を示す単位）となる。

　半角のアルファベットや数字などは1バイトで表現ができるが、日本語はアルファベットよりもはるかに複雑で文字数が多いので2バイト必要になる。

その数字の羅列を実際の文字にあてはめるルールを「文字コード」といい、Shift-JIS、ISO-2022-JP、UTF-8など国によってもさまざまな規格があり、データを表示させるソフトウェアがそれぞれ対応している。また、文字に色をつけたり、大きさを変えたりという属性が付加されることや、機種依存文字としての絵文字などもある。これらの規格や属性などに対応するシステムについて、作成者側と受信者側の環境が異なれば、そこで文字化けが生じてしまうことがある。文字コード全体が狂ってしまってすべて文字化けする場合や、表示できない文字のみが化ける場合、そして表示ができない一つの文字が原因となり、その後の規律が乱れて化けてしまうことなどがみられる。

　さらに、作成者側と受信者側だけではなく、それを経由するサーバの環境によっても文字化けが起こりうるとされている。もともとのメールに文字化けの原因となりうる事情があり（たとえば、環境依存文字を使用していた）、そのデータを利用していたために作成者・送信者間に文字化けの問題がなくても化けてしまう場合もある。文字化けは奥が深く、完全に防ぐことは難しい。一般的なのは、文字に属性をつけない（HTMLではなくテキストデータ）、環境依存文字を使わない（「①」「②」や「Ⅱ」「Ⅲ」など）、半角と全角を混ぜない、こうしたメールをそのまま返信・転送しない（新規作成をする）などが考えられるが、味気がなかったり不便だったりもするので、文字化けとはある程度うまく付き合う覚悟も必要かもしれない。

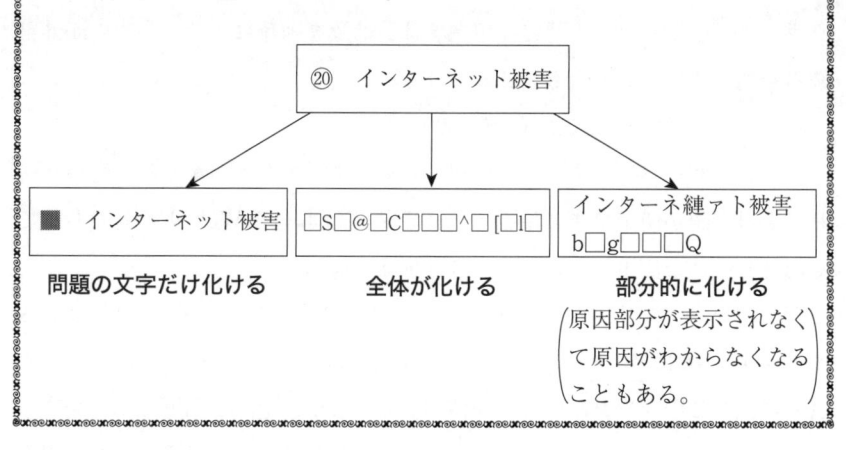

⑳　インターネット被害

■　インターネット被害	□S□@□C□□□^□ [□|□	インターネ縺ァト被害 b□g□□□Q
問題の文字だけ化ける	全体が化ける	部分的に化ける

（部分的に化ける：原因部分が表示されなくて原因がわからなくなることもある。）

(3) Web サイト開設
㋐ はじめに

　Web サイトを開設する方法で最も簡便なのは、インターネットを接続するプロバイダとの基本契約に、自分の Web サイトを作成できるサービスを含めることである。しかし、プロバイダが提供する基本サービスで作成できる Web サイトは、通常、セキュリティ面から制約が厳しいため自由度が低い場合が多い。インターネット上で事業を行おうとする場合は、独自ドメインの取得、大量データのやりとり、複雑なプログラムの使用などの需要があるため、より汎用性のある Web サーバが必要になる。

　このため、事業として Web サイトを開設する場合は、たとえば、Web サイトのデータを格納するサーバを利用するために、プロバイダやその他の業者が提供する「サーバレンタル契約」、自前でサーバを用意した人のために「自前サーバをインターネットに接続する契約」、自らの希望に沿った URL のドメインを取得するために、ドメイン取得代行業者との「ドメイン取得代行契約」などを締結することになる。これらの契約内容は重複していることもあり、契約内容もさまざまなものがある。国内、国外の事業者があり、サクラサイト事業者などの悪質な事業者は、追及を困難にさせるために海外事業者を利用している場合も多くみられる。[23]

㋑ レンタルサーバと自前（自宅）サーバ

　レンタルサーバは、国内外に有料・無料さまざまなものがある。海外サーバでも日本語が使用できる場合もあるため、日本語の Web サイトであっても海外サーバを使用しているケースも少なくない。

　なお、レンタルサーバの設定によっては、プロキシ（データが入っているサーバの代わりにデータをやりとりしてくれる代理サーバ）の設定を行うことによって、どこのレンタルサーバを使用しているか、追跡が困難である場合もある。プロキシはいわゆるハッカーなどによる外部からの攻撃から、重要な

23　これらの Web サーバやメールサーバの運用や提供、ドメインの取得代行などのサービスを「ホスティングサービス」という。

情報の入ったサーバを守るために使われるべき技術であるが、悪質な事業者が追及を免れるために利用されている場合もみられる。

　自前サーバは、どこかのプロバイダとの契約は存在するが、その内容はインターネットへの接続の契約であって、サーバは自前で調達し、同サーバにサイトのデータを保存しているものである。そのデータの内容が不適切なものであっても、プロバイダが内容を管理することは事実上困難である。自前サーバは設定が自由であるため、プロキシを使用されると追跡は困難である。

　(ｳ)　DNS とは

　ドメインネームサーバ（DNS）とは、実際に Web サイトに表示するデータが入っているサーバの場所（IP）を、ドメイン名（例：minjiho.com）に変換するサーバである。

　〔図14〕のように、たとえば、ユーザが、①株式会社民事法研究会（minjiho.com）の Web サイトを閲覧しようとする場合、②DNS サーバに「minjiho.com の IP アドレスを教えて」と問合せがいく。③DNS サーバは「minjiho.com の IP は203.141.249.138」と答えを返す。④「203.141.249.138」と

〔図14〕　DNS の役割

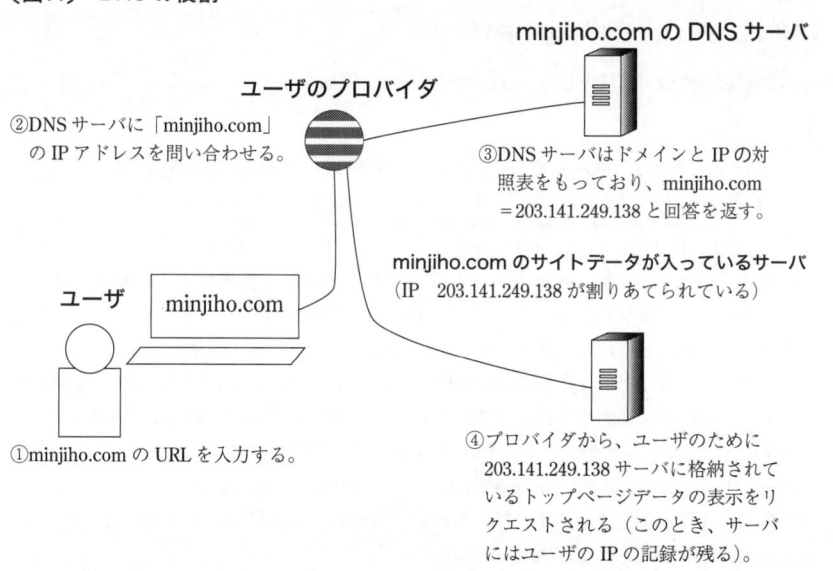

minjiho.com の DNS サーバ

ユーザのプロバイダ

②DNS サーバに「minjiho.com」
　の IP アドレスを問い合わせる。

③DNS サーバはドメインと IP の対
　照表をもっており、minjiho.com
　＝203.141.249.138 と回答を返す。

minjiho.com のサイトデータが入っているサーバ
（IP　203.141.249.138 が割りあてられている）

ユーザ　minjiho.com

①minjiho.com の URL を入力する。

④プロバイダから、ユーザのために
　203.141.249.138 サーバに格納されて
　いるトップページデータの表示をリ
　クエストされる（このとき、サーバ
　にはユーザの IP の記録が残る）。

いう IP が割り振られたサーバに入っているデータがユーザのブラウザに表示される。

(4) 相手方の特定

(ア) WHOIS 検索

インターネット詐欺事案において、最低限取得できる情報は、事業者のWebサイトのURLやEメールアドレスである。当該Webサイトに「特定商取引法による表記」が正しくなされている場合は相手方の特定も可能であるが、上記表記が虚偽である場合は、WebサイトのURLにつき、WHOIS検索を利用するなどして、ドメインの登録情報を確認することになる。

また、Eメールアドレスが、独自ドメイン（上記2(5)(ウ)参照）である場合も同様に、WHOIS検索によるドメイン登録情報の確認をすることになる。

WHOIS検索とは、ドメイン名から登録者情報を調べるインターネット上のサービスのことであり、同検索により当該ドメインの登録情報が判明する場合がある。

なお、gTLDのWHOIS検索では、〈表5〉①を提供することがICANN[24]により義務づけられている。また、JPドメイン名のWHOIS検索（JPRS WHOIS）では、〈表5〉②を提供している。

WHOIS検索については、JPRSが提供するWebページ[25]などが使用しやすい。

そのほか、Webサイト名aguse[26]は、IPアドレスやドメインを入力するこ

---

[24] 「gTLD」とは、ジェネリック・トップレベル・ドメインのことである。インターネットで使われるトップレベルドメイン（TLD）のうち、全世界の人々にサブドメイン名を取得する権利があるものをいう。ICANNが管理を行い、ICANNが認定した世界中のレジストリと呼ばれる業者が割りあて業務を行っている。商用を表す「.com」、ネットワークを表す「.net」、非営利団体を表す「.org」の三つ（実際は登録する組織に制限はない）が伝統的に用いられていたが、企業専用の「.biz」、汎用の「.info」、個人専用の「.name」などの新しいgTLDが平成13年に運用開始されている（IT用語辞典e-Words「gTLD」〈http://e-words.jp/w/gTLD.html〉参照）。

[25] 株式会社日本レジストリサービスHP「WHOIS」〈http://whois.jprs.jp/〉。

[26] aguse「検索画面」〈http://www.aguse.jp/〉。

44

とによって、容易にドメイン登録情報、Web サーバ、経路の調査を可能とするほか、さらには E メールのヘッダー情報の解析なども可能であり、大変便利である。

〈表5〉 WHOIS 検索によって公表されている登録情報

① gTLD ドメインの場合	② JP ドメインの場合
登録ドメイン名	登録ドメイン名
レジストラ名	
登録ドメイン名のプライマリおよびセカンダリネームサーバ	登録ドメイン名のネームサーバ
ドメイン名の登録年月日	ドメイン名の登録年月日
ドメイン名の有効期限	ドメイン名の有効期限
ドメイン名登録者の名前および住所	ドメイン名登録者の名前（ne.jp ドメイン名についてはネットワークサービスの名前）
技術的な連絡の担当者の名前、所属組織名、電子メールアドレス、電話番号	技術的な連絡の担当者の名前、住所、電子メールアドレス、電話番号（属性型・地域型 JP ドメイン名の場合）
登録に関する連絡の担当者の名前、住所、電子メールアドレス、電話番号	登録に関する連絡の担当者の名前、所属組織名、電子メールアドレス（属性型・地域型 JP ドメイン名の場合）
	登録者への連絡窓口担当者の名前、電子メールアドレス、電話番号、Web ページ（任意）、住所（任意）（汎用 JP ドメイン名の場合）

(イ) WHOIS 検索による調査の限界

WHOIS 検索で IP アドレスが判明すれば、理論的には「相手」が特定さ

45

れたことになるが、海外のレンタルサーバやプロキシを使用されていると、その先を追うことは困難である。この場合、ドメイン登録者情報による特定も考えられるところであるが、ドメイン登録に際して、レジストラやリセラーに厳格な本人確認情報は課せられておらず、登録された情報が真実であるとは限らない（現に実務では、実在しない住所が登録されているケースなどがみられる）。

　また、登録者情報を非公開（WHOISプロテクト）にすることは技術的に可能であり、「WHOIS登録代行サービス」などを行い、登録者情報を非公開にするサービスを行う業者もいる。

　さらに、平成24年には、他人のPCを遠隔操作しIPを乗っ取り掲示板に書き込むことで、無実の者（遠隔操作されたPCの所有者）が逮捕された事案があり、IPアドレスの端末の使用者と行為者は必ずしも一致しないことが示された。

4　データ復元

(1)　ファイルデータのしくみと復元方法

　PC、携帯電話ともに、デジタルデータを削除しても、論理的に削除されているのであって、物理的（電磁的）に直ちに削除されているわけではない。

　たとえば、〔図15〕のように電子データが電磁的に記録されており、このうちF・H・Iのファイルが削除処理されると、これらのデータは電磁的に消去されるわけではなく、上書きが可能である状態になるだけである。この状態であればデータの復元は可能である。しかし、さまざまな操作を行っているうちに、ファイルに上書きをされる。そうすると、元のデータは電磁的に消滅する。

　PCや携帯電話等の端末の記録装置の内部では、常にこのようなことが繰り返されているため、使用してから一定時間が経過し、広い範囲でデータの記録が〔図15〕のようになると、作業効率が落ちる。

　この際、PCで、ハードディスクのデフラグを行うと、ファイルの上書

〔図15〕 電子データの削除

○	Aファイル
○	Bファイル
○	Cファイル
○	Dファイル
○	Eファイル
×	Fファイル
○	Gファイル
×	Hファイル
×	Iファイル
○	Iファイル
○	Jファイル
○	Hファイル

〔図16〕 電子データの並び替え

○	Aファイル
○	Bファイル
○	Cファイル
○	Dファイル
○	Eファイル
○	Gファイル
○	Iファイル
○	Jファイル
○	Kファイル

き、並び替えをし、削除されたファイルを一掃されることになり、〔図16〕のようになる。その結果、ディスクが軽く、ファイルも効率よく並ぶので作業効率はあがるが、データ復元はできなくなるといってよい。

(2) Eメールデータのしくみと復元方法

　Eメールソフトはさまざまなものがあるが、上記(1)のファイルデータ復元とは少し異なり、メールのやりとりが1ファイルずつ個別に格納されているものではない場合がほとんどである（携帯電話のメールでは一部そうした格納を行っているものもある）。多くは、「送信」「受信」などのフォルダごとに一つのファイルになっている。

　すなわち、メールの復元は、メールソフトの「ごみ箱フォルダ」を司っている一つのファイルに対して復元作業を行うことになる。

　データの復元方法は、それぞれのメールソフトや、それぞれのバージョンによって方法が異なる。また、そのメールデータを格納しているファイルは、隠しファイルであったり、システムファイルであったりして、OSに管理者権限でログインしなければならない場合もある。

　よって、一般的には復元用のソフトを使用するのが簡単で便利である。

PCのデータ復元ソフトであれば、有料・無料さまざまなものが出ている。

　Eメールのデータは、自分のPOPサーバにも一度は入っており（上記2(2)参照）、Eメール受信の設定で「受信後POPサーバのデータを削除する」か否かを設定することができる。「削除しない」と設定すれば、使用可能なデータ容量を超えない限りEメールはPOPサーバに残ることになる。しかし、Eメールデータを削除しなければ、大量のEメールがPOPサーバに残るので、受信のたびに一度受信したEメールか否かをすべて確認し、新着のEメールだけをダウンロードさせるため、POPサーバの作業量が増え、受信のたびに時間がかかることになる。こうした理由から、メインで使用する端末ではEメールを受信したらPOPサーバのEメールを削除する設定になっていることが一般的といえる。データの復元については、POPサーバにも同じことが理論上いえるが、ユーザがPOPサーバのデータの復元を行うことはできない。携帯電話では、電話会社に対して送受信の時間や相手などの履歴を取り寄せることができるサービスもある（第3章Ⅱ4参照）。

コラム　Eメール送信ができない

「Eメールの受信ができるのに送信ができない」、「ノートパソコンを外に持ち出したらEメールが送信できなくなった」などという経験はないだろうか。これは、大量送信を行うspamメール防止のためにプロバイダが行っているセキュリティ対策のためである。
　たとえば、Aというプロバイダでインターネットに接続し、Aで発行されたEメールの送受信を行うのであれば問題がないが、Aでインターネット接続をし、Bプロバイダで発行されたEメールを利用するときに問題が生じる。会社と家のインターネット接続環境が異なっていたり、外でのWi-Fiスポットなど、インターネット接続はさまざまな場面で変わるのが一般的になってきている。通常、そのような環境でもEメールの送受信が自由に行えるようにEメールの送信には、インターネットでデータをやりとりする際にEメールデータを送信するための識別番号であるポート番号（物理的な線には、Eメールデータやファイルのダウンロードなどさまざまなデータが流れるが、それらの属性によってポート番号をつけ、交通整理を行っている）を、送信者の認証が不要で

ある場合が一般的である25番ポートを使用していたが、それを利用してspam業者が外部から大量迷惑メールを送るようになったため、その防止法として、インターネット接続プロバイダは25番ポートを用いた外部への送信をブロックするようになった（OP25B（Outbound Port 25 Blocking）という）[27]。

善良な利用者は、これを解除するために認証機能のある送信ポートに設定することによって送信を行うことができるが、それにはメールソフトの設定を変更しなければならない。プロバイダがある日突然OP25Bを導入したら「Eメールの受信ができるのに送信ができなくなった」ということになる。

これによって、これらのプロバイダを利用してのspam送信は難しくなるが、そうするとOP25Bを利用していないサーバ（主に国外）を利用してspamが送られてくることになる。

Eメールヘッダ部分を偽造されているEメールをブロックするなど、spam業者とプロバイダの攻防は続いている。

---

[27] 一般財団法人日本データ通信協会（JADAC）迷惑メール相談センターHP「迷惑メール対策技術」〈http://www.dekyo.or.jp/soudan/taisaku/i2.html〉では、国内のプロバイダのOP25B実施状況などを発表している。

Ⅲ　現行法制の課題

1　虚偽広告により意思形成がなされた場合における民事規定

　インターネット取引では、広告が消費者の契約締結の意思形成過程に与える影響は少なくない。ところが、現行法では、「広告」についてはもっぱら行為規制および制裁としての行政処分が規定されているにとどまり、取消権などの民事効につながる規定は、事業者が「勧誘」をした場合に限られている。前述のとおり、インターネット取引においてはターゲティング広告の発展が著しいところ、ターゲティング広告は、①消費者側からみると、そもそも一定の興味がある分野等と関連する広告が表示されることから、そのまま契約締結の意思形成に至るケースは少なくないと思われること（意思形成過程に与える影響の大小ではない）、②特定のターゲット層に対する広告については、事業者側からみると、ターゲティング広告は、事業者がさまざまな技術を駆使して、広告によって商品を購入してくれそうな消費者向けにターゲットを絞って、効率的に広告を提供しているのであり、顧客名簿など何らかの資料をベースに勧誘先を選定して勧誘を行うリアル取引と類似しているともいえる。

　したがって、ターゲティング広告は、「広告」に区分されるものの、「勧誘」との境界があいまいな広告であるといえる。ただし、ターゲティング広告は、マーケティング効果としてはマス広告よりも効果が高いともいえるが、「意思形成過程に与える影響」がマス広告よりも大きいとは必ずしもいえないことから、ターゲティング広告だけを切り出して、「勧誘」と同レベルの民事規定を設けるべきであるとの方向性は妥当ではないものと思われる。

　そうすると、「広告」全体と「勧誘」について考えるべきであることになるが、ターゲティング広告のように「勧誘」との境界があいまいな「広告」が発達した現状においては、「広告」と「勧誘」の明確な区別が困難な場合

もあることからすれば、「広告」と「勧誘」について、その形式面だけで民事規定の効果について差異を設けることの合理性は失われているというべきである。

消費者契約法において、立法担当者は、「『勧誘』とは、消費者の契約締結の意思の形成に影響を与える程度の勧め方をいう」との解釈を示している[1]。そうであれば、「広告」であれ、「勧誘」であれ、消費者の意思形成過程に与える影響が大きいのであれば、「広告」についても、消費者契約法4条の取消権の対象とすることが立法担当者の解釈に立ったとしても妥当であるといえる。

2　複数介在する第三者との法律関係

インターネット取引においては、①アフィリエイトにおけるアフィリエイター、②口コミサイトにおける投稿者や有名人ブログなど、それ自体からは直ちに広告とはわからないステルスマーケティングのような第三者の表示行為[2]が消費者の当該商品購入等の意思形成に強く働きかける場合がみられる。広告表示規制法には、①景品表示法、特定商取引法、旅行業法、貸金業法など、その規制主体を販売等契約の主体に限定している法律と[3]、②健康増進法、医療法など規制主体に特に制限を設けていない（「何人も」とするもの）法律がみられる。

特定商取引法には不実告知取消しなどの民事規定があるものの、あくまでも行為対象者は「販売業者」等であるから、上記で例示した第三者が不実告

1　消費者庁企画課編『逐条解説消費者契約法〔第2版〕』108頁。
2　なお、一部のブログ事業者は芸能人や有名人のブログにおける記事について、当該記事が広告であることを明らかにするための「PRマーク」制度の導入などを始めたり、ブログを商業目的や広告目的で利用することを禁止するガイドラインを定めており、違反があった場合はアカウント利用停止措置等をとるなどの対応がとられている（第8回インターネット消費者取引連絡会「資料4　Amebaにおける健全運営のための取り組みについて」〈http://www.caa.go.jp/adjustments/pdf/130306shiryo4.pdf〉および「資料5　Yahooブログにおける不適切な投稿防止の取り組み」〈http://www.caa.go.jp/adjustments/pdf/130306shiryo5.pdf〉などを参照されたい）。

知等をした場合にまで同法の取消しの対象にすることは、基本的に難しいといえる。当該第三者と販売業者が、「総合してみれば一つの通信販売を形成していると認められる」ような極めて例外的な場合に限られることになろう[4]。

健康増進法等は規制対象に制限はないものの、民事規定は設けられておらず、私法上の被害回復には直結しない。

消費者契約法においては、行為主体は当該契約主体としての「事業者」に限られている。例外的に、同法5条の「媒介の委託を受けた第三者」に該当する場合は、当該第三者の行為の結果についても「事業者」または当該第三者に帰属する旨が規定されているところ、「媒介の委託を受けた第三者」につき、立法担当者は「媒介とは、『他人間の間に法律行為が成立するように、第三者が両者の間に立って尽力すること』であり、『両者の間に立って尽力

---

[3] たとえば、消費者庁は、「『インターネット消費者取引に係る広告表示に関する景品表示法上の問題点及び留意事項』の一部改定について」（平成24年5月9日）において、「口コミサイトに掲載される情報は、一般的には、口コミの対象となる商品・サービスを現に購入したり利用したりしている消費者や、当該商品・サービスの購入・利用を検討している消費者によって書き込まれていると考えられる。これを前提とすれば、消費者は口コミ情報の対象となる商品・サービスを自ら供給する者ではないので、消費者による口コミ情報は景品表示法で定義される『表示』には該当せず、したがって、景品表示法上の問題が生じることはない。

ただし、商品・サービスを提供する事業者が、顧客を誘引する手段として、口コミサイトに口コミ情報を自ら掲載し、又は第三者に依頼して掲載させ、当該『口コミ』情報が、当該事業者の商品・サービスの内容又は取引条件について、実際のもの又は競争事業者に係るものよりも著しく優良又は有利であると一般消費者に誤認されるものである場合には、景品表示法上の不当表示として問題となる」（下線は筆者による）としている。

もっとも、ステルスマーケティングの場合はそもそも、事業者と当該第三者との関係の立証が必ずしも容易ではないものと思われる。したがって、当該第三者と事業者との「関係性」を明確にするための立法も考えられるのではないか（第7回インターネット消費者取引連絡会「資料6　口コミサイトに関する課題」（森亮二）〈http://www.caa.go.jp/adjustments/pdf/121205shiryo6.pdf〉などを参照）。

前掲（注2）の「PRマーク」は関係性の指標となりうるものと思われる。

[4] 平成25年2月20日付け各経済産業局及び内閣府沖縄総合事務局長あて消費者庁次長・経済産業大臣官房商務流通保安審議官通達「特定商取引に関する法律等の施行について」（第2章第1節1⑾）参照。

する』とは通常、契約締結の直前までの必要な段取り等を第三者が行っており、事業者が契約締結さえ済ませればよいような状況」であるという厳格説[5]に立っている。そうであるとすれば、仮に広告を消費者契約法の取消権の対象となる事業者の行為としたとしても、上記第三者が、消費者契約法5条にいう「媒介の委託を受けた第三者」には必ずしも該当しないことになる。

　一方、消費者契約法5条については、「事業者が第三者に委託する尽力の対象が、消費者契約締結に至る一連の過程の一部に限定される場合があるが、かかる場合も本要件の『媒介』に該当し得る」とする、実質説も存在する。[6]

　そうすると、契約法たる消費者契約法において、同法5条にいう「媒介の委託を受けた第三者」の範囲につき「実質説」に沿った判断が明確にできるよう同法の改正をすることも検討すべきであろう。

3　改ざん・消去が容易である証拠の保全

　インターネット取引被害については、すでに述べたとおり、証拠が相手方に偏在しがちであることに加え、当該証拠たりうるものがWebサイト上のデータであることも少なくなく、①できる限り早い段階でWeb画面等を保存するなどの措置を講じたり、②必要に応じて証拠保全手続により証拠収集を図ることになる。

　しかし、上記①については、被害にあったごく初期の段階で相談に訪れるケースは必ずしも多くはなく、相談時にはすでにWebサイトが消滅していたり、サクラサイト詐欺の事案でいえば、当該Webサイトのサーバ上にはすでに必要なメッセージが保存されていないことや、フィーチャーフォンなどの容量の少ない端末による場合はサイト事業者から受信したメールについても過去のものから順次消去されてしまっている場合も少なくない。また、②については、そもそも送達が奏功しなかったり、検証場所等において管理

---

[5] 消費者庁企画課・前掲（注1）。
[6] 落合誠一『消費者契約法』98頁。

者が不在であるために同所に立ち入ることができないケース、あるいはそもそも検証場所として適当な場所を探知することが困難なケースなどがあり、インターネット消費者取引被害の分野では、実効性が必ずしも高くないのが実情である。

　そうすると、たとえばサクラサイトは、当該サイトに入会した会員はサイト事業者が通信の媒介をすることにより他の会員と通信をすることを可能であるしくみであるなど、継続的な役務提供を内容とする取引類型については、当該契約の性質が準委任契約であると解されることから（民法656条）、受任者たるサイト事業者は委任者たる会員に対し、委任事務処理状況の報告や委任終了後においては顛末報告義務が課せられていることに着目し、同義務を履行するために、開示先を委任者たる個々のサイト会員に限定したうえで、通信記録の作成保存および開示義務を課すとの立法政策も考えられると思われる。もっとも、通信記録の保存は個人情報保護の観点からは好ましくないとの解釈が示されているため、[7]同法で示された見解との調整をいかに行うべきかが課題となろう。

4　法規制の対象となる通信技術の進展への対応

　迷惑メール規制等を目的とする特定電子メール法は、その対象となる「電子メール」を、SMTPが用いられる通信方式（すなわちEメール）と、SMSを対象としている（特電法2条1号、特電令）。

　また、特定商取引法は、Eメール広告規制の対象となる通信方式につき、その表現は特定電子メール法とは異なるものの（特商法12条の3、特商令11条の2）、特定電子メール法と同様にEメールおよびSMSとされている。[8]

　しかし、近年はFacebook、LINE、MixiなどのSNSによるメッセージ

---

[7]　総務省「電気通信事業における個人情報保護に関するガイドライン」の本文および解説参照。

[8]　消費者庁取引物価対策課＝経済産業省商務情報政策局消費経済政策課編『特定商取引に関する法律の解説〔平成21年版〕』113頁。

が端緒となるインターネット取引被害が散見されるところであり、現行法の対象のままでは不十分であろう。

5 プロバイダの発信者情報開示

(1) 現行プロバイダ責任制限法下の問題点

　プロバイダは、電気通信事業法の電気通信事業者に該当するため、同法に基づく「通信の秘密」および「通信に関して知り得た他人の秘密」の保持義務が課せられており（同法4条）、違反行為があった場合は刑事罰を課せられることもありうる。この例外として、その義務が解除され、開示が正当化される場合としてプロバイダ責任制限法に基づく発信者情報開示請求制度が存在する。

　ところが、現行法のプロバイダ責任制限法は、発信者情報開示請求の対象を「特定電気通信による情報の流通により……権利が侵害された」場合（プロ責法3条1項）に限定している（第2章Ⅵ3参照）。立法担当者の見解では、電子メール等の1対1の通信（架空請求詐欺などはEメール送信によって行われることも少なくない）による詐欺事案は「情報の流通によって権利が侵害された場合」ではないので、同手続の対象外であるとの解釈が示されている[9]。

　さらに、プロバイダ責任制限法施行後10年を機に、総務省の利用者視点を踏まえたICTサービスに係る諸問題に関する研究会において、平成23年7月には「プロバイダ責任制限法検証に関する提言」[10]がとりまとめられたが、そこでも対象となる「特定電気通信」の定義および開示要件の緩和等の見直し[11]の必要はないとの結論に至っている。

---

[9] 立法担当者は、「流通している情報を閲読したことにより詐欺の被害に遭った場合などは、通常、情報の流通と権利の侵害との間に相当因果関係があるものとは考えられないため、この法律の対象とはならない」とする（総務省総合通信基盤局消費者行政課編『改訂版プロバイダ責任制限法』15頁）。

[10] 総務省「プロバイダ責任制限法検証に関する提言」〈http://www.soumu.go.jp/main_content/000122708.pdf〉。

第1章 総 論

　さらに、電気通信事業における個人情報保護に関するガイドライン15条1項では、裁判官の発付する令状により強制処分として捜索・押収等がなされる場合は開示を拒むことができないとする一方、裁判所からの調査嘱託や弁護士会照会制度に基づく照会等については、原則として開示に応じることは適当ではないとの解釈が示されている。

　一般論として通信の秘密が保護されなければならないという結論はむろん首肯しうるものであるが、インターネット詐欺事案における相手方の発信者情報（詐欺を行った者）についても、かかる一般論が常に妥当するかについては極めて疑問である。事案によってはEメールアドレスの発信者情報開示が当事者を特定する最後の砦であるにもかかわらず、プロバイダは開示の正当性が明確となっているプロバイダ責任制限法に基づく発信者情報開示の要件を充足していないために、発信者情報の開示を拒否し、その結果、被害者は泣き寝入りを強いられるという事態は、結局詐欺を行った者を資する結果にしかならず妥当ではないことは明らかであろう。そうすると、現行のプロバイダ責任制限法の「発信者情報開示請求」の要件に該当しない場合であっても、プロバイダが発信者情報開示に応じることが正当化される根拠を導

11　総務省総合通信基盤局消費者行政課・前掲（注9）では、プロバイダ責任制限法が特定電気通信のみを対象としていることにつき、「これは問題となる情報が電気通信役務を提供する者の電気通信設備に記録されており、不特定の者からの求めに応じてその情報の自動的な送信が継続的に行われるものである。このような通信は、不特定多数の者を対象としており、被害の広がりやその拡大のスピードという点で、電気通信役務を提供する者による迅速で適切な対応が特に必要とされている」とし、電子メールについては「特定の者を対象とし、かつ、過去に問題となる通信を行ったからといって、それ以降の通信について問題となる情報の送信が必ず行われるとは限らないものであり、被害の広がりやその拡大のスピードという点で、特定電気通信とは異なる」ことや、「電子メールは特定者間の通信であって非公知であり、プロバイダ等がその内容を探知すべきものではなく、かつ、通信の秘密との関係上、その内容をプロバイダ等は確認することができず、プロバイダ等において他人の権利侵害（又は権利侵害の明白性）について判断することができないことからすると、これをプロバイダ責任制限法の対象とすることは、発信者のプライバシーや通信の秘密などといった重大な権利を不必要に侵害する可能性がある」として、現行プロバイダ責任制限法の対象とするのは妥当ではないと結論づけている。

Ⅲ　現行法制の課題

くことが可能であるかを検討する実益があるというべきである。

(2) **詐欺を行った者の発信者情報を開示する正当性の根拠**

　発信者情報開示の正当性の根拠につき、まずは、詐欺を行った者の特性に着目して、当該発信者の「匿名性」は「通信の秘密」等によって保護すべきか否かという観点から検討する余地がある。たとえば、当該発信者が特定商取引法の「通信販売業者」に該当するのであれば、当該発信者は自らの氏名、住所および電話番号等の表示義務を負っているから（特商法11条5号、特商規8条1号）、当該通信販売の事業に関して生じたトラブルである場合は、「匿名性」を保護すべき必要性はないと考えられるだろう。この点については、最決平成19・12・11民集61巻9号3364頁が、電気通信事業者ではなく、金融機関が顧客情報を開示することと守秘義務違反に関する事件ではあるが、文書提出命令にかかるその対象となった金融機関が顧客情報の開示に応じることが、民事訴訟法197条3号「技術又は職業の秘密に関する事項」に該当するか否かにつき、「<u>当該顧客自身が当該民事訴訟の当事者として開示義務を負う場合には、</u><u>当該顧客は上記顧客情報につき金融機関の守秘義務により保護されるべき正当な理由を有さず、</u>金融機関は、訴訟手続において上記顧客情報を<u>開示しても守秘義務には違反しない</u>というべきである」（下線は筆者による）としている点が参考となる。

　以上からすれば、少なくとも特定商取引法の通信販売業者がその業務に関して利用したメールアドレスについては、当該販売業者は住所・商号等の開示義務を負っているから、プロバイダが当該発信者情報開示に応じたとしても守秘義務違反とはならず、開示に応じる正当性根拠があるという考え方が成り立つといえるだろう。

　もっとも、以上の場合に限り発信者情報開示の正当性根拠が認められるというのでは、インターネットショップ詐欺など形式上「通信販売業者」であることが明らかである場合はその対象となるものの、還付金詐欺など官庁を騙るような架空請求詐欺をはじめその他多くのインターネット取引詐欺はその対象外となってしまう結果となる。そうすると、上記以外で当事者の属性

57

に着目して、相手方は自らの住所・氏名等を開示する義務があるとしたり、「匿名性」を保護すべき必要性がないとするためにはどのような正当性根拠が考えられるのか、あるいは「通信の秘密」該当性自体につき検討を行う必要があろう。後者については、プロバイダ同様、電気通信事業者たる携帯電話事業者が、投資詐欺に利用された携帯電話に関する契約者情報に関する調査嘱託に対する回答を拒否したという事案につき、回答拒否に正当な理由があったと認められるか否かにつき判断がなされた東京地判平成24・5・22判時2168号67頁が参考になる。

東京地判平成24・5・22判時2168号67頁（抜粋。下線は筆者による）

① 「通信の秘密」（憲法21条2項、電気通信事業法4条1項）該当性
　「本件調査嘱託事項は、いずれも、本件携帯電話番号に関し、その契約者情報を内容とするものであるところ、契約名義人が当該携帯電話による通信の当事者となる場合が多いとしても、契約者情報それ自体から個々の通信の存在や内容が推知されるものではないし、契約者情報が直ちに個々の通信の当事者を特定し得る情報であるともいえないから、憲法21条2項後段及び電気通信事業法4条1項の定める『通信の秘密』には該当しない。よって、被告が本件調査嘱託事項について、これらの規定に基づく秘密保持義務を負うことはない」。

② 「通信に関して知り得た他人の秘密」（電気通信事業法4条2項）としての秘密保持義務の有無
　「本件調査嘱託事項は、本件携帯電話番号に関し、その契約者情報を内容とするものであって、被告が電気通信業務を遂行する過程で取得する情報であるから、『通信に関して知り得た他人の秘密』に該当するというべきである。したがって、被告は、本件調査嘱託事項について、電気通信事業法4条2項に基づく秘密保持義務を負う」。

③ 秘密保持義務と本件調査嘱託に対して回答すべき義務の優劣
　「本件調査嘱託事項のうち、別紙嘱託事項の(1)ないし(3)は、本件携帯電話番号に関し、その契約者情報を内容とするものであるが、いずれも、個々の通信の存在や内容に関する情報ではなく、単に本件携帯電話番号の契約者に関する氏名、住所及び電話番号の情報であり、これらは、人が社会生活を営

む上で、一定の範囲の他者に対しては開示されることが予定された情報であり、個人の内面に関わるような秘匿性の高い情報とはいえず、プライバシーに関わる情報とはいえ、これが開示されることによって当該情報の主体に生ずる不利益は大きなものではない。

　これに対し、調査嘱託は、官庁若しくは公署又は学校等の団体が職務上又は業務上保有する客観的な情報について、簡易かつ迅速な証拠の収集を可能とするものであり、嘱託先が調査嘱託に対して回答すべき必要性は高いというべきである。

　したがって、被告が本件調査嘱託のうち、上記嘱託事項に対して回答すべき義務は、「通信に関して知り得た他人の秘密」としての秘密保持義務に優越するものと解するのが相当であり、被告が本件調査嘱託に対する回答を拒絶したことについて、正当な理由があったとは認められないというべきである」。

(別紙嘱託事項)
(1)　当該携帯電話の名義人の氏名及び住所地
(2)　電話料金請求書送付先住所地
　　その他住所地（変更等がある場合には変更前を含む複数の住所地）
(3)　本件電話番号以外の連絡先電話番号（複数把握しているときには複数）

　また、近年、一部学説においては「通信の秘密」そのものの範囲につき「通信の秘密の保護範囲は通信の内容に限られるべきであり、どのWebサイトへアクセスしたいか、誰が誰と通信を行っているかといった通信の存在それ自体に関する事項は、憲法・電気通信事業法上の通信の秘密の範囲外と考えるべきではないか」と疑問を呈する見解も示されており参考になる。[12]

(3)　1対1のEメールの取扱い

　1対1のEメール等の通信をプロバイダ責任制限法の適用対象外としている点については、同法の発信者情報開示請求の要件として「情報の流通により……権利が侵害された」場合である以上、クローズドである1対1のE

---

[12]　宍戸常寿「通信の秘密について」<http://www.win-cls.sakura.ne.jp/pdf/35/02.pdf>を参照されたい。

メール等の通信が同法の対象外となるのはある意味当然の帰結といえる。

　一方で、被害の実態からして、発信者情報開示請求の開示対象につき「詐欺事案」も含めるべきであると考えれば、Eメール等の通信の場合を除外するべきではないこととなるし、加えて架空請求詐欺、サクラサイト詐欺におけるWebサイトへの誘導の手段としてEメール等が利用されているといった被害実態をも鑑みれば、むしろEメール等の場合であっても対象とすべきといえる。

　もっとも、この場合であっても、1対1の特定者間における通信は秘密性が推定されること、通信の一方当事者の同意だけで直ちに通信の秘密を侵害することが正当化されるわけではないと解されていることをいかに考えるのかが問題として残されている。

　この点については、通信の一方当事者が他方当事者に関する住所・氏名等の開示を求める場合については、「少なくとも被害を受けた者が通信当事者である場合には、これから開示請求があったような場合は、公然性を有する通信と利益状況は似通っている。すなわち、通信内容は受信者には既に分かっており、これを推知させ得る事項としての通信当事者の住所、氏名、発信場所等の情報を秘密として保護する実質的な理由は弱いと考えることができる。したがって、一定の場合には同様に開示が認められる余地はある」といった考え方も示されているところであり、こうした見解も踏まえて検討すべきであろう。[13]

6　当事者特定のための民事訴訟ルール

　詐欺を行った者の特定が困難である場合、実務上、実質的表示説に立ったうえで、Webサイト上の架空の住所および名称であったとしても、一応当事者の特定はできたとしたうえで、その住所や名称等を記載した証拠を作成・提出し、その際に、事件の特質から複数回にわたる調査嘱託が必要であ

---

[13]　子どもを有害サイトから守る会HP「郵政省『インターネット上の情報流通ルールについて』平成8年度報告書」〈http://proxy.sainokuni.ne.jp/yusei/〉参照。

る旨を記載した進行意見書を提出するなどして、手がかりとなる情報を基に調査嘱託の申立てを行う。被嘱託先からの回答がなされた場合は、当該情報からさらに調査嘱託の申立てを行うといった方法を繰り返すほかない。

　このような方法は、現行民事訴訟法が、「被告特定のための調査嘱託」制度を規定していない以上、おのずから限界があり、訴え提起からある程度の期間が経過したにもかかわらずいまだ被告の特定に至らない場合は、その後の裁判所の理解を得ることは困難とならざるを得ない。また、調査嘱託に対する回答義務は一般公法上の義務にとどまることから、被害者たる原告は、仮に被嘱託先が正当な理由もないのにその開示に応じないとしても、被嘱託先に対し、開示に応じないことによる責任追及を求めることも容易ではない[14]。

　そうすると、当事者特定のための調査嘱託制度の創設に向けた検討や、調査嘱託に対する被嘱託先の回答義務についても、あらためて検討していく必要があるといえる。

---

[14] 前掲東京地判平成24・5・22の控訴審である東京高判平成24・10・24判時2168号65頁は、「確かに、調査嘱託に対する嘱託先の回答義務は、前記のとおり当該調査嘱託をした裁判所に対する公法上の義務であり、調査嘱託の職権発動を求めた訴訟当事者に対する直接的な義務ではないので、上記公法上の義務に違反したことが直ちに上記訴訟当事者に対する不法行為になるというものではない。しかし、調査嘱託の回答結果に最も利害を持つのは調査嘱託の職権発動を求めた訴訟当事者であるところ、この訴訟当事者に対しては回答義務がないという理由のみで不法行為にはならないとするのは相当ではないというべきである。したがって、調査嘱託を受けた者が、回答を求められた事項について回答すべき義務があるにもかかわらず、故意又は過失により当該義務に違反して回答しないため、調査嘱託の職権発動を求めた訴訟当事者の権利又は利益を違法に侵害して財産的損害を被らせたと評価できる場合には、不法行為が成立する場合もあると解するのが相当である」としており重要な意義を有する（なお、本件においては「単に本件調査嘱託事項のみが記載されているだけで、その目的が判明しない以上、秘密保持等のために回答を拒否したとしてもやむを得ないと考えられる」として嘱託先の不法行為責任を否定している）。

7　多様化する決済方法に対する法整備

　すでにみてきたとおり、インターネット取引では依然としてクレジットカード決済の割合が圧倒的多数を占めるとはいえ、多様な決済方法が発達している。一方、これらの決済方法が、インターネット取引被害を助長させている面があることも否定できない。それにもかかわらず、現在の決済方法に関する法の整備状況は、必ずしも充分とはいえないように思われる。具体的には、①利用割合が最も多いと思われるマンスリークリア方式によるクレジットカード決済が割賦販売法の対象とはなっておらず、このため、ノン・オン・アス（決済代行業者介在型）におけるイシュアの法的な位置づけが不明確であること（カード会員に対していかなる義務を負うのか、抗弁の対抗は認められるのか等）、②インターネット消費者取引被害の多様なクレジットカード決済方法に介在する決済代行業者について何らの規制がなされていないこと、③クレジットカード取引における紛争の解決には国際ブランドルールに委ねざるを得ず、被害救済に必ずしも有効に機能していないこと、④資金決済法における電子マネー事業者に課せられた加盟店管理義務が機能しているとはいいがたいこと、⑤収納代行、キャリア課金制度など、法の対象外となる決済方法が存在するなどの課題を指摘することができ、法の未整備は明らかであり、早期の立法上の対応が必要であろう。

第 2 章

実務のための消費者関連法概説

Ⅰ　はじめに
Ⅱ　依頼者・事業者間の契約に関する法律等
Ⅲ　広告表示・勧誘規制に関する法律
Ⅳ　決済に関する法律等
Ⅴ　犯罪対策に関する法律
Ⅵ　情報・通信に関する法律
Ⅶ　代表者・役員に対する責任追及──会社法
Ⅷ　その他の法律

第2章　実務のための消費者関連法概説

I　はじめに

　インターネット消費者取引被害に関連する法律関係を図示すると〔図17〕のとおりとなる。以下では、実務において理解が不可欠であると思われるポイントに絞って、順次各法律等に触れていくこととする。

〔図17〕　インターネット消費者取引被害に関連する法律等の整理

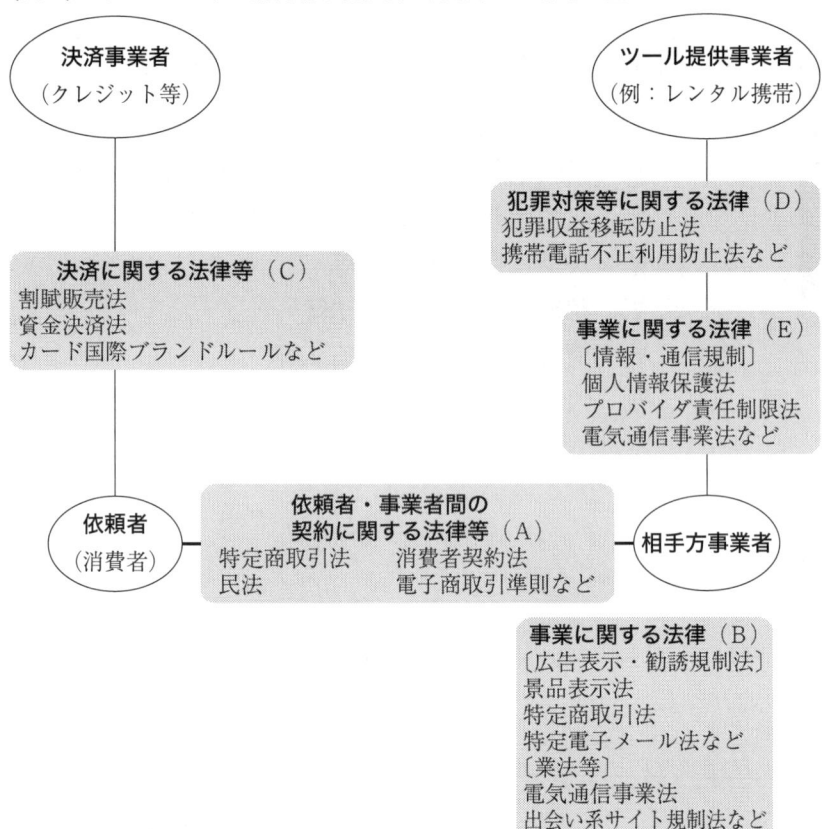

決済事業者（クレジット等）

ツール提供事業者（例：レンタル携帯）

犯罪対策等に関する法律（D）
犯罪収益移転防止法
携帯電話不正利用防止法など

決済に関する法律等（C）
割賦販売法
資金決済法
カード国際ブランドルールなど

事業に関する法律（E）
〔情報・通信規制〕
個人情報保護法
プロバイダ責任制限法
電気通信事業法など

依頼者（消費者）

依頼者・事業者間の契約に関する法律等（A）
特定商取引法　　消費者契約法
民法　　　　　　電子商取引準則など

相手方事業者

事業に関する法律（B）
〔広告表示・勧誘規制法〕
景品表示法
特定商取引法
特定電子メール法など
〔業法等〕
電気通信事業法
出会い系サイト規制法など

代表者・役員の責任（F）
会社法　　　民法

64

Ⅱ 依頼者・事業者間の契約に関する法律等
（〔図17〕A 参照）

1 民法等による契約、法律構成の概説

(1) 契約の成立

　典型的なインターネット取引の流れを図示すると〔図18〕のとおりとなる。契約の成立要件レベルの問題としては、「申込み」と「承諾」はどのタイミングで合致し契約が成立しているといえるか（契約成立時点）、取引の内容を定める規約が契約に組み入れられていると解されるかが問題となる。以下では、〔図18〕(ｱ)～(ｵ)の各段階ごとの留意点等について触れる（規約の組入れの問題については下記(2)において言及する）。

〔図18〕　典型的なインターネット取引の流れ

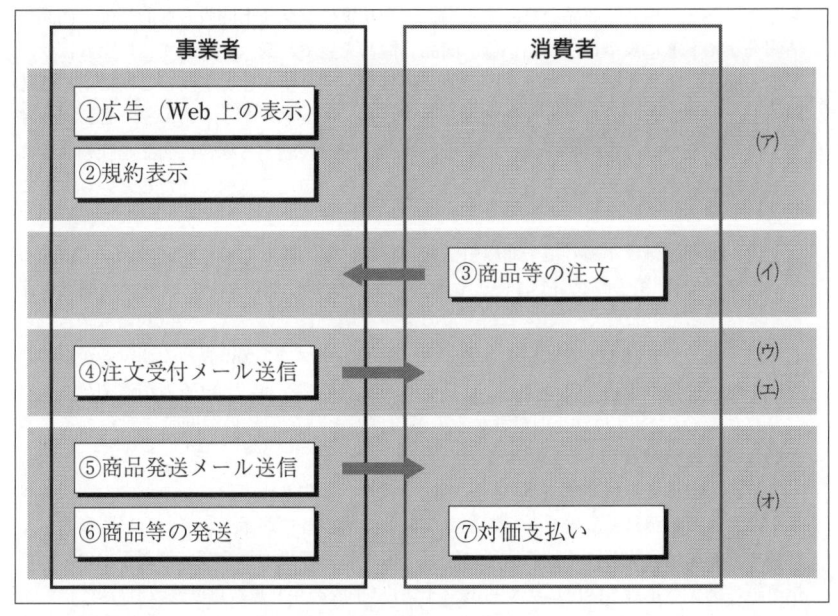

事業者	消費者	
①広告（Web上の表示） ②規約表示		(ｱ)
←	③商品等の注文	(ｲ)
④注文受付メール送信 →		(ｳ) (ｴ)
⑤商品発送メール送信 → ⑥商品等の発送	⑦対価支払い	(ｵ)

(ア) 広告表示

Webサイト上の広告表示は、一般的には消費者からの注文があれば契約を成立させるという趣旨ではなく、消費者が注文をするように仕向ける行為であるから「申込みの誘引」に該当すると考えられる[1]。なお、インターネット広告については、景品表示法をはじめ特別法において広告表示規制の対象となるが[2]、別に述べるように（下記4(3)(イ)、本章Ⅲ1(3)を参照）、広告表示内容が虚偽であるところ、その内容を事実であると誤認した場合につき、現行法はこれに直接対応する十分な民事規定を欠く状況にあるといえる。

(イ) 消費者からの「注文」メール

以上のように解すると、消費者からの注文は契約の申込みにあたる。かかる申込みは、通常、承諾期間の定めのない申込みにあたる場合が多いから、原則として、「申込者が承諾の通知を受けるのに相当な期間を経過するまで」は申込みの撤回はできないことになる（民法524条）。もっとも、Web上のシ

---

[1] たとえば、東京地判平成17・9・2判時1922号105頁は、「インターネットのショッピングサイトを利用して商品を購入する場合、売り手は、サイト開設者を通じて、商品の情報をサイト上に表示し、買い手は、商品の情報を見て、購入を希望するに至ればサイト上の操作により注文し、サイト開設者を通じて、売り手が注文を受けこれに応じる仕組みとなっている。このような仕組みからすると、インターネットのショッピングサイト上に商品及びその価格等を表示する行為は、店頭で販売する場合に商品を陳列することと同様の行為であると解するのが相当であるから、申込の誘引に当たるというべきである」とする。

一方、松本恒雄ほか編『電子商取引法』19頁は、原則論としては本文のように解するとしたうえで、「電子商取引では、そもそも申込を受けた側のコンピュータが個別に諾否を検討することはなく、申込者が一定の条件を満たしていれば、機械的に承諾されることが多い。そうだとすると、インターネット・ショッピングの場合の消費者からの意思表示は、契約の申込みではなく、むしろ一段階進めて、承諾とみる方が適切かもしれない」として、「とりわけ、消費者からの意思表示と代金前払いが同時に行われるような場合はその感が強くなる」とする。

[2] なお、医療法においては、バナー広告は「広告」とする一方、クリニックのホームページにおける表示は「広告」とはみなさないとの解釈基準が示されている（医業若しくは歯科医業又は病院若しくは診療所に関して広告し得る事項等及び広告適正化のための指導等に関する指針（医療広告ガイドライン）（平成25年9月27日最終改訂））。

ョッピングサイトでは、規約において、事業者が商品発送メールを送信する前であれば、申込みから相当期間が経過していなくても申込みの撤回（キャンセル申出）を認めることとされている場合も少なくない。

(ウ) 事業者からの「注文受付」メール

消費者が「注文」メールを受信すると、事業者から「注文受付」のメールが消費者あてに送信される。この場合において、事業者が契約を成立させる意思において返信をするのであれば、契約は同メールが消費者に到達した時点で成立したと解される（電子消契法4条）。

意思表示の到達については、「意思表示が相手方の勢力範囲に入り、了知可能な状態におかれたこと」等と解するのが判例法理であり、電子商取引準則（下記5参照）では、以下のとおりの解釈基準が示されている。同解釈基準は意思表示の到達に関する判例法理を前提としたものであるといえる。[3]

〈表6〉 電子商取引準則で示された解釈基準

項　目	到達と解される時期	読み取り可能な状態
①申込者が返信先のメールアドレスを指定し、当該メールアドレスあてにEメールで送信した場合	承諾通知の受信者（申込者）が指定したまたは通常使用するメールサーバ中のボックスに読み取り可能な状態で記録された時点	文字化けや申込者が利用していないアプリケーションソフトの利用により承諾の通知がなされたためその内容を解読・見読することができなかった場合は、原則として承諾通知は不到達[4]
②上記①以外において、Eメールで送信した場合	上記①では足りず、メールサーバ中のボックスから情報を引き出した時点	

3　最判昭和36・4・20民集15巻4号774頁。
4　電子商取引準則ⅰ4は、「当該取引で合理的に期待されている相手方のリテラシーが低いため、情報の複合ができない場合には、表意者（承諾者）に責任がなく、この要件は、相手方が通常期待されるリテラシーを有していることを前提として解釈されるべきであると考える」との解釈を示している。

67

Web画面による場合	申込者のモニター画面上に承諾通知が表示された時点

(エ) 事業者からの「注文受付」メール——オートリプライメールの場合

　消費者からの「注文」メールを受信すると、事業者側において自動的に「注文を受け付けた」旨のメールが返信される場合も少なくない（いわゆる「オートリプライメール」）。このような注文受付メールが事業者の「承諾」に該当するか否かについては、筆者の調べた限り、公刊物には「承諾」にはあたらないとした東京地判平成17・9・2判時1922号105頁が掲載されている程度である。[5][6]

　前掲東京地判平成17・9・2は、契約の当事者ではないショッピングモール事業者が発信したメールであることから「承諾」にはあたらないという極めて明確かつ簡潔な判断を示すにとどまらず、インターネット取引においては操作の誤りが介在する可能性が少なくないといった性質を有する点に着目

---

[5] 東京地判平成17・9・2判時1922号105頁は、「受注確認メールはヤフーが送信したものであり、売り手である被控訴人が送信したものではないから、権限のあるものによる承諾がされたものと認めることはできない。ちなみに、インターネット上での取引は、パソコンの操作によって行われるが、その操作の誤りが介在する可能性が少なくなく、相対する当事者間の取引に比べより慎重な過程を経る必要があるところ、受注確認メールは、買い手となる注文者の申込が正確なものとして発信されたかをサイト開設者が注文者に確認するものであり、注文者の申込の意思表示の正確性を担保するものにほかならないというべきである。よって、受注確認メールは、被控訴人の承諾と認めることはできないから、これをもって契約が成立したと見ることはできないというべきである」（下線は筆者による）とする。

[6] なお、前掲東京地判平成17・9・2とは反対に、オートリプライメールにつき「承諾」であるとした判決として東京地判平成19・8・3判例集未登載（岡村久道＝森亮二『インターネットの法律Q&A』80頁以下に判決の概要が掲載されている）があるようである。同判決は、事業者がインターネット上で本来13万1000円のカーナビの価格表示を誤って1万3100円と表示してしまった事案につき、当該事業者を発信者とするオートリプライメールにつき「承諾」にあたるとしており、前掲東京地判平成17・9・2とは事案を異にする（本判決は契約の成立を認める一方、事業者の「承諾」は錯誤無効であり重過失もないとして契約の無効を認めている）。

し、オートリプライメールの性質につき「注文者の申込の意思表示の正確性を担保するものにほかならない」としている。後段はインターネット取引一般についての見解を示したものであること、誤操作による錯誤無効についての特例を電子消費者契約法で規定しているといった法律の状況からすれば、同判決で示された解釈は、ショッピングモール事業者が介在するケースに限らず、インターネット通販業者・申込者間において直接のやりとりが行われた場合をも射程範囲内としうるし、その判断にも一定の合理性があるものと思われる。

(オ) 事業者からの「商品発送メール」送信以降

インターネットショッピングサイトなどにおいては、事業者からの「商品発送メール」の送信（注文者への到達）をもって、「承諾」と規約で定められている場合が少なくない。

事業者としては、同メール送信前までは契約が成立していないから、仮に注文を受けた商品の確保が不可能になった場合であっても債務不履行責任を回避することができることになる。

(2) 規約の拘束力（約款法理）

(ア) 拘束力の根拠

約款の拘束力については、自治法規説や白地商習慣説など諸説あるところ、判例は、「保険契約者が契約の時に約款の条項を詳細に知らなくても、なお約款によるという意思をもって契約をしたものと推定される」として、反証のない限り当事者は約款の内容による意思で契約を締結したものと推定されるとする「意思表示推定説」（大判大正4・12・24民録21輯2182頁）に立ち、さらに上記を前提としたうえで、拘束力の根拠として、約款の事前開示あるいは要点の説明等が必要であると解しているといえる（大阪高判昭和40・6・29下級民集16巻6号1154頁、最判昭和57・2・23民集36巻2号183頁）。

すなわち、①約款の事前開示、②約款による旨の合意を約款の拘束力の根拠としている。

この点につき、インターネット取引における規約の組入れ要件として、電

子商取引準則は、①利用者がサイト利用規約の内容を事前に容易に確認できるように適切にサイト利用規約をWebサイトに掲載して開示されていることおよび②利用者が開示されているサイト利用規約に従い契約を締結することに同意していると認定できることが必要であるとの解釈を示している。

(イ) 特定の条項についての拘束力の否定

規約の条項中においては、キャンセル条項、免責条項、解除権制限条項など契約の一方当事者にとって不利益な条項が存在する場合も少なくない。この場合、当該条項の拘束力を否定するアプローチとしては、①成立要件レベル、②有効要件レベルでの主張が考えられる。上記①は、重要な契約条項（契約の一方当事者にとって不利益な条項）については、その条項の重要性に応じた具体的な開示が必要であり、このような開示もなく当該条項について契約の一方当事者に具体的な認識がない場合は合意の拘束力を否定する構成である（推定を覆す）。一方、②は、当該契約が消費者契約である場合は消費者契約法8条ないし10条の不当条項規制によって無効とする構成などである。

(3) 錯誤無効

インターネット取引はWebページの表示（広告）によって契約締結の意思を形成し、Webページの注文ボタンをクリックするなどして契約締結に至ることになる。この場合に発生しうる錯誤としては、①表示内容が虚偽であるところ、当該内容を事実であると誤認して契約締結の意思を形成した場

---

7 なお、電子商取引準則i26では、「取引の申込み画面（例えば、購入ボタンが表示される画面）にわかりやすくサイト利用規約へのリンクを設置するなど、当該取引がサイト利用規約に従い行われることを明瞭に告知しかつサイト利用規約を容易にアクセスできるように開示している場合には、必ずしもサイト利用規約への同意クリックを要求する仕組みまでなくても、購入ボタンのクリック等により取引の申込みが行われることをもって、サイト利用規約の条件に従って取引を行う意思を認めることができる」としており、必ずしも同意クリックを要求しなくても同意の意思を認めることができる場合があるとの解釈が示されている。

8 最判平成17・12・16判時1921号61頁、札幌地判昭和54・3・30判時941号111頁、東京地判昭和57・3・25判タ473号243頁、富山簡判平成17・9・7消費者法ニュース65号164頁ほか。

合（動機の錯誤）、②うっかりクリック（タップ）をした、注文数を誤った、意味を取り違えてクリックをしたなどの場合（表示上の錯誤）がある。上記②については、前述のとおり、電子消費者契約法において、民法95条ただし書に関する特例が規定されている（下記2(2)参照）。一方、①については、動機の錯誤については「動機が明示あるいは黙示に表示されて法律行為の内容となる」ことが必要であるところ（大判大正6・2・24民録23輯284頁ほか）、「ネット取引においては動機が表示されることはほとんどないから動機の錯誤に適用されることはないと思われる」との指摘がある[9]。

なお、法務省法制審議会民法（債権関係）部会において公表された「民法（債権関係）の改正に関する中間試案」においては、不実表示を動機錯誤の一類型とする提案がなされており[10]、仮にかかる立法が実現するのであれば、インターネット上における広告表示に基づいて錯誤を生じた場合、錯誤無効（取消し）を主張する場面も増えるものと思われる。

(4) 未成年者取消し

(ア) 意　義

スマートフォンの普及やインターネットに接続可能なゲーム機の登場により、オンラインゲームなど未成年者を当事者とするインターネット取引に関する事件は増加傾向にあるといえる。インターネット取引については、特別法による民事規定は極めて限定的に規定されているにすぎず、そうすると、未成年者を当事者とする事案においては未成年者取消しを主張の第一に検討する場合が少なくない（第4章Ⅵ3(3)参照）。

未成年者取消権については、法定代理人の同意の有無、処分を許された財産該当性、詐術の有無、原状回復の範囲が問題となるところ、実務における

9　松本ほか・前掲（注1）306頁。一方、電子商取引準則ⅰ18は、「錯誤による契約の無効の主張が可能な例」として、「申込者が内心で認識していたサービス内容と、実際に成立した契約で提供されるサービス内容とに食い違いがあった場合」（伝統的な通説では動機の錯誤として扱われる「物の性質の錯誤」である）等を例示している。

10　法務省法制審議会民法（債権関係）部会「民法（債権関係）の改正に関する中間試案」〈http://www.moj.go.jp/content/000108853.pdf〉（第3・2(2)）参照。

〔図19〕 未成年者取消権の検討フローチャート

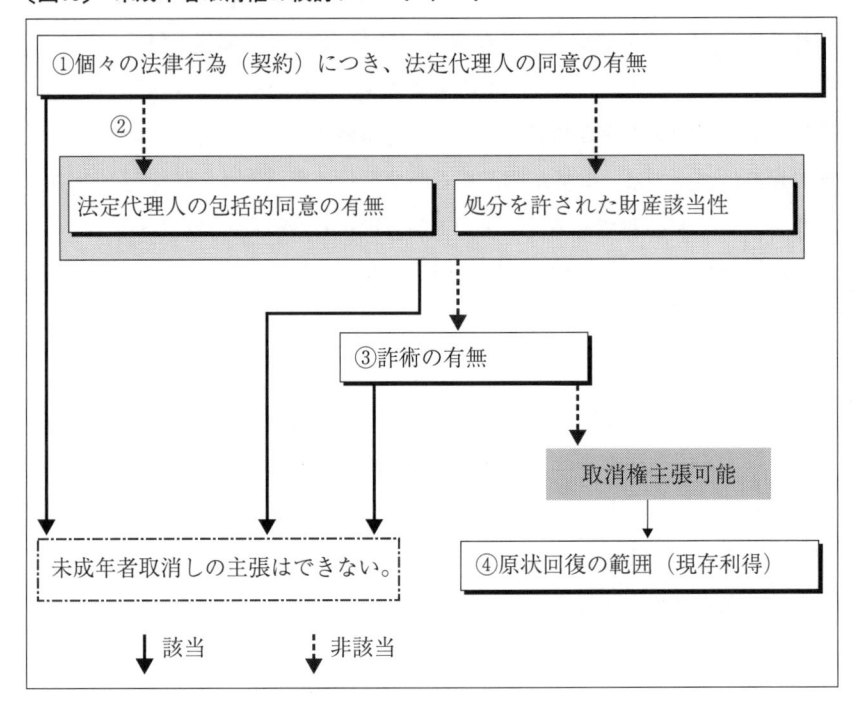

```
①個々の法律行為（契約）につき、法定代理人の同意の有無
         │
         ②
    ┌────┴────┐
    ▼         ▼
法定代理人の包括的同意の有無   処分を許された財産該当性
    │         │
    │         ▼
    │      ③詐術の有無
    │         │
    │         ▼
    │      取消権主張可能
    │         │
    ▼         ▼
未成年者取消しの主張はできない。  ④原状回復の範囲（現存利得）

↓ 該当    ┆ 非該当
```

　未成年者取消権の検討に際してのフローチャートの一例を示すと〔図19〕のとおりとなる。

　たとえば、未成年者がインターネットショップで商品を購入したという場合、第1に、当該商品の売買契約につき法定代理人の同意があったか否かを検討し（〔図19〕①）、第2に法定代理人の同意がない場合は、該売買契約は、事前に法定代理人が包括的同意を与えていたといえるか、あるいは処分を許された財産にあたるかを検討し（〔図19〕②）、いずれにもあたらない場合は第3に「詐術の有無」を検討し（〔図19〕③）、詐術がない場合は未成年者取消しの対象になるものと考えられ、後は取消し後の清算の問題として「現存利得」を検討することになる（〔図19〕④）。

　以下、〔図19〕のフローチャートの考え方に沿って各事項について要点を

(イ) 法定代理人の同意

　未成年者の法律行為に関する同意は親権の行使であるところ、父母が婚姻中、親権の行使は両者の共同行使が原則とされている（民法818条）。

　共同行使とは、父母が一致した意思表示に基づいて行使する場合のほか、一方親権者が他方親権者の行為に同意（黙示であってもよい）する場合も含むと解されている（最判昭和32・7・5集民27号27頁）。したがって、①単独名義で親権行使がなされた場合、ⓐ他方親権者の同意があれば親権行使としては有効であるが、ⓑ他方親権者の同意を欠く場合はかかる行為は無効であると解されている（最判昭和28・11・26民集7巻11号1288頁）。

　一方、共同名義で親権行使がなされた場合は、かかる行為が仮に一方の親権者の意思に反するものであっても原則として有効である（民法825条）。ただし、取引の相手方が悪意である場合は無効となる（同条ただし書）。

　なお、法定代理人の同意がなされた場合であっても、かかる同意が錯誤無効である場合は、未成年者取消しの主張は可能である（札幌地判平成20・8・28判例集未登載）。

(ウ) 「包括的同意の有無」あるいは「処分を許された財産」

　上記のとおり、「包括的同意の有無」あるいは「処分を許された財産」該当性は規定上、論点が異なるといえるが、①「処分を許された財産」に関する規定は前者の規定をさらに詳述した趣旨であり、注意規定にすぎないと解されていること、②いずれについてもその意義としては、これが認められる場合はこれを基礎としたその後の個々の法律行為については個別の同意は不

11　実務上、事業者作成の「親権者同意書」の法定代理人欄は、親権者1名のみの記入欄である場合も少なくない。この場合、署名押印する親権者は「法定代理人の代表者」という位置づけで署名押印をする取扱いとなっている。

12　携帯電話利用契約の上限額増額変更の可否につき動機の錯誤が認められるとして、上限額の増額変更に関する契約部分についてのみ錯誤無効を認め、未成年者取消しを認めた事案である。

13　谷口安平＝石田喜久夫編『新版注釈民法(1)』314頁。

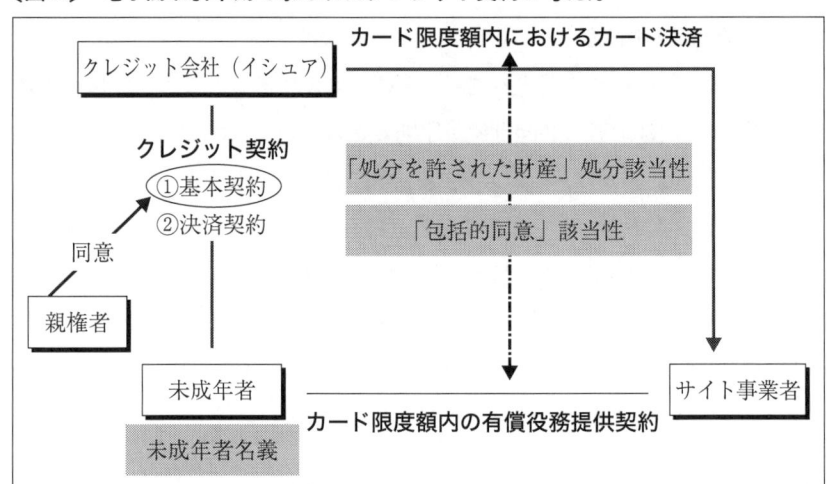

〔図20〕 電子商取引準則で示されたクレジット契約の考え方

要であるとの法律効果を導くものである。よって、以下では両者に関する学説や裁判例を紹介したうえで、インターネット取引に関する事案についての留意点について言及する。

まず、包括的同意の有無については、親権者が未成年者名義のクレジットカードの作成に同意していた場合に、同カードを用いて行われた売買契約等について包括的な同意があったといえるかなどが問題となる。[14]

この点については、①親権者があらかじめ許容していたと認められる上限額以内の売買契約等であれば包括的に同意していたと推定されるという見解（この場合、カード上限内のカード決済は「処分を許された財産」にあたる場合もある。〔図20〕参照）[15]、②親権者の予測可能性（未成年者がどのようなWebサイトを利用するかは必ずしも予測できない）、制限行為能力制度の法の趣旨からすれば、安易に包括的に同意がなされていたと解すべきではなく、原則としては個々の取引に関する同意が必要であると解すべきであるとする二つの見

---

14 未成年者名義の携帯電話に付随するキャリア課金決済についても、クレジットカードと同様の問題が生ずると思われる。
15 電子商取引準則ⅰ55、ⅰ59。

解の対立がみられる。[16]

　処分を許された財産の典型的な例としては「小遣い」がある。インターネット取引においては、親権者が少額のプリペイド型電子マネーを未成年者に交付した場合は原則としては「小遣い」に準じて考えることになろう。

　裁判例に目を転じると、茨木簡判昭和60・12・20判時1198号143頁は、化粧品のキャッチセールスにつき対価の支払方法をクレジット分割払いとした事案であるところ、期限の利益を喪失すれば一括請求を受ける事態となりうることから、あくまでも商品価格と月収額を比較対象とし、実際の可処分所得を踏まえたうえで「予め親権者から包括的に同意を与えられていたとみるには高額にすぎる」として当該化粧品購入を「処分を許された財産」の使用と認めることは難しいとして取消しを認めている（〔図21〕参照）。[17]

　また、前掲茨木簡判昭和60・12・20については、「なるほど、未成年者が仕事をするについて法定代理人の同意を得た場合には、その収入の処分につ

16　松本恒雄「クレジット契約と消費者保護」ジュリ979号24頁は、未成年者がクレジットカードの会員になることにつき法定代理人の同意があった場合につき、「法定代理人の同意といえども包括的な同意を与えることは任意に行為能力を創設することにほかならず、許されていない」として、カードを利用した個別取引についても同意が不要にはならないとする。また、坂田俊矢「未成年者取消権についての市民法理論と消費者法理」現代消費者法3号30頁は、「法定代理人による同意がその後の契約にまで及ぶとするならば、それは制限行為能力者としての未成年者保護の潜脱をもたらすことになり、妥当でない」とする。

17　本判決は、対象となる契約の化粧品価格が16万5000円（個別クレジットで毎月1万4000円の分割払い）、月収7万円〜8万円、可処分所得は月額2万〜3万円であるという事案につき、上記事実を踏まえ、「Xの月収金額と化粧品購入代金額16万5000円を比照するに、化粧品代金は月収に比し約2倍に相当する金額であって、かつ食費及び実家への送金分を差し引いた残額が約2万円ないし3万円であることを考慮すれば、本件化粧品購入金額はその処分につき予め親権者から包括的に同意を与えられていたとみるには高額に過ぎるものであり、Xの同購入をもって親権者から処分を許された財産の使用と認めることは難しい」とした。そして、クレジット支払いに関し、「尚Y_2に対する分割払について期限の利益を失う事態が生じた場合は契約代金全額について期限の利益を失う事態が生じた場合は契約金額全額について直ちに支払うべき義務が生ずるものであって、1か月1万4000円の分割払の金額をもって考慮の対象とすることは相当ではない」とした。

〔図21〕 茨木簡判昭和60・12・20の争点

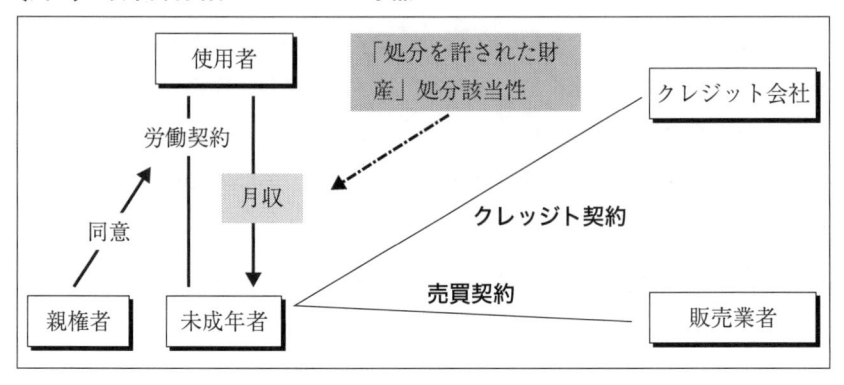

いても包括的な同意がなされていると解される。しかし、包括的な同意にも、収入の金額や未成年者の生活の状態に対応して自ずと限界がある。実際の可処分所得額と比べて高額であったり、生活に必要であるとは判断できない商品等に関しては、改めて法定代理人による個別の同意が必要である」との評釈がなされている。[18]

すなわち、前掲茨木簡判昭和60・12・20にもあるように、「処分を許された財産」に該当する場合は、当該財産を基礎とするその後の法律行為につき、親権者の同意は不要（≒包括同意を与えている）と解される。したがって、「処分を許された財産」該当性についても「包括的同意の有無」と同様に、親権者の予測可能性、個々の契約の必要性といった観点から該当性を判断することが制度趣旨に合致しているといえ、単純に金額が少額であることの一事をもって、「処分を許された財産」に該当するとはいえないだろう。

(エ) 詐術

未成年者等の制限行為能力者が行為能力者であるとしたり、法定代理人の同意を得ているなどとして詐術を用いたときは、その行為は取り消すことができないとされる（民法21条）。そして、「詐術」とは積極的詐術のみならず

---

[18] 坂東俊矢「キャッチセールスによる化粧品等の販売契約と未成年者取消権」消費者法判例百選14頁。

「無能力であることを黙秘していた場合であっても、他の言動とあいまって、相手方を誤信させ、または誤信を強めたとき」は詐術にあたるが、「単なる黙秘は詐術にはあたらない」とし、「詐術に当たるとするためには、無能力者が能力者であることを信じさせる目的をもってしたことを要すると解すべきである」とするのが判例である（最判昭和44・2・13民集23巻2号291頁）。

インターネット取引は、非対面取引であるところ、取引の利用にあたり、IDおよびパスワードの付与を受けるための登録フォームに生年月日の記入を求められたり、親権者の同意の有無の確認を求められた際、生年月日につき結果として成人の生年月日を入力してしまったり、親権者の同意を得ていないにもかかわらず、同意があるとして未成年者が手続を進める場合などがみられ、この場合、サイト事業者側から「詐術」の主張がなされる場合がある。

電子商取引準則は、インターネット取引について、「詐術」か否かの判断要素として、「詐術を用いたと認められるか否かは、単に未成年者が成年を装って生年月日（または年齢）を入力したことにより判断されるものではなく、事業者が故意にかかる回答を誘導したのではないかなど、最終的には取引の内容、商品の性質や事業者の設定する画面構成等個別の事情を考慮して、判断されるものと解される」（電子商取引準則ⅰ60）との解釈を示している。また、電子商取引準則では、〈表7〉のとおりの解釈例が示されている。

〈表7〉 詐術の該当性に関する解釈例

詐術にあたる可能性がある例	・「未成年者の場合は親権者の同意が必要である」旨、申込画面上で明確に表示・警告をしたうえで、申込者に年齢または生年月日の入力を求めているにもかかわらず、未成年者が自己が成年になるような虚偽の年齢または生年月日を入力した場合
詐術にあたらないと思われる例	・単に「成年ですか」との問いに「はい」のボタンをクリックさせる場合 ・利用規約の一部に「未成年者の場合は法定代理人の同

意が必要です」と記載してあるのみである場合

(オ) 原状回復の範囲

　未成年者取消しをした場合、当該未成年者は現存利益の範囲内で返還の義務を負うとされている（民法121条）。したがって、取消しの時点ですでに浪費し現存しないものにつき、未成年者はその価格返還等を負わないことになるが、いわゆる「出費の節約」があった場合は、当該出費に見合う利得が現存していると解される余地もある。[19] たとえば、近年の裁判例をみると、未成年者の携帯電話利用契約の事案につき、札幌地判平成20・8・28判例集未登載は、「本件契約に係る携帯電話を利用しているところ、これに対応する範囲の料金支払債務を免れているから、被告には、これにより役務提供を受けた限度において利益が現存するものということができる」として現存利益として通話料金そのものを認めている（もっとも、携帯電話会社側の権利濫用にあたるとして7割の減額が認められている）。[20]

(5) 無権代理（表見代理）

　インターネット取引においては、無権代理（表見代理）は、他人のクレジットカードを利用して決済をする、他人のID・パスワードを無断で利用して役務提供を受けるなど、いわゆる「なりすまし」が行われた場合の本人の責任の帰属の問題として現れる。[21]

　自己の名前の使用を他人に許す行為は、代理権の授与の表示そのものであり、民法109条が適用されるというのが判例（大判昭和4・5・3民集8巻447頁、最判昭和32・2・7民集11巻2号227頁）であることからすれば、たとえば、親権者が未成年者に自らの名義のクレジットカードの使用を許諾した場合は、同条の表見代理の成立の余地もありうる。

19　河上正二『民法総則』54頁ほか参照。
20　前掲札幌地判平成20・8・28を取り上げたものとして、猪野亨「携帯電話利用契約をめぐる訴訟からみる未成年者保護」現代消費者法3号34頁。
21　電子商取引準則ⅰ49。

なお、上記とは異なり、未成年者が無断でクレジットカード決済を行う等の場合は、無権代理であるから、民法上においては、クレジットカード名義人たる親権者は支払義務を負わず、無権代理人たる未成年者自身も支払義務を負わないと解される（民法117条2項）。しかし、通常クレジットカード規約においては、同居親族が利用した場合は支払義務を負う旨の規定がおかれているため、規約に従うならば、親権者はカード会社に対し支払義務を負うことにならざるを得ない。

当該条項は、同居親族の不正利用につき、カード名義人に無過失責任を負わせる契約条項であることから、公序良俗違反により無効であるとの主張も考えられるが、同条項は公序良俗違反にはあたらないとする裁判例がみられる（大阪地判平成5・10・18判時1488号122頁、札幌地判平成7・8・30判タ902号119頁）。

一方、当該条項につき、長崎地佐世保支判平成20・4・24金商1300号71頁、消費者法ニュース76号220頁）は、「クレジットカード会員に重過失がなければ足りる」と解すべきであるとの条項解釈によって、結果として当該会員には重過失はないとしてクレジット会社の会員に対する請求を棄却している。

(6) 不法行為

(ア) 意　義

不法行為構成は、①契約の当事者以外の者も請求の相手方と構成しうること、②請求額につき対価相当額のみならず、弁護士・司法書士費用等のその他の損害をも請求しうることなどから、事業者が短期に多数の消費者被害を発生させて行方をくらませたり、事業者自身の資力に乏しいケースが少なくないインターネット取引被害においては、被害回復のためのアプローチとして活用されている。

(イ) 行為規制違反と不法行為

不法行為構成の主張立証方法の検討に際しては、特定商取引法等の取締法規違反事実の拾い出しが重要である。取締法規違反は私法上の効力に直結し

ないにせよ、不法行為における違法性の根拠事実を構成すると考えられ、そのように判示した裁判例もみられる[23]。

(ウ) 請求の相手方

当該事業者が法人である場合は、その役員個人についても共同不法行為（民法719条）を追及する、あるいは会社法423条に基づく任務懈怠（本章Ⅶ参照）があったとして、当該法人および役員個人を相手方とすることが考えられる。

また、インターネット取引被害では、多数のツール提供事業者の関与によって事業者の違法行為が可能になっている場合も少なくない。ツール提供事業者が特別法に定められた行為規制違反をしている事実がある場合（たとえば、レンタル携帯電話事業者が、携帯電話不正利用防止法に基づく本人確認義務を怠っている場合など）は、かかる事実をツール提供事業者の行為の違法性の根拠事実の一つとして主張することが考えられる。

(7) 公序良俗違反

(ア) 意　義

公序良俗違反は、「契約締結過程」および「契約内容」の両面が審理対象となって一体的判断がなされるものであり、実質的な悪性を考慮しやすい法律行為であるとされる（不法行為構成も同様である）[24]。

---

[22] 司法研修所編『現代型民事紛争に関する実証的研究——現代型契約紛争(1)消費者紛争』55頁は、「特定商取引法等や条例のレベルの取締規定は、事業者による問題のある商法（勧誘方法等）の代表的なものを、その実態を踏まえて、規制の対象とするものであり、その内容は、かなり具体的なものとなっていて、公序良俗違反の評価根拠事実の選別やその評価をする際に一定の参考となるものもある（当該商法に対する社会的非難を示すものである）」とする。そのほか、取締法規違反と私法上の効力について、言及したものとして、齋藤雅弘ほか『特定商取引法ハンドブック〔第3版〕』774頁以下、日本弁護士連合会編『消費者法講義〔第3版〕』80頁以下、山本敬三『公序良俗論の再構成』246頁以下、大村敦志『契約法から消費者法へ』163頁以下など多数存在する。

[23] たとえば、特定商取引法の禁止行為違反があったことを不法行為の成立の根拠としたものとして、①東京地判平成18・2・27判タ1256号141頁、②東京地判平成20・2・26判時2012号87頁などがある。

(イ) 検討のポイント

「他人の窮迫、軽率又は無経験を利用し、著しく過当な利益を獲得することを目的とする」法律行為は無効とされる（大判昭和9・5・1民集13巻875頁ほか）。これを整理すると、主観的要素と呼ばれる「他人の窮迫、軽率又は無経験を利用し」については、具体的には「契約締結過程」における行為態様に着目し、客観的要素と呼ばれる「著しく過当な利益を獲得することを目的とする」については、対価相当性など「契約内容」に着目して検討することになる。

また、この際、取締法規違反等の事実は、当該行為の評価・判断の際の参考資料となるとされる。[25]

2 電子消費者契約法

(1) 概　要

電子消費者契約法は、わずか4箇条の法律であり、①趣旨（1条：消費者が電子消費者契約の要素に錯誤があった場合および電子承諾通知につき特例を定める旨）、②定義（2条：「電子消費者契約」（インターネット通販等が含まれる）や「消費者」「事業者」などの定義づけ（消費者契約法と同定義））、③民法95条ただし書の特例（3条）、④電子承諾通知に関する民法の特例（4条：承諾につき発信主義⇒到達主義）が規定されている。

(2) 民法95条ただし書の特例

電子消費者契約法においては、同法3条において、〔図22〕のとおり、民法の錯誤における重過失の特例として、操作ミスにより申込みまたは承諾をしたものの（誤クリック）、①申込みまたは承諾の意思表示を行う意思がなかった場合（同条1号）、②本来は異なる意思表示を行う意思があった場合（同条2号）につき、原則として民法95条ただし書の適用を除外する規定がおか

24　司法研修所編『現代型民事紛争に関する実証的研究――現代型契約紛争⑴消費者紛争』51頁。
25　司法研修所・前掲（注24）55頁。

れている。

　ただし、その適用除外として、Ⓐ事業者が消費者の申込み等の意思表示を行う旨の確認を求める措置をインターネット上で講じた場合、Ⓑその消費者から当該事業者に対して、上記Ⓐの措置を講ずる必要がない旨の意思表示が

〔図22〕　電子消費者契約法における民法95条ただし書の特例

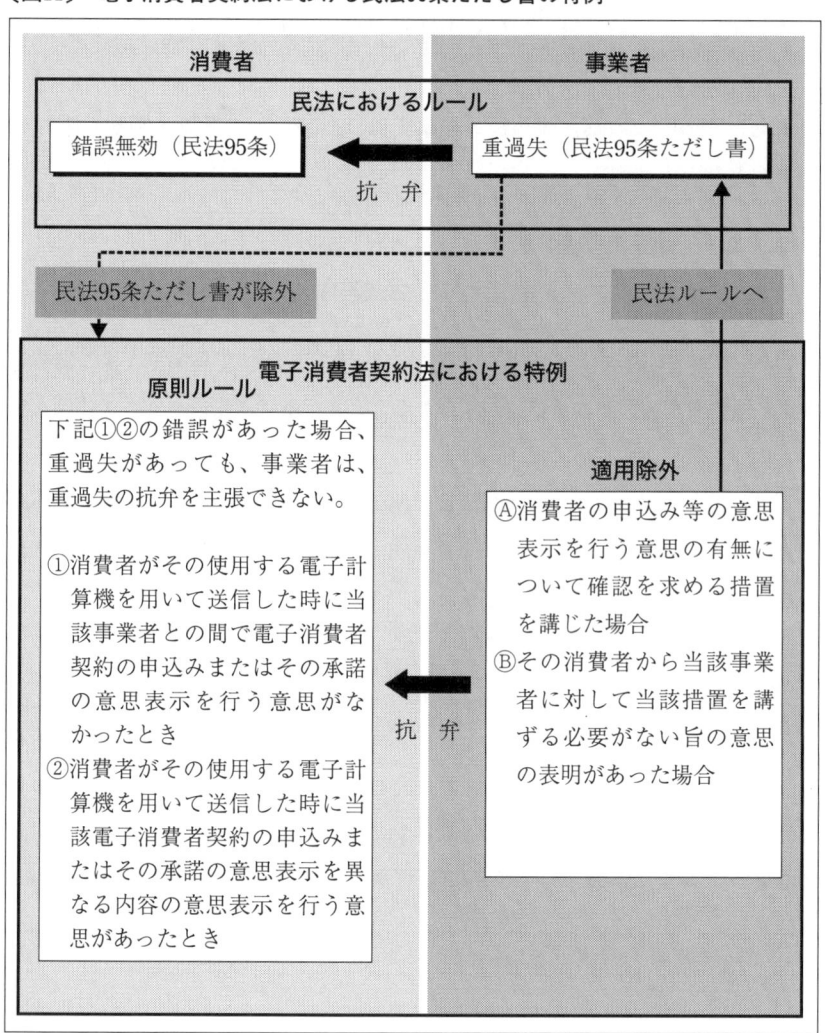

民法におけるルール

消費者：錯誤無効（民法95条）　←抗弁　事業者：重過失（民法95条ただし書）

民法95条ただし書が除外　↓　　民法ルールへ　↑

電子消費者契約法における特例

原則ルール：
下記①②の錯誤があった場合、重過失があっても、事業者は、重過失の抗弁を主張できない。

①消費者がその使用する電子計算機を用いて送信した時に当該事業者との間で電子消費者契約の申込みまたはその承諾の意思表示を行う意思がなかったとき
②消費者がその使用する電子計算機を用いて送信した時に当該電子消費者契約の申込みまたはその承諾の意思表示を異なる内容の意思表示を行う意思があったとき

←抗弁

適用除外：
Ⓐ消費者の申込み等の意思表示を行う意思の有無について確認を求める措置を講じた場合
Ⓑその消費者から当該事業者に対して当該措置を講ずる必要がない旨の意思の表明があった場合

あった場合には、電子消費者契約法3条本文は適用されない旨の規定をおいている（同条ただし書）。

すなわち、電子消費者契約法3条は、操作ミス（誤クリック）により上記①および②の錯誤があった場合には、仮に重過失があった場合においても、錯誤無効を認めるものとし、ただし、上記Ⓐおよび圓の場合は、あらためて民法の原則が適用される旨が規定されている。

3　消費者契約法

(1)　概　要

消費者契約法は、消費者・事業者間における契約を「消費者契約」と定義（労働契約は除く）し、不当勧誘につき民事規定（取消権）を定めるとともに、不当条項規制をおく法律である。同法の不当勧誘に関する規定および不当条項規制違反（あるいはそのおそれがあるとき）は、適格消費者団体による差止請求の対象となる。法律の概要は〔図23〕のとおりとなる。同法における論点は多岐にわたり、またこれについて言及された先行書籍も多数あるから、ここでは概要について触れる程度にとどめる。

(2)　不当勧誘に関する規定

消費者契約法4条の各取消しは、事業者が、「勧誘をするに際し」、同条所定の行為をした場合を対象としている。

立法担当者によれば「勧誘に際し」につき、「『勧誘』とは消費者の契約締結の意思の形成に影響を与える程度の勧め方をいう」、「直接的に契約の締結を勧める場合のほか、その商品を購入した場合の便利さのみを強調するなど客観的にみて消費者の契約締結の意思の形成に影響を与えていると考えられる場合も含まれる」、「特定の者に向けた勧誘方法は『勧誘』に含まれるが、不特定多数向けのもの等客観的にみて特定の消費者に働きかけ、個別の契約締結の意思の形成に直接に影響を与えているとは考えられない場合（例えば、広告、チラシの配布、商品の陳列、店頭に備え付けあるいは顧客の求めに応じて手交するパンフレット・説明書、約款の店頭提示・交付・説明等や、事業者

〔図23〕 消費者契約法（実体法部分）の概要

- 目的規定（法1条）
- 消費者／事業者／消費者契約の定義（法2条）
- 事業者・消費者の努力義務（法3条）

――― 不当勧誘に関する規定 ―――
消費者契約についての「勧誘をするに際し」

― 誤認類型 ―
○不実告知（法4条1項1号）　⇒対象：「重要事項」（法4条4項）
○断定的判断提供（法4条1項2号）　⇒対象：「将来における変動が不確実な事項」
○故意不利益事実不告知（法4条2項）⇒対象：「利益告知」重要事項・関連する事項
　　　　　　　　　　　　　　　　　　　　　　「不利益事実」重要事項

― 困惑類型 ―
不退去・退去妨害（監禁）（法4条3項）

- 媒介の委託を受けた第三者（法5条）
- 取消権の行使期間（法7条）
  ＊追認できる時から6カ月／契約締結から5年間

――― 不当条項規制 ―――
- 事業者の損害賠償責任免除条項の無効（法8条）
- 消費者が支払う損害賠償額予定条項の無効（法9条）
- 消費者の利益を一方的に害する条項の無効（法10条）

が単に消費者からの商品の機能等に関する質問に回答するにとどまる場合等）は『勧誘』に含まれない」との解釈が示されている。[26]

　上記解釈に従えば、インターネット広告による虚偽表示によって契約締結の意思が形成された場合であっても、同法の取消権の対象とはならないことになる。上記解釈については多数の反対説がみられる[27]（インターネット広告と取消権の問題については第1章Ⅲ1参照）。

26　消費者庁企画課編『逐条解説消費者契約法〔第2版〕』108頁。

84

(3) 不当条項規制

(ｱ) 概 要

消費者契約法は、不当条項規制として、①事業者の損害賠償の責任を免除する条項の無効（同法8条）、②消費者が支払う損害賠償の額を予定する条項等の無効（同法9条）、③消費者の利益を一方的に害する条項の無効（同法10条）という三つの不当条項規制をおく。不当条項規制に基づく主張は、当該条項については（形式的には）合意が成立しているという前提において、その内容の拘束力を争う方法である。

したがって、前述のとおり、実務においてはそもそも当該条項につき合意が成立しているといえるのか（成立要件レベル）といった点から検討する必要がある。

(ｲ) インターネット取引

独立行政法人国民生活センターの報道発表資料（平成24年8月公表）等に基づき、相談件数等の多い、アダルトサイト、出会い系サイト（サクラサイト）、オンラインゲーム、DVDインターネットレンタルサービス、インターネット通販、共同購入クーポンサイトなどの規約をみると、不当条項にあたる可能性のある条項として〈表8〉のような規定がみられる場合がある。

たとえば、〈表8〉中の「IDのパスワード等の管理につき消費者の義務を

---

27 落合誠一『消費者契約法』73頁、山本豊「消費者契約法(2)」法教242号87頁、池本誠司「不実の告知と断定的判断の提供」法セ549号20頁、道垣内弘人「消費者契約法と情報提供義務」ジュリ1200号51頁、日本弁護士連合会消費者問題対策委員会編『消費者契約法コンメンタール〔第2版〕』65頁がある。また、山本敬三「消費者契約法における契約締結過程の規制に関する現状と立法課題」（消費者庁HP「平成23年度消費者契約法（実体法部分）の運用状況に関する調査結果報告」〈http://www.caa.go.jp/planning/23keiyaku.html〉）18頁は、「勧誘」に関する裁判例につき、「どのような媒体に記載されたものであれ、また、それが契約の締結過程のどの時点で提示されたものであれ、当該消費者の意思形成に対して実際に働きかけがあったと評価される場合は、不実告知等の有無を判断する際に考慮されていると考えられる」としたうえで、「以上のような考え方を明確に示すためには、消費者契約法4条1項および2項について『事業者が消費者契約の締結について勧誘をするに際し』という文言を削除することも十分検討に値する」と指摘する。

過重する条項」については、ID・パスワードは無体物であり、管理にも限界があることからすれば、(たとえ同居家族の利用の場合に免責されるといったものであっても)かかる規定は消費者契約法10条により無効となる余地もあるものと思われる。[28]

〈表8〉 不当条項にあたる可能性のある条項例

項　目	条項例
ID・パスワード等の管理につき消費者の義務を過重する条項	本サービスの利用については、それが自己によるものと第三者によるものとを問わず、その使用に関する一切の債務を負うものとします。パスワードの第三者の使用により当該利用者が損害を被った場合にも、その帰責事由の有無にかかわらず、当社は一切の責任を負いません。
免責条項	弊社は、本サービスに関し、遅滞、変更、停止、中止、廃止及び本サービスを通じて提供される情報等の消失、その他本サービスに関連して発生した損害について一切の責任を負わないものとします。
意思表示擬制条項	ポップアップ内のOKボタンをクリックした時点で自動的に入会となります。
契約適合性判定条項	弊社は、会員が以下の事由に該当する場合、またはそのおそれがあると判断した場合、会員に対する事前通知および承諾を要することなく、当該会員を退会させることができるものとします。 (1) 本規約に違反した場合……(以下省略)
対価保持条項(対価不返還条項)[29]	いかなる理由があっても、本サービスに対してすでに支払われた料金の払戻しはいたしません。

28　パスワードやID、クレジットカード識別情報などの無体物の管理には限界があり、システム提供者側が不正防止対策をどのようにとっていたのかも留意すべきである。この点につき、最判平成15・4・8民集57巻4号337頁、長崎地佐世保支判平成20・4・24金商1300号71頁などを参照されたい。そのほか、電子商取引準則ⅰ41以下参照。

4 特定商取引法

(1) 概　要

　特定商取引法は、「訪問販売」（同法3条以下）、「通信販売」（同法11条以下）、「電話勧誘販売」（同法16条以下）、「連鎖販売取引」（同法33条以下）、「特定継続的役務提供」（同法41条以下）、「業務提供誘引販売取引」（同法51条以下）、「訪問購入」（同法58条の4以下）という七つの取引類型およびいわゆるネガティブオプションに関する特則（同法59条）について規定した法律である。同法は、主に、①定義規定（および適用除外規定）、②書面交付義務や禁止行為といった行為規制規定（違反は行政処分の対象となるほか一定の規定違反については刑事罰も科せられる）、③クーリング・オフ、取消権、中途解約権、損害賠償額の制限、過量販売解除、解約返品権といった民事規定によって構成されている。

(2) 各取引類型の関係

　上記各取引類型は、原則としてお互いの適用を排除し合わない関係になっている。

　たとえば、後述のとおり（下記(3)参照）、インターネット取引は、通常通信販売に該当する場合が多いところ、当該取引における役務内容が業務提供誘引販売取引にもあたる場合（たとえば、Webページにおいてパソコンソフトおよび同ソフトを利用した内職をあっせんする旨の広告を表示し、同広告をみた消費者がEメール等によって申込みを行う場合）は、当該取引は通信販売および業務提供誘引販売取引の適用対象となり、事業者はいずれの行為規制をも遵守する必要があるし、民事規定についてはより有利な規定が適用される結果

29　Webサイト内におけるサービスを受ける際に、あらかじめポイントを購入するシステムである場合、一定の要件を満たすと、資金決済法の「前払式支払手段」（資決法3条1項）に該当することとなり、この場合は発行者側において業務を廃止した場合などは払戻しが義務づけられている（同法20条1項）。
　また、継続的な役務提供契約である場合は、当該規定は事業者の債務不履行に基づく損害賠償請求権を免除する規定とも解しうる（消契法8条）。

となる（したがって、通信販売にはクーリング・オフ規定はないが、業務提供誘引販売取引であるとして、法定書面受領日から20日間を経過するまで同取引に基づくクーリング・オフを行使することができる）。

なお、通信販売と電話勧誘販売は、上記の例外として、〔図24〕のとおり、お互いの適用を排除し合う関係にある（特商法2条2項）。

実務においては、一見、通信販売と思われる事案であっても、実態は電話勧誘販売と解しうるケースもみられ（たとえば、Web上でパチンコの攻略情報無料提供の広告を行い、その申込みをEメールでさせた後に、事業者が架電し、有料攻略情報勧誘を行いその電話において契約締結に至るケース）、そのような場合には、電話勧誘取引販売に係るクーリング・オフ等を主張しうることに

〔図24〕 「通信販売」と「電話勧誘販売」の定義

通信販売	電話勧誘販売
販売業者または役務提供業者	
が	が
	電話をかけ 政令で定める方法（※2）により電話をかけさせ
	その電話において行う売買契約 または 役務提供契約の締結についての勧誘により
郵便等（※1）により契約の申込みを受けて行う	顧客から契約の申込みを郵便等により受け もしくは 顧客と郵便等により契約を締結して行う
商品・指定権利の販売、役務の提供	
電話勧誘販売に該当しないもの	

※1　信書便、電話機、ファクシミリ装置その他の通信機器または情報処理の用に供する機器を利用する方法、電報、預金または貯金の口座に対する払込み（特商規2条）。
※2　①販売目的を告げずに電話や電磁的方法等により電話をかけることを要請（特商令2条1号）、②有利な条件で契約が締結できることを電話や電磁的方法等により告げ、電話をかけることを要請（同条2号）。

なる。

(3) 通信販売における広告表示規制

ここでは、インターネット取引被害において、基本的に問題となる通信販売について解説することとする。

(ア) 概 要

通信販売業者の広告表示については、①広告に表示しなければならない事項（特商法11条。〔図25〕〈表9〉参照）、②広告に表示してはいけない事項（同法12条。誇大広告等の禁止。〔図26〕）が定められている。

〔図25〕 表示義務（特商法11条）

対象となる広告
通信販売をする場合の商品もしくは指定権利の販売条件または役務の提供条件について広告をするとき

↓

法定表示事項（特商法11条・特商規8条）の表示義務

【原則】	【例外】法定表示事項の一部の記載省略可能な場合
特商法11条各号、特商規8条各号記載の事項（法定表示事項）	「請求により、法定表示事項を記載した書面を遅滞なく交付し、又はこれらの事項を記録した電磁的記録を遅滞なく提供する旨の表示」（方法については特商規10条3項・4項）がある場合（特商法11条ただし書）

表示を省略できる事項	
販売価格・送料その他消費者の負担する金銭（特商法11条1号・特商規8条4号）につき	
ⓐ全部表示しないとき	ⓑ全部表示するとき
特商規10条1項のとおり省略可	特商規10条2項のとおり省略可
※ この場合でも別途提供する書面等に省略した事項はすべて表示しなければならない。	

〈表9〉 表示事項一覧（特商法11条）

○＝省略可、×＝省略不可

記載事項 ⓐ負担する金銭全部を表示しない／ⓑ全部表示	ⓐ	ⓑ		
①商品もしくは権利の販売価格または役務の対価（販売価格に商品の送料が含まれない場合には、販売価格および商品の送料）（法11条1号） ＊送料は金額をもって表示（規9条1号） ＊販売価格のみの表示であれば送料は含まれているものと推定（通達）	○	×		
②商品もしくは権利の代金または役務の対価の支払いの時期および方法（法11条2号）	○	前払いのとき	×	
		後払いのとき	○	
③商品の引渡し時期もしくは権利の移転時期または役務の提供時期（法11条3号） ＊時期は期間または期限をもって表示（規9条2号）	○	遅滞なく商品送付	○	
		それ以外	×	
④商品もしくは指定権利の売買契約の申込みの撤回または売買契約の解除に関する事項（法15条の2第1項ただし書に規定する特約がある場合には、その内容を含む（法11条4号） ＊返品特約がある場合は、ガイドラインを踏まえたものであること（通達） ＊顧客にとって見やすい箇所において明瞭に判読できるように表示する方法その他顧客にとって容易に認識することができるよう表示（規9条3号）	× （返品特約による返品の可否、期間等条件・返品の送料負担の有無）			
⑤販売業者または役務提供事業者の氏名または名称、住所および電話番号 （法11条5号、規8条1号） ＊個人事業者⇒「戸籍上の氏名 or 商業登記簿に記載された商号」／現に活動している住所を記述（通達） ＊法人⇒「登記簿上の名称」／現に活動している住所を記述（通達） ＊広告中に消費者が容易に認識することができるような文字の大きさ・方法をもって、容易に認識することができる場所に記載しなければならない（通達）	○			
⑥販売業者または役務提供事業者が法人であって、電子情報処理組織を使用する方法により広告をする場合には、当該販売業者または役務提供事業者の代表者または通信販売に関する業務の責任者の氏名（法11条5号、規8条2号） ＊インターネットのWebページ、Eメール等を利用した広告の場合（通達） ＊上記⑤とともに、広告の「冒頭部分から容易に記載箇所への到達が可能となるような方法」として、「特定商取引法に基づく表示」タブを用意する方法でもよい（通達）	○			

II 依頼者・事業者間の契約に関する法律等

⇔インターネットオークションにおいて当該システム内に⑤⑥の記載が可能であるにもかかわらず、システム外の自己のWebへのリンクを貼り、その中で記載しているような場合は×			
⑦申込みの有効期限があるときはその期限 （法11条5号、規8条3号）		×	
⑧法11条第1号に定める金銭以外に購入者または役務の提供を受ける者の負担すべき金銭があるときは、その内容およびその額（法11条5号、規8条4号） ＊工事費、組立費、設置費、梱包料、代金引換手数料等（通達）	○	×	
⑨商品に隠れた瑕疵がある場合の販売業者の責任についての定めがあるときは、その内容 （法11条5号、規8条5号）	○	負わない	×
		それ以外	○
⑩磁気的方法または光学的方法によるプログラム（電子計算機に対する指令であって、一の結果を得ることができるように組み合わされたものをいう。以下同じ）を記録した物を販売する場合、または電子計算機を使用する方法により映画、演劇、音楽、スポーツ、写真もしくは絵画、彫刻その他の美術工芸品を鑑賞させ、もしくは観覧させる役務を提供する場合、もしくはプログラムを電子計算機に供えられたファイルに記録し、もしくは記録させる役務を提供する場合には、当該商品または役務を利用するために必要な電子計算機の仕様および性能その他の必要な条件（法11条5号、規8条6号） ＊ソフトウェアに係る取引につき、動作環境（OSの種類、CPUの種類、メモリ容量、HDの空き容量等）の表示のこと		×	
⑪上記⑧～⑩に掲げるもののほか商品の販売数量の制限その他の特別の商品もしくは権利の販売条件または役務の提供条件があるときは、その内容 （法11条5号、規8条7号）		×	
⑫広告の表示事項の一部を表示しない場合であって、法第11条ただし書の書面を請求した者に当該書面に係る金銭を負担させるときは、その額（法11条5号、規8条8号）		×	
⑬通信販売電子メール広告（法12条の3第1項1号の通信販売電子メール広告をいう。以下同じ）をするときは、販売業者または役務提供事業者の電子メールアドレス（法11条5号、規8条9号）		×	

※ 表中「法」は「特定商取引法」、「規」は「特定商取引法施行規則」、「通達」は「特定商取引法施行通達」である。

91

〔図26〕 誇大広告等の禁止（特商法12条）

```
┌─────────────────────────────────────────────────┐
│                  対象となる広告                    │
│ ┌─────────────────────────────────────────────┐ │
│ │通信販売をする場合の商品もしくは指定権利の販売条件または役務の提供条│ │
│ │件について広告をするとき                        │ │
│ └─────────────────────────────────────────────┘ │
│                  対象となる事項                    │
│ ┌─────────────────────────────────────────────┐ │
│ │当該商品の性能または当該権利もしくは当該役務の内容、当該商品もし│ │
│ │くは当該権利の売買契約の申込の撤回または売買契約の解除に関する事│ │
│ │項（返品特約がある場合はその内容を含む）（特商法12条）       │ │
│ ├─────────────────────────────────────────────┤ │
│ │商品の種類、性能、品質もしくは効能、役務の種類、内容もしくは効果│ │
│ │または権利の種類、内容もしくはその権利に係る役務の効果（特商規11条1号）│ │
│ ├─────────────────────────────────────────────┤ │
│ │商品、権利もしくは役務、販売業者もしくは役務提供事業者または販売│ │
│ │業者もしくは役務提供事業者の営む事業についての国、地方公共団体、│ │
│ │通信販売協会その他著名な個人の関与（特商規11条2号）         │ │
│ │（例：「東京都公認」、「消費者庁認定」等）                  │ │
│ ├─────────────────────────────────────────────┤ │
│ │商品の原産地もしくは製造地、商標または製造者名（特商規11条3号）│ │
│ ├─────────────────────────────────────────────┤ │
│ │特商法11条各号に掲げる事項（特商規11条4号）⇒〈表9〉参照      │ │
│ └─────────────────────────────────────────────┘ │
│                  禁止される広告                    │
│      ↓                           ↓              │
│ ┌──────────────┐      ┌──────────────────┐      │
│ │ⓐ著しく事実に相違する表示│  │ⓑ実際のものよりも著しく優良若しく│      │
│ │              │      │は有利であると人を誤認させる表示│      │
│ └──────────────┘      └──────────────────┘      │
└─────────────────────────────────────────────────┘
```

(イ) 実務上の留意点等

　特定商取引法11条では、①広告表示規制の違反行為については直罰規定はなく、主務大臣の指示対象等の対象となるにとどまること[30]（同法14条、15条）、②販売業者または役務提供事業者の「住所」（特商法11条5号、特商規8

---

[30] 立法担当者は、その理由として、「①通信販売の広告でもその広告スペース等が千差万別であり、罰則をもって一律の表示義務を強制すれば無用の混乱を生ずるおそれがあること、②本条但書の書面に罰則を科しても実効性の点で問題があること等である。ただし、問題となる広告が通信販売のためのものであるか否かは客観的に判断可能であるため、第14条及び第15条に規定する指示・命令で担保されており、適切な広告がなされるものと考えられる」（消費者庁取引・物価対策課＝経済産業省商務情報政策局消費経済政策課編『特定商取引に関する法律の解説〔平成21年版〕』108頁）とする。

条 1 号）につき、法人においては必ずしも会社法上の「本店」と一致しない場合があることに留意すべきである。[31]

また、特定商取引法12条については、景品表示法と同じくその程度が「著しい」場合を対象としている点に留意すべきである。[32]

(4) 勧誘メール規制

顧客の承諾を得ないで、営利目的のメールを送信することは、原則として、特定商取引法および特定電子メール法（本章Ⅲ2参照）違反となりうる。両法の対象範囲等は異なるが、特定電子メール法がより広い範囲を対象としている。特定商取引法における勧誘メール規制（同法12条の3、12条の4）の概要は〈表10〉のとおりである。

〈表10〉 特定商取引法における勧誘メール規制

目　的	消費者保護と取引の公正の観点から広告を規制
規制対象事業者	**通信販売** ①販売業者、②役務提供事業者、③受託事業者 **連鎖販売取引** ①統括者、②勧誘者、③一般連鎖販売業者、④受託事業者 **業務提供誘引販売取引** ①業務提供誘引販売業を行う者、②受託事業者
	通信販売 通信販売をする場合の商品もしくは指定権利の販売条件または役務の提供条件について

---

31 特定商取引法施行通達（平成25年2月20日）は、「『住所』については、法人にあっては、現に活動している住所（通常は登記簿上の住所と同じと思われる）を、個人事業者にあっては、現に活動している住所をそれぞれ正確に表示する必要がある」とする。
32 立法担当者は、その理由として、「通常の商取引においては顧客を引き付けるためにある程度の誇張がなされ、かけ引きが行われるのが常態であり、顧客においても当然に予想し得るところであるので、そのような通常の場合を超えた『著しい』場合のみ適用することとした」（消費者庁取引・物価対策課＝経済産業省商務情報政策局消費経済政策課・前掲（注1）110頁）とする。

対象となる広告メール		**連鎖販売取引** その統括者の統括する一連の連鎖販売業に係る連鎖販売取引について **業務提供誘引販売取引** その業務提供誘引販売業に係る業務提供誘引販売取引について
対象となる方式		Eメールおよび SMS
広告規制	オプトイン規制	以下を除き、相手方の同意のない対象広告メールの送信を禁止【違反は直罰規定あり】
		通信販売 ①相手方の請求に基づく場合 ②契約内容や契約履行に関する通知など「重要な事項」を通知するメールに広告が含まれる場合 ③消費者からの請求や承諾を得て送信する電子メールの一部に広告を掲載する場合 ④送信される電子メールの一部に広告を掲載することを条件として、電子メールアドレスを使用させる等のサービスを利用して電子メール広告を提供する場合 **連鎖販売取引** 上記①③④ **業務提供誘引販売取引** 上記①③④
	オプトアウト規制	請求・承諾後に、対象広告メールを拒否する意思表示を受けたときは、以後広告メール送信を禁止【違反は直罰規定あり】
保存義務	保存内容	消費者ごとに請求や承諾を得たことを示す書面または電子データなどの記録（ただし、例外あり）
	保存期間	相手方に対し対象広告メール広告を行った日から3年間【違反は直罰規定あり】

表示義務	通信販売 ①特商法11条に定める事項 ②オプトアウトの意思表示をするために必要な事項（メールアドレス、URL） ⇒容易に認識できるように表示（法12条の3第4項、規11条の6、ガイドライン） 連鎖販売取引 ①特商法35条に定める事項 ②オプトアウトの意思表示をするために必要な事項（メールアドレス、URL） ⇒容易に認識できるように表示（法12条の3第4項、規11条の6、ガイドライン） 業務提供誘引販売取引 ①特商法53条に定める事項 ②オプトアウトの意思表示をするために必要な事項（メールアドレス、URL） ⇒容易に認識できるように表示（法12条の3第4項、規11条の6、ガイドライン） 【オプトイン・アウト規制に違反した者が、広告メールに上記を記載していなかった場合は直罰規定あり】
迷惑メール情報収集	①消費者からの受付、②モニタリング調査 (一財)日本産業協会〈http://www.nissankyo.or.jp/spam/〉
主務大臣	内閣総理大臣、経済産業大臣、消費者庁長官、金融庁長官（特定の所掌に属する事項につき）
主務大臣に対する申出制度	主体：何人も 要件：特定商取引の公正及び購入者等の利益が害されるおそれがあると認めるとき 求める内容：適当な措置をとるべきことを求めることができる。

※ 表中「法」は「特定商取引法」、「規」は「特定商取引法施行規則」、「ガイドライン」は「電子メール広告をすることの承諾・請求の取得等に係る『容易に認識できるよう表示していないこと』に係るガイドライン」である。

(5) 顧客の意に反して売買契約等の申込みをさせる行為の禁止

インターネット取引においては、たとえば、無料をうたうアダルトサイトにおいて「無料動画をみる」ボタンをクリックしたところ「契約申込みありがとうございます」との画面が表示されるなど、顧客の意に反して契約の申込みをさせるケースもみられる。特定商取引法はこのような行為を禁止行為（指示等の対象行為）とし（特商法14条2号、特商規16条1号・2号）、さらに「インターネット通販における『意に反して契約の申込みをさせようとする行為』に係るガイドライン」（平成25年2月20日）により詳細な解釈が示されている（〈表11〉参照）。

なお、特定商取引法14条違反によって、消費者が契約締結に至った場合、

〈表11〉 インターネット取引における「顧客の意に反して売買契約等の申込みをさせる」行為（特商法12条）

特商法・特商令の規定	具体例
販売業者等が、電子契約の申込みを受ける場合に、電子契約に係る電子計算機の操作が当該電子契約の申込みとなることを、顧客が当該操作を行う際に容易に認識できるように表示していないこと（法14条2号、規16条1号）	「申込み」となることの表示 　たとえば、インターネットショッピングなどの注文画面における操作が「申込み」となることを容易に認識できない場合など
販売業者等が、電子契約の申込みを受ける場合において、申込みの内容を、顧客が電子契約に係る電子計算機の操作を行う際に容易に確認しおよび訂正できるように表示していないこと（法14条2号、規16条2号）	確認・訂正機会の提供 　たとえば、インターネットショッピングの注文フォームの画面において「変更」「カートから削除」などの表示がない場合など

※　表中「法」は「特定商取引法」、「規」は「特定商取引法施行規則」である。

※　特定商取引法施行規則16条3号は、インターネット取引に関する規定ではないため割愛した。

私法上の効力については、電子消費者契約法（上記2参照）における民法95条ただし書の特例が適用されることになる（電子消契法3条）。

(6) 法定返品権

通信販売における法定返品権は、平成20年法律第74号による特定商取引法の改正により新設された民事規定である（同法15条の2）。同法の他の取引類型におけるクーリング・オフと類似しているが、①返品特約が別に定められていれば、特約が購入者にとって特定商取引法15条の2よりも不利な内容で

〔図27〕 法定返品権の概要

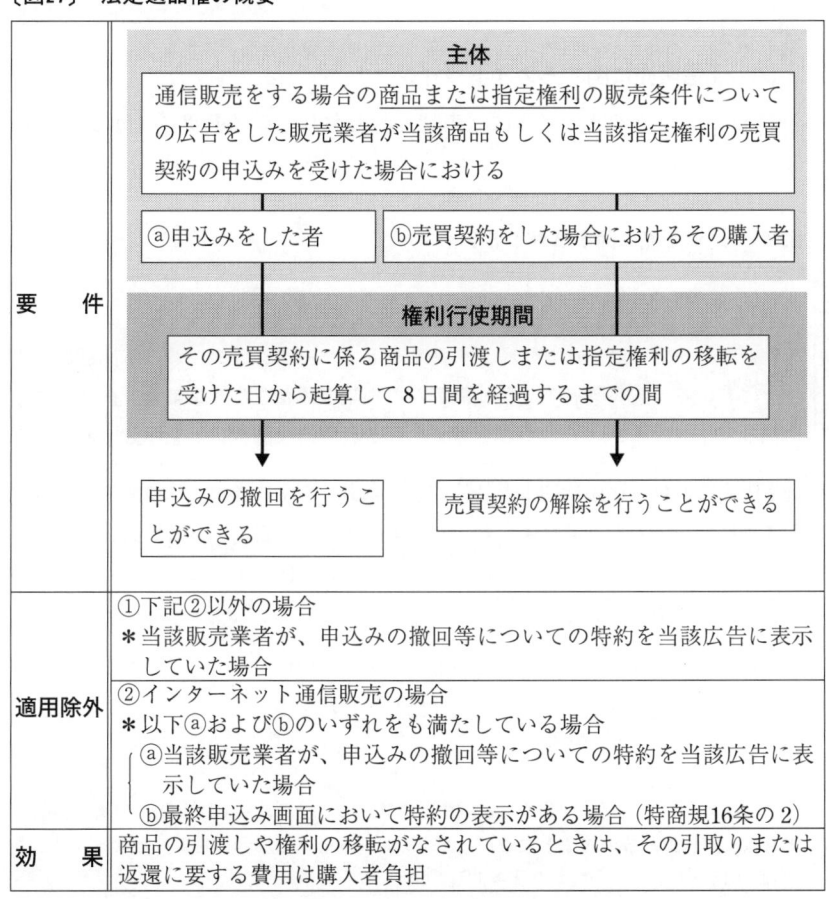

要　件	**主体** 通信販売をする場合の商品または指定権利の販売条件についての広告をした販売業者が当該商品もしくは当該指定権利の売買契約の申込みを受けた場合における ⓐ申込みをした者 ／ ⓑ売買契約をした場合におけるその購入者 **権利行使期間** その売買契約に係る商品の引渡しまたは指定権利の移転を受けた日から起算して8日間を経過するまでの間 ↓申込みの撤回を行うことができる ／ 売買契約の解除を行うことができる
適用除外	①下記②以外の場合 ＊当該販売業者が、申込みの撤回等についての特約を当該広告に表示していた場合 ②インターネット通信販売の場合 ＊以下ⓐおよびⓑのいずれをも満たしている場合 　ⓐ当該販売業者が、申込みの撤回等についての特約を当該広告に表示していた場合 　ⓑ最終申込み画面において特約の表示がある場合（特商規16条の2）
効　果	商品の引渡しや権利の移転がなされているときは、その引取りまたは返還に要する費用は購入者負担

あっても特約が優先すること、②返品に関する費用等は購入者負担であること、③清算に関する特則が定められていないこと、④契約の目的物が「商品」あるいは「指定権利」の場合のみが対象であって「役務」は対象外であることなどがクーリング・オフとは異なる制度である（〔図27〕参照）。[33]

なお、「返品特約」については、広告表示事項であり（特商法11条4号）、特定商取引法施行令において、「顧客にとって見やすい箇所に明瞭に判読できるように表示する方法その他顧客にとって容易に認識することができる表示方法」（特商令9条3号）を行うよう規定されていることに加え、「通信販売における返品特約の表示についてのガイドライン」において、詳細な取決めがなされている。

(7) 通信販売に関するガイドライン

通信販売については、さらに〈表12〉のとおり、ガイドラインが定められている（一部既出）。

〈表12〉 通信販売に関するガイドライン

名　称	概　要
インターネット・オークションにおける「販売業者」に係るガイドライン	インターネット・オークションにおける出品数、落札額等から規制客体となる「事業者」に該当すると考えられる具体的な解釈指針を示したもの
通信販売における返品特約の表示についてのガイドライン	返品特約の「認識しやすい表示」につき、カタログ等、インターネット広告、テレビ広告、ラジオ広告等媒体ごとの具体例を示したもの
電子メール広告をすることの承諾・請求の取得等に係る「容易に認識できるよう表示していないこと」に係	電子メールについてオプトアウト手続につき「容易に認識できるように捧持していない」場合について具体例を示したもの

33　このため、たとえば、情報商材に関する事案につき、それがCD-ROMの購入契約であれば、解約返品権の対象となるが、ダウンロード形式の場合は対象外となってしまう（特商法15条の2第1項ただし書参照）。

るガイドライン	
インターネット通販における「意に反して契約の申込みをさせようとする行為」に係るガイドライン	指示対象行為たる「容易に認識できるように表示していないこと」に該当しうる具体例を示したもの

(8) 適用除外

　電気通信事業者が電気通信事業を行う場合は、特定商取引法の通信販売に関する規定のすべてが適用除外となる旨が規定されている（特商法26条1項8号ニ、特商令5条・別表第2第32号）。「出会い系サイト業者」は、電気通信事業法に基づく電気通信事業者に該当し、提供する役務は同法の「電気通信事業」に該当することになることが多いところ、立法担当者は、いわゆる「出会い系サイト」については、上記のとおりであるにもかかわらず、特定商取引法の適用対象となる旨の解釈を示している[34]。

　深刻なサクラサイト詐欺被害が蔓延している現状においては、その被害拡大を抑止する手段として、特定商取引法の適用があるとして同法に基づく行政処分[35]や、形式犯として刑事事件として対応することには大きな意義があるといえる。

---

[34] 特定商取引法施行通達は、「なお、政令第5条及び別表第2に限らず、こうした適用除外の条項に関して、一つの役務の提供の内容のうち、部分的に適用除外条項に該当する可能性がある場合の扱いについては、個別具体的な役務の提供の態様を勘案して判断されることとなる。例えば、インターネットを用いたいわゆる出会い系サイト事業を運営している者については、電気通信事業者としての義務が生じることをもって、政令別表第2第32号に該当するものとしてその役務の提供の全部が本法の適用除外とされるものと解するのは本条の趣旨にそぐわない。すなわち、電気通信役務と扱われるであろう側面については適用が除外されるとしても、異性を紹介する等の役務の提供に係る有償の事業を行っているのであれば、その側面については同号による除外対象ではなく、結果として法の適用を受けることとなる」とする。

[35] 有限会社メディアテクノロジーに対する行政処分（指示処分）の事例（経済産業省平成20年5月1日）。

5　電子商取引準則

　本書においては、関連する事項につき、電子商取引準則の解釈についても適宜紹介しているので、ここでは、その位置づけと構成について補捉するにとどめる。

　電子商取引準則は、経済産業省において、平成14年3月に公表されて以来、インターネット取引の発展・普及に伴って頻繁に改訂作業が行われており、最新版は平成25年9月に公表されている。その意義ないし位置づけにつき、経済産業省は、「電子商取引等に関する様々な法的問題点について、民法をはじめとする関係する法律がどのように適用されるのか、その解釈を示し、取引当事者の予見可能性を高め、取引の円滑化に資することを目的とするもの」であり、「経済産業省が現行法の解釈についての一つの考え方を提示するものであり、今後電子商取引をめぐる法解釈の指針として機能することを期待する」とする。

　むろん、電子商取引準則は特定の省庁の一解釈を示すにとどまり、法律の規定ではないものの、実務においては電子商取引準則における解釈が検討の指針となりうる。

　電子商取引準則は、「Ⅰ　電子商取引に関する論点」「Ⅱ　情報財の取引等に関する論点」の二つに分かれており、たとえば、前者については、「Ⅰ-1　オンライン契約の申込と承諾」「Ⅰ-2　オンライン契約の内容」「Ⅰ-3　なりすまし」「Ⅰ-4　未成年者による意思表示」「Ⅰ-5　インターネット通販における返品」「Ⅰ-6　電子商店街（ショッピングモール）運営者の責任」「Ⅰ-7　インターネットオークション」「Ⅰ-8　インターネット上で行われる懸賞企画の取扱い」「Ⅰ-9　共同購入クーポンをめぐる法律問題」に分かれ、さらに個別の論点に分化して言及されている。

Ⅲ 広告表示・勧誘規制に関する法律（〔図17〕B参照）

1 景品表示法

(1) 概　要

⑺　はじめに

　景品表示法は、不当な顧客誘引を防止するために、一般消費者による自主的かつ合理的な選択を阻害するおそれのある行為の制限および禁止について定めることにより消費者の利益を保護することを目的とする法律であり（景表法1条）、景品の規制（同法3条）と表示の規制（同法4条）の2つの柱から成り立っている。[1]

　また、景品表示法の具体的な規制内容については、法律に加え指定告示・告示およびこれに対する運用基準をも確認する必要がある。

〔図28〕　景品表示法の構成

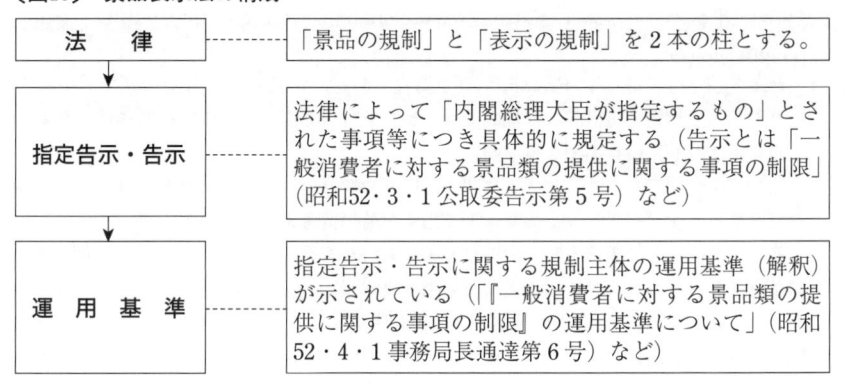

法　　律	「景品の規制」と「表示の規制」を2本の柱とする。
指定告示・告示	法律によって「内閣総理大臣が指定するもの」とされた事項等につき具体的に規定する（告示とは「一般消費者に対する景品類の提供に関する事項の制限」（昭和52・3・1公取委告示第5号）など）
運　用　基　準	指定告示・告示に関する規制主体の運用基準（解釈）が示されている（「『一般消費者に対する景品類の提供に関する事項の制限』の運用基準について」（昭和52・4・1事務局長通達第6号）など）

1　景品表示法については、消費者庁HP「表示対策」〈http://www.caa.go.jp/representation/〉、公益財団法人公正取引協会『景品表示法ガイドブック〔平成25年1月改訂版〕』がわかりやすい。詳細については、片桐一幸編著『景品表示法〔第3版〕』を参照されたい。

第2章　実務のための消費者関連法概説

(イ)　インターネット取引と景品表示法

「景品の規制」については、オンラインゲームにおけるいわゆる「コンプガチャ」[2]につき問題となったことは記憶に新しい。また、「表示の規制」につき、消費者庁は「インターネット消費者取引に係る広告表示に関する景品表示法上の問題点及び留意事項」(平成23年10月28日公表。平成24年5月9日改定。以下、「留意事項」という)において、フリーミアム[3]、口コミサイト[4]、フラッシュマーケティング[5]、アフィリエイトプログラム[6]、ドロップシッピング[7]における表示に関する具体的な考え方を公表している。[8]

そのほか、インターネット取引におけるWeb上の広告について景品表示法の不当表示として禁止される場合につき、電子商取引準則は、具体的事例に基づき解釈を示している(電子商取引準則ⅱ21)。

(2)　景品類の制限

(ア)　景品類とは

「景品類」とは、〔図29〕のとおり、①顧客を誘引するための手段として、

---

[2] 消費者庁「『カード合わせ』に関する景品表示法(景品規制)の運用基準の公表について」(平成24年6月28日)〈http://www.caa.go.jp/representation/pdf/120628premiums_2.pdf〉。

[3] free(「無料」の意)にPremium(「上質な」の意)を組み合わせた造語で、基本的なサービスを無料で提供し、付加的なサービスを有料で提供して収益を得るビジネスモデルを指す(前掲留意事項2頁参照)。

[4] 人物、企業、商品・サービス等に関する評判や噂といった、いわゆる「口コミ」情報を掲載するインターネット上のサイトを指す(前掲留意事項4頁参照)。

[5] 商品・サービスの価格を割り引くなどの特典付きのクーポンを、一定数量、期間限定で販売するビジネスモデル(前掲留意事項6頁参照)。

[6] 提携先の商品広告を自分のWebサイト上に掲載し、その広告をクリックした人が提携先から商品を購入するなどした場合、一定額の報酬を得られるというしくみのことをいう(前掲留意事項8頁参照)。

[7] 自分のWebサイト上に商品を掲載し、商品の申込みがあった場合、メーカーや卸業者から申込者へ商品を直送するというしくみのことをいう(前掲留意事項10頁参照)。

[8] 消費者庁「『インターネット消費者取引に係る広告表示に関する景品表示法上の問題点及び留意事項』の一部改定について」〈http://www.caa.go.jp/representation/pdf/120509premiums_1.pdf〉。

②取引に付随して提供する、③経済上の利益であって、④物品および土地、建物その他の工作物等、指定告示に掲げられたもののことである。ただし、上記に該当するとしても、正常な商習慣に照らして、ⓐ値引き、ⓑアフターサービス、ⓒ商品等に附属すると認められる経済上の利益については、「景品類」にはあたらないとされる（景表法指定告示、景表法指定告示運用基準）。

〔図29〕 景品類の定義

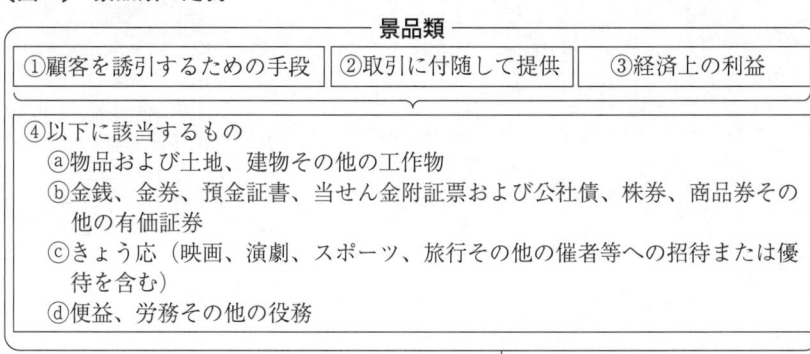

```
┌──────────────── 景品類 ────────────────┐
│ ①顧客を誘引するための手段 │ ②取引に付随して提供 │ ③経済上の利益 │
├──────────────────────────────────────┤
│ ④以下に該当するもの
│   ⓐ物品および土地、建物その他の工作物
│   ⓑ金銭、金券、預金証書、当せん金附証票および公社債、株券、商品券その他の有価証券
│   ⓒきょう応（映画、演劇、スポーツ、旅行その他の催者等への招待または優待を含む）
│   ⓓ便益、労務その他の役務
└──────────────────────────────────────┘
```

                          景品類にあたらない

正常な商習慣に照らして ┬ ①値引きと認められる経済上の利益
                      ├ ②アフターサービスと認められる経済上の利益
                      └ ③商品等に付随すると認められる経済上の利益

(イ) 規制の概要

　景品類の規制については、〔図30〕のとおり、「総付景品」「一般懸賞」「共同懸賞」その他新聞業など特定の業種につき一定の額を超える場合を制限する一方、コンプガチャなどのいわゆる「カード合わせ」については全面禁止とされている（コンプガチャについては、第4章Ⅶ3(2)(ｳ)参照）。[9]

---

[9] 消費者庁HP「インターネット上の取引と『カード合わせ』に関するQ&A」〈http://www.caa.go.jp/representation/keihyo/qa/cardqa.html〉。

〔図30〕 景品類の制限の概要

総付制限告示

総付景品	取引価額	景品類の最高額
	1000円未満	200円
	1000円以上	取引価額の10分の2

懸賞制限告示

一般懸賞	懸賞による取引の価額	景品類限度額（①②両方の限度内）	
		①最高額	②総額
	5000円未満	取引価額の20倍	懸賞に係る売上予定総額の2％
	5000円以上	10万円	

共同懸賞	懸賞による取引の価額	景品類限度額（①②両方の限度内）	
		①最高額	②総額
	取引価額にかかわらず30万円		懸賞に係る売上予定総額の3％

カード合わせ	2以上の種類の文字、絵、符号等を表示した符票のうち、異なる種類の符票の特定の組合せを提示させる方法を用いた懸賞
	全面禁止

業種別告示

	①新聞業、②雑誌業、③不動産業、④医療用医薬品業、医療機器業および衛生検査所業

公益財団法人公正取引協会『景品表示法ガイドブック』49頁の図を基に作成

(3) 不当表示規制

(ア) 表示とは

「表示」とは、〔図31〕のとおり、①顧客を誘引するための手段として、②事業者が自己の供給する商品または役務の取引に関する事項について行う、③広告その他の表示であって、景表法指定告示で掲げるものをいうとされる（景表法2条4項、景表法指定告示、景表法指定告示運用基準）。

(イ) 規制の概要

不当表示規制については、〔図32〕のとおり、「優良誤認」（景表法4条1項1号）、「有利誤認」（同項2号）、「指定告示によるもの」が対象となる。

なお、優良誤認類型については、「内閣総理大臣は商品の内容（効果等）

〔図31〕 表示の定義

```
┌─────────────────── 表　示 ───────────────────┐
│ ①顧客を誘引するための   ②事業者が自己の供給する   ③広告その他の表示 │
│   手段                     商品または役務の取引に                       │
│                           関する事項について行う                        │
├──────────────────────────────────────────────┤
│ ④以下に該当するもの                                                    │
│  ⓐ商品、容器または包装による広告その他の表示およびこれらに添付した物   │
│    による広告その他の表示                                              │
│  ⓑ見本、チラシ、パンフレット、説明書面その他これらに類似する物による   │
│    広告その他の表示（ダイレクトメール、ファクシミリ等によるものを含む）│
│    および口頭による広告その他の表示（電話によるものを含む）            │
│  ⓒポスター、看板（プラカードおよび建物または電車、自動車等に記載され   │
│    たものを含む）、ネオン・サイン、アドバルーン、その他これらに類似す  │
│    る物による広告および陳列物または実演による広告                      │
│  ⓓ新聞紙、雑誌その他の出版物、放送（有線電気通信設備または拡声機によ   │
│    る放送を含む）、映写、演劇または電光による広告                      │
│  ⓔ情報処理の用に供する機器による広告その他の表示（インターネット、パ   │
│    ソコン通信等によるものを含む）                                      │
└──────────────────────────────────────────────┘
```

について著しく優良であると示す表示に該当するか否かを判断する必要がある場合に期間を定めて、事業者に対し表示の裏付けとなる合理的な根拠を示す資料の提出を求めることができ、事業者が求められた資料を提出しない場合には、当該表示は不当表示とみなされる」という、いわゆる不実証広告規定[10]が設けられている。

10　公益財団法人公正取引協会・前掲（注1）49頁。

〔図32〕　表示規制の対象（概要）

```
┌─ 優良誤認 ─────────────────────────────────┐
│ 商品または役務の性質、規格その他の内容についての不当表示（景表法4条1 │
│ 項1号）                                        │
│ 　①内容について、実際のものよりも著しく優良であると一般消費者に示す表 │
│ 　　示                                         │
│ 　②内容について、事実に相違して競争事業者に係るものよりも著しく優良で │
│ 　　あると一般消費者に示す表示                     │
└──────────────────────────────────────────┘
            ↑
            └─不実証広告規制（同条2項）の対象

┌─ 有利誤認 ─────────────────────────────────┐
│ 商品または役務の価格その他の取引条件についての不当表示（同項2号）   │
│ 　①取引条件について、実際のものよりも取引の相手方に著しく有利であると │
│ 　　一般消費者に誤認される表示                     │
│ 　②取引条件について、競争事業者に係るものよりも取引の相手方に著しく有 │
│ 　　利であると一般消費者に誤認される表示             │
└──────────────────────────────────────────┘

┌─ 指定告示 ─────────────────────────────────┐
│ 商品または役務の取引に関する事項について一般消費者に誤認されるおそれが │
│ ある表示で、内閣総理大臣が指定するもの（同項3号）         │
│ 　①無果汁の清涼飲料水等についての表示（昭和48年公取委告示第4号）  │
│ 　②商品の原産国に関する不当な表示（昭和48年公取委告示第34号）    │
│ 　③消費者信用の融資費用の関する不当な表示（昭和55年公取委告示第13号）│
│ 　④不動産のおとり広告に関する表示（昭和55年公取委告示第14号）    │
│ 　⑤おとり広告に関する表示（平成5年公取委告示第17号）         │
│ 　⑥有料老人ホームに関する不当な表示（平成16年公取委告示第3号）   │
└──────────────────────────────────────────┘
```

(ウ)　規制の対象

　景品表示法においては、その対象を「自己の供給する商品または役務の取引について」表示した場合に限定されるため（同法4条）、広告主が第三者から委託を受けて宣伝行為を行ったとしても、同法の対象とはならないと解される。この点につき、消費者庁は前掲留意事項において、①口コミサイトにつき、「口コミサイトに掲載される情報は、一般的には、口コミの対象となる商品・サービスを現に購入したり利用したりしている消費者や、当該商品・サービスの購入・利用を検討している消費者によって書き込まれていると考えられる。これを前提とすれば、消費者は口コミ情報の対象となる商品・サービスを自ら供給する者ではないので、消費者による口コミ情報は景

品表示法で定義される『表示』には該当せず、したがって、景品表示法上の問題が生じることはない。ただし、商品・サービスを提供する事業者が、顧客を誘引する手段として、口コミサイトに口コミ情報を自ら掲載し、<u>又は第三者に依頼して掲載させ</u>、当該『口コミ』情報が、当該事業者の商品・サービスの内容又は取引条件について、実際のもの又は競争事業者に係るものよりも著しく優良又は有利であると一般消費者に誤認されるものである場合には、景品表示法上の不当表示として問題となる」（下線は筆者による）とし、②アフィリエイトにつき、「アフィリエイターがアフィリエイトサイトに掲載する、広告主のバナー広告における表示に関しては、バナー広告に記載された商品・サービスの内容又は取引条件について、実際のもの又は競争事業者に係るものよりも著しく優良又は有利であると一般消費者に誤認される場合には、景品表示法上の不当表示として問題となる。広告主のサイトへのリンク（バナー広告等）をクリックさせるために行われる、アフィリエイターによるアフィリエイトサイト上の表示に関しては、アフィリエイターはアフィリエイトプログラムの対象となる商品・サービスを自ら供給する者ではないので、景品表示法で定義される『表示』には該当せず、したがって、景品表示法上の問題が生じることはない」との解釈を公表している[11]。以上のとおり、上記の消費者庁解釈は、口コミサイトにおいては第三者による表示であっても、広告主との間において宣伝契約類似の法律関係が認められる場合は景品表示法の対象となりうるとの解釈を示す一方、アフィリエイトについては、「バナー広告は同法の対象となる」という、いわば確認的な解釈基準を示すにとどまっている。

(4) 効 果

以上の規定に違反する行為、あるいは違反する行為があると認めるときは、内閣総理大臣（消費者庁長官に権限が委任されている）による措置命令（同法6条）、都道府県知事による指示（同法7条）の対象となる。

---

11 消費者庁・前掲（注8）。

また、そのほか、表示規制のうち、事業者が不特定多数の一般消費者に対し「優良誤認」や「有利誤認」にあたる表示をし、または行うおそれがあるときは、適格消費者団体による差止請求の対象となる（同法10条）。

(5) その他の特別法による表示規制

景品表示法のほか、インターネット取引に関連するものとして、前述の特定商取引法、薬事法、健康増進法、貸金業法等の特別法においても広告の表示規制がなされている。[12]

2　特定電子メール法

(1) 概　要

(ｱ) 迷惑メール規制の必要性

送信を希望していないにもかかわらず、日々、大量の迷惑メール（spamメール）が送信されており、近年（平成25年１月）の迷惑メールの世界全体のメールトラフィックに占める割合は64.1％にも及ぶとされ、Ｅメールの送受信に支障を来している。また、架空請求詐欺やサクラサイト詐欺、その他の情報商材被害についても、その端緒が迷惑メールによる場合も少なくなく、被害の未然防止という観点からも迷惑メールの対応は不可欠である。[13]

このような現状において、特定電子メール法は、特定商取引法の規制と並び、迷惑メール規制のための法律としての役割を担っている。

(ｲ) 迷惑メール規制の概要

特定電子メール法における迷惑メール規制の概要は〈表13〉のとおりである。特定商取引法における迷惑メール規制と同じく、原則としてオプトイン[14]

12　広告表示規制全般については、伊従寛＝矢部丈太郎編『広告表示規制法』に詳しい。
13　迷惑メール対策推進協議会「迷惑メール対策ハンドブック2013」〈http://www.dekyo.or.jp/soudan/image/anti_spam/book/2013/03-HB13.pdf〉13頁以下。
14　特定電子メール法については、総務省＝消費者庁＝一般財団法人日本データ通信協会「特定電子メールの送信の適正化等に関する法律のポイント」、総務省総合通信基盤局消費者行政課＝消費者庁取引対策課「特定電子メールの送信等に関するガイドライン」（平成23年８月）も参照されたい。

規制をとっている。特定商取引法の規制との違いとしては、特定電子メール法のほうが対象となる広告メールの範囲が広いこと、架空請求メールに関する規制を設けていることなどがあげられる。

〈表13〉 特定電子メール法における迷惑メール規制

目的	電子メールの送受信上の支障の防止の観点から送信を規制
規制対象者	①送信者（営利を目的とする団体、営業を営む場合における個人に限る） ②送信受託者
対象となる広告メール	自己または他人の営業につき広告または宣伝を行うためのもの（特定電子メール） ※表中「架空メール等への対処」②は、上記に限定されない。
対象となる方式	電子メールおよびSMS（法2条1号、省令）
広告規制　オプトイン規制	以下を除き、対象広告メールの送信を禁止（法3条） ①あらかじめ特定電子メールの送信を求める旨および同意する旨を送信者等に通知した者に対する送信 ②取引関係にある者に送信する場合 ③名刺などの書面により自己の電子メールアドレスを通知した者に対して、以下の広告宣伝メールを送る場合 　ⓐ同意確認のための電子メール 　ⓑ契約や取引の履行に関する事項を通知する電子メールであって、付随的に広告宣伝メールが行われているもの 　ⓒフリーメールサービスを用いた電子メールであって、付随的に広告宣伝が行われているもの ④自己の電子メールアドレスをインターネットで公表している者（個人の場合は、営業を営む場合の個人に限る）に送信する場合 ⇒広告宣伝メールをしないように求める旨が公表さ

		れている場合は、同意なく送信不可
	オプトアウト規制	受信者から対象広告メールの送信をしないように求める旨の通知を受けたときは、通知に示された意思に反するメール送信の禁止
保存義務	保存内容	省令5条1号または2号に定める記録を必要に応じ提示できる方法
	保存期間	記録の保存に係る対象広告メールを最後に受信した日から1ヵ月（措置命令を受けた場合は1年間）
表示義務（法4条）		①送信者・送信に責任を有する者の氏名または名称 ②オプトアウトの通知先メールアドレス、URL ③オプトアウトができる旨 ④上記①の住所 ⑤苦情受付先
迷惑メール情報収集		①消費者からの受付、②モニタリング調査 （一財）日本産業協会〈http://www.nissankyo.or.jp/spam/〉
架空メール等への対処		①送信者がメールアドレスおよびURLを偽って特定電子メールの送信をすることを禁止【直罰規定あり】（法5条、34条） ②自己または他人の営業のために多数の電子メールの送信をする目的（特定電子メールに限定していない）で架空電子メールアドレスをあて先とする電子メールの送信禁止 ③電子通信事業者は、上記①②により自己の電子メール通信役務の円滑な提供に支障を生じるおそれ等があると認める場合は、当該支障を防止するために必要な範囲内において、上記①②のメールを送信する者に対し、電子メール通信役務の提供を拒むことできる。 ④外国から発信される迷惑メールへの対応強化として、総務大臣は迷惑メール対策を行う外国執行当局に対し、職務に必要な情報を提供できる。

主務大臣	内閣総理大臣（消費者庁長官に権限委任）、総務大臣
措置命令	①法3条、4条につき⇒規定を遵守していないと認めるとき ②法5条、6条につき⇒電子メールの送受信上の支障を防止するため必要があると認めるとき
主務大臣に対する申出制度	主体：特定電子メールの受信をした者 要件：法3条～5条（特定電子メール送信制限、表示義務、送信者情報を偽った送信禁止）の規定に違反して特定電子メールの送信がされたと認めるとき 求める内容：適当な措置をとるべきことを申し出ることができる。

※ 表中「法」は「特定電子メール法」、「省令」は「特定電子メールの送信の適正化等に関する法律第2条第1号の通信方式を定める省令」である。

(2) 迷惑メール規制の現状

(ア) 措置命令

総務省による特定電子メール法違反による措置命令は、年間5件～12件程度であり、サクラサイト詐欺被害の未然防止等に一定の効果が期待できる一方、膨大な迷惑メール送信への対策としては、十分に機能しているとはいえないのが現状であるといえる。

(イ) 直罰規定

送信者情報を偽った特定電子メールを送信した場合（特電法5条）は、措置命令違反等を経ずに直罰規定の対象となる（同法34条1号）。近年、形式犯である同条違反を根拠として、出会い系サイト業者の摘発の端緒となるケースがみられる。

---

15 一般財団法人日本データ通信協会迷惑メール相談センターHP「総務省における行政処分実施状況」〈http://www.dekyo.or.jp/soudan/activities/mic.html〉。

16 たとえば、平成23年1月17日、京都府警が出会い系サイト宣伝のために、発信元が特定されないように偽装されたメールアドレスを使い、海外のサーバを経由する手口で、1回あたり500万通という、不特定多数に大量の迷惑メールを送信していた東京のサイト運営会社の社長ら7人を、特定電子メール法違反の疑いで逮捕した旨が報道されている。

Ⅳ 決済に関する法律等（〔図17〕C参照）

　インターネット取引においては、〈表14〉のとおり、多様な決済方法が用いられている。

　国際ブランドカードにおける決済は、イシュアの利用枠の確認における審査項目が異なるものの（プリペイドの場合はプリペイド口座等、デビットの場合は預金口座、クレジットの場合は与信枠等）、プリペイド（前払い）、デビット（即時払い）、クレジット（後払い）のいずれにおいても、①オーソリゼーション（取引の承認要請／応答）→②クリアリング（売上清算）→③セツルメント（清算）というフローによって行われている。

Ⅳ 決済に関する法律等

〈表14〉インターネット取引における主な決済方法

決済種別		サービス名称（具体例）	対象法律	開業規制	民事規定等	法律上の加盟店管理義務	決済代行業者（※1）の介在	留意点
前払い	自家型前払式支払手段	サーバ型電子マネー（ビットキャッシュ）	資金決済法	届出（資決法5条）	—	—	—	・発行保証金の供託（資決法14条～20条）義務 ・原則として払い戻しは禁止（資決法20条2項）
	第三者型前払式支払手段	資金移動型国際ブランドカード（Vプリカ）	資金決済法	登録（資決法3条）	—	△（※2）（資決法10条3号、27条1号、ガイドライン）	○	・発行保証金の供託（資決法14条～20条）義務 ・原則として払い戻しは禁止（資決法20条2項） ・同上 ・クレジット決済と同様のシステムを利用
即時払い・同時払い	デビットカード決済	デビットカード（VISAデビット）	—	—	国際ブランドルール（チャージバック、検索請求等）	—	○	・クレジット決済と同様のシステムを利用
	代金引換え	代引き（ヤマト運輸：宅配便コレクト）	—	—	—	—	○	・社団法人日本トラック協会「代金引換サービス業務の取扱に関するガイドライン」 ・一般的に「代理受領」と解される。 ・「為替取引」該当可能性あり（※4）
	エスクローサービス	インターネットオークション（楽天あんしん決済サービス）	—	—	—	—	○	・荷受者がエスクロー業者に入金、その連絡を出品者が受け商品発送、商品が届いた後、対価を出品者に支払うサービス
後払い	包括信用購入あっせん	①分割払い、②リボ払い、③2カ月超一括払い	割賦販売法	登録（割販法31条）	抗弁の対抗（割販法30条の4）	○（割販法30条の5の2）	○	・業務の運営に関する措置として、アクワイアラ加盟店であっても苦情発生件数が多いと調査義務発生（開販令30条3号） ・債権譲渡型（立替払型）、報償委託型がある。 ・抗弁の対抗は当然にはできないが、おやみに購入者が不利益を被ることのないよう協力すべき信義則上の義務を有するとした下級審判決あり（東京高判平成22・3・10消費者ニュース84号216頁）
	クレジット決済（マンスリークリア）	スマートフォン決済（PayPal Here等のドングル型）	△（※3）	—	国際ブランドルール（チャージバック等）	—	○	・回収代行型と債権譲渡型がある。 ・債権譲渡型の規約には譲渡承諾条項あり ・通話料金等一括して請求
	携帯（スマホ）キャリア課金	キャリア決済（ソフトバンクまとめて支払い）	—	—	—	—	○	・一般的に「代理受領」と解される（※4） ・コンビニ収納代行につき、標準料金代理収納約款がある（高橋俊文編著『詳説資金決済法』「詐欺罪類似の条律あり（※4）
事案ごと	収納代行	コンビニ収納代行（スマートピット）	—	—	—	—	○	・「為替取引」該当可能性あり（※4）
	銀行振込決済	振込先・入金等管理	—	—	—	—	○	・「為替取引」該当可能性あり（※4）

※1 消費者庁決済代行業者登録制度運営規約2条では「クレジットカードに係る決済代行サービスが介在する場合における当該決済代行業者」を「決済代行業者」と定義する。
※2 加盟店が公序良俗違反の取引を行わないことを確保するために必要な措置を講じていないと登録取消し等の対象。
※3 後払いが特約がある場合は割賦販売法の適用対象となる（経済産業省商務情報政策局取引信用課編『割賦販売法の解説（平成20年版）』50頁。
※4 「隣接地利用で直接現金を輸送せずに資金を移動する仕組み」「経済的信用（与信）」「為替取引」として資金決済法の「資金移動業者」としての登録が必要（同法37条。無登録は銀行法違反となる可能性がある）。この場合、資金決済法は銀行法の特別法となる（高橋俊文編著『詳説資金決済法』159頁ほか）。

113

1 割賦販売法

(1) 概　要

割賦販売法の対象および規定の概要を図示すると、〈表15〉のとおりとなる。インターネット取引事件の決済手段としてはクレジットカード決済が最も多い。ここでは、クレジット決済のうち、割賦販売法における「包括信用購入あっせん」に該当するものを対象として解説する。

〈表15〉　割賦販売法の適用対象取引とその規定

		割賦販売	ローン提携販売	包括信用購入あっせん	個別信用購入あっせん	前払式特定取引
対象	指定商品・権利・役務制度	○	○	△※1	指定権利制のみ存続	△（役務のみ）
	割賦要件（2カ月以上の期間・3回以上の分割払い）	○	○	—※2	—※2	○
行為規制	①許可・登録制度	△※3	—	登録（割販法31条）	登録（割販法35条の3の23）	許可（割販法35条の3の61）
	②表示規制	○	○	○	○	—
	③書面交付義務	○	○	○	○	—
	④契約解除の制限	○	—	—	—	—
	⑤所有権留保推定	○	—	—	—	—
	⑥過剰与信規制	努力義務のみ	努力義務のみ	支払可能見込額調査義務、一定額を超える与信禁止	支払可能見込額調査義務、一定額を超える与信禁止	—
	⑦適正与信義務	—	—	—	△※4	—
民事規定	①クーリング・オフ	—	—	—	△※4	—
	②不実告知・故意の事実不告知の取消権	—	—	—	△※4	—
	③支払停止の抗弁	—	○	○	○	—
	④損害賠償額の制限	○	—	○	○	—

※1　登録制の観点から定義要件は「指定権利」とはされていない（割販法2条2項）（経済産業省商務情報政策局取引信用課編『割賦販売法の解説〔平成20年版〕』41頁）。もっとも、主な行為規制対象となる「包括信用購入あっせん関係受領契約」（割販法30条の2の3）は、「指定権利」と限定しているし、抗弁の対抗（同法30条の4）も「指定権利」制である。
※2　ただし、契約締結日から2カ月を超えない期間に支払う場合（いわゆる「マンスリークリア」は適用対象外となる）。
※3　前払式割賦販売につき経済産業大臣の許可が必要である（割販法11条）。
※4　販売契約がいわゆる特定商取引法5類型取引である場合に限る。

(2) 包括信用購入あっせん

　包括信用購入あっせんの定義は、〈表16〉のとおりである。表中⑤の要件のため、役務提供契約等の締結から2カ月以内に支払期の到来する、いわゆるマンスリークリア方式は、インターネット取引において最も決済数が多いにもかかわらず、割賦販売法の適用対象外である[1]。

　なお、マンスリークリア方式であっても、いわゆる後リボ特約がある場合に、同特約に従って後リボに変更された後は、同法の適用対象となる[2]。

〈表16〉　包括信用購入あっせんの定義

2カ月超え後払い （割販法2条3項1号）	リボ払い（割販法2条3項2号）
①カード等を利用者等に交付・付与	同　左
②当該利用者がカード等を提示等して、③利用者が特定の役務提供事業者等から役務の提供等を受けるときは、当該役務提供事業者等に当該役務の対価相当額を交付する	同　左
④当該利用者からあらかじめ定められた時期までに当該対価相当額を受領すること	当該利用者からあらかじめ定められた時期ごとに当該役務の対価の合計額を基礎としてあらかじめ定められた方法により算定して得た金額を受領
⑤当該役務提供契約等を締結した時から2カ月を超えない範囲内においてあらかじめ定められた時期までに受領することを除く	

1　本書第1章Ⅲ7参照。
2　経済産業省商務情報政策局取引信用課編『割賦販売法の解説〔平成20年版〕』49頁。

(3) 抗弁の対抗

(ア) 概　要

包括信用購入あっせんの場合、たとえば、債権発生の原因取引である役務提供契約等につき、当該役務提供業者等に対抗すべき事由（債務不履行、クーリング・オフなど）が発生した場合、役務の提供を受ける者は、対抗事由が解消するまで、当該事由をもって、包括クレジット業者に対抗できる（割販法30条の4、30条の5）。

(イ) 効　果

抗弁の対抗規定の効果は、あくまでも将来の支払いを停止する効果にとどまるから、立法担当者の解釈および裁判実務において、同規定は既払金返還請求の根拠とはならないと解されている[3]。

(ウ) 対抗の事由

役務提供事業者に対抗できる事由に制限はない（無制限説）。例外として支払いを停止することが信義則違反となる場合は抗弁の対抗を行うことはできないと解されている。なお、その事由につき包括クレジット業者の認識可能性は不要である。

(エ) 越境取引の場合

サクラサイト詐欺事案などにおいては、海外のアクワイアラ、決済代行業者、サイト運営業者が介在しているケースもある。この場合においても、抗弁の対抗はあくまでも国内の包括クレジット業者（イシュア）に対する抗弁であるから、海外の役務提供事業者等に関するケースであっても、法の適用に関する通則法等の検討をするまでもなく、抗弁の対抗の適用対象となる。

(4) 業務適正化義務

包括クレジット業者（イシュア）は、苦情の適切な処理等を講ずる義務がある。消費者とカード契約をしている包括クレジット業者は、自社と加盟店関係にない事業者や決済代行業者にかかる苦情について、〈表17〉のとおり

---

[3] 昭和59年11月26日59産局第834号「昭和59年改正割賦販売法の施行について」、東京地判平成5・9・27判時1496号103頁。

の対応をする必要がある。

〈表17〉 イシュアの業務適正化義務

	加盟店の勧誘方法が不実告知等	加盟店の勧誘方法がその他の問題行為	包括クレジット業者の業務に問題行為
イシュア加盟店	1件でも調査義務（割販令60条2号イ）	発生状況が多い場合に調査義務（同条3号イ）	1件でも調査義務（同条2号ロ）
アクワイアラ加盟店	発生件数が多い場合に調査義務（同条3号ロ）		

後藤巻則＝池本誠司『割賦販売法』212頁を基に作成

(5) インターネット取引に用いられる決済方式

(ア) ノン・オン・アス方式

インターネット消費者取引被害における決済方法としてクレジットカード決済が利用されているケースでは、カード会員とクレジット契約を締結しているクレジット会社と、販売店と加盟店契約を締結するクレジット会社が異なる、「ノン・オン・アス方式」がとられる場合が多い。この場合、会員と契約関係にあるクレジット会社をイシュア、販売店と加盟店契約を締結しているクレジット会社をアクワイアラと呼ぶ。

そして、この場合、契約の相手方となる事業者は直接アクワイアラと加盟店契約を締結していることはなく、その間にいわゆる「決済代行業者」が介在している場合が多い。また、アクワイアラは海外の金融機関であり、わが国に本店をおく決済代行業者が海外のアクワイアラと加盟店契約を結ぶ、ク

---

[4] 決済代行業者に関する詳細については、株式会社野村総合研究所「平成22年度商取引適正化・製品安全に係る事業（諸外国のクレジットカードの決済状況に関する実態調査）報告書」（2011年3月4日）〈http://www.meti.go.jp/meti_lib/report/2011fy/E001892.pdf〉を参照されたい。同報告書18頁によれば、海外のアクワイアラと包括加盟店契約を締結する海外法人たる決済代行業者が存在し、同決済代行業者と何らかの提携契約のある国内決済代行業者が介在する場合などがあるとの報告がなされている。

117

ロスボーダー取引となっている場合が少なくない。

(イ) **決済代行業者**

(A) 決済代行業者とは

決済代行業者の役割は、〔図33〕のように、①アクワイアラと決済代行業者が加盟店契約を締結し、アクワイアラと加盟店の間（たとえば、サクラサイト事業者）には加盟店契約関係がない「包括加盟型」、②アクワイアラと加盟店の間の加盟店契約を決済代行業者が仲介し、アクワイアラに対して決済代行業者と加盟店が共同責任を負う仲介型、③決済代行業者は単にデータ処理を代行するにとどまる場合があるが、わが国においては、上記①包括加盟型のスキームが一般的であるとされる[5]。

決済代行業者は、多様な決済方法に介在している事実があるにもかかわらず、割賦販売法など決済に関する法律の対象にもなっておらず、法による明確な定義・規制がないことから、所在が不明な決済代行業者の存在も見受けられる。また、以上のとおりであるから、悪質な加盟店もクレジット決済が可能となっている。

なお、下記(B)の任意登録制度における消費者庁「決済代行業者登録制度運営規約」2条においては、「インターネット上の販売業者と消費者との間の取引の決済手段としてクレジットカードに係る決済代行サービスが介在する場合における当該決済代行サービスを提供する業者（販売業者がクレジットカード会社の加盟店となるための事務手続の代行業務を行うにとどまる者を除く）」と定義づけされている[6]。

もっとも、前述のとおり、決済代行業者はクレジット決済のみならず多様な決済手段に介在している事実からすれば、決済代行業者についてはクレジット決済に限定せずに議論ないし検討すべきである。

5　消費者庁「インターネット取引に係る消費者の安全・安心に向けた取組について」（平成23年3月）〈http://www.caa.go.jp/adjustments/pdf/110311adjustments_1.pdf〉36頁。

6　消費者庁「決済代行業者登録制度運営規約」〈http://www.caa.go.jp/kessaidaikou/common/pdf/kiyaku.pdf〉。

〔図33〕 決済代行業者介在型（包括加盟型）

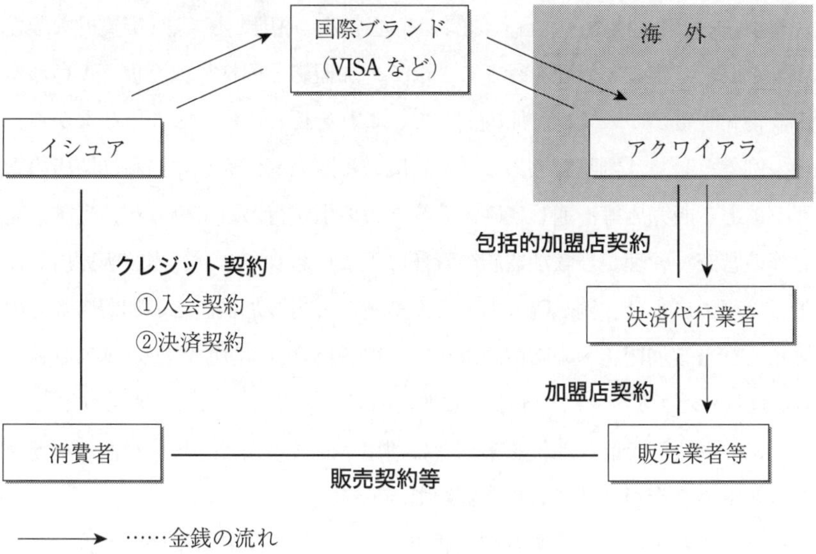

```
                    国際ブランド       ┌──────────────┐
                    （VISA など）      │   海　外      │
    ┌──────┐                         │              │
    │イシュア│ ──────→              │  ┌──────┐   │
    └──────┘                         │  │アクワイアラ│ │
         │                           │  └──────┘   │
         │クレジット契約                包括的加盟店契約│
         │ ①入会契約                             ↓   │
         │ ②決済契約                          ┌──────┐
         │                                    │決済代行業者│
         │                                    └──────┘
         │                                        │
         │                                     加盟店契約
    ┌──────┐                                    ↓
    │消費者 │ ────販売契約等──── ┌──────┐
    └──────┘                      │販売業者等│
                                  └──────┘
```

　　──→　……金銭の流れ

　(B)　任意登録制度

　決済代行業者の問題に鑑み、消費者庁インターネット消費者取引研究会の報告を受け、一般社団法人モバイル・コンテンツ・フォーラムが登録手続を行っている民間の決済代行業者の登録制度が、平成23年7月1日より開始され、登録業者の登録事項が公表されている。[7][8]

　なお、上記登録制度は、あくまでも「任意登録」にとどまり、上記 Web には「決済代行業者登録制度は、登録されている決済代行業者の事業活動全般の適法性及び適正性並びに当該決済代行業者が関与する個々の取引の適法性及び適正性を保証するものではありません」との記載がなされている。

　(C)　決済代行業者の法的責任

　クレジット決済の包括加盟型における決済代行業者と事業者との関係は、

7　消費者庁・前掲（注5）。
8　消費者庁 HP「決済代行業者登録制度サイト」⟨http://www.caa.go.jp/kessaidai-kou/register.html⟩。

いわゆる「枝番・子番」と類似の関係にあるといえる[9]。

そうすると、「枝番・子番」に関する通達[10]が、原則として、「実質的な販売店等を直接、審査・管理を行うことなく、加盟店と同様に取り扱う、いわゆる枝番・子番については、原則として、これを行わないこと」としながら、その例外として「割賦購入あっせんに関わる販売等が完全に当該加盟店の管理下にある販売店等を通じて購入者等との取引が行われているが、当該販売店等の審査・管理が当該加盟店の責任の下に行われており、当該販売店等に生じた事由により、割賦購入あっせん業者から当該加盟店との加盟店契約の解除及び当該加盟店への賠償請求が行い得る場合（当該加盟店は、賠償請求に対応し得る資力があることが前提）に限られる」としていることからすれば、クレジット決済可能な地位を第三者に利用させる者には、厳格な注意義務があると主務官庁が考えていると解釈できる。

そうすると、決済代行業者が加盟店たるサイト事業者が違法な行為をしているにもかかわらず、これを放置しているような場合においては、決済代行業者には注意義務違反があったとして不法行為が成立する余地があるというべきであろう[11]。

(ウ) マンスリークリア方式

マンスリークリア方式の場合、前述のとおり、割賦販売法の抗弁の対抗規定をもって当然には対抗できないことになる。この点については、東京地判平成21・10・2消費者法ニュース84号211頁およびその控訴審である東京高

---

9 包括加盟型につき、消費者庁「いわゆる決済代行問題の考え方について」（平成23年2月10日）18頁は、「決済代行会社がクレジットカードの加盟店となり、販売業者は決済代行業者の個別店舗（枝番）と同様の位置づけとなる」、「我が国においては、『枝番』は消費者トラブルに関する責任が不明確となるおそれがあることを踏まえて、原則禁止」としている。

10 経済産業省「割賦購入あっせん業者における加盟店管理の強化について」（平成14年5月15日）〈http://www.meti.go.jp/policy/consumer/release/kappukounyu.pdf〉。

11 山田茂樹「決済代行業者に対する法的責任追及について〜サクラサイト詐欺事件を題材として〜」全国クレジット・サラ金問題対策協議会『知っておきたいクレジット・サラ金事件処理の最新論点』156頁以下。

判平成22・3・10消費者法ニュース84号216頁が参考になる。

上記二つの判決は、イシュアにつき「支払請求を停止すべき法的義務はないものの、購入者と加盟店との間のトラブルの有無や内容の状況を確認調査する等して、むやみに購入者が不利益を被ることのないよう協力すべき信義則上の義務を有する」との判断が示されている。したがって、上記判決を根拠として、イシュアに対し、事案が解決するまで、①支払請求の停止および②信用情報への事故記録としての登録の留保を求める方法が考えられる。

また、上記二つの判決はイシュアにつき、カード会員から苦情の申立てがあった場合、販売店と連絡をとるなど、紛争の解決に向けた信義則上の義務がある旨の判断が示されていることからすれば、同判決を根拠として、既払金相当額の返還や未払債務の消滅をさせるために、国際ブランドルールであるチャージバックの請求や、リファンドの促しなど国際ブランドルールによる解決を求める方法が考えられる（下記2参照）。

(6) **クレジット契約におけるイシュアの請求債権**

(ア) **契約形式**

クレジット会社から販売事業者等への代金交付の契約形式は、①債務引受（立替払）型（クレジット会社が消費者の債務を引き受けて販売業者等に代金を支払い、これを委任契約とみて、手数料は委任事務処理費用と構成）、②債権譲渡型（販売業者等の消費者に対する債権をクレジット会社に譲渡。クレジット会社はその対価を販売業者等に支払う）、③保証委託型（クレジット会社・消費者間で保証委託契約。クレジット会社は保証人として代金を代位弁済）などがある。[13]

---

12 本件は、クレジットカード会社（いわゆる二次カード会社）がカード会員に対する立替金請求訴訟を提起し（本訴）、これに対し、カード会員が当該クレジットカード会社の調査義務違反などを根拠に損害賠償請求訴訟を提起した（反訴）という事案であるところ、本訴については、抗弁の対抗規定の適用がないことから、抗弁の対抗規定の適用を否定し、立替金請求を認容する一方、反訴については、当該クレジットカード会社につき本文のとおりの信義則上の義務違反があるとして損害賠償を認めた（控訴審も原審を維持）。

13 後藤巻則＝池本誠司『割賦販売法』112頁、経済産業省商務情報政策局取引信用課・前掲（注2）39頁。

(イ) 請求原因事実

　前述のとおり、インターネット取引におけるクレジット決済はノン・オン・アス方式である場合が少なくなく、この場合、カード会員に利用料金相当額を請求するイシュアは、自身の加盟店ではない販売業者等とカード会員間における取引が債権発生の原因取引となるため、具体的な取引内容については不明であるなどとして、利用日時、利用金額、利用店名（決済代行業者が介在する場合は同業者が表示される）のみをもって、請求を行い、あるいは訴え提起をする場合がある。

　この点については、イシュアの請求原因事実としては、個々の取引の内容を明らかにしなければならないという見解も有力であり、[14]東京地判平成25・5・29消費者法ニュース98号279頁は、「サイトを運営している加盟店を特定していない原告の主張は、債権発生のための請求原因事実の主張として不十分であり、主張自体失当である」としてカード会社（から債権譲渡を受けた会社）の請求を棄却している。

2　クレジットカードにおける国際ブランドのトラブル解決ルール

(1) 概　要

　VISAやMASTER、JCBなどの国際ブランドは、〔図34〕のような加盟クレジット会社間で決済のトラブルを解決するルールを定めている。同ルールの利用に基づき、イシュアがアクワイアラに支払った対価相当額を取り戻すことにより、カード会員が既払いの場合は既払金の返還に結びつくし、未払いであればイシュアからの請求を免れることができることになる。

　ただし、あくまでも同手続の主体はクレジット会社であってカード会員ではない点に留意する必要がある。

14　梶村太市ほか編『新割賦販売法』265頁、296頁など。

〔図34〕 国際ブランドのトラブル解決ルール（チャージバックプロセス）の流れ[15]

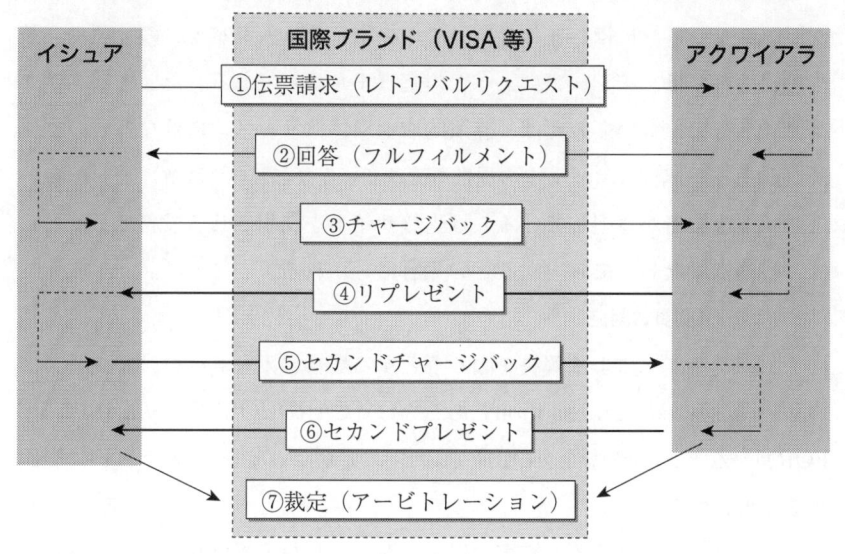

```
イシュア        国際ブランド（VISA等）         アクワイアラ
         ①伝票請求（レトリバルリクエスト）
         ②回答（フルフィルメント）
         ③チャージバック
         ④リプレゼント
         ⑤セカンドチャージバック
         ⑥セカンドプレゼント
         ⑦裁定（アービトレーション）
```

(2) チャージバック

(ア) 期間および理由

　チャージバック（CB）とは、「イシュアーがアクワイアラに対し、不正または瑕疵が疑われる取引についてその理由を明示し、該当取引の売上提示分の支払拒否、あるいは支払済みの立替金相当額の返金を請求すること」である。[16] チャージバックができる「期間」や「理由」（チャージバックリーズン）は厳格に定められており、これら「期間」および「理由」に合致した場合に限りチャージバックの対象となりうる。「期間」については最短で45日間、最長で120日程度であるとされる。なお、「理由」については、英語表記においては一部公開されている。[17]

15　平成20年度近弁連消費者保護委員会夏期研修会資料「クレジットカードトラブルの現状と対策」36頁、山本正行編著『カード決済のすべて』110頁等を基に作成。

16　山本・前掲（注15）108頁。

17　たとえば、VISAについては、「Chargeback Management Guidelines for Visa Merchants」〈http://usa.visa.com/download/merchants/chargeback-management-guidelines-for-visa-merchants.pdf〉参照。

サクラサイトなど詐欺的取引被害にあったという事実そのものは、チャージバックリーズンには存在しない。この場合、チャージバックの「理由」該当性については、イシュアによって対応はまちまちである。たとえば、サクラサイト被害についていえば、詐欺的取引自体はリーズンにはないという見解（ポイントを購入しポイントの提供を受けているなどという理解）と、出会い系サイト事業者が負担しているのは当該サイトを利用させる役務であるとして「役務提供なし」に該当するとの見解に分かれる。

(イ) **カード会員の対応**

チャージバックによる解決を図ろうとする場合、カード会員はイシュアに対し、「Disputed Transaction」あるいは「CARDHOLDER'S DISPUTE FORM」などという書面を提出し、イシュアがこれを国際ブランドに提出することになる。

たとえば、サクラサイト被害の場合において「役務提供なし」という前提で処理を行う場合は、利用日時、利用店名（決済代行業者が表示されている場合が多い）、請求額等がリスト化されている上記書類の「☐ I have not received any service from merchant location listed above」欄にチェックをするなどの方法をとる。

(ウ) **イシュアの対応**

チャージバックプロセスはあくまでもクレジット会社を当事者とする手続であるため、イシュアが主体となって行う手続である。しかし、実務上、チャージバックについては、「出会い系サイトはチャージバックをしない方針としている」、「自らサイトのポイントを購入したのだから対象にならない」などとイシュアから告げられるなど、必ずしも積極的に利用する姿勢のないイシュアも見受けられる。その背景としては、前述のとおり詐欺被害そのものがチャージバックリーズンに定められていないことや、1件あたりチャージバックの手数料が数千円程度かかるといった処理コストの問題があるものと思われる。

㈤ アクワイアラ加盟店（決済代行業者等）への影響

チャージバックが多発すると、アクワイアラ加盟店は、多額の保証金を納めなければならなくなったり、加盟店契約の打ち切り、無条件チャージバックの対象となるなど多大な不利益が発生するとされており、チャージバックは加盟店にとっては死活問題であるといえる。

(3) リファンド

返金手段としては、チャージバックのほかにリファンドもある。リファンドとは、英語の Refund（返金する）という意味であり、ブランドルール独自の用語ではないが、アクワイアラ加盟店がイシュアに対し、返金に応じる手続のことである。単にキャンセルといわれることもある。

リファンドを多発したとしても、アクワイアラと加盟店の加盟店契約には影響がない。このため、カード会員にとってはリファンドにせよチャージバックにせよ、返金を受けられることに大きな違いはないが、アクワイアラ加盟店においては大きな違いがあることになる。

実務における交渉においては、チャージバックとリファンドがアクワイアラ加盟店（決済代行業者等）へ及ぼす効果の差異に留意して、交渉を進めることになる。

3 資金決済法

(1) 概　要

資金決済法は、①前払式支払手段（プリペイド型電子マネー）、②資金移動業（銀行等以外の者が行う為替取引）、③資金清算業（銀行等の間で生じた為替取引に係る債権債務の清算）を対象とする法律であり、それぞれの業務につき登録あるいは届出といった開業規制をおき、行為規制を定めた法律である。割賦販売法とは異なり民事規定は設けられていない。また、前払式支払手段は、クレジットとは異なり無因性の決済方法といえる。上記①は、出会い系サイトなどにおけるポイント購入、オンラインゲームにおけるアイテムや仮想通貨購入手段などにおける決済方法として幅広く利用されている。また、

②は〈表14〉のとおり、収納代行、代金引換等の該当性につきいわばグレーな状態のまま今日に至っている。

(2) 前払式支払手段

(ア) 前払式支払手段とは

前払式支払手段とは、「証票等に記載あるいは電磁的方法によって記録される金額」（①価値の保存）に応じる、対価を得て発行される証票、番号等の符号（②対価発行）であって、発行者等から役務提供等を受ける場合に代価の弁済ために使用できるもの（③対価性）である（資決法3条1号）。

(イ) 第三者型と自家型

前払式支払手段は、「自家型前払支払手段」と「第三者型支払手段」に分かれる。「自家型前払支払手段」（資決法3条4項）は、証票等の発行者（および政令で定める密接関係者）から物品を購入等する場合にのみ使用することができる前払式支払手段である。「第三者型支払手段」（同条5項）は、上記以外の前払式支払手段である（〔図35〕参照）。

開業規制として、自家型の場合は「届出制」（資決法5条）、第三者型の場合は「登録制」（同法7条）がとられており、自家型発行者（同法6条）も、第三者型発行者（同法9条）も、いずれも金融庁のWebサイトで名簿（登録簿）が公開されている[18]。

(ウ) 適用除外

前払式支払手段の定義に該当したとしても、①乗車券、入場券その他これらに準ずるものであって、政令で定めるもの（資決法4条1号）、②発行の日から政令で定める一定の期間内（6カ月間。資決令4条2項）に限り使用できる前払式支払手段（資決法4条2号）、③その利用者のために商行為となる取引においてのみ使用することとされている前払式支払手段（同条7号）などの場合は適用除外となり、資金決済法の適用除外となる。インターネット取引においては、オンラインゲームにおける仮想通貨につき、その有効期間

---

18 金融庁HP「免許・許可・登録等を受けている業者一覧」〈http://www.fsa.go.jp/menkyo/menkyo.html〉。

〔図35〕 前払式支払手段発行者の定義

法（※１）において「前払式支払手段発行者」とは、法３条６項に規定する自家型発行者および同条７項に規定する第三者型発行者をいう（法２条）。

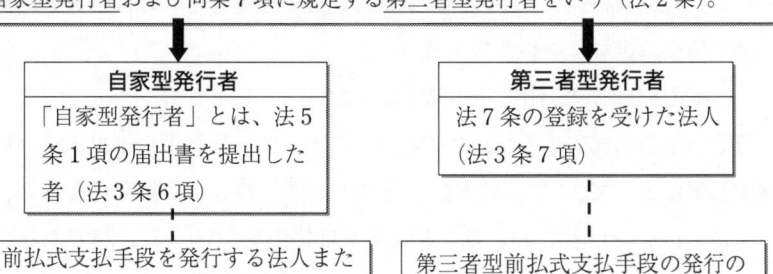

自家型発行者
「自家型発行者」とは、法５条１項の届出書を提出した者（法３条６項）

前払式支払手段を発行する法人または個人のうち、自家型前払式支払手段のみを発行する者は、**基準日（※２）**においてその自家型前払式支払手段の**基準日未使用残高（※３）**がその発行を開始してから最初に**基準額（※４）**を超えることとなったときは、前払式支払手段府令で定めるところにより届出書を内閣総理大臣に提出しなければならない（法５条）。

第三者型発行者
法７条の登録を受けた法人（法３条７項）

第三者型前払式支払手段の発行の業務は、内閣総理大臣の登録を受けた法人でなければ、行ってはならない（法７条）。

※１　図中「法」は「資金決済法」、「令」は「資金決済法施行令」、「前払式支払手段府令」は「前払式支払手段に関する内閣府令」である。
※２　基準日＝毎年３月31日および９月30日（法２条２項）
※３　基準日未使用残高＝基準日までに発行したすべての前払式支払手段の当該基準日における未使用残高の合計額として内閣府令で定めるところにより算出した額（法２条２項、前払式支払手段府令４条など）
※４　基準額＝1000万円（法14条１項、令６条）

を６カ月以内と定めているため、同法の適用除外になる場合がある。

　㈍　払戻しの原則禁止

　第三者型前払式支払手段発行者としての登録の取消しがなされた場合や、払戻しの金額が直近半年間の発行総額に対して100分の20を超えない場合（資決法20条２項、前払式支払手段に関する内閣府令42条）などの例外を除き、出資法との関係から、原則として払戻しは禁止されている（資決法20条２項

本文)。

　もっとも、加盟店との契約が公序良俗違反である場合や錯誤がある場合などにおいて、前払式支払手段発行者から返金処理を行うことは、資金決済法20条2項には抵触しないと解される。[19]

　(オ)　加盟店管理義務（第三者型発行者の場合）

　第三者型前払式支払手段は登録制をとるところ、登録拒否事由あるいは登録取消事由として、「前払式支払手段により購入若しくは借受けを行い、若しくは給付を受けることができる物品又は提供を受けることができる役務が、公の秩序又は善良の風俗を害し、又は害するおそれがあるものでないことを確保するために必要な措置を講じていない法人」（資決法10条3号、27条1号）と規定されており、また、これを受けて（参考2）のとおり、金融庁のガイドラインが定められていることから、第三者型前払式支払手段発行者たる電子マネー発行業者は、加盟店に対し加盟店管理義務を負っていると解される。

　もっとも、加盟店管理義務については明文の規定があるわけではなく、電子マネー発行業者からは、かかる義務の不存在が主張される場合も少なくない。

（参考2）　前払式支払手段発行者に関する金融庁事務ガイドライン（抄）

Ⅱ-3-3　加盟店の管理（第三者型発行者のみ）

　第三者型発行者については、利用者に物品・役務を提供するのは主に加盟店であるため、前払式支払手段に係る不適切な使用を防止する趣旨から、加盟店が販売・提供する物品・役務の内容について、公序良俗に反するようなものではないことを確認する必要がある。また、前払式支払手段の決済手段としての確実性を確保する観点から、加盟店に対する支払を適切に行う措置を講じる必要がある。

Ⅱ-3-3-1　主な着眼点

　①　加盟店契約を締結する際には、当該契約相手先が公序良俗に照らして問題

19　金融庁「コメントの概要及びコメントに対する金融庁の考え方」〈http://www.fsa.go.jp/news/21/kinyu/20100223-1/00.pdf〉No. 42、No. 43。

のある業務を営んでいないかを確認しているか。
② 加盟店契約締結後、加盟店の業務に公序良俗に照らして問題があることが判明した場合、速やかに当該契約を解除できるようになっているか。
③ 加盟店契約締結後、加盟店が利用者に対して販売・提供する物品・役務の内容に著しい変更があった場合等には当該加盟店からの報告を義務付けるなど、加盟店契約締結時に確認した事項に著しい変化があった場合に当該変化を把握できる態勢を整備しているか。
④ 各加盟店に対して、前払式支払手段の使用実績について、一定期間ごとに報告を求めているか。また、加盟店からの使用実績について管理している部署とは別の部署が、当該報告を受けた支払金額の正確性について検証する態勢となっているか。

(カ) その他の行為規制

その他の行為規制としては、表示または情報の提供（資決法13条）、発行保証金の供託（同法14条〜20条。基準日未使用残高が1000万円を超える場合は、当該基準日未使用残高の2分の1の額以上の額に相当する額の発行保証金の供託義務）、情報の安全管理（同法21条）、帳簿書類作成義務（同法22条）などがある。

(キ) 認定資金決済事業者協会

認定資金決済事業者協会は、会員に対する法令等を遵守させるために指導、勧告、調査等の権限を有しており（資決法88条）、一般社団法人日本資金決済業協会が認定されている。[20]

会員企業の電子マネー利用にかかる被害事案においては、同協会に調査等の発動を促すことも意義があるものと思われる。

(3) 資金移動（為替取引）

資金移動業とは、銀行以外の者が為替取引（100万円以下に限る。資決令2条）を業として営むことと定義づけられている（資決法2条2項）。

為替取引とは、「顧客から、隔地者間で直接現金を輸送せずに資金を移動

---

[20] 一般社団法人日本資金決済業協会 HP「会員名簿」〈http://www.s-kessai.jp/about/member_list.html〉では、会員企業が公開されている。

〔図36〕　最判平成13・3・12で示された「為替取引」の定義

```
┌─────────────────────────────────────────────┐
│   隔地者間で直接現金を輸送せずに資金を移動する仕組み      │
│   を利用して資金を移動すること                    │
└─────────────────────────────────────────────┘
         ↑                            ↑
        依頼                    引受けまたは
                               引き受けて遂行

       顧客                        資金仲介者
```

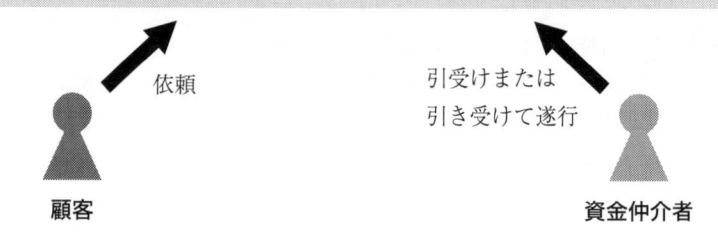

する仕組みを利用して資金を移動することを内容とする依頼を受けて、これを引き受けること又はこれを引き受けて遂行することをいう」(最判平成13・3・12刑集55巻2号97頁)とされているところ(〔図36〕参照)、①収納代行、②代金引換え、③銀行振込先口座の提供管理が「資金移動」に該当するか否かが問題となる。仮に、これらの行為が為替取引に該当するにもかかわらず、「資金移動業者」としての登録を怠っていれば、かかる行為は銀行法違反(資決法4条1項、61条)となり刑事罰の対象となる。[21]

4　その他の決済方法と法律

(1)　コンビニ収納代行

(ア)　資金決済法における「資金移動」該当性

資金決済法の立法過程において、収納代行につき、「資金移動業」(為替取引)該当性が問題となった。結局、収納代行は代理受領であることが一般的であり、代理受領時点で決済は完了する。その後の送金は自らの行為、あるいは支払人から資金を移動する依頼を受けたとはいえないから、為替取引に該当しないとの意見が出されるなど、意見の一致をみなかったため、これを資金決済法の直接規制の対象とすることは見送られている。

なお、立法に関与した高橋康文氏は、「為替取引に該当するか否かは、代理受領権の有無といった法形式のみで判断されるのではなく、経済機能的に見て資金の移動や仕組みがあるかといった点から判断されるべきものであり、『隔地者間で直接現金を輸送せずに資金を移動する仕組み』をもって、『経済的信用』の下に資金を引きうけているのであれば、代理受領権があっても為替取引に該当し得るものである」[22]、「収納代行サービス等の名称にかかわらず、現実に各事業者によって提供されるサービスの内容はさまざまであり、どのようなサービスが為替取引に該当するかを一義的に画することは困難であるが、具体的なサービスの内容が、資金移動の方法として最高裁で示された為替取引の定義に該当するのであれば、銀行免許を受けるか、資金移

---

[21] さいたま地判平成25・3・13判例集未登載は、FX投資詐欺において、振込先口座名義人として口座を提供するなどして集金を代行し、振り込まれた金銭を海外送金していた事業者に対し、被害者が共同不法行為が成立するとして損害賠償請求をした事例であるところ、被告が、①被告名義の口座を振込先口座とする、②上記①口座に振り込まれた金銭を被告名義の海外の金融機関口座に送金する、③上記②の振込額から手数料等を差し引いた残額をFX業者名義の海外の金融機関口座に送金するという行為につき、為替取引に関する判例における定義から、「被告の業務は『為替取引を行うこと』を行う営業であるというべきである」としたうえで、「銀行法4条1項は、内閣総理大臣の免許を受けた者でなければ銀行業を営むことができないと定め、同法61条1号は、同法4条1項に違反して、免許を受けないで銀行業を営む者について、3年以下の懲役若しくは300万円以下の罰金に処し、又はこれを併科すると定める。資金決済に関する法律は、同法所定の登録をした資金決済業者が同法所定の為替取引を業として営むことを認めるが、被告は同法所定の登録を受けていないことは当事者間に争いがないから、被告の業務に関して資金決済に関する法律が適用されることはない。そうすると、被告の業務は銀行法に違反した銀行業であり、FX取引詐欺の関与の有無に関わらず、被告の業務それ自体が犯罪行為ということになる」としたうえで、「被告の海外送金業務はそれ自体銀行法に違反した銀行業務であり、被告はA社（筆者注：FX業者）に関する書類が真実と異なることを認識しながら、A社との間で集金代行及び海外送金契約を締結し、楽天銀行被告A支店口座を開設したものであり、被告は、A社の集金代行の名目で、被害者が送金した投資金を同口座で受領して、その送金者・送金日・送金額を管理し、FX取引詐欺における詐取金の受取役の業務を遂行したと認められるのであるから、被告は、A、B、Cと共同してFX取引詐欺を行ったものというべく、民法719条1項に基づき、原告に対し、後記損害を賠償すべき義務がある」としている。

[22] 高橋康文編著『詳説資金決済に関する法制』151頁。

動業者としての登録を行う必要ある」との解釈を示している[23]。

(イ) 標準料金代理収納ガイドライン

上記のとおり、収納代行は資金決済法など特別法の適用対象とはならないところ、コンビニ収納代行については、一般財団法人流通システム開発センターによる「GS1-128による標準料金代理収納ガイドライン」が公表されている[24]。

同ガイドラインは、「悪質な事業者と認められる行為が確認された場合は、消費者保護の観点から適切な措置を執る必要がある」、「実際にトラブルが発生したときは請求書発行事業者や収納代行会社の連絡先等の回答など、適切な対応をとることとし、収納代行会社と受入小売業が情報共有または協力の上、トラブルの解決・軽減に努める必要がある」などとしており（同ガイドライン「II運用編　代理収納における消費者保護に関する留意点」）、これを根拠に収納代行業者に適切な対応を求める方法も考えられる。

(2) キャリア課金

(ア) 概要

キャリア課金とは、「携帯電話端末を利用し、主として公式サイト[25]に掲載されたサイトを介して行われる電子契約において、その代金を携帯電話の利用料金と合わせて携帯電話の契約者に請求する簡易な決済方法」である[26]。

契約形態としては、携帯電話事業者が販売店の消費者に対する債権を買い取る債権譲渡型と、債権は販売店に帰属させたままであり、携帯電話事業者が債権の回収を代行するという回収代行型があり、契約期間や年齢によって利用限度額が定められている。決済の流れは、回収代行型を例にとると〔図

23　高橋康文編著『逐条解説資金決済法〔増補版〕』149頁。
24　一般財団法人流通システム開発センターHP「公共料金等代理収納GS1-128（旧：UCC/EAN-128）システム」〈http://www.dsri.jp/baredi/receipts_ystem.htm〉。
25　携帯電話事業者が設定した各社個別の公式なポータルサイトに掲載されることが認められたWebサイト。携帯電話事業者の審査を受けて掲載される（電子商取引準則 i 58脚注9）。
26　電子商取引準則 i 58。

〔図37〕 キャリア課金の流れ（回収代行型）

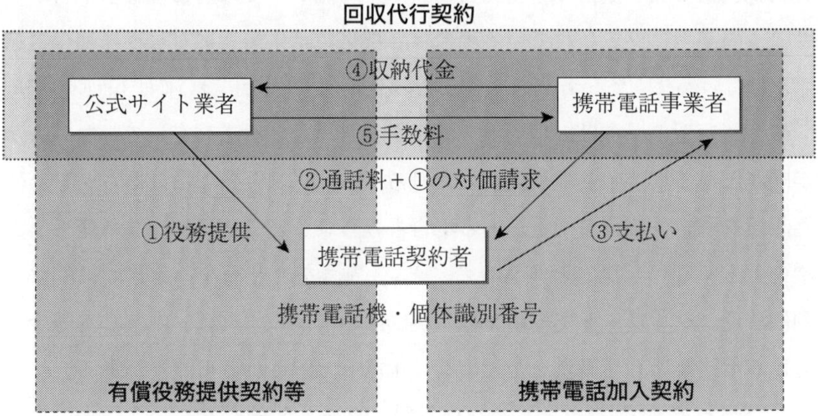

```
                          回収代行契約
       ┌─────────────────────────────────────────────┐
       │                ④収納代金                      │
       │  公式サイト業者  ←──────────  携帯電話事業者    │
       │                 ─────────→                   │
       │                ⑤手数料                       │
       └─────────────────────────────────────────────┘
                  ②通話料＋①の対価請求
         ①役務提供  ↓                    ↑ ③支払い
                  携帯電話契約者
                携帯電話機・個体識別番号

          有償役務提供契約等          携帯電話加入契約
```

※　公式サイト事業者は契約の相手方の個体識別番号を認識しているのみ。

37〕のようになる。公式サイト事業者は通常、契約の相手方の氏名や住所などは把握しておらず、携帯電話から発信される個体識別情報ごとに情報料の履歴等を把握しているにすぎない。

　もっとも、契約者が支払いを怠ると、役務提供事業者等に氏名、住所、電話番号等を伝えることにつき、規約上であらかじめ同意させている場合がある。

(ｲ)　役務提供契約等に問題がある場合

　有償の役務提供契約等が無効・取消し・解除となった場合における携帯電話事業者からの請求の拒絶の可否、あるいは支払済みの場合における返還請求の可否が問題となる。これらについては、回収代行型と債権譲渡型で考え方が異なる。

　回収代行型の場合は、そもそも当該契約の債権者は公式サイト事業者のままであるから、役務提供事業者等との契約が無効・取消し・解除となった場合は、これをもって、携帯電話事業者からの請求を拒絶できると解される。既払いの場合は、役務提供事業者等に対し返還請求が可能であることはいう

までもないが、携帯電話事業者に対しては、携帯電話契約者がサイト事業者に支払義務を負う債務である場合は、その対価がすでに携帯電話事業者からサイト事業者に支払われている場合は、携帯電話事業者に対し不当利得返還請求は行い得ないだろう（なお、第三者の不正利用の場合については下記(ｳ)参照）。

　債権譲渡型の場合は、規約上「異議をとどめない承諾」をしていないのかが問題となる。サイト電子契約におけるキャリア課金条項にはあらかじめ債権譲渡を承諾する旨の規定がある場合もみられるところ、単純な承諾も「異議をとどめない承諾」と解されること[27]、「異議をとどめない承諾」に関する判例法理、クレジット契約における契約条項等からすれば、キャリア課金における承諾条項も「異議をとどめない承諾」と解される可能性がある[28]。[29]

　したがって、「異議をとどめない承諾」であると解されるならば、携帯電話契約者は携帯電話事業者からの支払請求を拒めないし、仮に支払った場合は不当利得とはならない結果となり、極めて不合理な結果となる。

　このため実務においては、上記承諾条項につき、消費者契約法等に基づき有効性を争うことになろう。

(ｳ)　第三者の不正利用の場合の法的責任の帰すう

　携帯電話契約者以外の第三者が当該携帯電話を利用して公式サイトで売買

---

[27] 「異議をとどめない承諾」については、判例法理においては承諾時に具体的な抗弁事由の発生までは必要ではなく、抗弁事由の発生の基礎があれば足りると解されている（最判昭和42・10・27民集21巻8号2161頁）ことからすれば、包括的な規約における事前承諾も、「異議をとどめない承諾」と解されうる。なお、債権発生原因たる契約が公序良俗違反となる場合は、異議をとどめない承諾をしていたとしても、債務者は履行を拒むことができるとされる（最判平成9・11・11民集51巻10号4077頁）。

[28] 遠藤浩編『基本法コンメンタール〔第4版〕債権総論』159頁。

[29] 一方、学説においては「異議をとどめない承諾」が抗弁切断という重大な効果を伴うことからこれを限定的に解する見解がみられる。たとえば、潮見佳男『債権総論Ⅱ〔第3版〕』641頁は、「異議をとどめない承諾は抗弁切断という厳しい効果を伴うものである以上（まして、禁反言・矛盾行為禁止の観点から抗弁切断を正当化する場合は、いっそう）当該債務者にとって問題の抗弁事由を主張することが承諾時に期待可能であったこと（抗弁事由の提出の期待可能性）を要するのではないか。承諾時に具体的に提出することが期待可能であった抗弁のみが切断されるというべきである」とする。

契約を締結し、その支払方法としてキャリア課金を選択した場合の法律関係については、ダイヤルQ²に関する最判平成13・3・27判タ1072号115頁などからすれば、公式サイトの売買契約の当事者は当該第三者であり、携帯電話契約者は、当然にはその支払義務を負わないものと解される[30]。また、仮に携帯電話事業者にすでに支払済みの場合は、携帯電話契約者の携帯電話事業者に対する支払いは非債弁済であり、携帯電話契約者は携帯電話事業者に対し不当利得返還請求権を行使しうるとも考えられる[31]。

ただし、サイト電子契約におけるキャリア課金条項においては、「第三者による利用であってもお客さまによるご利用とみなしてお客さまにお支払いただきます」、「暗証番号の入力に基づいて行われたコンテンツの購入は、すべて当該携帯電話番号（契約回線番号）のご契約者さまによって行われたものとみなします」など、第三者利用の場合であっても携帯電話契約者が責任

---

[30] 前掲最判平成13・3・27は、「同サービスの利用が加入電話契約者以外の者によるものであるときには、有料情報提供契約の当事者でない加入電話契約者は、情報提供者に対して利用者の情報料債務を自ら負担することを承諾しているなど特段の事情がない限り、情報提供者に対して情報料債務を負うものではない」としている。また、電子商取引準則 i 56は、「携帯電話端末を通じた個々の電子契約は、携帯電話の加入契約とは別のものとして捉えられ、携帯電話の契約者が誰であるかによらず、個々の電子契約の申込者が誰か、という観点から判断する必要がある」との解釈を示している。

[31] 前掲最判平成13・3・27は、「被上告人が情報提供者に対して回収した情報料の引渡義務を負うのは、情報提供者に対して情報料債務を負担する加入電話契約者から情報料を回収した場合に限られるというべきであり、また、前記のとおり、上告人の被上告人に対する本件情報料相当額の支払は非債弁済となるのであって、そもそもこの金員は、被上告人が回収代行契約に基づく事務処理に当たって受け取ったものとはいえないのであるから、被上告人がこれを情報提供者に引き渡したとしても、回収代行契約に基づく受取引渡義務の履行と見ることはできず、情報提供者は、引渡しを受けた金員を保有すべき法律上の原因を有するものではない。そうすると、被上告人は、情報提供者が上告人に対して本件情報料債権を有していることを前提として支払った本件情報料相当額については、情報提供者に対して不当利得としてその返還を請求する権利を有しているものということができ、特段の事情のない限り、同返還請求権の価値に相当する利益をなお保有していることになるから、被上告人が本件情報料相当額の金員を情報提供者に引き渡したとしても、これによって直ちに被上告人が上告人からの非債弁済によって得た利得を喪失するものとはいえないと解するのが相当である」とする。

を負担する旨の特約が規定されており、そうすると、有効要件レベルの問題としては、当該特約条項が消費者契約法等に照らし有効であるか否かが争点となる。[32]

---

[32] クレジットカード規約の場合は、不正利用をした者が同居の親族等の一定の場合にカード会員に支払義務を負わせているのに比べ、携帯電話契約者の負担が重い点に留意して検討すべきであろう。

Ⅴ　犯罪対策に関する法律（〔図17〕D参照）

1　振り込め詐欺救済法

(1)　概　要

(ｱ)　立法の経緯

振り込め詐欺救済法は、「犯罪に利用された預金口座を一定の慎重な手続の下に失権させ、これを原資として被害者に被害回復分配金を支給する手続きを定めることにより、振り込め詐欺等の被害者の財産的被害の迅速な回復に資する」ことを目的としている[1]。

〔図38〕　振り込め詐欺救済法の手続の流れ

①「捜査機関等」による口座凍結要請など

②金融機関による、犯罪利用の疑いがあると認められる預金口座等の約款に基づく取引の停止等の措置

③金融機関による、犯罪利用預金口座等と疑うに足りる相当な理由があることの認定
・金融機関による預金保険機構への公告の求め

④預金保険機構による失権のための公告

［名義人の権利行使の届出
名義人または被害者の訴訟提起等］
なし　あり……………………→訴訟等の既存の法制度による解決※

⑤一定期間（60日以上）の経過
・失権（名義人の預金等債権消滅）
　＝金融機関に被害者への分配金の支払を行う義務発生
　※1000円未満の残高の場合は分配金支払いはせず、預金保険機構へ納付（振り込め詐欺被害救済法8条3項、19条1号）
・金融機関による預金保険機構への広告の求め

⑥預金保険機構による分配金支払いのための公告
・金融機関による被害者からの支払申請受付（30日以上の申請期間。実務上は60日間）

⑦支払請求権の確定
・金融機関による、被害者から提出された資料等による被害者・被害額・支払いの認定

⑧上記⑦で認定された被害者への支払い（金融機関より支払い）

残余財産あり（金融機関から預金保険機構へ納付）
⑨残余財産の活用

集団的消費者被害救済制度研究会資料「振り込め詐欺救済法の概要等」（平成22年1月29日）を基に作成

(イ) 手続の流れ

振り込め詐欺救済法における手続の流れは、〔図38〕のとおり、①捜査機関等による口座凍結要請→②金融機関による約款に基づく対象口座の凍結（取引の停止等の措置）→③預金保険機構による失権手続→④分配手続となる。

(ウ) 実務における活用

インターネット消費者取引被害においては、金銭を特定の預金口座に振り込むよう指示されるケースも少なくない。このような詐欺業者は、短期に多数の消費者被害を発生させて行方をくらませる傾向にあることからすれば、個別の被害回復という観点からは、早期に預金口座を凍結させて資金の流出を防ぎ被害回復分配金の支払いを受ける、または、仮差押えを行い本案訴訟を提起するなど被害回復を図る方法をとることになる。

(2) 口座凍結要請における留意点

(ア) 対象となる犯罪利用預金口座

振り込め詐欺救済法の対象となる「犯罪利用預金口座」の定義は〔図39〕

〔図39〕 犯罪利用預金口座の定義

犯罪利用預金口座等（振り込め詐欺救済法2条4項）

━━━━━ 犯罪利用預金口座等の定義 ━━━━━

| ①振込利用犯罪行為において、前項に規定する振込みの振込先となった預金口座等（同項1号） | ②もっぱら左記①に掲げる預金口座等に係る資金を移転する目的で利用された預金口座等であって、当該預金口座等に係る資金が左記①と実質的に同じであると認められるもの（同項2号） |

振込利用犯罪行為の定義（同項3号）
　ⓐ詐欺その他の人の財産を害する罪の犯罪行為であって
　ⓑ財産を得る方法としてその被害を受けた者からの預金口座等への振込みが利用されたもの

1　田尾幸一朗「犯罪利用預金口座等に係る資金による被害回復分配金の支払等に関する法律」ジュリ1352号93頁。

のとおりとなる。

(イ) 凍結要請に対する金融機関の対応

「捜査機関等」たる弁護士・認定司法書士等からの口座凍結要請があった場合、「振り込め詐欺救済法に係る全銀協のガイドライン（事務取扱手続）」の概要によれば、「捜査機関等」からの通報のみであっても、取引の停止等の措置を実施することとされている。一方、弁護士・認定司法書士による凍結要請のみでは口座の凍結には慎重な姿勢をとる金融機関もみられる。

口座凍結は、「犯罪利用預金口座等である疑いがあると認めるとき」（振り込め詐欺救済法3条1項）であり、その後の失権手続の開始要件たる「犯罪利用預金口座等であると疑うに足りる相当な理由があると認めるとき」（同法4条1項）とは異なる。むろん、安易な凍結要請は慎むべきであるが、迅速な口座凍結が預金の流失防止に資する観点からすれば、当該金融機関としては、捜査機関等からの口座凍結要請には迅速に応じるべきであろう。

(3) 失権手続における留意点

(ア) 失権手続妨害

口座凍結がなされた場合、その後、預金口座の失権手続に移行することになるが、対象預金口座につき差押えがなされた場合、失権手続は終了し、対象預金口座の権利は消滅しないこととされている（振り込め詐欺救済法4条2項、7条）。そこで、このような規定に目をつけ、虚偽の執行受諾文言付き

2　干場力「振り込め詐欺救済法に係る全銀協のガイドライン（事務取扱手続）の概要」金法1840号13頁。

3　東京高判平成23・11・24消費者法ニュース92号164頁は、いわゆる振り込め詐欺救済法3条1項の「捜査機関等」には、弁護士会、金融庁および消費生活センターなど公的機関や、振り込め詐欺等の被害者代理人となる資格を有する弁護士および認定司法書士が含まれる旨を判示した。

4　なお、国家公安委員会・警察庁「総合評価書　振り込め詐欺対策の推進」（平成24年3月）7頁によれば、「凍結口座名義人リスト」の運用として、凍結依頼を行った口座の名義人に係る情報を集約して、①口座凍結名義人リストを作成、②全銀協等の金融機関等に提供、③各金融機関はリスト登載名義人からの新規口座開設の申込みがあった場合、謝絶および警察署への情報提供をするとしている。

公正証書などによる失権手続妨害を行った事案が報告されている[5]。

(イ)　口座名義人の預金払戻請求と取引停止等（口座凍結）の効力

　口座名義人から預金払戻請求の訴えが提起されると、失権手続には進まず、振り込め詐欺救済法の手続は終了することになる（振り込め詐欺救済法4条2項1号）。この場合、取引停止等（口座凍結）の効力については、同法は何らの規定をするものではないところ、この点につき、東京地判平成22・7・23金法1907号121頁は、「法4条は、預金等に係る債権の消滅手続における公告の求めについて規定したものにすぎず、金融機関の取った取引停止措置について何ら規定するものではない」としたうえで、当該金融機関は預金規定に基づき本件口座にかかる口座名義人からの払戻請求を拒むことができるとしている。

(4)　口座凍結要請が奏功した場合における口座名義人等との交渉

　口座凍結が奏功した場合、口座名義人（ないしは詐欺事業者）から、被害金額の返金を条件に「口座凍結要請の取下げ」を求められる場合がある。

　振り込め詐欺救済法は、口座凍結要請を行った「捜査機関等」が取下げを行うということを予定しておらず、その後の対応はもっぱら金融機関の判断に委ねられているところ、この点につき、「金融機関は、弁護士が要請の取下げをするに至った経緯、当該預金口座等の取引の状況等の事情から、他に被害者が存在しないことが明らかである等の特段の事情がない限り、取引の停止等の措置を解除すべきではない」という見解が示されているが[6]、他方、取下げ等があると、口座凍結の解約に応じる（つまり、預金残高は口座名義人が受領する）が、以後当該金融機関では新たに口座開設をすることができないという措置がとられる場合がある。

　事件を担当する法律実務家としては、かかる措置がとられるという実態を踏まえ、安易に仮差押えの代替手段として振り込め詐欺救済法の口座凍結要

5　警察庁生活安全局生活経済対策管理官「平成24年中における生活経済事犯の検挙状況等について」〈http://www.npa.go.jp/safetylife/seikan25/h24_seikeijihan.pdf〉 8頁。
6　廣渡鉄＝福田隆行「振り込め詐欺救済法の実務上の問題点」金法1921号92頁。

請を利用することのないよう留意すべきである。

2 携帯電話不正利用防止法

(1) 概　要

インターネット詐欺や振り込め詐欺などの経済事犯においては、携帯電話が悪用されているケースが少なくない。このような背景から、犯罪収益移転防止法（下記3参照）に先駆けて、携帯電話不正利用防止法が施行されている（ただし、レンタル携帯電話業者に対する規定は、平成20年の改正により追加）。

(2) 規定の概要

(ア) 本人確認義務および本人確認記録の作成保存義務

携帯音声通信業者は、契約締結時（携帯電話不正利用防止法3条）および携帯電話本体やSIMカードの譲渡時において（同法5条）、本人確認義務および本人確認記録の作成および保存（契約終了した日から3年間）が義務づけられている（同法4条）。

また、レンタル携帯電話事業者も、レンタル契約時において同様の義務が課せられている（携帯電話不正利用防止法10条）。

本人確認の方法は、対面取引の場合は運転免許証等の顔付きの公的証明書による確認、電話やファクシミリなどによる非対面取引の場合は、運転免許証等の写しの提供に加え、当該携帯電話を運転免許書等記載の住居あてに本人限定受取郵便で送付するなど、厳格な本人確認の方法が定められている（携帯電話不正利用防止法3条、携帯電話不正利用防止法施行規則3条など）。[7]

本人確認義務違反の場合、携帯音声通信業者は総務省の是正命令の対象となり（携帯電話不正利用防止法15条）、レンタル携帯電話会社は刑事罰の対象となる（同法22条）。

---

[7] 総務省総合通信基盤局電気通信事業部消費者行政課「改正携帯電話不正利用防止法の施行に伴い貸与業者に求められる対応について」（平成20年11月）〈http://www.soumu.go.jp/main_sosiki/joho_tsusin/d_syohi/050526_1.files/presentation%28mic%29.pdf〉などを参照されたい。

(イ) 警察による契約確認の求めおよび携帯音声通信役務等の提供の拒否

警察署長は、当該携帯電話が詐欺罪や恐喝罪にあたる行為等に利用されていると認めるに足りる相当な理由があるときは、携帯音声通信事業者に対し契約者確認の求めを行うことができ、この場合、相手方（携帯電話の契約者）が本人確認に対応しない場合は、携帯音声通信業者は通信役務等の提供を拒否できるとされている（携帯電話不正利用防止法8条、11条）。

この手続はやや迂遠であるが、被害の拡大防止のために当該携帯電話の利用停止の手段として規定されている。[8]

(ウ) その他の規定

携帯電話等の譲渡には原則として携帯音声通信業者の承諾が必要とされ（携帯電話不正利用防止法7条）、これに違反して無断で譲渡した場合、携帯音声通信業者は役務提供を拒否することができ（同法11条3号）、業として有償で譲渡行為を行った者、自己が契約者となっていない携帯電話等を他人に譲渡した者、その情を知ってその者から携帯電話等を譲り受けた者は刑事罰の対象となる（同法20条）。

また、本人確認時に、本人特定事項を隠ぺいする目的で虚偽の住所、氏名を告げたり、偽造された本人確認資料等を提供した者は刑事罰の対象となる（携帯電話不正利用防止法19条）。

(3) 携帯電話不正利用防止法違反と私法上の効力

携帯電話不正利用防止法違反行為は、原則としては直ちに私法上の効力には影響を及ぼさない。ただし、同法の制定趣旨や同法の行為義務違反の一部については、上記のとおり刑事罰の対象となっていることからすれば、たとえば、レンタル携帯電話会社が本人確認義務を怠った場合において、当該レ

---

[8] 同規定につき、国家公安委員会＝警察庁「総合評価書　振り込め詐欺対策の推進」（平成24年3月）14頁は、「被害拡大防止のためには、犯行に利用された携帯電話を即時に停止することが最も効果的であるが、携帯電話不正利用防止法を立法する際の検討の過程で、憲法で保障された表現の自由、通信の秘密との関係等の問題があるとの指摘を踏まえ、それに代わる法として、契約者確認の求めの仕組みが設けられた経緯がある」とする。

ンタル携帯電話が詐欺等の犯罪行為に利用された場合は、同義務違反を違法行為の根拠事実として、当該レンタル携帯電話会社には狭義あるいは幇助者としての共同不法行為が成立するとの主張が考えられる[9]。

3 犯罪収益移転防止法

(1) 概　要

犯罪収益移転防止法は、犯罪の収益の移転（いわゆるマネーロンダリング等）の防止等を目的として施行された法律である（犯収法1条）。

インターネット詐欺取引においては、バーチャルオフィス、レンタルオフィス、レンタル携帯電話、転送電話サービス等さまざまなツール提供事業者が介在しているところ、犯罪収益移転防止法には、厳格な本人確認義務および確認記録の保存義務が課されていることから、当該ツール提供事業者が同法の規制対象たる「特定事業者」（犯収法2条2項）に該当すれば、同人に対する本人確認記録の開示請求等（調査嘱託等の方法による）により、詐欺を行った者の特定に資することになる。

平成25年4月1日の改正法施行により、特定事業者として「電話転送サービス事業者」が追加されるなど、確認事項が強化されている。

(2) 規定の概要

(ア) 取引時確認義務および確認記録の作成保存義務

〈表18〉の特定事業者は、同表中「確認が必要な取引」を行うに際して、同表中「確認事項」を確認し、その確認記録の作成および保存（契約が終了した日等から7年間）が義務づけられている（犯収法1条6条）。上記確認事項の確認方法については、たとえば対面取引の場合は、運転免許証等の提示を受け、さらに取引の目的および職業について相手方の申告を受ける、住民票の写し等の提示を受けた場合は、取引の目的および職業の申告を受けた

---

[9] 狭義の共同不法行為が成立するとしたものとして、京都地判平成17・10・26判時1919号132頁、幇助者責任が成立するとしたものとして、東京地判平成24・1・25消費者法ニュース92号290頁、富士簡判平成25・1・22消費者法ニュース96号367頁がある。

後、取引関係文書を本人確認書類記載の住所あてに書留郵便等により転送不要郵便等として送付するなど厳格に定められている（同法4条）。また、なりすましが疑われる取引や北朝鮮・イランに居住・所在する者との取引などのいわゆる「ハイリスク取引」については本人確認方法が厳格化され、さらに200万円を超える取引である場合は、司法書士等士業を除き、「資産及び収入」（同条2項など）の確認も必要とされている。[10]

なお、顧客等が本人特定事項を隠ぺいする目的で虚偽の事実を告げるなどした場合は当該顧客等は刑事罰の対象となる（犯収法26条）。

〈表18〉 犯罪収益移転防止法に基づく取引時確認

特定事業者[11] （犯収法2条2項）	確認が必要な取引	確認事項
金融機関等（1号～36号）	預貯金口座開設、200万円を超える大口現金取引、10万円を超える現金送金等	①本人特定事項 ②取引を行う目的 ③職業・事業内容 ④実質的支配者 ⑤資産及び収入の状況（※） ※ハイリスク取引で200万円を超える財産の移転を伴う場合のみ
ファイナンスリース事業者（37号）	1回に支払うリース料が10万円を超えるファイナンスリース契約の締結	
クレジットカード事業者（38号）	クレジットカード契約の締結	
宅地建物取引業者（39号）	宅地建物の売買契約の締結またはその代理もしくは媒介	
宝石・貴金属等取扱事業者（40号）	代金の支払いが現金で200万円を超える宝石・貴金属等の売買	

10　犯罪収益移転防止法の詳細については、警察庁刑事局組織犯罪対策部犯罪収益移転防止管理室「犯罪収益移転防止法の概要～平成25年4月1日以降の特定事業者向け資料～」〈http://www.soumu.go.jp/main_content/000256683.pdf〉が参考になる。

11　いわゆる「バーチャルオフィス」は、通常「私設私書箱」や「電話秘書」のサービスを行っているから「特定事業者」と解される。一方、「レンタルオフィス」は具体的なオフィスを提供しており、当然には「特定事業者」には当てはまらない。もっとも、「私設私書箱」などの業務を兼ねている場合は犯罪収益移転防止法の「特定事業者」に該当する。

	契約の締結	
郵便物受取サービス業者（私設私書箱。41号）	役務提供契約の締結	
電話受付代行業者（電話秘書。41号）	役務提供契約の締結（コールセンター業務等の契約の締結等を除く）	
電話転送サービス事業者（41号）	役務提供契約の締結	
司法書士・行政書士・公認会計士・税理士（43号～46号）	①宅地または建物の売買に関する行為または手続、②会社等の設立または合併等に関する行為または手続、③200万円を超える現金、預金、有価証券その他の財産の管理・処分の行為の代理または代行を行うことを内容とする契約の締結	①本人特定事項
弁護士（42号）	日本弁護士連合会の会則で定める	

(イ)　特定事業者の免責

　特定事業者は、顧客等が取引時確認に応じないときは、当該顧客等がこれに応じるまでの間、当該特定取引等にかかる義務の履行を拒むことができるとされている（犯収法5条）。

(ウ)　疑わしい取引の届出

　司法書士等の士業を除き、特定事業者は、①特定業務において収受した財産が犯罪による収益である疑いがあるとき、②顧客等が特定業務に関し組織犯罪処罰法10条の罪もしくは国際的な協力の下に規制薬物に係る不正行為を助長する行為等の防止を図るための麻薬及び向精神薬取締法等の特例等に関する法律6条の罪にあたる行為を行っている疑いがあるときは、疑わしい取引の届出を行政庁に届け出なければならないとされている（犯収法8条）。

(エ) 口座売買等の禁止

インターネット取引詐欺においては、振込先として第三者から取得した第三者名義の預金口座（いわゆる「飛ばし口座」）が利用されることが少なくないところ、犯罪収益移転防止法は下記①～④の者を刑事罰の対象としている（犯収法27条）。

① **故意による譲受等**　他人になりすまして、預貯金契約にかかる役務の提供をうけることまたはこれを第三者に利用させることを目的として、預貯金通帳等を譲り受け、その交付を受け、その提供を受けた者（犯収法27条1項前段）

② **有償譲受等**　通常の商取引または金融取引として行われるものであることその他の正当な理由がないのに、有償で預貯金通帳等を譲り受け、その交付を受けまたはその提供を受けた者（同項後段）

③ **故意による譲渡等**　上記①の目的であることの情を知って、その者に預貯金通帳等を譲渡し、交付し、または提供した者（同条2項前段）

④ **有償譲渡等**　通常の商取引または金融取引として行われるものであることその他の正当な理由がないのに、有償で預貯金通帳等を譲り渡し、その交付をしまたはその提供をした者（同項後段）

(3) 犯罪収益移転防止法違反と私法上の効力

携帯電話不正利用防止法違反の場合と同様、犯罪収益移転防止法違反の行為があり、これらのツールが詐欺等の犯罪行為に利用された場合は、当該行為を不法行為の根拠事実として、当該特定事業者に対して、狭義あるいは幇助者としての共同不法行為責任を追及することが考えられる。

Ⅵ　情報・通信に関する法律（〔図17〕E参照）

1　個人情報保護法

(1)　規制対象

　個人情報保護法の規制対象は、「個人情報取扱事業者」（個人情報保護法2条3項）に限られる。したがって、たとえば、主務大臣がある事業者につき、報告徴収、助言、勧告および命令等を行う場合は、当該事業者が「個人情報取扱事業者」である事実を立証しなければならないなど立法的課題がある旨の指摘がなされている。[1]

(2)　対象となる情報とその規制

(ア)　概　要

　〔図40〕のとおり、個人情報保護法の対象となる情報は、①「個人情報」（個人情報保護法2条1項）、②個人情報のうち一定の定義要件を満たす情報である「個人データ」（同条4項）、③個人データのうちさらに一定の定義要件を満たす情報である「保有個人データ」（同条5項）とする三層構造をとる。

　以下、実務的に重要なポイントにつき言及する。なお、主な定義を整理すると〈表19〉のとおりとなる。

---

[1]　松本恒雄ほか編『電子商取引法』244頁以下。

第2章　実務のための消費者関連法概説

〔図40〕　個人情報保護法の概要

```
┌─個人情報（個人情報保護法2条1項）─┐      ┌──────────────────┐
│ 生存する個人の情報／特定の個人識別可能 │─→ │ 利用目的の特定、利用目的に │
│                                        │    │ よる制限、適正な取得、利用 │
│                                        │    │ 目的通知ほか（同法15条～18条）│
│  ┌─個人データ（同条4項）─────┐  │      ├──────────────────┤
│  │ 個人データベースを構成する個人情報 │─→ │ データ内容の正確性の確保、 │
│  │                                    │  │    │ 安全管理措置、第三者提供の │
│  │                                    │  │    │ 制限ほか（同法19条～23条） │
│  │  ┌─保有個人データ（同条5項）─┐ │  │    ├──────────────────┤
│  │  │ 個人情報取扱事業者が開示、削除│ │  │    │ 保有個人データの開示、訂正 │
│  │  │ 等の権限を有する個人データで6 │─┼─→│ 等、利用停止等ほか（同法24 │
│  │  │ カ月を超えて保存するもの      │ │  │    │ 条～30条）                 │
│  │  └────────────────┘ │  │    └──────────────────┘
│  └──────────────────┘  │                    │
└──────────────────────┘             ---- 規制対象
                                                      ↓
         報告の徴収、助言、勧告および命令等
┌──────────────────┐           ┌──────────────────┐
│ 主務大臣（同法36条）             │           │ 個人情報取扱事業者（同法2条3項） │
│ ・事業を所管する大臣ごとに異なる │ ─────→ │                                  │
└──────────────────┘           └──────────────────┘
                                                      ↑
┌──────────────────┐           │
│ 認定個人情報保護団体             │──苦情処理─┘
└──────────────────┘
```

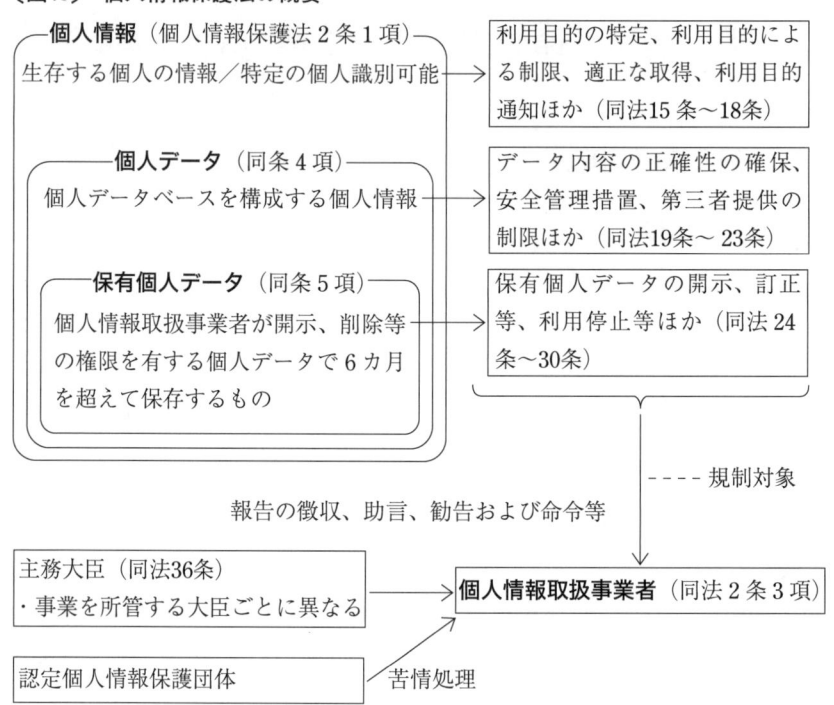

〈表19〉　個人情報保護法の主な用語の定義

主な用語	定　義
個人情報取扱事業者 （法2条3項）	①個人データベース等を事業の用に供している者 ②以下ⓐ～ⓔに該当しない者 　ⓐ国の機関（1号） 　ⓑ地方公共団体（2号） 　ⓒ独立行政法人（3号） 　ⓓ地方独立行政法人（4号） 　ⓔ個人情報データベース等を構成する個人情報によって識別される特定の個人の数の合計が「過去6月以内」のいずれの日においても5000を超えない者（5号、令2条）
	①生存する個人に関する情報 ②以下のⓐⓑいずれかに該当

個人情報 （法2条1項）	ⓐ当該情報に含まれる氏名、生年月日その他の記述等により特定の個人を識別することができるもの ⓑ他の情報と容易に照合することができ、それにより特定の個人を識別することができることとなるもの
個人データベース等 （法2条2項1号・2号、令1条）	①個人情報を含む情報の集合物 ②以下のⓐⓑいずれかに該当 　ⓐコンピュータ処理情報：特定の個人情報を電子計算機を用いて検索することができるように体系的に構成したもの 　ⓑマニュアル処理情報：これに含まれる個人情報を一定の規則に従って整理することにより特定の個人情報を容易に検索することができるように体系的に構成した情報の集合物であって、目次その他検索を容易にするためのものを有するもの
個人データ （法2条4項）	個人情報データベース等を構成する個人情報
保有個人データ （法2条5項）	①個人情報取扱事業者が、開示、内容の訂正、追加または削除、利用の停止、消去および第三者への提供の停止等を行うことのできる権限を有する個人データ ②以下のⓐ〜ⓔに該当しないもの 　ⓐ当該個人データの存否が明らかになることにより、本人または第三者の生命、身体または財産に危害が及ぶおそれがあるもの 　ⓑ当該個人データの存否が明らかになることにより、違法、または不当な行為を助長し、または誘発するおそれがあるもの 　ⓒ当該個人データの存否が明らかになることにより、国の安全が害されるおそれ、他国もしくは国際機関との信頼関係が損なわれるおそれまたは他国もしくは国際機関との交渉上不利益を被るおそれがあるもの 　ⓓ当該個人データの存否が明らかになることにより、犯罪の予防、鎮圧または捜査その他の公共の安全と秩序の維持に支障が及ぶおそれがあるもの 　ⓔ6カ月以内に消去することとなるもの

※　表中「法」は「個人情報保護法」、「令」は「個人情報保護法施行令」である。

(イ) 個人情報

「個人情報」とは、①生存する個人に関する情報であって、②特定の個人を識別することができるもの（個人識別性）である（個人情報保護法2条1項）。

個人識別性については、取り扱う情報のみでは特定個人を識別できない場合であっても、「他の情報と容易に照合することができ、それにより特定の個人を識別することができることとなるもの」も含まれるとされる（個人情報保護法2条1項かっこ書）。

インターネット取引においては、たとえば、後述の行動ターゲティング広告における顧客の行動履歴の収集情報などにつき「個人識別性」を有する情報であるか否かが問題となる。

氏名等の伝統的な識別子に到達できる場合に「個人識別性」が肯定されると解されていることからすれば[2]、行動ターゲティング広告に際して取得した、IPアドレス、Cookieに含まれる氏名・連絡先以外の情報などについては、「氏名等の伝統的識別子と関連づけられて初めて個人情報として扱う」と解されることになる[3]。メールアドレスについては、通常は、本人に割りあてられたローマ字・数字の任意の組合せとプロバイダ等のドメインから構成されているため、直ちに個人識別性を有しているとはいえないが、ドメイン部分が所属組織を示しており、アカウント・ID部分が個人の氏名である場合は、「個人識別性」を有すると考えられる場合もあろう[4]。

(ウ) 個人情報の不正取得

インターネット取引においては、①行動ターゲティング広告を行うための[5]

---

[2] 総務省情報通信政策研究所「行動ターゲティング広告の経済効果と利用者保護に関する調査研究報告書」（平成22年3月）〈http://www.soumu.go.jp/iicp/chousakenkyu/data/research/survey/telecom/2009/2009-I-16.pdf〉28頁。

[3] 総務省情報通信政策研究所・前掲（注2）29頁。

[4] 厚生労働省＝経済産業省「個人情報の保護に関する法律についての経済産業分野を対象とするガイドライン」（平成16年10月22日。最終改正：平成21年10月9日）〈http://www.meti.go.jp/policy/it_policy/privacy/kaisei-guideline.pdf〉3頁。

Cookie（サードパーティCookie）による情報収集（〔図41〕参照）、②アプリのダウンロード時における情報収集モジュールを通じた情報収集などが行われているところ、これらによって収集した情報が個人識別性がある場合は、当該情報は「個人情報」にあたるから、個人情報取扱事業者は「偽りその他不正の手段」「利用目的不明示」などによって個人情報を取得することが禁止されることになる（個人情報保護法17条）。

　個人情報が不正取得されたなどの場合、本人は、個人情報取扱事業者に対し、個人データの利用停止・削除を求めることができ、事業者は「その求めに理由があること」が判明したときは必要な限度で利用停止等を行わなければならないとされる（個人情報保護法27条）。

　また、不正取得が行われた場合は、主務大臣の勧告等（個人情報保護法34条）や認定個人情報保護団体による苦情処理等の対象（42条）となる。

5　総務省情報通信政策研究所・前掲（注2）参照。
6　閲覧しているページのWebサーバ以外から送られるCookieのことをいう。これに対し、ショッピングサイトなどのサーバ自体から送られるCookieのことをファーストパーティCookieと呼ぶ（ショッピングサイトにおけるカートのしくみなど）。
7　利用者視点を踏まえたICTサービスに係る諸問題に関する研究会「スマートフォンを経由した利用者情報の取扱いに関するWG最終取りまとめ」（平成24年8月）〈http://www.soumu.go.jp/main_content/000171224.pdf〉。

〔図41〕 典型的なサードパーティ Cookie による行動ターゲティング広告

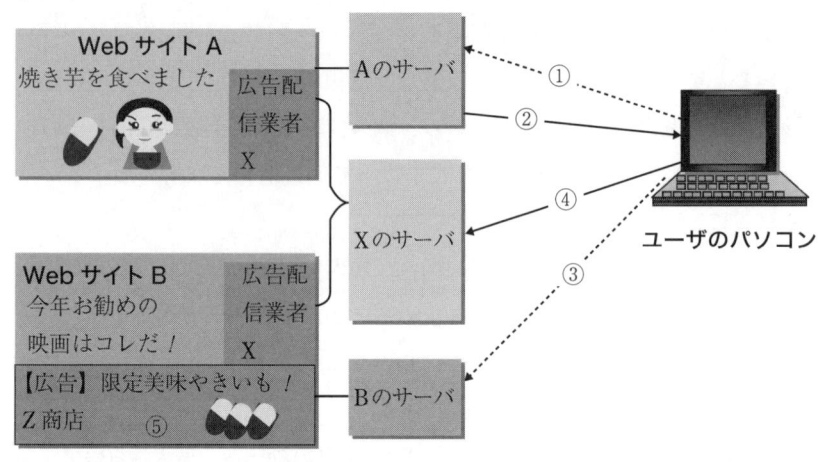

① ユーザが Web サイト A を閲覧。同 Web サイトには、広告配信業者 X のバナー等が貼られている。
② 広告配信業者 X のサーバはユーザに識別番号を振り、アクセス日時、IP アドレス、Web サイト A を閲覧した等の情報を記録した Cookie をユーザのパソコンに保存。
③ ユーザが同じく広告配信業者 X のバナー等を貼った Web サイト B を閲覧。
④ 広告配信業者 X のサーバに、以前 Web サイト A を訪れたなどの情報が Cookie から送信される。
⑤ ユーザの行動履歴を踏まえた広告が配信される。

(エ) 個人情報の利用目的の特定と通知等

個人情報取扱事業者は、①直接書面等による当該本人の個人情報を取得する場合（契約書面、Web の注文フォームなど）には、あらかじめ本人に対し個人情報の利用目的を明示する必要がある（個人情報保護法18条2項）。②上記①以外の場合（たとえば、電話相談窓口における録音等の場合）は、あらかじめ利用目的を Web サイト等で公表していない場合は、速やかに利用目的を当該本人に通知あるいは公表することされている（同条1項）。

(オ) 個人データの第三者への提供

個人情報取扱事業者が個人データを第三者に提供するためには、原則として本人の同意が必要である（ただし、その例外として、①法令に基づく場合、②ⓐ人の生命・身体・財産の保護、ⓑ公衆衛生の向上、児童の健全な育成、ⓒ国・

地方自治体等の事務遂行のため、本人の同意を得ることが困難・支障のある場合があげられている（個人情報保護法23条1項））。

インターネット取引の実務においては、詐欺を行った相手方の特定のため、ツール提供事業者等に対し、契約者情報の開示を求めることになるが、この際、たとえば、裁判所の調査嘱託に基づく開示が「法令に基づく場合」（同項1号）に該当するかが問題となりうる。

また、近年は、自らの個人情報の保護という立場において、①個人情報取扱事業者がオプトアウト手続による第三者提供を行う場合において、本人に適切にオプトアウトの機会が与えられていない場合、②「第三者」に該当しない場合とする「共同利用」（個人情報保護法23条4項3号）の適用除外が、いわば本人の同意を不要とするための、抜け穴的・潜脱的手段として用いられている事案がみられる等の指摘がなされている。[8]

(カ) 保有個人データの開示請求権

本人には、個人情報取扱事業者に対し、保有個人データの開示を求めることができる（個人情報保護法25条）。ただし、上記請求権については、裁判による開示請求を認めないとした判決がある。[9]

(3) 業種別ガイドライン

現時点において、各省庁が27分野について40のガイドラインを策定している。[10]とりわけ、インターネット取引被害の場面においては、「電気通信事業における個人情報保護に関するガイドライン」（平成25年9月9日最終改訂）[11]が関連性を有するものと思われる。同ガイドラインにおいては、〈表20〉（表中下線は筆者による）のとおり、「通信の秘密」等の保持義務と相まって、デ

---

8 松本ほか・前掲（注1）262頁。
9 東京地判平成19・6・27判タ1275号323頁。
10 消費者庁HP「個人情報の保護に関するガイドラインについて」〈http://www.caa.go.jp/seikatsu/kojin/gaidorainkentou.html〉。
11 総務省HP「電気通信事業における個人情報保護に関するガイドライン」〈http://www.soumu.go.jp/main_sosiki/joho_tsusin/d_syohi/telecom_perinfo_guideline_intro.html〉。

153

ータの保存(個人情報保護法10条、23条)や第三者に対する開示(同法15条)については極めて厳格な解釈が示されている。

〈表20〉 電気通信事業における個人情報保護に関するガイドライン(抜粋)

ガイドライン本文	ガイドライン解説
(保存期間等) 第10条　電気通信事業者は、個人情報を取り扱うに当たっては、原則として利用目的に必要な範囲内で保存期間を定めるものとし、当該保存期間経過後又は当該利用目的を達成した後は、当該個人情報を遅滞なく消去するものとする。 2　前項の規定にかかわらず、電気通信事業者は、次の各号のいずれかに該当すると認めるときは、保存期間経過後又は利用目的達成後においても当該個人情報を消去しないことができる。 　一　法令の規定に基づき、保存しなければならないとき。 　二　本人の同意があるとき。 　三　電気通信事業者が自己の業務の遂行に必要な限度で個人情報を保存する場合であって、当該個人情報を消去しないことについて相当な理由があるとき。 　四　前3号に掲げる場合のほか、当該個人情報を消去しないことについて特別の理由があるとき。	(1)　取得された個人情報については、その目的を達成すれば保存の必要性がなくなることから速やかに消去すべきである…… (4)　「業務の遂行に必要な限度で個人情報を保存する場合であって、当該個人情報を消去しないことについて相当の理由があるとき」とは、例えば、過去に料金を滞納し利用停止となった者の情報を契約解除後においても保存しておくこと等が考えられる。
(第三者提供の制限) 第15条　電気通信事業者は、次の各号のいずれかに該当する場合を除くほ	(3)　「法令に基づく場合」とは、例えば、裁判官の発付する令状により強制処分として捜索・押収等がなされ

か、あらかじめ本人の同意を得ないで、個人情報を第三者に提供しないものとする。
一　法令に基づく場合
二　人の生命、身体又は財産の保護のために必要がある場合であって、本人の同意を得ることが困難であるとき。
三　公衆衛生の向上又は児童の健全な育成の推進のために特に必要がある場合であって、本人の同意を得ることが困難であるとき。
四　国の機関若しくは地方公共団体又はその委託を受けた者が法令の定める事務を遂行することに対して協力する必要がある場合であって、本人の同意を得ることにより当該事務の遂行に支障を及ぼすおそれがあるとき。

る場合や法律上の照会権限を有する者からの照会（刑事訴訟法（昭和23年法律第131号）第197条第2項、少年法（昭和23年法律第168号）第6条の4、弁護士法（昭和24年法律第205号）第23条の2、特定電子メールの送信の適正化等に関する法律（平成14年法律第26号。以下「特定電子メール法」という。）第29条等）がなされた場合である。前者の場合には、令状で特定された範囲内の情報を提供するものである限り、提供を拒むことはできない。これに対し、<u>後者の場合には、原則として照会に応じるべきであるが、電気通信事業者には通信の秘密を保護すべき義務もあることから、通信の秘密に属する事項（通信内容にとどまらず、通信当事者の住所・氏名、発受信場所及び通信年月日等通信の構成要素並びに通信回数等通信の存在の事実の有無を含む。）について提供することは原則として適当ではない。他方、個々の通信とは無関係の加入者の住所・氏名等は、通信の秘密の保護の対象外であるから、基本的に法律上の照会権限を有する者からの照会に応じることは可能である。</u>もっとも、個々の通信と無関係かどうかは、照会の仕方によって変わってくる面があり、照会の過程でその対象が個々の通信に密接に関係することがうかがわれる場合には、通信の秘密として扱うのが適当である。

(通信履歴)
第23条　電気通信事業者は、通信履歴（利用者が電気通信を利用した日時、当該通信の相手方その他の利用者の通信に係る情報であって通信内容以外のものをいう。以下同じ。）については、課金、料金請求、苦情対応、不正利用の防止その他の業務の遂行上必要な場合に限り、記録することができる。

2　電気通信事業者は、利用者の同意がある場合、裁判官の発付した令状に従う場合、正当防衛又は緊急避難に該当する場合その他の違法性阻却事由がある場合を除いては、通信履歴を他人に提供しないものとする。

(2)　電気通信事業者は、利用明細（第24条第1項参照）作成のため必要があるときは、加入者の同意の有無にかかわらず、通信履歴を記録し保存することができると解される

(4)　通信履歴は、通信の秘密として保護されるので、裁判官の発付した令状に従う場合等、違法性阻却事由がある場合を除き、外部提供は行わないこととする。<u>法律上の照会権限のある者からの照会に応じて通信履歴を提供することは、必ずしも違法性が阻却されないので、原則として適当ではない</u>（第6条解説参照）

(5)　いったん記録した通信履歴は、第10条の規定に従い、記録目的に必要な範囲で保存期間を設定することを原則とし、保存期間が経過したときは速やかに通信履歴を消去（個人情報の本人が識別できなくすることを含む。）する必要がある

(電話番号情報)
第29条　電気通信事業者が電話番号情報（電気通信事業者が電話加入契約締結に伴い知り得た加入者名又は加入者が電話帳への掲載、電話番号の案内を希望する名称及びこれに対応した電話番号その他の加入者に関する情報をいう。以下同じ。）を用いて電話帳を発行し又は電話番号案内の業務を行う場合は、加入者に対し、電話帳への掲載又は電話番号の案内を省略するかどうかの選択の機

(1)　<u>電話番号情報は、個人情報ではあっても、一般に公開が要請され、電話帳又は電話番号案内によって知り得るものとなっている。</u>これは、ある人に電話をかけたいというときに電話番号が分からなければコミュニケーションをすることができないからである。ただし、こうした要請も加入者のプライバシーに優先するものではないので、電気通信事業者としては、加入者に対して電話帳への掲載又は電話番号の案内を省略する

Ⅵ 情報・通信に関する法律

会を与えるものとする。この場合において加入者が省略を選択したときは、遅滞なく当該加入者の情報を電話帳への掲載又は案内業務の対象から除外するものとする。

2　電気通信事業者が電話帳発行又は電話番号案内業務を行う場合に提供する電話番号情報の範囲は、各業務の目的達成のため必要な限度を超えないものとする。ただし、加入者の同意がある場合はこの限りでない。

3　電気通信事業者が電話帳発行又は電話番号案内を行う場合の電話番号情報の提供形態は、本人の権利利益を不当に侵害しないものとする。

4　電気通信事業者は、電話帳発行又は電話番号案内業務による場合を除き、電話番号情報を提供しないものとする。ただし、次に掲げる場合はこの限りでない。
　一　電話帳発行又は電話番号案内業務を外部に委託する場合
　二　電話帳を発行し、又は電話番号案内の業務を行う者に提供する場合
　三　その他第6条第3項各号に該当する場合

5　電気通信事業者が電話番号情報を、電話帳発行又は電話番号案内業務を行う者に提供する場合は、当該提供契約等において、前各項に準じた取扱いをすることを定めるものとする。

かどうかの選択の機会を与えるべきである。

　なお、電話サービス以外の通信サービスにおけるID（電子メールアドレス等）については、電話番号ほどの公開の要請はないのが現状であるため、本条の対象とはしないこととした。したがって、これらの取扱いについては、第2章の共通原則によることとなる。

(4)　電話番号情報の外部提供については、外部提供の一般原則による。例えば、この通話における発信者電話番号に対応する加入者は誰かという照会の場合は、通信の秘密に属する事項に関するものなので裁判官の発付する令状等が必要であるが、この電話番号に対応する加入者は誰かといった照会であれば、通信の秘密を侵害するものではないので、法律上の照会権限を有する者からのものであれば、応じることも可能である。

157

(4) パーソナルデータの問題

　現在、インターネット取引においては行動ターゲティング広告をはじめ、蓄積された個人に関連した情報の利活用が行われ、今後一層こうした動きが拡大することが予想されるところ、現行の個人情報保護法は「個人情報」の定義があいまいであったり、個人情報保護の観点から必ずしも十分であるとはいえないなど問題が多い。こうした中、政府は、①ビッグデータ時代におけるパーソナルデータ利活用の実体に則した見直し、②プライバシー保護に対する個人の期待に応える見直し、③グローバル化に対する見直しを制度見直しの方向性としたうえで、個人情報保護法改正に向けた検討を開始するようであり、今後の動きに注視する必要があろう。[12]

2　電気通信事業法

(1) 概　要

　インターネット取引被害には、ISP、電話事業者、出会い系サイト運営事業者など電気通信を業とするさまざまな者がかかわっている。

　電気通信事業法は、電気通信事業者を定義づけ、登録制を原則とし（電気通信事業法9条）、一定の規模および範囲を越えない場合は事前届出制とし（同法16条）、これら事業者に対し、通信の秘密保持等の行為規制を課した法律である。実務においては、相手方を特定するために電気通信事業者たるツール提供事業者に対し、相手方の契約者情報の開示を求めることが同法の通信の秘密保持義務等に該当しないか、出会い系サイト事業者については、同法に基づく届出がなされているか否か等の確認に際し、少なくとも下記の(2)～(4)につき最低限の理解が不可欠である。

(2) 電気通信事業者

　電気通信事業法の規制対象となる「電気通信事業者」は、〔図42〕のとおり段階的に定義づけられている（電気通信事業法2条）。具体的な該当性判断

---

[12] 内閣官房情報通信技術（IT）総合戦略室「パーソナルデータに関する検討会」〈http://www.kantei.go.jp/jp/singi/it2/pd/〉。

については、総務省の示すフローチャート[13]を参照されたい。

なお、電話事業者やプロバイダは、通常「電気通信事業者」に該当すると解され、出会い系サイトの事業についても「電気通信事業」にあたるとの解釈が示されている。[14]

〔図42〕 電気通信事業者の定義

電気通信事業者（電気通信事業法2条5号）

電気通信事業を営むことについて登録・届出をした者
↓
電気通信役務を他人の需要に応ずるために提供する事業（放送法に規定する受託放送役務等を除く）（同条4号）

電気通信設備を用いて他人の通信を媒介し、その他電気通信設備を他人の通信の用に供することをいう（同条3号）

電気通信を行うための機械、器具、線路その他の電気的設備をいう（同条2号）

有線、無線その他の電磁的方式により、符号、音響または映像を送り、伝え、または受けることをいう（同条1号）

(3) 通信の秘密等

(ア) 通信の秘密

電気通信事業者につき、電気通信事業法4条1項は、「電気通信事業者の取扱中に係る通信の秘密は、侵してはならない」と規定する。上記「秘密」につき、立法担当者は、「電話や電子メール等の特定者間の通信は、ひとまず秘密性が推定されると解される。他方、電子掲示板やホームページに掲載された情報など不特定多数に向けて表示されることを目的とした通信の内容は、発信者がそれ自体秘密としていないと解すべきであり、本条の保護の対

---

[13] 総務省電気通信事業部データ通信課「電気通信事業参入マニュアル〔追補版〕——届出等の要否に関する考え方及び事例」〈http://www.soumu.go.jp/main_sosiki/joho_tsusin/policyreports/japanese/misc/Entry‐Manual/TBmanual02/entry02_01.pdf〉。

[14] 総務省電気通信事業部データ通信課・前掲（注13）24頁。

象外である」とする。

また、「通信の秘密」の範囲については、「通信内容はもちろんであるが、通信の日時、場所、通信当事者の氏名、住所・居所、電話番号などの当事者の識別符号、通信回数等これらの事項を知られることによって通信の意味内容が推知されるような事項すべてを含むものである[15]」としている。

なお、電気通信事業法4条1項違反行為は刑事罰の対象となる（電気通信事業法179条）。

(イ) 通信に関して知り得た他人の秘密保持義務

さらに、電気通信事業法4条2項は、「電気通信事業に従事する者は、在職中電気通信事業者の取扱中に係る通信に関して知り得た他人の秘密を守らなければならない」とする。「通信に関して知り得た他人の秘密」につき、立法担当者は、「通信当事者の人相、言葉の訛や契約の際に入手した契約者の個人情報、営業秘密、料金滞納情報、電話帳掲載省略電話番号等、個々の通信の構成要素とはいえないが、それを推知させる可能性のあるものも含む[16]」として、同条1項の「通信の秘密」より広い範囲の守秘義務を課している。

なお、電気通信事業法4条2項違反行為は刑事罰の対象となる（電気通信事業法179条）。

(ウ) 実務における状況

電気通信事業者のうち、プロバイダはあくまでも保有する契約者情報（発信者情報）の開示についてはプロバイダ責任制限法に基づく発信者情報開示請求の要件に合致しなければ調査嘱託に対しても回答を拒否するが、電話事業者については、調査嘱託に応じる事業者がほとんどである。ただし、一部の事業者がこれを拒否する場合がある。この点につき、参考となる裁判例として、電気通信事業者たる携帯電話事業者が、投資詐欺に利用された携帯電話に関する契約者情報に関する調査嘱託に対する回答を拒否したという事案

---

15 多賀谷一照ほか編著『電気通信事業法逐条解説』36頁以下参照。
16 多賀谷ほか・前掲（注15）38頁。

に関する東京地判平成24・5・22判時2168号67頁がある。

前掲東京地判平成24・5・22は、「当該携帯電話の名義人の氏名及び住所地、電話料金請求書送付先住所地」等につき、①通信の秘密該当性（電気通信事業法4条1項）については、「本件調査嘱託事項は、いずれも、本件携帯電話番号に関し、その契約者情報を内容とするものであるところ、契約名義人が当該携帯電話による通信の当事者となる場合が多いとしても、契約者情報それ自体から個々の通信の存在や内容が推知されるものではないし、契約者情報が直ちに個々の通信の当事者を特定し得る情報であるともいえないから、憲法21条2項後段及び電気通信事業法4条1項の定める『通信の秘密』には該当しない。よって、被告が本件調査嘱託事項について、これらの規定に基づく秘密保持義務を負うことはない」としてこれを否定し、②通信に関して知り得た他人の秘密該当性（同条2項）については、「本件調査嘱託事項は、本件携帯電話番号に関し、その契約者情報を内容とするものであって、被告が電気通信業務を遂行する過程で取得する情報であるから、『通信に関して知り得た他人の秘密』に該当するというべきである。したがって、被告は、本件調査嘱託事項について、電気通信事業法4条2項に基づく秘密保持義務を負う」とした。

そして、「個々の通信の存在や内容に関する情報ではなく、単に本件携帯電話番号の契約者に関する氏名、住所及び電話番号の情報であり、これらは、人が社会生活を営む上で、一定の範囲の他者に対しては開示されることが予定された情報であり、個人の内面に関わるような秘匿性の高い情報とはいえず、プライバシーに関わる情報とはいえ、これが開示されることによって当該情報の主体に生ずる不利益は大きなものではない。これに対し、調査嘱託は、官庁若しくは公署又は学校等の団体が職務上又は業務上保有する客観的な情報について、簡易かつ迅速な証拠の収集を可能とするものであり、嘱託先が調査嘱託に対して回答すべき必要性は高いというべきである」としている。

(4) その他の行為規制

そのほか、電気通信事業者については、検閲の禁止（電気通信事業法3条）、提供条件の説明（同法26条）、苦情等の処理（同法27条）等の行為規制が課されている。

3 プロバイダ責任制限法

(1) 概　要

(ア) 制定理由

インターネット電子掲示板などの不特定多数に対して送信する形態で行われる電気通信は、違法な情報が送信されることが少なくなく、「加害の容易性」「被害の拡大性」「被害回復の困難性」（匿名性）といった問題が指摘されていたところ、プロバイダ等としては、①違法な情報の送信を防止するための対応、②被害回復のための対応が課題となっていた。

上記①については、規約に基づくプロバイダ自らの削除措置について、発信者との関係における損害賠償リスクなどが問題となっており、②については、匿名性による被害回復の困難性、加害の容易性、被害の拡大性が存在する一方、匿名による表現行為が行われた場合における表現者の氏名等の情報は、表現の自由の保障およびプライバシーの保護、通信の秘密を図る観点から憲法上の保護が及ぶものと解されており、被害者等からの要請がなされた際にプロバイダにおいて両者の保護の重要性を比較衡量して、表現者の氏名等の情報の開示に踏みきるといった判断は困難であるし、訴訟を提起しても、発信者情報の開示請求権といった実定法上の権利が設けられていないため、そのような請求が認められることは極めて困難であると考えられる等のことから、プロバイダから開示を受けることは困難であるとの指摘がなされていた。[17]

このような問題点を踏まえ、プロバイダが発信者情報開示に応じることが

17　総務省総合通信基盤局消費者行政課編『改訂版プロバイダ責任制限法』4頁以下。

できる場合、プロバイダが掲示板における書き込みなどを削除し、あるいは削除しなかったとしても、損害賠償責任を負わない場合等を明確化すべく、プロバイダ責任制限法が制定された。[18]

(イ) 規 定

プロバイダ責任制限法は、わずか5条の法律であり、1条は趣旨、2条は定義規定、3条および3条の2はプロバイダ等が違法な書き込み等を削除しなかった場合あるいは削除をした場合であっても損害賠償責任を負わない場合の明確化、4条は発信者情報開示請求権の創設[19]とその要件を定めるとともに、プロバイダが発信者情報開示請求に応じない場合であっても損害賠償責任を負わない場合を明確化している。

(ウ) インターネット取引被害における着目点

インターネット取引被害の特徴として「匿名性」があげられるところ、架空請求詐欺メールなどの送信者（発信者）が特定できれば、当該相手方を具体的に特定することが期待できる。

そこで、ここでは「発信者情報開示請求」について検討すべき事項を紹介する。

(2) 発信者情報開示請求

(ア) 発信者情報開示請求の要件

発信者情報開示請求権の要件（プロ責法4条1項）と開示される発信者の情報は〈表21〉〈表22〉のとおりとなる。

---

18 なお、その後、平成22年9月、総務省の利用者視点を踏まえたICTサービスに係る諸問題に関する研究会に設けられたプロバイダ責任制限法検証WGが「プロバイダ責任制限法検証に関する提言」（平成23年7月。以下、「WG提言」という）〈http://www.soumu.go.jp/main_content/000122708.pdf〉を公表している。同提言は、本法律の改正の必要はないものの、発信者情報の開示請求に関する開示範囲に関し、モバイル（携帯電話）の個体識別番号等を開示の対象となる発信者情報に追加することを検討すべきとの指摘しており、その後同指摘に基づいた改正がなされている。また、平成25年4月、公職選挙法の改正によっていわゆるネット選挙活動が解禁されたことに伴い、名誉毀損の書き込みなどがなされた場合に関する特例として同法3条の2が新設された。

19 総務省総合通信基盤局消費者行政課・前掲（注17）16頁。

発信者情報開示請求権は、1対1のEメールによる事案等も対象外としているなど、現在のインターネット取引被害は対象外というのが立法担当者の解釈である。したがって、インターネット取引における詐欺事案につきプロバイダ責任制限法4条を根拠として発信者情報開示請求を求めることはできないし、仮に調査嘱託によってプロバイダに対し発信者情報の開示を求めたとしても、プロバイダとしては同法の発信者情報開示の要件に合致していないとして開示拒否の対応がとられる。[20]

〈表21〉 発信者情報開示請求権の要件

	項　目	留意点
請求権者	特定電気通信による情報の流通によって自己の権利を侵害されたとする者	・「特定電気通信」とは、「不特定の者によって受信されることを目的とする電気通信の送信」（プロ責法2条1号）とされるため、電子メール等の1対1の通信は、多数の者にあてて同時に送信された場合であっても対象にはならないとされる。[21] ・詐欺事案については「情報の流通によって」生じたものではないと解されている。[22]
	以下の①②いずれをも満たす場	・「権利侵害明白性」の要件は以

20　なお、携帯電話のEメールアドレスの契約者情報につき、調査嘱託がなされた事案において、嘱託先携帯電話事業者は、プロバイダ責任制限法の発信者情報については何らの言及もなく、単に「当該メールアドレスを登録している携帯番号の該当はありませんでした」との回答がなされたことがある。嘱託先に確認したところ、当該携帯電話事業者の場合は、Eメールアドレスの登録携帯番号に該当がある場合はその開示に応じ、その後、携帯番号の管理を行っている関連会社に対する、携帯電話の契約者情報に関する調査嘱託により回答に応じるという対応のようである。なお、上記運用については、第一東京弁護士会業務改革委員会第8部会編『弁護士法第23条の2照会の手引〔五訂版〕』181頁以下参照。

21　総務省総合通信基盤局消費者行政課・前掲（注17）18頁は、多数の者あての同時送信メールについても「1対1の通信が多数集合した者にすぎず『特定電気通信』には含まれない」とする。

要　件	合 ①権利侵害明白性（4条1項1号） ②正当理由（同項2号）	下ⓐⓑのように極めて厳格とされる。 ⓐ特定電気通信によって流通する情報がそれ自体で被害者の権利を侵害するものであることが必要。[23] ⇒詐欺被害事案は対象外 ⓑ名誉毀損事案については、違法性阻却事由3要件[24]（公共の利害に関する事実、公益目的、真実性）の不存在までも必要であるとする。[25] ・総務省は権利侵害明白性の要件につき、以下ⓐⓑの観点から規定されたものであるとする。 ⓐ被害者の被害回復の必要性と発信者のプライバシーや表現の自由の利益との調和の観点から規定されたものである。 ⓑ発信者情報開示請求により開示される情報は発信者のプライバシーにかかわる事項。プライバシーはいったん開示されると原状に回復させることが不可能な性質のものであり、その取扱いには慎重さが当然に求められる。
	当該特定電気通信の用に供され	・電気通信事業法の規律の対象と

22　総務省総合通信基盤局消費者行政課・前掲（注17）15頁は、「権利の侵害が『情報の流通』自体によって生じたものである場合を対象とするものである。すなわち、流通している情報を閲読したことにより詐欺の被害に遭った場合などは、通常、情報の流通との権利の侵害との間に相当因果関係がある者とは考えられないため、この法律の対象とはならない」とする（下線部は筆者による）。
23　東京地判平成22・12・7判例集未登載。
24　最判昭和41・6・11民集20巻5号1118頁。
25　総務省総合通信基盤局消費者行政課・前掲（注17）54頁、WG提言・前掲（注18）29頁。

相手方	る特定電気通信設備を用いる特定電気通信役務提供者	なる電気通信事業者に限らず、電子掲示板の個人管理者も対象となる。 ・また、いわゆるアクセスプロバイダ（経由プロバイダ）については、見解が分かれていたが、最判平成22・4・8民集64巻3号676頁は、アクセスプロバイダも「特定電気通信役務提供者」に該当すると判示した。
開示対象	発信者情報開示請求に関する省令で限定列挙されている。	限定列挙であるため、プロバイダが列挙事項以外の事実を保有していたとしてもプロバイダ責任制限法に基づく開示の対象にはならない。

〈表22〉 開示の対象となる発信者情報

項　目	留意点など
発信者その他侵害情報の送信に係る者の氏名または名称（プロ責法4条1項1号）	プロバイダは犯収法の「特定事業者」ではなく、発信者が登録した氏名・住所等につき、特別法による厳格な本人確認義務は課せられていない。[26]
発信者その他侵害情報の送信に係る者の住所（同項2号）	仮に、発信者につき「氏名」「勤務先」「勤務先」「電話番号」が登録されている場合、プロバイダとしては「勤務先」等は開示対象ではなく、結果として「氏名」のみでは当事者を特定できないといった問題がある。[27]
発信者の電子メールアドレス（同項3号）	
侵害情報に係るIPアドレス（同項4号）	
侵害情報に係る携帯電話端末等か	①iモードID、UID（ドコモ）、②EZ番

26　総務省総合通信基盤局消費者行政課・前掲（注17）72頁など参照。

らのインターネット接続利用者識別符号（同項5号）	号（KDDI）、③ユーザID（ソフトバンク）など
侵害情報に係るSIMカード識別番号のうち、携帯電話端末等からのインターネット接続サービスにより送信されたもの（同項6号）	平成23年9月現在では、ドコモのSIMカード識別番号であって、同社のサービスにより送信されたものがある。
同項4号〜6号までに係るプロバイダの用いるウェブサーバ等（特定電気通信設備）に侵害情報が送信された年月日および時刻（いわゆるタイムスタンプ。同項7号）	

(ｲ) **プロバイダの対応**

　発信者情報開示請求を受けたプロバイダは、「発信者と連絡がとれない」などの特別な事情がある場合を除き、開示するかどうかについて当該発信者の意見を聴かなければならないとされる（プロ責法4条2項）。この場合、「意見の聴取に対して一応の根拠を示して反論の根拠が示されたような場合には「権利を侵害されたことが明らか」とはいえないのであるから、請求を拒絶しなければならないこととなる」と解されている。[28]

(ｳ) **発信者情報開示請求の流れ**

　電子掲示板に誹謗中傷内容の書き込みをされたといったような典型事例を例にとると、発信者情報開示請求は、①電子掲示板等の管理者に発信者情報開示請求を行ってIPアドレスやタイムスタンプの開示を受ける、②WHOIS検索[29]で当該IPアドレスを契約者たる発信者に割りあてたアクセスプロバイダを確認、③アクセスプロバイダに対し発信者情報開示請求をするという流れになる。[30]

　発信者情報開示請求を受けたプロバイダは、プロバイダ責任制限法発信者

27　日本弁護士連合会「『プロバイダ責任制限法検証に関する提言（案）』に対する意見書」（2011年6月30日）参照。
28　総務省総合通信基盤局消費者行政課・前掲（注15）61頁。
29　「WHOIS Gateway」〈http://whois.nic.ad.jp/cgi-bin/whois_gw〉。

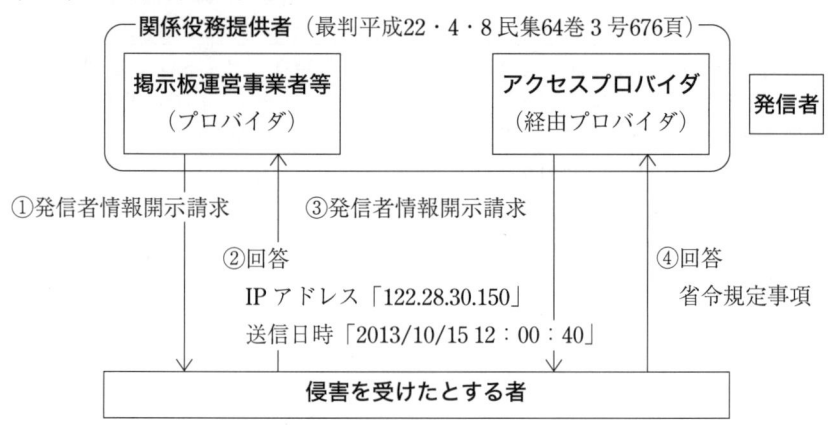

〔図43〕 発信者情報開示請求の流れ

```
┌─ 関係役務提供者（最判平成22・4・8民集64巻3号676頁）─┐
│  ┌──────────┐        ┌──────────┐  │
│  │掲示板運営事業者等│        │アクセスプロバイダ│  │    ┌────┐
│  │ （プロバイダ）  │        │ （経由プロバイダ）│  │    │発信者│
│  └──────────┘        └──────────┘  │    └────┘
└─────────────────────────────────┘
  ①発信者情報開示請求    ③発信者情報開示請求
         ②回答                  ④回答
       IPアドレス「122.28.30.150」    省令規定事項
       送信日時「2013/10/15 12:00:40」
            ┌──────────┐
            │侵害を受けたとする者│
            └──────────┘
```

　情報開示関係ガイドライン[31]に則して任意に開示に応じることもできるが、実務上は名誉毀損事案については、任意の開示に応じるケースはほとんどなく、訴訟に移行せざるを得ないのが現状であるようである[32]。

　このように訴訟を余儀なくされるケースが少なくない一方、アクセスプロバイダの割りあてログやアクセスログの保存期間は2週間ないし3カ月程度であるといわれており、このため、実務では、①掲示板管理者等に対する発信者情報開示に関する仮処分申立て、②アクセスプロバイダに対する発信者情報の保存を命ずる仮処分申立てをすることが多い（アクセスプロバイダに対しては仮処分段階では開示までは認める必要がないという考え方である[33]）。

30　多くの場合、アクセスプロバイダが契約者（発信者）に割りあてるIPアドレスは接続のたびに異なる（動的IPアドレス）ため、タイムスタンプ等まで指定しなければ発信者の特定はできない。

31　一般社団法人テレコムサービス協会「プロバイダ責任制限法発信者情報開示関係ガイドライン」〈http://www.telesa.or.jp/consortium/provider/pdf/provider_070226_guideline.pdf〉。

32　別所直哉「プロバイダにおける対応状況③──実務運用の実態と実務からみた長期的課題」堀部政男監修『プロバイダ責任制限法実務と理論（別冊NBL141号）』64頁。

33　東京地裁保全研究会編著『民事保全の実務(上)〔新版増補〕』335頁。

㈡　開示に応じないプロバイダの損害賠償責任

　最判平成22・4・13民集64巻3号758頁は、プロバイダが発信者情報開示請求に応じないことによってプロバイダ責任制限法4条4項に基づく損害賠償責任を負う場合につき、「当該開示請求が同項各号所定の要件のいずれにも該当することを認識し、又は上記要件のいずれにも該当することが一見明白であり、その旨認識することができなかったことにつき重大な過失がある場合にのみ、損害賠償責任を負う」と極めて限定的な解釈を示している。

　⑶　**発信者情報開示請求の課題**

　現行のプロバイダ責任制限法における発信者情報開示請求権は、前述のとおり、詐欺事案については同法の発信者情報開示請求の対象とされていない、架空請求詐欺などEメールによる詐欺事案が少なくないにもかかわらず、Eメールによる場合は対象外となっている、権利侵害明白性の要件が厳格にすぎるなどインターネット取引詐欺における相手方の特定という観点からは極めて不十分な規定となっている。

Ⅶ 代表者・役員に対する責任追及──会社法
（〔図17〕F参照）

1 意 義

　インターネットにおいて詐欺的取引を行う者（法人）は、短期間のうちに多数の消費者被害を発生させて行方をくらませることが少なくない。このような場合、詐欺的行為を行った法人自体に対する責任追及のみでは同法人に責任財産がほとんど残存していないことから被害回復を図ることが極めて困難となる。そこで、詐欺的被害の救済にあたっては、当該法人のみならず役員個人に対する責任追及もあわせて検討することになる。

　この際、その法律構成としては、当該法人が、一人取締役である場合や、代表者自身が当該Webサイトの「運営管理者」として当該Webサイトの「特定商取引法に基づく表示」に記載されている場合など、当該代表者が積極的に当該Webサイトの運営に関与していたことが推認される場合は、当該代表者が、積極的にサイト事業者の違法行為を推進したとして、共同不法行為構成（民法719条）をとることも考えられる。

　また、取締役が善管注意義務違反の行為をした点につき任務懈怠があったとして会社法に基づく損害賠償請求構成（会社法429条ほか）も考えられる。

2 代表者の不法行為責任

　まず、代表者の不法行為（共同不法行為）責任に基づく損害賠償請求を検討する。

　たとえば、サクラサイト詐欺事案に関するさいたま地越谷支判平成23・8・8消費者法ニュース89号231頁は、「被告会社の前記違法行為は、同社の営業方針としてなされた構造的・組織的なものと認められ、被告会社自身の不法行為と認められる」としたうえで、代表者個人につき、「被告……は、

本件当時、被告会社の代表取締役の地位にあったものであるから、同社の他の従業員らとともに前記の違法なサイト運営行為を推進していたものと推認することができる」として、代表者個人の不法行為責任（共同不法行為）を比較的緩やかに認めている。

3 役員の任務懈怠

取締役等の役員の任務懈怠に基づく当該役員に対する損害賠償請求に関する留意点は〈表23〉のとおりである。

〈表23〉 役員の任務懈怠に基づく役員に対する損害賠償請求

項　目	ポイント・留意点
概　要	役員が会社に対し「法令」違反を含む善管注意義務違反の行為をした場合のことを指す。ここでいう「法令」とは会社が事業を行う際に遵守すべき法令がすべて含まれる（最判平成12・7・7民集54巻6号1767頁）とされる。
任務懈怠の態様	会社に対するものであれば足りる（最判昭和44・11・26民集23巻11号2150頁）。
監視義務 （個々の役員につき）	代表取締役、平取締役にかかわらず、個々の取締役は、取締役会に上程された事柄についてだけ監視すればよいわけでなく、代表取締役その他の取締役による業務執行一般について、監視する義務を有する（最判昭和48・5・22民集27巻5号655頁）。
代表取締役の不作為	代表取締役は、他の取締役その他の者に会社の業務を任せきりにし、その業務執行に何ら意を用いないで、ついにはそれらの者の不正行為ないし任務違反を看過するに至るような場合には、自らも悪意または重過失により任務を怠ったことになる（前掲最判昭和44・11・26）。名目的代表取締役であっても同様である（最判昭和45・3・26判時590号75頁、最判昭和45・7・16民集24巻7

	号1061頁)[1]。
代表取締役の善管注意義務の内容	「代表取締役は、対外的に会社を代表し、体内的に業務全般の執行を担当する職務権限を有する機関であるから、善良な管理者の注意をもって会社のために忠実にその職務を執行し、広く会社業務の全般にわたって意を用いるべき義務を負う」(東京地判平成20・4・11証券判例セレクト31巻406頁)。
取締役会設置会社と取締役会非設置会社の任務懈怠の差異	・取締役会設置会社＝取締役会を通じた監視手段の制度的存在 ①取締役会が代表取締役の選定および解職、業務執行の決定、多額の借財、重要な財産の処分等の権限を有していること(会社法362条)、②個々の取締役は原則として(⇔定款・取締役会で定めた場合は当該取締役に限る)取締役会の招集権限を有していること(同法366条1項)から、取締役会を通じた監視手段が制度的に存在する。 ・取締役会非設置会社 代表取締役の選定・解職は、代表取締役の選定方法を互選によって定める旨の定款の定めがある場合に限られる。しかし、原則として(⇔会社法348条2項をのぞくほか、定款で別段の定めOK)業務執行は取締役の過半数をもって決定されるとされていること(同法348条)から、監視義務自体は認められる。 裁判例では判断は分かれている。 旧商法時代、有限会社(取締役会の制度がない)については、監視義務の程度は軽減されるという判決(東京高判昭和57・4・13判タ476号187頁など)と、責任の軽減を否定する判決(東京高判昭和57・3・31判タ471号217頁)があり、下級審では判断が分かれている。

[1] 東京地方裁判所商事研究会編『類型別会社訴訟Ⅰ』255頁参照。

重過失の程度	取締役として一般に要求される能力および識見が基準に照らして、著しい不注意により会社に対する任務懈怠を行った場合に重過失が認められる。
不法行為（共同不法行為）との違い	取締役の任務懈怠により損害を受けた第三者としては、その任務懈怠により損害を受けた第三者としては、その任務懈怠につき取締役の悪意または重大な過失を主張立証さえすれば、自己に対する加害につき故意または過失のあることを主張立証するまでもなく、商法266条の3（現会社法429条）の規定により、取締役に対し損害の賠償を求めることができる（前掲最判昭和44・11・26）。個々の取締役の行為自体が不法行為を構成することまで要件ではない。
因果関係	任務懈怠行為と損害の間の因果関係 →直接損害・間接損害の別

　また、役員相互における監視義務は〔図44〕〔図45〕のように整理できる（ここでは、例として株式会社、合同会社の場合について紹介する）。

〔図44〕　株式会社における役員個人の責任

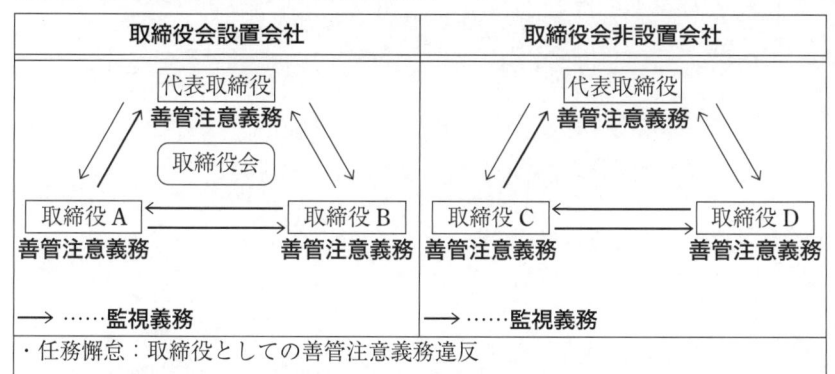

取締役会設置会社	取締役会非設置会社
代表取締役 善管注意義務 取締役会 取締役A　取締役B 善管注意義務　善管注意義務 →……監視義務	代表取締役 善管注意義務 取締役C　取締役D 善管注意義務　善管注意義務 →……監視義務

・任務懈怠：取締役としての善管注意義務違反
・取締役会設置会社における取締役A・Bと取締役会非設置会社における取締役C・Dの任務懈怠の程度に差異があるかは見解が分かれている。

3　東京地方裁判所商事研究会・前掲（注2）335頁。
4　東京地方裁判所商事研究会・前掲（注2）同頁。

〔図45〕 合同会社における業務執行社員（代表社員）の責任

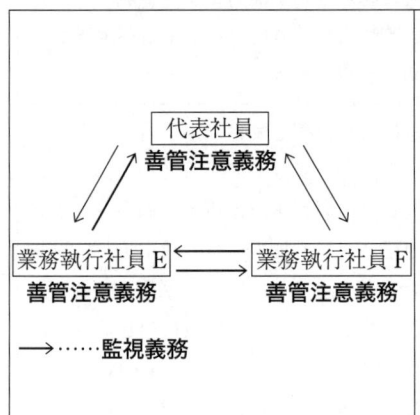

代表社員 善管注意義務 業務執行社員 E ⇔ 業務執行社員 F 善管注意義務　　　善管注意義務 →……監視義務	・業務執行社員を定款で定めた場合、業務執行社員が2名以上ある場合は、その過半数をもって決定する（会社法591条1項）。 ・業務執行社員は、①正当な事由がある場合に限り、②他の社員の一致によって解任することができる（同条5項）。 ・代表社員は、業務執行社員から社員の互選等により定めることができる（同法599条3項）。 ・業務執行社員につき、善管注意義務・忠実義務がある点は株式会社の取締役と同じである（同法593条）。 ・業務執行社員の任務懈怠による第三者に対する責任は株式会社の取締役と同様である（同法597条）。
・合同会社については、株式会社における取締役会非設置会社に準じて、業務執行社員らの責任を追及できるものと解される。	

Ⅷ　その他の法律

1　法の適用に関する通則法

　インターネット取引は容易に越境取引を可能にする。このような越境取引の場合につき、法の適用に関する通則法11条は、「消費者契約の特例」として、消費者が事業者に対し、常居所地法上の強行規定を特定し、その適用を求める意思を表示したときに限り、その事項については、選択した準拠法の適用に加えて当該強行規定も準拠法となる旨などの特例を規定している。

　消費者庁越境消費者センターでは、法の適用に関する通則法11条を主張して解決した事例も報告されている[1]。

2　民事訴訟法（国際裁判管轄）

　従来、被告が外国法人等である場合など国際裁判管轄の問題が生ずる場合については、判例では「被告が外国に本店を有する外国法人である場合はその法人が進んで服する場合のほか日本の裁判権は及ばないのが原則である」とされ、条理によって例外的に日本の裁判籍が及ぶ場合があるとされていたところ[2]、平成23年法律第36号による民事訴訟法の改正において、国際裁判管轄についての規定が整理され、以下の条文が新設された。

1　ベリトランス株式会社（平成24年度消費者庁委託調査）「越境取引に関する消費者相談の国際連携の在り方に関する実証調査　調査報告書」〈http://www.cb-ccj.caa.go.jp/24fy_cc.pdf〉64頁は、「CCJでは監視委員会にて報告をしたところ、確認画面を要請しているのは電子消費者契約法（消費者保護強行規定）であり、これが通則法によって海外事業者にも適用されるという監視委員からの助言があり、以後、同様の相談が寄せられた際、事業者に上記通則法を主張したところ、実際のこの主張が認められ、無事にキャンセル・返金に至ったケースがあった」とする。

2　最判昭和56・10・16民集35巻7号1224頁。

> （契約上の債務に関する訴え等の管轄権）
> **第3条の3** 次の各号に掲げる訴えは、それぞれ当該各号に定めるときは、日本の裁判所に提起することができる。
> 一～四　略
> 五　日本において事業を行う者（筆者注・①）（日本において取引を継続してする外国会社（会社法（平成17年法律第86号）第2条第2号に規定する外国会社をいう。）を含む。）に対する訴え　当該訴えがその者の日本における業務に関するもの（筆者注・②）であるとき。

　立法担当者はこの改正を受けて、外国の事業者が日本からアクセス可能なWebサイトを開設して日本向けに販売をしたというケースにおいて、上記①②の該当性によることになるとして、その判断基準として、「当該ウェブサイトが日本語で記載されているかどうか、購入した製品の日本への送付が可能かどうか、当該事業者と日本の法人又は個人の取引等の事情を考慮し、上記①及び②の要件を充足するかどうかを判断することになる」[3]としている。

　なお、平成25年2月には、アメリカのブログサービス提供事業者であるFC2に対し、民事訴訟法3条の3第5号を根拠に、発信者情報開示の仮処分命令が発令された事案が報告されている[4]。

3　法人税法

　インターネット取引においては、相手方事業者から「データに関しては保存期間が経過した」、「すでにサイトは閉鎖しておりデータは消去された」などの主張がされる場合が多い。

---

[3]　佐藤達文＝小林康彦編著『一問一答平成23年民事訴訟法等改正──国際裁判管轄法制の整備』57頁。

[4]　弁護士法人港国際グループHP「fc2に対する発信者情報開示の仮処分決定」〈http://minatokokusai.jp/blog/3566/〉。
　　また、平成25年7月には、米ツイッター社に対し、東京地方裁判所は、同様に、発信者情報開示の仮処分を発令したとの報道がされている。

（参考３）　一般的な会計帳簿の構成

仕訳帳（取引を借方・貸方に分けて記録する帳簿）

総勘定元帳（仕訳帳の記録を勘定科目別に分類して記録する帳簿）

補助簿 ─┬─ 補助記入帳（現金出納帳、仕入帳、売上帳、受取手形記入帳、支払手形記入帳など）
　　　　└─ 補助元帳（商品有高帳、売掛元帳、買掛元帳等）

　しかし、相手方事業者も「営利事業を行っている者である」という点にあらためて着目すると、たとえば、登記事項をみる限り設立から１年以上が経過している場合は、少なくとも決算期を迎え、その申告がなされている可能性が高いといえる。この場合、相手方事業者が法人であれば、法人税に基づき会計処理が行われることになる。法人税法によれば、会計帳簿には「売上先」も記載しなければならないとされているから（（参考３）参照）、たとえば、サクラサイト詐欺事案においては、Webサイトが会員制のメッセージ交換サービスを事業内容とするものであることからすれば、会計帳簿における「売上先」の記録状況が、サクラであるか否かについての有力な書証になりうると考えられる（白色申告につき、法人税法150条の２、法人税法施行規則66条・別表第22区分(11)、青色申告につき、法人税法126条、法人税法施行規則54条・別表第20区分(11)）。

　なお、白色申告および青色申告のいずれの場合であっても、その保存期間は「事業年度の確定申告書の提出期限から７年間」とされており（法人税法126条、150条の２、法人税法施行規則59条、67条）、同帳簿の保存方法は紙による保存が原則とされている（法人税法126条など）[5]。

　したがって、上記帳簿につき文書提出命令の申立てを行う際は、文書の存在の立証として、かかる規定が有力な根拠となりうる。

---

[5]　国税庁HP「No.5930　帳簿書類等の保存期間及び保存方法」〈http://www.nta.go.jp/taxanswer/hojin/5930.htm〉。

第 3 章

基本方針・事前準備・立証方法

Ⅰ　基本方針
Ⅱ　事前準備（相談・受任）
Ⅲ　民事保全法による債権・証拠保全
　　――仮差押え
Ⅳ　民事訴訟法による証拠収集

Ⅰ 基本方針

1　概　　要

　インターネット消費者取引被害の主な特徴は、前述のとおり、匿名性、取引の多様化および複雑化である。

　その匿名性に乗じて詐欺まがいの取引を行う悪質な事業者による被害も多く、この場合、そもそも相手方の特定が困難であったり、法的責任の追及を行うや否や事業を閉鎖して連絡がつかなくなること場合も少なくない。

　このような特徴をもつインターネット消費者取引被害の対応については、〔図46〕のように、①サイト事業者の特定、②事業者がインターネット取引を行うために必要なツールおよびその関係業者と当該事業者との契約関係の把握、③事業者特定のために必要に応じた関係業者への情報提供請求、④上記②のツール使用に対する仮差押えなどの検討（いわゆる兵糧攻め）、⑤当該事業者への直接の責任追及、あるいは、当該事業者に対する責任追及が困難

〔図46〕　基本方針

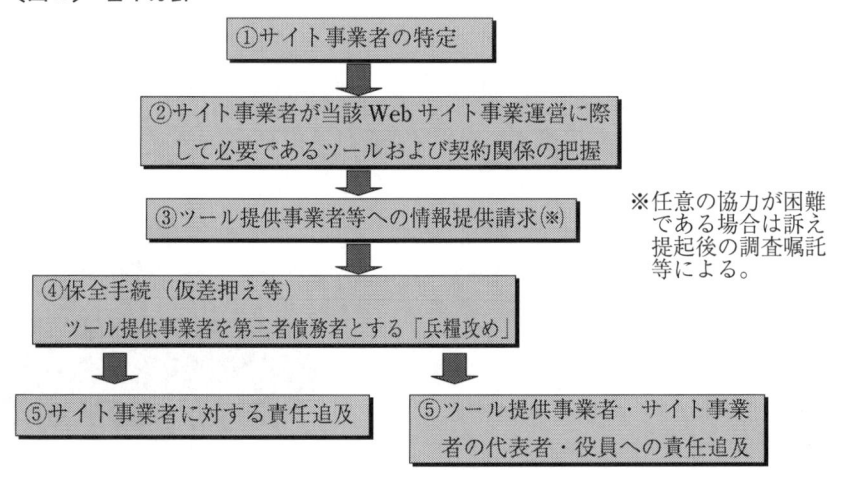

```
┌─────────────────────┐
│ ①サイト事業者の特定      │
└─────────────────────┘
           ↓
┌─────────────────────────────┐
│ ②サイト事業者が当該Webサイト事業運営に際 │
│   して必要であるツールおよび契約関係の把握 │
└─────────────────────────────┘
           ↓
┌─────────────────────────────┐     ※任意の協力が困難
│ ③ツール提供事業者等への情報提供請求（※） │       である場合は訴え
└─────────────────────────────┘       提起後の調査嘱託
           ↓                                等による。
┌─────────────────────────────┐
│ ④保全手続（仮差押え等）                  │
│   ツール提供事業者を第三者債務者とする「兵糧攻め」 │
└─────────────────────────────┘
           ↓                                ↓
┌─────────────────────┐     ┌─────────────────────────┐
│ ⑤サイト事業者に対する責任追及│     │ ⑤ツール提供事業者・サイト事業 │
│                              │     │   者の代表者・役員への責任追及 │
└─────────────────────┘     └─────────────────────────┘
```

である場合は、上記②の関係業者および法人代表者等に対する責任追及の検討といった基本方針によって対応すべきであろう。

2　サイト事業者の特定

　事業者の特定については、Webサイトに記載がない場合や記載が真実ではない場合も多い。Webサイトから事業者を特定するポイントについては後述する（本章Ⅱ3⑴(ｱ)(ｲ)参照）。

3　ツール提供事業者など関係事業者ごとの留意点

(1)　概　要

　インターネット消費者取引は非対面取引であるから、決済手段と連絡手段につき何かのサービスの利用が不可欠である。したがって、残された情報から当該Webサイトにおける決済システムや連絡手段などを調査することになる。これらを把握することは、責任追及を検討する意義に加え、金銭の流れを把握することにもつながるため、保全や執行においても重要である。

　また、架空請求詐欺事件などでは、調査嘱託等を繰り返しても、最終的に詐欺を行った者の特定に至らないケースも少なくない。この場合、前述のとおり、被害者の被害回復という観点からは、特定に至っている関連事業者に対する責任追及の可否につき検討することになる。

(2)　決済方法の把握

　インターネット消費者取引被害における主な決済方法は〈表24〉のとおりである。なお、実務においてはこれらの複合型もみられる。以下、それぞれの決済方法ごとのポイントについて触れる。

181

〈表24〉 主な決済方法と関係事業者

決済方法	関係事業者
銀行振込み	銀行、銀行振込代行業者（決済代行業者）
クレジットカード決済	イシュア、アクワイラ（国内・国外）、決済代行業者（国内・国外）
収納代行	収納代行の窓口たるコンビニエンスストア・運送会社、収納代行業者、決済代行業者
電子マネー（第三者型前払式支払手段）	電子マネー発行業者（決済代行業者）
レターパックによる送金	日本郵便株式会社、受取先住所を提供するレンタル私書箱・レンタルオフィス事業者

(ア) 銀行振込み

　サクラ・占いサイト詐欺、架空請求など詐欺性の高い取引の場合、①振り込め詐欺救済法による口座凍結要請（第2章V1参照）、②民事保全法による口座預金の仮差押え（本章III参照）を検討する。仮差押えについては、事業者と口座名義人が異なる場合についても、その口座が債務者の責任財産であることの証明ができれば仮差押えは可能であるが、その証明は必ずしも容易ではない。[1]

　銀行振込決済代行業者は、事業者によってさまざまなサービスを提供しており、その内容は一様ではなく、事案ごとにそのサービス内容を当該事業者のWebサイトなどによって確認すべきである。[2]

　なお、銀行振込決済代行業者の事業については、「為替取引」に該当する可能性もある点に留意すべきである（第2章IV3(3)参照）。

---

[1] 東京地裁保全研究会編著『民事保全の実務(下)〔新版増補〕』207頁以下。
[2] たとえば、銀行の口座など振込先を用意し、ユーザーごとの振込口座番号を発行し、ユーザーの入金管理を容易にするサービスを提供するなどの事業を行う場合がみられる（PAYGENTなど）。

Ⅰ　基本方針

　⑷　クレジットカード決済

　イシュア（カード発行会社）に対しては、アクワイアラへのリファンドの促しやチャージバックの要請を検討することになる。架空請求や商品が届かないインターネットショップ詐欺などの場合は、比較的明瞭に判断されやすいといえるためクレジットカード会社のチャージバックなどのキャンセル処理になじみやすい。

　一方、サクラサイト詐欺・情報商材詐欺などの役務の提供や製品の品質に関する紛争については、役務自体・商品自体は提供されているとして、イシュアがチャージバックに積極的ではない場合もみられる。決済代行業者に対しては、リファンドを求めていくことになる（詳細は第2章Ⅳ2(3)参照）。

　⑸　収納代行

　収納代行業者は、資金決済法などの特別法の対象事業者ではない。収納代行業者が違法なサイト事業者と加盟店契約等を締結している場合は、最終的には当該収納代行業者の民事責任の追及を検討すべきであるが、交渉段階では、「悪質な事業者と認められる行為が確認された場合は、消費者保護の観点から適切な措置を執る必要がある」、「実際にトラブルが発生したときは請求書発行事業者や収納代行会社の連絡先等の回答など、適切な対応をとることとし、収納代行会社と受入小売業が情報共有または協力の上、トラブルの解決・軽減に努める必要がある」などの指針が示されている、一般財団法人流通システム開発センターによる「GS1-128による標準料金代理収納ガイドライン」を根拠に、収納代行業者に対し、事業者に行った不適正な取引の決済手段に使用されている事実を通知し、同ガイドラインを根拠に適正対応や情報提供を求めたり契約見直しを促すなどの対応が考えられよう（詳細は第2章Ⅳ4(1)参照）。

　⑹　電子マネー（前払式支払手段）

　インターネット消費者取引被害において、多くみられるプリペイド型電子マネーは、資金決済法の対象たる「前払式支払手段」にあたる場合が多い（第2章Ⅳ3(2)参照）。当該電子マネー発行業者が、第三者型発行者である場

183

合、開業規制として登録制がとられているが、登録拒否理由として「前払式支払手段により購入できる物品が公の秩序又は善良の風俗を害し、又は害するおそれがあるものでないことを確保するために必要な措置を講じていない法人」とされていることを根拠として、当該電子マネー発行業者に対して必要な措置を求めたり、金融庁事務ガイドライン（第3分冊5Ⅱ-3-3）に基づいた加盟店管理を求める方法が考えられよう（詳細は第2章Ⅳ3(2)(オ)参照）。

(オ) レターパックによる送金

内国郵便約款14条[3]により、現金を送付するには一般書留で郵便局が指定した封筒を使用しなければならないとされている。ところが、保証金詐欺などにおいてレターパックが使用される事案が続いたため、現在、レターパックには「レターパックで現金は送れません」と大きく記載がされている。

このような対策がとられているにもかかわらず、現在でもインターネット取引に限らず、さまざまな詐欺事案においてレターパックによる送金の例は依然としてみられる。

レターパックが利用された場合、送り先が私書箱やレンタルオフィスであるならば、当該場所が詐欺的な手法に利用されている事実を、私書箱管理会社やレンタルオフィス業者に対して、契約者情報の提供を要請することも検討すべきであろう。また、当該事業者につき故意・過失があると思料される場合は、当該事業者に対し責任追及を行うことも検討すべきである。[4]

(3) 連絡手段の確認

インターネット消費者取引被害において、サイト事業者が利用する主な連絡手段を整理すると〈表25〉のとおりとなる。こうしたツール提供事業者については、たとえば、私設私書箱事業者、レンタル携帯電話事業者のよう

---

[3] 日本郵便株式会社「内国郵便約款」〈http://www.post.japanpost.jp/about/yakkan/1-1.pdf〉。

[4] 大分地判平成25・10・23消費者法ニュース98号192頁は、振り込め詐欺の現金送付先として指定されていた私設私書箱管理会社の代表者につき、被告が犯人とみられる男らと共謀のうえ、「組織的、継続的にいわゆる振り込め詐欺を行ってきたことは優に推認できる」として不法行為責任を認めている。

に、犯罪収益移転防止法、携帯電話不正利用防止法に基づく、厳格な本人確認義務等が課せられている場合もある。しかし、たとえば、インターネット取引において重要な役割を果たすインターネット接続やホームページの開設、Ｅメールの送受信等に関与する、ISP（プロバイダ）、サーバレンタル事業者、レジストラ[5]、リセラー[6]などはいずれの法律の対象事業者にもあたらず、法律に基づく厳格な本人確認義務は課されていない。

前述のとおり、犯罪収益移転防止法に基づく本人確認義務違反が私法上の効力に直結することはないものの、同義務違反を違法性の根拠事実の一つとして当該事業者につき不法行為の成立を認めた裁判例もみられることからすれば、ツール提供事業者がこれら法律の対象事業者か否か、同法に基づく本人確認義務違反の事実がないか否かを検討する意義があるといえる。

〈表25〉　サイト事業者が利用する主な連絡手段と関連事業者

手　段	関連事業者
居　所	私設私書箱事業者（バーチャルオフィス事業者）、電話受付代行業者（バーチャルオフィス事業者）、レンタルオフィス事業者、事務所所在地の所有者
電　話	電話会社（固定・携帯）、電話のレンタル会社
ISP	相手が利用しているISP
Webサイト	サーバのレンタル業者、レジストラ、DNS手続のリセラー
Eメール	Eメールアドレス発行会社

5　レジストラとは、メールアドレスやURLのドメインの取得、登録を行っている事業者のことである。レジストラはJPRS公認の指定事業者である。指定事業者とは、「株式会社日本レジストリサービス（JPRS）が契約に基づき認定した『ドメイン名登録申請やDNS登録申請などの取り次ぎを行う事業者』のことで、JPRSのビジネスパートナー」であると説明されている。なお、指定事業者は株式会社日本レジストリサービスHP〈http://jprs.jp/jppartners/about/〉で公開されている。
6　リセラーとは、ユーザから依頼を受け、レジストラにドメイン登録の引き継ぎを行う事業者のことである。

4　代表者・役員への責任追及

　サイト事業者等の相手方が法人である場合は、代表者・役員個人への責任追及についても検討すべきである（不法行為および会社法上の任務懈怠に基づく損害賠償請求については、第2章VII参照）。詐欺的な取引の場合、代表者・役員が行方不明であるケース、代表者・役員の資産の把握ができずに回収可能性が未知数である場合も少なくない。

　しかし、代表者・役員への責任追及を行うことによって相手へのプレッシャーとなり、早期解決につながることが期待できるから、代表者・役員への責任追及は検討する意義があるといえる。

5　スキームに着目した攻め方

　相手方たるサイト事業者の資金の流れとツール提供事業者等を把握し、これを前提として、当該サイト事業者が事業を行ううえで不可欠なツールの利用を停止させるといった、いわゆる兵糧攻めを行うアプローチである。

　たとえば、決済代行業者介在型のクレジット決済により利益を得ている場合を例にとると、決済代行業者から当該サイト事業者への資金の入金経路を止める方法である（いわゆる兵糧攻め作戦）。この点については本章IIIで詳述する。

Ⅱ 事前準備（相談・受任）

1 概　要

インターネット消費者取引被害には、前述のとおり、匿名性、証拠の偏在、証拠の改ざんおよび消去の容易性といった問題点がある。

そこで、この点を踏まえ、事件の受任に際して、留意すべき点について触れていく。

2 相談・面談における留意点

(1) 面談前に被害者に準備してもらう事項

被害者には面談時までに、①事案についての経過メモの作成（大まかな経緯がわかればよい）、②決済に関する資料の持参、③携帯電話のメール等がメモリーオーバーなどによって自動的に消去されないように設定を変更させる、④可能であれば、被害にあったサイト事業者のWebページなどの画像の保存（デジカメなどで撮影する）などを依頼する。また、相手方の事業者名、Webサイト名、手口、商品名等を初期の電話相談の段階で聴取し、当該Webサイト等につきあらかじめ情報収集を行っておくことが、迅速な対応につながる。

(2) 相手方事業者に関する事前調査

たとえば、①行政や消費者関連団体などのWebサイトからの情報収集（〈表26〉参照）、②検索サイトにおける検索、③「消費者法ニュース」などの消費者問題を専門とする法律雑誌を調査する方法などがある。

〈表26〉 代表的な行政・消費者関連団体などのWebサイト

行政・消費者関連団体	Webサイトの特徴
独立行政法人国民生活	相談事例、PIO-NETに基づく統計資料、裁判例など

センター[1]	の検索が可能である。また、相手方の商号等で検索すると、同センター紛争解決委員会によるADRの結果概要が公表されている場合がある。
消費者庁（取引対策課）[2]	特定商取引法違反、特定電子メール法違反等による消費者庁の行政処分の実施事業者名等が公表されている。
一般社団法人日本データ通信協会（迷惑メール相談センター）[3]	特定電子メール法違反による総務省の行政処分の実施状況等について検索が可能である。
東京くらしWeb（東京都）[4]	架空請求業者の商号、住所等が50音順に公表されている。
預金保険機構（振り込め詐欺救済法に基づく公告等システム）[5]	支払方法が口座振込の場合、送金先の口座を検索し、振り込め詐欺救済法に基づく手続の有無、手続の進行状況、残高等の情報を知ることができる。

　また、検索サイトにおける検索では、消費者庁や都道府県による行政処分の事実が判明したり[6]、インターネット上に同様の被害報告がなされている事実（もちろん記事の信憑性については慎重な検討が必要である）が判明することがある。しかし、Webサイト名がどこにでもあるような名称であるような場合は、検索結果のヒット数が膨大となり、どの情報が当該Webサイトに関連するものであるか判断が困難な場合がある。この場合は〈表27〉の方法

1　独立行政法人国民生活センターHP〈http://www.kokusen.go.jp/〉。
2　消費者庁HP「取引対策」〈http://www.caa.go.jp/trade/index.html〉。
3　一般社団法人日本データ通信協会「迷惑メール相談センター」〈http://www.dekyo.or.jp/soudan/index.html〉。
4　東京くらしWeb「架空請求事業者一覧」〈http://www.shouhiseikatu.metro.tokyo.jp/torihiki/kakuuichiran/gyousya.html〉。
5　預金保険機構「振り込め詐欺救済法に基づく公告等システム」〈http://furikomesagi.dic.go.jp/〉。
6　たとえば、特定商取引法の通信販売業者に対し、主務大臣が業務停止命令等の行政処分を行った場合は、その旨の公表が義務づけられている（特商法15条3項・4項など）。

によって、絞り込み検索を行うことも検討すべきであろう。

<表27> 検索サイトにおけるキーワードの絞り込み

名　称	効　果	絞り込み方法
and 検索	入力した複数のキーワードがすべて含まれたページが検索結果として表示される。	キーワードとキーワードの間にスペースを入れる。 (例：「A□B」)
or 検索	入力した複数のキーワードがいずれかが含まれたページが検索結果として表示される。	キーワードとキーワードの間に「or」を入れる。「or」と各キーワードの間にはスペースを入れる。 (例：「A□or□B」)
not 検索	入力したキーワードを含まないページが検索結果として表示される。	検索したいキーワードの後ろにスペースを一つ入れて、「-」を入力し、「-」の後ろにスペースを入れずに含めたくないキーワードを入力する。 (例：「A□-B」)
完全一致検索	語順なども完全に一致しているキーワードが存在するページのみ検索結果として表示される。類似キーワードを省きたい場合や文章などの長いキーワードを検索する場合に活用できる。	検索したいキーワードを「""」で区切る。(例：「"今日は晴れ、明日は雨"」など) しかし、完全に一致しているキーワードが存在するページのみを検索結果として表示するので、「今日は晴れ」や、「今日は晴れ明日は雨」(「、」がない)、「明日は雨、今日は晴れ」(順序が反対) などが含まれるページは検索結果として表示されない。
ファイル指定検索	入力したキーワードを含んでいる、Word ファイル、Excel ファイル、PDF ファイルな	キーワードの後ろにスペースを一つ入れて、「filetype:」を入力し、その後ろにスペースを入れずに続けて指定したいファイルの拡張子（doc、xls、

		ど、指定したファイル形式のみが検索結果として表示される。	PDFなど）を入力する。 （例：「A□filetype:doc」（Wordファイルを指定）など）
	ドメイン指定検索	入力したキーワードを含んでいる、指定したドメインをもつページのみが検索結果として表示される。	キーワードの後ろにスペースを一つ入れて、「site:」を入力し、その後ろにスペースを入れずに続けて指定したいドメインを入力する。 （例：「A□site:go.jp」（国が運営するサイトを指定）など）
	サイト内検索	サイトURLが判明している場合は、当該サイト内において指定したキーワードが含まれるページのみが検索結果として表示される。	「site:」の後にスペースを入れずに続けてサイトURLを入力し、その後にスペースを一つ入れて検索したいキーワードを入力する。 （例：「site:http://www.shiho-shoshi.or.jp/□市民」（日本司法書士会連合会のホームページ内において「市民」というキーワードを含むページを検索したい場合）など）
※上記の特殊検索は、組み合わせて使うことも可能である。たとえば、「A□B□-C」で検索すると、AB両方を含むがCは含まないページのみが検索結果として表示される。 ※検索サイトによっては「検索オプション」等のページがあり、上記と同じ特殊検索が、上記のコマンドを使わずに簡単に行うこともできる場合があるので、試されたい。			

3　相手方事業者等の特定

(1)　サイト事業者の特定

　サイト事業者のWebページから当事者を特定するにつき着目するポイントを整理すると〔図47〕のとおりとなる。サイト事業者の特定について、具

〔図47〕 典型的な Web サイトのトップ画面

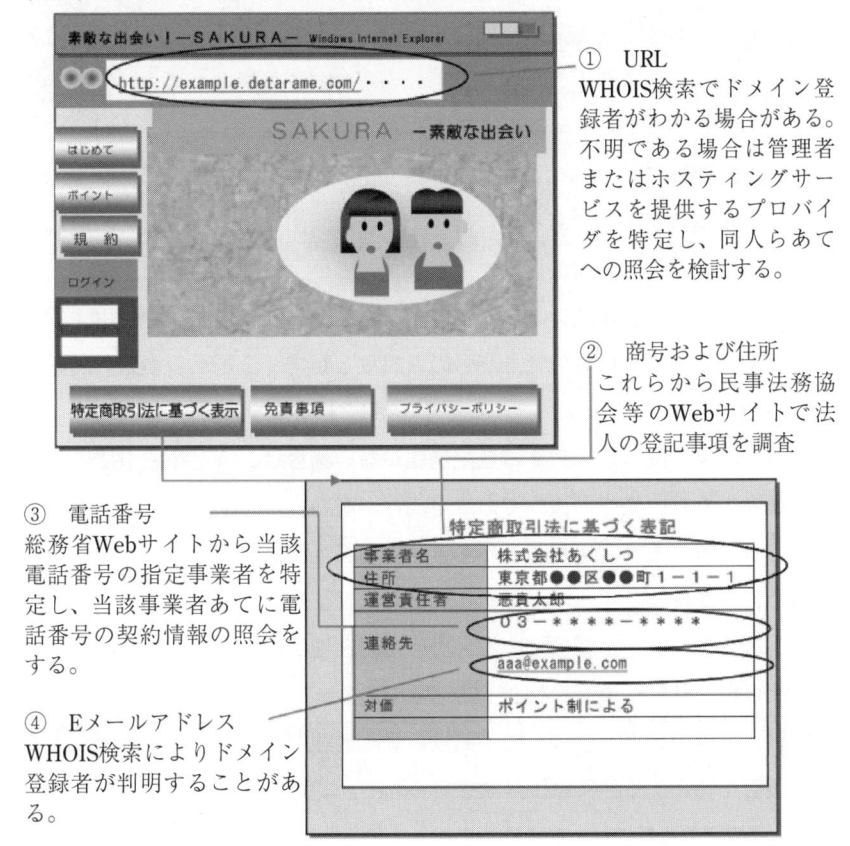

① URL
WHOIS検索でドメイン登録者がわかる場合がある。不明である場合は管理者またはホスティングサービスを提供するプロバイダを特定し、同人らあてへの照会を検討する。

② 商号および住所
これらから民事法務協会等のWebサイトで法人の登記事項を調査

③ 電話番号
総務省Webサイトから当該電話番号の指定事業者を特定し、当該事業者あてに電話番号の契約情報の照会をする。

④ Eメールアドレス
WHOIS検索によりドメイン登録者が判明することがある。

体的には、下記㋐〜㋓の方法を試みることになる。

㋐ Web サイト内の情報に基づく特定

Webサイトには、〔図47〕のように、「特定商取引法に基づく表示」や「会社概要」といったページがある場合が多い。法人の場合は、これらの表記にある商号や住所で商業登記がなされているか否かを、下記㋑の方法で調査することで、サイト事業者が登記された法人か否かを確認することができる。

ただし、通信販売における特定商取引法上表示すべき住所（特商法11条5

号、特商規8条1号）は、「法人にあっては、現に活動している住所」[7]を表示すれば足り、必ずしも登記上の本店所在地と一致しない。一致しない場合は、法人は存在するが本店所在地が別の場所である可能性と、そもそも実在しない架空の法人である可能性が考えられる。

(イ) **法務省等のシステムによる当該Webサイト事業者法人の調査**

サイト事業者が法人である場合は、①一般財団法人民事法務協会の運営するインターネット登記情報提供サービス[8]、あるいは、②法務省の運営する登記・供託オンライン申請システム「登記ねっと／供託ねっと」[9]を利用する。

上記①②のいずれにおいても商号のみ対象として「全国から検索」することが可能である（①については、平成26年2月3日から）。

検索の結果、商号が一致する登記情報がない場合は、特定商取引法上の表示は虚偽であり、架空の法人である可能性が高い。

商号が一致する登記情報がある場合は、当該登記情報の法人が、サイト事業者であるかを検証する必要がある。たとえば、登記上の目的が一致しているか、送金先口座の金融機関の本・支店の所在地が近いかなど、その他の情報と突き合わせて、慎重に検討するべきである。

なお、検索の結果、全国に同一商号の登記情報が多数存在する場合、サイト事業者を特定する作業は困難を強いられる[10]。

(ウ) **決済関与業者に対する情報開示請求**

サイト事業者は、クレジット決済代行業者、電子マネー発行業者、収納代行業者等の決済関与業者の加盟店となり、提供する役務の対価をこれらの決済関与業者を通じて受け取っている場合がある。被害者が利用した決済関与

---

[7] 消費者庁取引・物価対策課＝経済産業省商務情報政策局消費経済政策課編『特定商取引に関する法律の解説〔平成21年版〕』107頁。

[8] 登記情報提供サービスHP〈http://www1.touki.or.jp/〉。

[9] 登記・供託オンライン申請システム「登記ねっと/供託ねっと」〈http://www.touki-kyoutaku-net.moj.go.jp/index.html〉。

[10] 登記・供託オンライン申請システムでは、同一商号が300件以上存在するとエラーとなる。

業者に対して、サイト事業者の商号、住所、電話番号等の情報の開示を求めることで、相手方を特定することができる場合がある。

　ただし、決済関与業者に開示に応じる法律上の義務はなく、また、開示される情報が必ずしも相手方の特定に足る会社法上の「商号」「本店」ではないケースもある。

　㈎　**サイト事業者のWebサイトがすでに存在しない場合の調査**

　事案によっては事件受任時においては、対象となるサイト事業者のWebサイトがすでに消滅している場合がある。この場合はインターネットアーカイブに保存された情報を検索してみる方法もある。[11]

　(2)　**クレジット決済代行業者の特定**

　クレジットカード決済にクレジット決済代行業者が関与している場合、カード利用明細書の利用先欄に利用店名などが記載されず、アルファベットや数字のみが記載されることがある（たとえば、同一サクラサイトにおいて、5000円のポイントを複数回にわたり購入した場合の例として、（参考４）参照）。また、海外の決済代行業者が関与している場合、ドル建てなど外資で決済されていることがあり、この場合、備考欄などに円換算のレートが記載されて

（参考４）　カード利用明細書のイメージ

ご利用日	ご利用先など（※1）	ご利用明細 ご利用金額（円）	支払区分	備考（※2）
2013/06/06	TC　03-XXXX-XXXX	5499	1回	56.73 ESD　円換算レート　1 ESD　＝96.940000円
2013/06/06	EC-XXXX_03-XXXX-XXXX	5499	1回	56.73 ESD　円換算レート　1 ESD　＝96.940000円
2013/06/06	VC	5499	1回	56.73 ESD　円換算レート　1 ESD　＝96.940000円

　※1　利用先がアルファベットや数字。数字は連絡先電話番号の場合がある。
　※2　ドル建決済で、円換算のレートが記載されていることがある。

11　Wayback Machine <http://archive.org/index.php>。

いる。

　上記のようなカード利用明細書の表示がある場合、クレジット決済代行業者の関与が推測されるが、これらの表示だけでは、クレジット決済代行業者を特定することはできない。この場合におけるクレジット決済代行業者の特定方法としては、下記(ア)～(エ)が考えられる。

(ア)　**決済代行業者登録制度サイトから特定する**

　消費者庁のWebサイト内にある、決済代行業者の任意登録制度に基づく登録情報を調査する方法である[12]。

　各登録業者のページには、事業者名、住所、電話番号等のほか、「請求情報」が公開されている。「請求情報」とは、カード利用明細書の「ご利用先」欄などに記載される表示のことであり、当該表示から決済代行業者を特定することができる場合もある。

　なお、当該登録制度は、前述のとおり、登録は任意であり、日本国内の決済代行業者のみが対象であるため、未登録の決済代行業者や海外の決済代行業者を特定することはできない。

(イ)　**直接問い合わせて特定する**

　カード利用明細書には、英数字のほかに「電話番号」が記載されていることがある。記載された電話番号に直接問い合わせ、商号や事業所所在地を確認することでクレジット決済代行業者を特定できる場合がある。ただし、「○○センター」などと名乗り、会社名や住所などを明かさない場合もある。

(ウ)　**検索サイトで探す**

　カード利用明細書に記載された、英数字、電話番号等を検索サイトで「完全一致検索」等など検索すると、決済代行業者のWebサイトが見つかる場合がある。

(エ)　**クレジットカード会社（イシュア）に問い合わせて特定する**

　クレジットカードの利用明細書に電話番号の記載もない場合など、決済代

---

[12] 消費者庁HP「決済代行業者登録制度サイト」〈http://www.caa.go.jp/kessaidai-kou/register.html〉。

行業者を判明する手がかりがない場合は、クレジットカード会社（イシュア）に問い合わせることで特定することができる場合がある。ただし、海外の決済代行業者である場合は、イシュアからは特定不能である旨を回答されることがある。[13]

(3) 電子マネー発行業者の特定

サクラサイト詐欺などのインターネット消費者取引被害においては、電子マネーの中でも、コンビニエンスストア等で購入することができる、プリペイド方式のサーバ型電子マネーが多用されている。コンビニエンスストアでサーバ型電子マネーを購入すると、電子マネーのID等が記載された書面が発行される（(参考5) 参照）。

同書面には電子マネー発行業者の商号等の記載が義務づけられているから（資決法13条）、同書面を確認することで電子マネー発行業者の特定は可能である。

なお、仮に、同書面を紛失している場合は、サイト事業者へ利用履歴等の照会を行うことで特定に至るケースもある。

(参考5) 電子マネーの番号通知票

```
                    プリペイド番号通知票
* * * * * * * * * * * * * * * * * * * * * * * * * * * * * * *
                        ○○○○店
                     ○○○○市○○区○○町
                   発行日：2011/05/23   13:22
          商品名：○○○○      5,000円（5,000円分）
             プリペイド番号：0000000000000000
             登録有効期限：購入日の翌日より一年間有効
* * * * * * * * * * * * * * * * * * * * * * * * * * * * * * *
                                         管理番号：123456789
【ご利用方法】                    【ご利用上の注意】
 STEP1. ○○○○のロゴのあるご希望のサイトへアクセス    1. このお客様控えは、お支払いの証拠になるものですから、
 STEP2. 購入商品を決定し決済方法に○○○○を選択          厳重に保管してください。
```

---

13 もっとも、国際ブランドルールに基づき、イシュアが伝票請求（レトリバルリクエスト）を行えば、アクワイアラ加盟店たる決済代行業者の特定は必ずしも不可能ではないものと思われる。

第3章 基本方針・事前準備・立証方法

```
STEP3. 画面案内に従い16桁の○○○○IDを入力
STEP4. 購入完了

※番号はすべて半角で入力します。
 ◆○○○○の残高確認や2つ以上のIDの合算は
  ホームページから行えます。
  パソコン：http://www.××××.co.jp
  携帯電話：http://××××.co.jp
【お問い合わせ先】
  ○○○○カスタマーサポートセンター
  TEL：(ナビダイヤル) 0000-000-000
  E-mail：××××＠××××.co.jp
  【24時間／年中無休対応】
【発行元】株式会社○○○○

2. 本人の不注意によるID番号の開示、漏洩、紛失は、他人の使用につながり
   購入金額分のご利用ができなくなりますので、厳重に保管してください。
3. ○○○○有効期限は、購入日の翌日から1年間です。
4. ID番号が使用できない場合は、カスタマーサポートセンターにご連絡ください。
```

●●●●●●●●●●●●●●●●●●●●●●●●●●●●●●●●●●●●●●●
　　　　　　　　　簡単便利な電子マネー「○○○○」

「○○○○」は○○○○ロゴのあるWEBサイトや携帯サイトでいつでも簡単にお買い物、サービスの提供が受けられるプリペイドサービスです。16桁のIDはすべて数字で、IDの入力操作も他の電子マネーに比べ格段に簡単です。
ユーザー登録や会員申込など個人情報の開示が不要（一部購入方法を除く）。
安心してショッピングやサービスをお楽しみいただけます。

【ご注意】　　●ID番号の漏洩、紛失に関して一切責任を負いません。また再発行は行ないません。
　　　　　　　●商品が届かない等のトラブルは直接加盟店様へお問合せ下さい。
　　　　　　　●○○○○有効期限は購入日の翌日から1年間です。
　　　　　　　●○○○○の換金払戻しは致しません。
　　　　　　　●お客様の年齢によっては、ご利用できないサイト　コンテンツがございますので、ご注意下さい。

【お問い合わせ】■○○○○カスタマーサポート　0000-000-000（24時間365日）
　　　　　　　　e-mail：××××＠××××.co.jp
●●●●●●●●●●●●●●●●●●●●●●●●●●●●●●●●●●●●●●●

(4) コンビニ収納代行業者の特定

　コンビニ収納代行を利用して利用代金等の支払いが行われる場合、まず、Webサイト上でコンビニ収納代行業者を選択しコンビニエンスストアの端末で入力することになる番号等が発行され、その後コンビニエンスストアにおいて利用代金を支払うことになる。したがって、コンビニエンスストアにおいて利用代金を支払った際の領収証等から、コンビニ収納代行業者を特定することができる（（参考6）参照）。

Ⅱ　事前準備（相談・受任）

（参考 6 ）　コンビニ収納代行の領収証（法人契約の場合の例）

```
              取扱明細兼受領書（お客様控え）

  発券日     2012年06月10日　時間15時21分       お支払い金額
             10号　○○○○○○店                   10,000円
  予約番号              ○○○○株式会社                       ┌──────┐
  お客様氏名   ○○○○          お客様会員番号               │ 収納印 │
  お客様電話番号 03-0000-0000                                │ 必要   │
                                                            └──────┘
  お支払後の返金は当店ではお受けできません。お支払い内容に関しては下記お取引先に直接お問い合わせください。
                                                     管理番号：00000000000000000-00
      問い合わせ先　○○○○
      電話       03-0000-0000    受付時間  10:00-18:00
                 〒000-0000
                 東京都○○区○○丁目○番○号　○○○○ビル○階    この明細書は大切に保管してください。
```

(5)　電子マネー発行・コンビニ収納代行の決済代行業者の特定

　電子マネー決済の場合、電子マネー発行業者に対し、プリペイドID等を特定して利用先を照会すると、利用先として、サイト運営業者ではない会社名が開示されることがある。これは、電子マネー発行業者とサイト運営業者の間にさらに決済代行業者が介在している場合である。同様にコンビニ収納代行業者とサイト運営業者との間に決済代行業者が介在している場合もある。この場合は、コンビニエンスストアにおいて利用代金を支払った際の領収証等から決済代行業者が判明する場合がある（（参考 7 ）参照）。

（参考 7 ）　コンビニ収納代行の決済代行業者が介在する場合の領収証

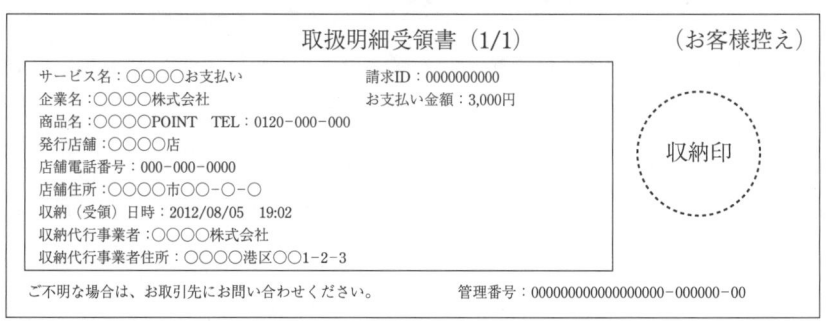

```
                 取扱明細受領書（1/1）              （お客様控え）

  サービス名：○○○○お支払い        請求ID：0000000000
  企業名：○○○○株式会社            お支払い金額：3,000円
  商品名：○○○○POINT  TEL：0120-000-000                ┌──────┐
  発行店舗：○○○○店                                    │ 収納印 │
  店舗電話番号：000-000-0000                              └──────┘
  店舗住所：○○○○市○○-○-○
  収納（受領）日時：2012/08/05  19:02
  収納代行事業者：○○○○株式会社
  収納代行事業者住所：○○○○港区○○1-2-3

  ご不明な場合は、お取引先にお問い合わせください。  管理番号：000000000000000000-000000-00
```

(6)　銀行振込決済代行業者の特定

　Webサイトの利用代金等の支払いが銀行振込みにより行われたが、口座名

197

義人がサイト運営業者と一致しない場合がある。この場合、当該口座名義人は、事業として銀行振込決済という決済サービスを提供している可能性がある。検索サイトにおいて口座名義人の商号等と「銀行振込決済」というキーワードで and 検索を行うと、銀行振込決済代行業者が判明する場合がある。

(7) レンタルサーバ等業者の特定

サイト運営業者は、Web サイトを運営するにあたり、その Web サイトのデータを自社のサーバではなく、他社のレンタルサーバ等を利用して管理している場合がある。サイト運営業者が利用しているレンタルサーバ等業者については、以下の手順により、特定できる場合がある（架空の事例で具体的な流れを紹介する）。

(ア) **サイト運営業者のホスト名（ドメイン）からサーバの IP アドレスを調べる**

IP アドレスの検索サイトで、たとえば、相手方の Web サイトの URL が「http://example.com/」である場合、当該 Web サイトのホスト名（上記 URL の「example.com」部分）を検索する。

その結果、上記ホスト名の IP アドレスが判明する。ここでは、その IP アドレスを「123.456.789.101」とする。

(イ) **IP アドレスからサーバの管理者を調べる**

次に、判明した IP アドレスを WHOIS 情報の検索サイト等で検索すると、当該 IP アドレスのブロックを管理している事業者が判明する。

さらに、当該事業者を検索サイトで検索することによりレンタルサーバ業者が判明する。

たとえば、IP アドレス「123.456.789.101」を WHOIS 検索すると、「123.456.789.101」を含む「123.456.789.10-123.456.789.201」が「rental Co.Ltd」に割りあてられていることが判明し、さらに「rental Co.Ltd」を検索サイトで検索すると、オンラインショップ運営システムを提供する「レンタルサーバ株式会社」であることが判明するということになり、よって、この Web サイトは、「レンタルサーバ株式会社」のサービスを利用して作成された Web サイトであることがわかる。

Ⅱ 事前準備（相談・受任）

(8) レンタル携帯電話会社の特定

相手方であるサイト事業者のホームページにおける、たとえば「特定商取引法に基づく表示」欄記載の電話番号、あるいは相手方からの電話に用いられた携帯電話番号につき、総務省の「電気通信番号指定状況」[14]を調査することにより、当該電話番号の通信キャリア事業者（NTT 東日本、ドコモ、KDDI、ソフトバンク等）が判明し、その後、通信キャリア事業者に対し、当該電話番号の契約者情報を照会すると、レンタル携帯電話会社が介在している事実が判明することがある。

もっとも、通信キャリア事業者は通常、弁護士会照会制度あるいは調査嘱託等によらなければ開示に応じることはない点に留意すべきである。

4 証拠の保存

(1) E メールの保存

インターネット消費者取引においては、被害者との連絡手段・勧誘手段として E メールが利用されるケースが少なくない。E メールは、ヘッダ情報から送受信の日時や送信元などを調べることが可能であり、本文には詐欺をうかがわせる文章やリンク先の URL 等の情報が載せられていることもある。このため、勧誘の端緒からの一連の E メールにおけるやりとりがすべて保存されているのであれば、当該 E メールは重要な証拠となりうる。

ところが、E メールは、データの容量などにより時間の経過とともに自動的に消去されることもあるし、場合によっては、被害者が自ら消去してしまうこともある。したがって、初回相談時において E メールの有無を確認し速やかに保存することが重要である。

(ア) パソコンの E メール

パソコンで利用しているメールアドレスを、取引をしていた Web サイトに登録していた場合、当該メールアドレスに Web サイトからの電子メール

---

14 総務省 HP「電気通信番号指定状況」〈http://www.soumu.go.jp/main_sosiki/johotsusin/top/telnumber/numbershitei.html〉。

が送信されるので、当該パソコンのハードディスクにEメールデータが保存されているはずである。仮に、使用しているパソコンのハードディスク内のEメールデータを消去したとしても、利用しているプロバイダのメールサーバにEメールのデータが残っている場合は、再受信できる可能性がある。

また、パソコンで利用しているメールアドレスをWEBメールでも受信できるように設定していた場合、WEBメールのサーバにもEメールのデータが残っている可能性がある。

Eメールのデータの存在が確認できた後は、速やかにUSBメモリなどでバックアップをとっておくとよいであろう。

(イ) **携帯電話のEメール**

携帯電話のメールアドレスをWebサイトに登録していた場合は、登録した当該メールアドレスにWebサイトからのEメールが送信されるので、携帯電話にEメールデータが保存されているはずである。なお、スマートフォンのアプリでEメールを送受信していた場合は、当該Eメールデータはアプリを使用している際の接続先のWebサーバに保存されているはずである。

携帯電話のEメールデータを消去した場合でも、携帯電話会社各社のEメールデータのバックアップサービスを利用していた場合は、復元が可能となる。なお、携帯電話とパソコンを同期させることで、携帯電話に届いたEメールをパソコンで閲覧し、プリントアウトすることができる。携帯電話とパソコンを同期させるには、各携帯電話会社の専用のアプリケーションソフトをパソコンにインストールする必要がある。

以下に各携帯電話会社のサービスをまとめたので、参考にしていただきたい。ただし、データの復元やバックアップに関しては、事前申込みが必要なサービスが多く、仮に、遡ってデータを復元できたとしても遡ることができる期間に制限があるので、相談時点では手遅れな場合もある。したがって、まずは、相談時点で以下のサービスを利用しているかを確認する。

(参考8) 携帯電話キャリア各社のサービス一覧

〔NTTドコモ〕
ケータイデータお預かりサービス〈http://www.nttdocomo.co.jp/service/safety/data_security/about/index.html〉
- 「携帯電話に保存されているデータをお預かりセンターに預けることができ、ケータイの紛失時や誤って削除した際などにデータを復元できるサービス[15]」。申込みが必要であり、サービス利用開始後のデータのうち一定件数または容量（Eメールは、最大バックアップ件数3006件、最大バックアップ容量100MB（平成26年1月31日現在））のデータを復元することができる。
- Eメールの復元ができるのはiモード携帯のみ。現時点（平成26年1月31日現在）では、スマートフォンに関してEメールのバックアップサービスはない）。

iモードアクセス履歴検索サービス〈http://www.nttdocomo.co.jp/charge/online/log/about/index.html〉
- iモードの利用内容（Webアクセス履歴・メール送信履歴・メール受信履歴・iモードフルブラウザアクセス履歴）をMy docomoを利用してパソコンから検索・閲覧することができる。申込みが必要であり、申込日から一定期間遡って閲覧することができる。
- iモード携帯のみ対応。

ドコモケータイdatalink〈http://datalink.nttdocomo.co.jp/〉
- USBケーブル（別売）でパソコンと携帯電話を接続し、携帯電話のさまざまなデータをパソコン上で閲覧・編集することができるソフト。
- FOMAのみ対応（スマートフォンは未対応）。

〔ソフトバンク〕
ソフトバンクユーティリティーソフト〈http://www.softbank.jp/mobile/support/3g/sus/〉
- USBケーブルでパソコンとケータイを接続して、さまざまなデータをパソコン上で利用できるソフト。
- スマートフォンは未対応。

(2) Webサイト画面の保存

インターネット消費者取引被害においては、Webサイト内の各ページに

15　NTTドコモHP「ケータイデータお預かりサービスとは」〈http://www.nttdocomo.co.jp/service/safety/data_security/about/〉。

表示されている情報が重要な証拠となりうる。Web サイト内の各ページには、サイト事業者の商号や名称、住所、電話番号、代表者や責任者、サービスの内容、利用代金、利用規約などの情報が表示されているからである。

しかし、被害発生後、サイト事業者が意図的に Web サイトの内容を改ざんしたり、Web サイトを閉鎖したりすることがある。したがって、初回相談時において Web サイトを特定し Web サイト内の各ページを速やかに保存することが重要である。

なお、URL 表示を欠く Web 画面は証拠として採用されない可能性もあるため、同画面の保存に際しては、URL もあわせて保存するよう注意すべきである。[16]

(ア) **Web サイト内の情報**

Web サイト内の情報を収集するには、当該 Web サイトにアクセスする必要がある。Web サイトにアクセスするためには、当該 Web サイトの URL 情報を入手しなければならない。

URL 情報の入手方法としては、検索サイトにおける検索のほか、〈表28〉の方法がある。

〈表28〉 URL 情報の入手方法と留意点

入手方法	留意点
E メール本文	Web サイトから受信した電子メールの本文に Web サイトの URL が記載されている場合、当該 URL から Web サイトにアクセスできることがある。

---

[16] 知財高判平成22・6・29裁判所 HP は、商標権に係る審決取消訴訟に関する事案であるところ、「インターネットのホームページを裁判の証拠として提出する場合には、欄外の URL がそのホームページの特定事項として重要な記載であることは訴訟実務関係者にとって常識的な事項であるから、原告の前記主張は、不自然であり、たやすく採用することができない」として、訴訟代理人がいったん、パソコンのプリント・スクリーンに取り込んで印刷したとするホームページ画面の写しを証拠として採用しなかった。

決済関与業者	Webサイトの利用代金の支払いに関してクレジット決済代行業者等の決済関与業者が介在している場合、当該決済関与業者に対して、Webサイト名、URL、サイト事業者の情報等の開示を求めることで、URLが判明し、Webサイトを特定できることがある。
パソコン・携帯電話のアクセス履歴	被害者のパソコン・携帯電話にはアクセスしたWebサイトのURLの履歴が一定期間保存されているので、当該アクセス履歴からWebサイトを特定できることがある。なお、パソコンや携帯電話内のアクセス履歴のデータを削除した場合でも、ISP、携帯電話会社によっては、過去のアクセス履歴を閲覧・開示できるサービスがある。
口コミサイト	悪質サイトの評判等をまとめたいわゆる口コミサイトで検索すると、悪質サイトのURL等の情報提供がなされている場合があり、当該URLからWebサイトにアクセスすることで、Webサイトを特定できることがある。ただし、口コミサイトは、悪質業者による自作自演の可能性もあるので、利用に関しては慎重な対応・検討が必要である。

(イ) **Webサイト情報の閲覧・保存方法**

　パソコンから当該Webサイトの閲覧が可能である場合は、当該Webサイト内の各ページをプリントアウトしPDFとして保存、または、HTML文書等を保存することで、Webサイト情報を保存することができる。PDFとしての保存は、Webサイト内で表示されたページをデジタルカメラ等で撮影するようなものであり、Webサイト自体がどのように構成されているかを把握することまではできない。一方、HTML文書等として保存した場合は、当該ページがどのように構成されているのかを知ることができる。

　Webサイトの中には、携帯電話端末のみがアクセス可能であるWebサイト（以下、「携帯専用サイト」という）も存在する。携帯専用サイトについて

は、携帯電話のディスプレイに表示された内容をデジタルカメラ等で撮影して保存する方法も考えられるが、非常に煩雑な作業を強いられることになる。

そもそも携帯専用サイトは、WebサイトへのアクセスのOS際に使用されるプログラムであるユーザーエージェントを特定のOSやブラウザに制限しているため、パソコンから閲覧することができない。

そこで、当該Webサイト閲覧する際にユーザーエージェントを変更することで、パソコンから携帯専用サイトを閲覧できる場合がある。

Webサイトの閲覧・保存用のソフトとしては、たとえば、以下のものがある（（参考9）参照）。

（参考9） Webサイトの閲覧・保存用ソフト

アドビシステム社「アクロバット」[17]
- ワード等で作成されたファイルやブラウザで表示されているWebサイトのページなどをPDFファイルに変換することができる。

紙工房Kamilabo.jp「紙copi」[18]
- ブラウザに表示されたWebサイト内のページを、ワンクリックで構成するHTMLファイルや画像等のデータごと取り込むことができる。

フェンリル株式会社「Sleipnir」（スレイプニル）[19]
- ユーザーエージェントを各ブラウザソフト、携帯電話各機種に変更することできるブラウザソフト。
---

(3) Webサイトの利用代金等に関する資料

サイト運営業者に対して支払ったWebサイトの利用代金等に関する情報は、損害額等の証拠となる。以下、Webサイトの利用代金等の決済方法ごとに、支払額を把握するための方法について紹介する。

---

[17] アドビシステム社「Adobe Acrobatファミリー」〈http://www.adobe.com/jp/products/acrobat.html〉.
[18] 紙copi HP「紙copiって？」〈http://www.kamilabo.jp/copi/index.html〉.
[19] フェンリル株式会社「プロダクト」〈http://www.fenrir-inc.com/jp/sleipnir2/〉.

㈐　銀行振込みの場合

　振込明細書の控えがあれば、振込日時、振込先、振込金額、当該 Web サイトの ID 等が判明する。紛失等の場合はこれらの情報が判明しないが、口座間送金の場合は、送金元口座がある金融機関に、これらの情報について書面による開示を求めることが可能である。

㈑　銀行振込決済代行サービスの場合

　振込先の口座名義人が、銀行振込決済代行業者である場合は、当該決済代行業者に対し、利用履歴開示請求をすることによって、利用代金に関する情報を入手できる場合がある。

㈒　クレジットカード決済の場合

　クレジット決済代行業者が介在している場合は、カード利用明細書に記載された情報から決済代行業者を特定し、当該クレジット決済代行業者に取引履歴の開示を求めることで、当該 Web サイトの利用代金に関する情報を入手できる場合がある。

㈓　電子マネー決済の場合

　電子マネーを購入した際の領収証や利用明細書がある場合は、これら書面によって支払額と電子マネー発行業者が判明し、当該電子マネー発行業者に、同書面に記載された ID 番号等を明示したうえで、利用履歴を照会することにより、利用サイト名、利用金額、利用日時が判明する場合がある。なお、被害者がこれら書面を紛失している場合は、電子マネーは無記名であり、ID ごとに利用履歴が紐づけされているにすぎないから、電子マネー発行業者においても、個々の被害者ごとの利用履歴の把握は困難である。

　この場合は、サイト事業者に対し、受任通知において利用履歴の開示を求めることで、電子マネー決済の利用履歴が判明する場合もある。

㈔　コンビニ決済の場合

　コンビニエンスストアで支払いを行った際の領収証や利用明細書が残されている場合は、領収書等から、支払額とコンビニ収納代行業者が判明する。そこで、同書面に記載された ID 番号等を明示したうえで、当該コンビニ収

納代行業者に対し利用履歴を照会することにより、利用サイト名、利用金額、利用日時が判明する場合がある。

5 受任通知送付の方針

(1) 受任通知送付のタイミング

サイト事業者に受任通知を送付すると、Web サイトが閉鎖されたり、被害者が強制的に退会させられ、Web サイト内の会員専用ページ等にログインできなくなることもあるの。したがって、受任通知は、可能な限りの情報収集と証拠の保全を行ったうえで送付すべきであろう。また、振り込め詐欺救済法に基づく口座凍結要請を行う場合は、同凍結要請を先行させたうえで、受任通知の送付を行うべきである。

(2) 受任通知送付の方法

後の訴訟に備えて、取消権や抗弁権の接続に関する主張などの意思表示が到達したことを証拠として残しておく必要がある場合は、配達照明付き内容証明郵便により受任通知を送付する必要がある。しかし、そのような必要性がない場合であり、かつ、被害者が多数の Web サイトを利用している場合、決済関与業者が多数介在している場合などは、すべて配達照明付き内容証明郵便で受任通知を送付すると多額の費用がかかるため、被害者に費用を確認したうえで、送付方法を検討する必要があろう。

なお、相手方の住所が判明せず、メールアドレスやファクシミリ番号しかわからない場合は、ひとまず E メールやファクシミリで受任通知を送信し、必要に応じて相手方に住所の開示を求めることになる。

Ⅲ 民事保全法による債権・証拠保全──仮差押え

1 概　要

　仮差押命令は、金銭の支払いを目的とする債権について、強制執行をすることができなくなるおそれがあるとき、または、強制執行をするのに著しい困難を生ずるおそれがあるときに発令される（民保法20条1項）。
　インターネット消費者取引被害事件において仮差押命令の申立てを行う意義は、債権保全という本来的な意義に加え、サイト事業者が利用している金融機関の口座に金銭が入金されない状態に追い込むことで（いわゆる「兵糧攻め」）、和解交渉を進め、早期の被害回復を図るという意義もある。
　したがって、本案訴訟を提起する前に仮差押命令の申立てをも行うか否かを検討する必要がある。

2　仮差押命令申立て

(1)　仮差押命令申立ての要否の検討

　インターネット消費者取引被害において代金等の支払いが銀行振込みにより行われた場合、振り込め詐欺救済法に基づく口座凍結要請を行うことで、迅速な口座凍結に至り、その結果、和解交渉によって被害回復を図ったり、あるいは分配金を受けることにより訴訟提起を行わずとも被害回復を図ることができる場合がある。
　ただし、口座凍結前に預金が引き出されていて残高が僅少であったり、被害者が多くて分配金が僅少であるなど、これらが不奏功に終わることも少なくない。
　インターネット消費者取引においては、銀行振込みだけなく、クレジット決済や電子マネー決済などの多様な決済方法が用いられている。そこで、各決済関与業者からサイト事業者に対して継続的に支払われる各種の決済方法

に基づく売上金の仮差押えも検討する意義がある。

　以上からすれば、ⓒサイト事業者に対する支払いが預金振込口座への振込みによる場合は、ⓐ振り込め詐欺救済法に基づく口座凍結要請を検討し、ⓑその後のWebサイト業者との交渉、口座凍結対象口座の預金残高から仮差押えの実益があると思料される場合は、疎明資料の有無、保証金の準備を検討したうえで仮差押えを検討する、②銀行振込み等以外の決済方法を用いており、当該サイト事業者が事業を継続している場合は、当該決済手段に基づく決済関連業者からサイト事業者に支払われる債権を対象として仮差押えを検討することになろう。

(2) 被保全権利・保全の必要性の疎明

　仮差押命令の申立ては、その趣旨並びに保全すべき権利または権利関係（被保全権利）および保全の必要性を明らかにして、これをしなければならず（民保法13条1項）、被保全権利および保全の必要性を疎明しなければならない（同条2項）。

　たとえば、サクラサイト詐欺の場合、保全の必要性については、当該サイト事会社が、バーチャルオフィスが利用されていること、新規サイトの開設と閉鎖を繰り返していること、振り込め詐欺救済法に基づいて凍結された預金口座の残高が僅少であること、サイト事業者が法人である場合は設立間もない事実、資本金が僅少である事実等によって、その疎明は比較的容易であると考えられる。

　被保全権利の疎明については、サクラサイト詐欺の場合、不法行為に基づく損害賠償請求権を被保全権利と構成することになるが、この場合、「サクラを用いて金銭を詐取した」という事実を疎明することになる。疎明資料としては、Eメール、Webサイト内の各ページの情報など詐欺の態様等がわかる資料、振込明細書やコンビニ収納代行などの領収証等損害額に関する資料を提出することになる。疎明資料が多数ある場合は、申立書に行為態様等をより具体的に起案することができ、個々の疎明資料と結びつけやすい。

　なお、疎明資料が少ない場合は、詐欺の態様等は被害者の記憶に基づいて

起案することになり、疎明が困難な場合がある。しかし、サクラサイト詐欺の場合は、サクラの名前や手口が同じであることも少なくないので、複数の被害者が存在する場合は、共同で申立てを行うなどの工夫により、疎明資料を補い合う方法も考えられる。

(3) 保証金と法律扶助の利用

民事保全法上、保全命令は、担保を立てさせて、もしくは相当と認める一定の期間内に担保を立てることを保全執行の実施の条件として、または担保を立てさせないで発することができる（民保法14条1項）とされているが、実務では「ほぼ全件において担保を立てさせて発令する取扱いであり担保を保全執行の条件として発令される例はほとんど見られ」ず、「また、無担保で発令される例も極めて少ない[1]」のが実情である。

担保額は、「①保全命令の種類、②保全目的物の種類・価額、③被保全権利の種類・価額、④債務者の職業・財産・信用状態その他の具体的事情に即した予想損害、⑤被保全権利や保全の必要性の疎明の程度等が総合的に考慮され[2]」決定される。実務では、サクラサイト詐欺事件で、サイト事業者に対する不法行為に基づく損害賠償請求権を被保全権利として、サイト事業者がクレジット決済代行業者に対して有する6カ月間の売上金引渡請求権を仮差押えの目的物とした事案において、請求債権額の2割の保証金を担保として提供するよう命じられるといったこともある。

なお、被害者の資力等によっては、担保として提供させられる保証金の準備が困難であることもあろう。この場合は、被害者が日本司法支援センター（以下、「法テラス」という）による法律扶助の利用が可能である場合は、民事法律扶助により、保証金についての援助を受けることができる場合もある。

この場合の流れは〔図48〕のとおりである。

(4) 仮差押対象財産の調査

仮差押債権については、銀行口座、各決済関与業者の売上金、不動産など

---

[1] 東京地裁保全研究会編『書式　民事保全の実務〔全訂五版〕』212頁。
[2] 東京地裁保全研究会編著『民事保全の実務(下)〔新版増補〕』(Q86)。

〔図48〕 法律扶助を利用した立担保手続の流れ
◎立担保手続

①法律扶助援助申込みをする。

⬇

②法テラスより「上申書」「民事法律扶助の援助開始決定をした証明書」「支払保証委託契約による立担保の許可申請」を取り寄せ、仮差押命令申立書とともに裁判所へ提出する。

⬇

③裁判所より「申請許可書」を受領し、法テラスへ提出する。

⬇

④法テラスより「支払保証委託契約書」を受領し、裁判所へ提出する。

⬇

⑤仮差押決定

◎終了後の手続（支払保証委託契約の取消し）

①法テラスより「委任状」を取り寄せ、担保取消申立書とともに裁判所へ提出する。

⬇

②担保取消決定

⬇

③法テラスより「支払保証委託契約原因消滅証明申請書」を取り寄せ（実際には「委任状」と同時に受領する）、裁判所へ提出する。

⬇

④裁判所より「支払保証委託契約原因消滅証明書」を受領し、担保取消決定書（写し）、担保取消申立書（写し）とともに法テラスへ提出する。

が考えられる。仮差押対象財産については、たとえば、〈表29〉の方法によって検討する。

〈表29〉 仮差押対象財産の調査対象と留意点

調査対象	留意点
被害者の手持ち資料	振込明細書から当該預金口座、クレジットカードの利用明細書から当該クレジット決済代行業者、電子マネーの領収証から当該電子マネー発行業者が、コンビニ決済の領収証から当該コンビニ収納代行業者が判明する。
相手方のWebサイトの利用代金の支払方法のページ	当該Webサイトにアクセスすることにより、介在するクレジット決済代行業者、コンビニ収納代行業者、電子マネー発行業者、預金口座等が判明する。仮に当該Webサイトが閉鎖されている場合でも、同一運営会社の別サイトの有無を調査し、別サイトが存在する場合、利用代金支払方法を調査することで、取引が継続している決済関与業者等が判明する可能性がある。

(5) 仮差押対象財産の選択

　預金債権に関しては、残高が僅少であるなど仮差押えが空振りに終わるリスクもある。なお、対象口座がすでに振り込め詐欺救済法に基づく口座凍結がされている場合もある。この場合、凍結口座が債権消滅公告期間中、債権消滅手続は終了し、支払手続には移行しないが、口座凍結は引き続き行われるのが実務上の取扱いである。

　そこで、この場合、当該口座に多額の預金が存在するのであれば、預金債権を仮差押えすることにより、他の差押債権者と競合しなければ、仮差押えが奏功する可能性もある。

　その他の決済方法に関する売上金は、各決済関与業者からサイト事業者に

継続的に支払われる継続的給付であるため、第三債務者である決済関与業者に仮差押命令が送達された日以降、数カ月間にわたって仮に差し押さえることも可能であろう（民保法50条5項、民執法151条）。

なお、被害にあったWebサイトが閉鎖されているなどの事案においては、各決済関与業者とサイト事業者の取引関係が終了しているなど、仮差押え不奏功に終わる可能性もあるが、同一事業者の別サイトが存在する場合は、当該Webサイトにおいて取引関係を継続させている決済関与業者の売上金の仮差押えも検討する余地があろう。

(6) 仮差押債権目録

仮差押債権目録の作成において、預金債権以外の債権を仮差押えする場合、各決済関与業者の継続的な売上金に関する仮差押債権目録を作成することとなる。以下で、紹介する。。

【書式1】 仮差押債権目録の記載例(1)――クレジット決済代行業者から支払われる売上金を仮差押えする場合

仮差押債権目録

金○○万円

　ただし，債務者が第三債務者に対して有する，本決定送達日以降平成○○年○○月○○日までに支払期の到来する，下記債権（複数の請求権があるときは下記記載の順序による）にして，支払期の早いものから，頭書金額に満つるまで。

1　売上金引渡請求権

　　債務者と第三債務者との間の継続的な加盟店契約に基づき，債務者が運営するWebサイトに連動している第三債務者のWebサイトにクレジットカード番号等を入力した者に対して，決済代行業者である第三債務者を通じて商品・権利の販売又は役務の提供（信用販売）をしたことにより取得した債権を，信用販売の買主に代わって，買主が会員となっているイシュア側カード会社が，第三債務者が加盟店開拓等の業務を代行しているアクワイアラ側カード会社を通じて第三者債務者に立替払いすることにより第三債務者が取得した売上金を債務者に引き渡すことを合意したことによる，債務者が第三債務者に対して有する決済代行サービス契約に基づく売上金引渡請求権

2　債権譲渡代金支払請求権

　債務者と第三債務者との間の継続的な加盟店契約に基づき，債務者が運営するWebサイトに連動している第三債務者のWebサイトにクレジットカード番号等を入力した者に対して，決済代行業者である第三債務者を通じて商品・権利の販売又は役務の提供（信用販売）をしたことにより取得した債権を，第三債務者に譲渡したことによる，債務者が第三債務者に対して有する債権譲渡の代金支払請求権

以上

【書式2】　仮差押債権目録の記載例(2)——銀行振込決済代行業者から支払われる売上金を仮差押えする場合

仮差押債権目録

金○○万円

　ただし，債務者が第三債務者に対して有する，本決定送達日以降平成○○年○○月○○日までに支払期の到来する，下記債権にして，支払期の早いものから，頭書金額に満つるまで。

記

売上預り金支払請求権

　債務者と第三債務者との間の銀行振込決済代行サービス契約に基づき，債務者が運営するWebサイトの利用者が利用代金を第三債務者名義の預金口座に送金し，第三債務者が預かったことによる，債務者の第三債務者に対して有する売上預り金支払請求権

以上

【書式3】　仮差押債権目録の記載例(3)——コンビニ収納代行業者の売上金の取得代行等を行う事業者から支払われる売上金を仮差押えする場合

仮差押債権目録

金○○万円

　ただし，債務者が第三債務者に対して有する，本決定送達日以降平成○○年○○月○○日までに支払期の到来する，下記債権にして，支払期の早いものから，

第3章 基本方針・事前準備・立証方法

頭書金額に満つるまで。

記

売上代金支払請求権
　債務者と第三債務者との間の継続的な加盟店契約に基づき，債務者の運営するWebサイトの利用者が，第三債務者が同利用者に対して発行した電子的価値によって債務者が提供する役務の対価を支払うことにより，債務者が第三債務者に対して有する売上代金支払請求権

以上

【書式4】　仮差押債権目録の記載例(4)——前払式支払手段（電子マネー）の決済代行業者から支払われる売上金を仮差押えする場合

仮差押債権目録

金○○万円
　ただし，債務者が第三債務者に対して有する，本決定送達日以降平成○○年○○月○○日までに支払期の到来する，下記債権（複数の請求権があるときは下記記載の順序による）にして，支払期の早いものから，頭書金額に満つるまで。

記

第三者型前払式支払手段の決済代行にかかる売上金支払請求権
　債務者と決済代行業者である第三債務者との間の継続的な第三者型前払式支払手段（電子マネー）決済代行サービス契約に基づき第三債務者が取得した売上金を第三債務者が債権者に支払うことを合意したことによる売上金支払請求権

以上

214

Ⅳ 民事訴訟法による証拠収集

1 訴え提起前の証拠収集処分

(1) 概　要

民事訴訟法に基づき訴え提起前に証拠収集を行う方法として、訴え提起前の証拠収集処分（民訴法132条の4）がある（〈表30〉参照）。

〈表30〉 訴え提起前の証拠収集処分（概要）

申立適格	訴訟予告通知（民訴法132条の2）をした場合
申立期間	予告通知がされた日から4カ月の不変期間内
管　轄	申立人もしくは相手方の普通裁判籍の所在地等を管轄する地方裁判所
ポイント	申立人がこれを自ら収集することが困難であると認められるときに、相手の意見を聴いたうえで判断する
裁判所のすることができる処分	①文書の送付嘱託、②官公署等の団体に対する調査の嘱託、③専門的な知識経験を有する者にその専門的な知識経験に基づく意見の陳述を嘱託すること、④執行官に対し、物の形状、占有関係その他の現況について調査を命ずること

(2) 活用方法

訴え提起前の証拠収集処分手続の活用方法としては、独立行政法人国民生活センターに対するPIO-NET情報の調査嘱託などが考えられる。すなわち、訴え提起後に調査嘱託の申立てを行う場合は、同情報が開示された結果、仮に当該サイト事業者に対する相談件数が思いのほか少ない場合や相談が寄せられていないという結果であるなど、かかる事実が被害者にとって不

215

利益な結果であっても、裁判官の事実認定の対象とならざるを得ない。

一方、訴え提起前の証拠収集処分手続によってPIO-NET情報を入手した場合は、その結果に応じて、証拠として提出すべきか否かを選択することが可能だからである。

2 文書提出命令

(1) 意 義

文書提出命令とは、立証責任を負う者が自信が所持しない文書について、提出義務者にその提出を命ずることを裁判所に申し立て、理由があると認められたときに決定で命じられる（民訴法223条）。文書の所持者がその命令に従わない場合は、提出義務を負う者が当事者であれば、〈表31〉のようなペナルティがあるし（同法224条）、提出義務を負う者が第三者であれば過料の対象となるなど（同法225条）、その効果は強力である。このため偏在する証拠を獲得する手段として、ないしは滅失等させている場合であっても立証上の効果に結びつけるという観点からも重要な手段であるといえる。

〈表31〉 民事訴訟法224条の効果

文書提出義務を負う当事者	相手方（申立人）	裁判所
①文書提出命令に従わないとき（1項）		「当該文書の記載」に関する相手方の主張を真実と認めることができる。
②相手方の使用を妨げる目的で提出義務のある文書を滅失させ、その他これを使用することができないようにしたとき（2項）		
①あるいは②の場合	ⓐ当該文書の記載に関して具体的な主張をすること、ⓑ当該文書により証明すべき事実を他の証拠により証明することが著しく困難であるとき（3項）	「その事実」に関する相手方の主張を真実と認めることができる。

(2) 文書の存在

文書の存在については、文書提出命令の当事者であるサイト事業者からは「データは消去した」などの主張がなされる場合も少なくない。この場合、当該文書がWebサイトのしくみから重要であること等の事実に加え、当該文書が法律上作成および保存が義務づけられている文書に該当することが認められれば、当該文書の存在が事実上推定されることになろう（たとえば、「会計帳簿」につき、サイト事業者が法人であれば法人税法に基づき作成・保存義務がある）。

(3) 証拠調べの必要性

特にインターネット詐欺事件においては、システムが複雑であったり、Webサービスの内容がわかりづらい場合も少なくない。そこで、この場合は、サイトのしくみを図示した書類（たとえば、契約締結から役務提供までの流れ、金銭の流れなどを記載したもの）を添付するなどして、当該文書の立証上の位置づけが明確になるような工夫をすべきである。

なお、証拠調べの必要性がないことを理由に文書提出命令の申立てを却下した決定に対しては、独立に不服申立てができない点に注意が必要である[1]。

(4) 民事訴訟法に基づく文書提出義務の根拠

インターネット詐欺事件においては、当該Webサイトの運営側に偏在する内部資料を文書提出命令申立ての対象文書とする場合が少なくない。このようなケースにおいて争点となりうるのは、たとえば以下の点である（第4章Ⅰ3(1)(ウ)参照）。

(ア) 「技術又は職業の秘密」該当性（民訴法220条4号ハ）

「技術又は職業の秘密」（民訴法197条3号）とは、「その事項が公開されると、当該技術の有する社会的価値が下落し、これによる活動が困難になるもの又は当該職業に深刻な影響を与え、以後その遂行が困難になるものをいう[2]」と解されている。

---

1 最決平成12・3・10民集54巻3号1073頁。
2 前掲（注28）最決平成12・3・10。

(イ) **自己利用文書該当性**（民訴法220条4号ニ）

判例では、自己利用文書該当性につき、①内部文書性、②不利益性、③特段の事情の不存在の三つの要素を満たす場合は、「自己利用文書」に該当するとの基準が示されている。[3]

(5) **会社法に基づく文書提出命令**

サイト事業者が法人である場合、サイト事業者は、法人税法に基づく会計帳簿の作成および保存義務が課されており、会計帳簿には「売上」として、取引の年月日、売上先を記載することとされていることからすれば（法人税法126条、法人税法施行規則54条、別表21⑾など）、仮にWebサイト上のデータが消去されているとしても、同帳簿が保管され、同帳簿には、登録会員ごとの売上および取引年月日（すなわちポイントの購入履歴と記載事項は一致する）が記載されていなければ同法違反となる。

そこで、上記法人税法に基づく帳簿（正確にいえば補助記入帳の売上帳にあたる部分）につき、同帳簿は会社法432条の「会計帳簿」であるとして、同法434条を根拠として文書提出命令の申立てを行う方法が考えられる。

なお、会社法432条に基づく文書提出命令については、「民事訴訟法上の書証に関する一般原則に対する特則を定めるものである」、「会計帳簿については、書証一般の提出義務に関する民事訴訟法220条所定の要件を要しないで、裁判所はその提出を命じることができる」などと解されている。[4]

---

3 最決平成11・11・12民集53巻8号1787頁。
4 奥島孝康ほか『新基本法コンメンタール会社法2』346頁ほか。

第4章

類型別被害救済の実務と書式

Ⅰ　サクラサイト詐欺
Ⅱ　アダルトサイト詐欺（架空請求詐欺）
Ⅲ　ドロップシッピング等の在宅ワーク詐欺
Ⅳ　インターネットショップに関するトラブル
Ⅴ　占いサイトに関するトラブル
Ⅵ　未成年者による親権者のクレジットカード不正利用
Ⅶ　オンラインゲームに関するトラブル

Ⅰ　サクラサイト詐欺

1　事案の特徴

　「サクラサイト」とは、「サイト業者に雇われた"サクラ"が異性、芸能人、社長、弁護士、占い師などのキャラクターになりすまして、消費者のさまざまな気持を利用し、サイトに誘導し、メール交換等の有料サービスを利用させ、その度に支払いを続けさせるサイト」[1]などと定義づけられており、主に「出会い系サイト」の体裁をとることが多い。したがって、Webサイトの運営につき、①他人間の通信の媒介を行うことを業とするとして電気通信事業法に基づく届出、②異性間の出会いの場を提供するとして出会い系サイト規制法に基づく届出などを行い、③自らを特定商取引法に基づく「通信販売」の役務提供事業者であるとして、Webには同法に基づく表示をしている場合が多い。その典型的なシステムは〔図49〕のとおりである。

　登録した会員はメッセージの送受信を行うためにあらかじめポイントをサイト業者から購入する必要があり、メッセージの都度ポイントを費消する。

　近年の主な手口は、たとえば、①芸能人のマネージャーや出会いを求めている異性等を装ってSNSのメッセージ機能によるメッセージやEメールを消費者に送り付け、数回メッセージの交換を続けた後、「今使っているスマホは元彼のだから返さなければならなくなった」、「相談にのってくれるならブログに招待する」などとさまざまな理由をつけ、消費者を誘導して最終的に出会い系サイト等へ会員登録させる、②当該Webサイトにおける会員間のメッセージの送受信は当初は無料であり、被害者は芸能人を名乗る者等特定の人物（サクラ）とメッセージの交換を繰り返す、③ある程度のメッセージの交換後、メッセージの送受信が有料に切り替わる、④相手方からは「現

---

[1] 独立行政法人国民生活センターHP「詐欺的"サクラサイト商法"トラブルについて」〈http://www.kokusen.go.jp/soudan_now/data/sakurasite.html〉。

Ⅰ　サクラサイト詐欺

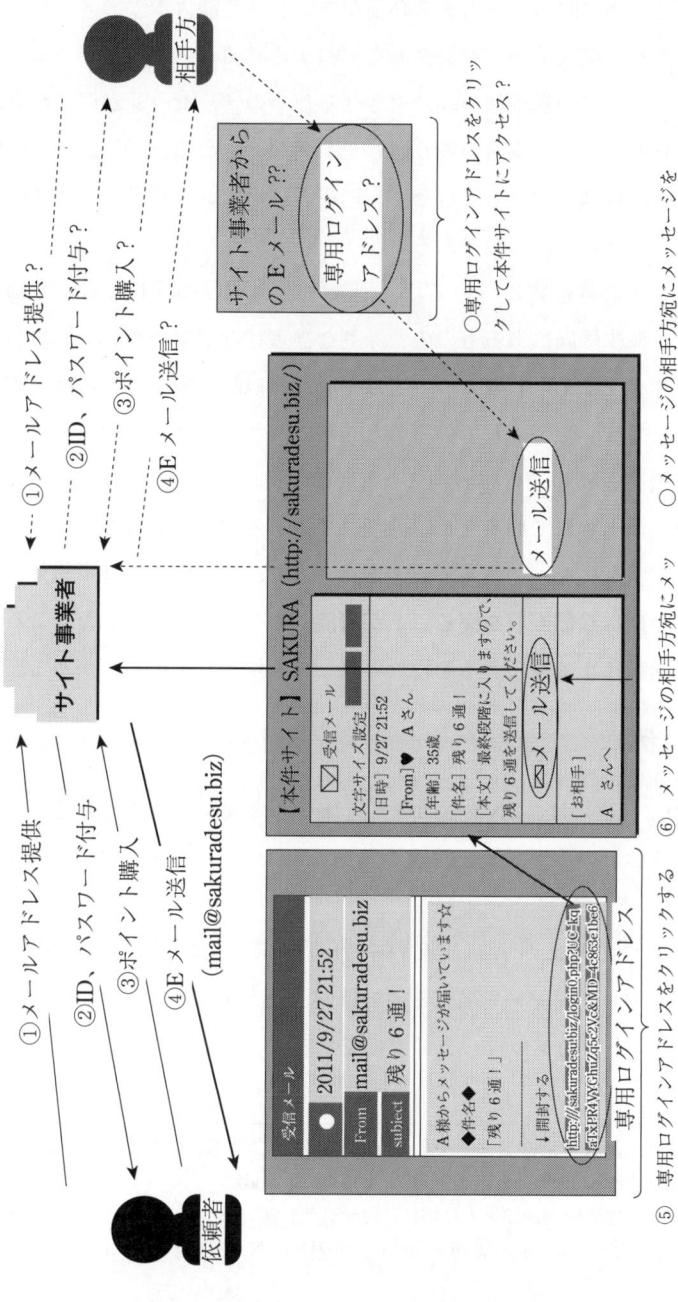

[図49]　典型的なサクラサイトのしくみ

① メールアドレス提供
② ID、パスワード付与
③ ポイント購入
④ E メール送信
(mail@sakuradesu.biz)

依頼者 → サイト事業者

サイト事業者 → 相手方
① メールアドレス提供？
② ID、パスワード？
③ ポイント購入？
④ E メール送信？

サイト事業者からのEメール？
専用ログインアドレス？？

○専用ログインアドレスをクリックして本件サイトにアクセス？

【本件サイト】SAKURA（http://sakuradesu.biz/）
受信メール
文字サイズ設定
[日時] 9/27 21:52
[From] ♥ Aさん
[年齢] 35歳
[件名] 残り6通！
[本文] 最終段階に入りますので、残り6通を送信してください。
[お相手]
Aさんへ
□メール送信

○メッセージの相手方にメッセージを送信
⇒規約所定のポイントを使用

受信メール
2011/9/27 21:52
From mail@sakuradesu.biz
subject 残り6通！
A様からメッセージが届いています☆
◆件名：
◆残り6通！
↓開封する
専用ログインアドレス
http://sakuradesu.biz/26gm0Dph52yG=kca
6r3xPrAnVGmz2t52y&MD※E8&5e21※F

⑤ 専用ログインアドレスをクリックすると、被告会社を運営事業者とする本件サイト（http://sakuradesu.biz/）のメッセージ画面にアクセス
⇒ メッセージの内容全文を確認。

⑥ メッセージの相手方にメッセージを送信
⇒ 規約所定のポイントを使用

221

金を譲渡するために暗号を入力する必要がある」、「芸能人本人のメールアドレスを得るために個人情報プロテクトを解除する必要がある」などさまざまな名目でメッセージの送受信を繰り返させるためのメッセージが届くため、消費者はメッセージの送受信の繰り返しを余儀なくされる、⑤しかし、結局メッセージの内容はいずれも実現せず、消費者はポイント料名目で多額の金銭を詐取されるといったものである。

　サクラサイト詐欺被害については、相談件数はPIO-NETにおいてはピーク時に比べ減少傾向にあるものの[2]、深刻な被害状況が解消されているわけではない。サクラサイト詐欺については平成25年以降、警察による積極的な摘発が行われて広く報道されていること[3]、平成25年6月19日、東京高等裁判所において被害者側の逆転勝訴判決（東京高判平成25・6・19消費者法ニュース97号383頁）が出されているなど、徐々にではあるが被害者にとって追い風が吹いている状況になっているといえる。一方で、数年前までは訴訟外において比較的短期に満額回収を図ることが可能である場合もみられたところ、近年は訴え提起にまで至らざるを得ないケースも増加している感がある。

2　事　例

　A（30歳代、女性）は、SNSを通じて見知らぬ人物から「ある芸能人のマネージャーをしているが、彼を助けてやってほしい」とのメッセージを受け取った。

　その後、いつの間にかAは出会い系サイトYに登録している状態となり、引き続きマネージャーを名乗る者のほか、有名男性グループのメンバーZを名乗る者などともメッセージの交換をするようになった。さらに、芸能

---

[2]　独立行政法人国民生活センターHP「2012年度のPIO-NETにみる消費生活相談の概要」〈http://www.kokusen.go.jp/pdf/n-20130801_2.pdf〉。
[3]　日本経済新聞電子版（2013年1月16日）「『サクラ』使い出会い系サイト勧誘　容疑の7人逮捕」〈http://www.nikkei.com/article/DGXNASDG1505F_W3A110C1CC0000/〉。

プロダクションの社長を名乗る人物からは「謝礼として2000万円を譲渡したい」旨のメッセージまで届くようになった。Aは、Zとも会いたいし、謝礼も受け取りたかったため、同人らとメッセージを継続した。メッセージを送信するためにはポイントが必要であるため、Aはクレジットカード、電子マネー、コンビニ収納代行、Yの指定預金口座（口座名義人は合同会社Q）への振込みを利用し、多額のポイントを購入した。しかし、一向にZとも会えなければ、謝礼金も受けとることができなかった。

3 検討課題

検討課題	ポイント
(1) サイト事業者に対する請求（不法行為構成）	サクラを用いていた事実（違法性）の立証および因果関係の立証をいかに行うか。
(2) 決済方法ごとの対応	銀行振込み、クレジットカード決済、電子マネー、コンビニ収納代行など各決済ごとに、いかなる主張に基づき、どのような対応をとるべきか。
(3) サイト事業者以外の者に対する請求	サイト事業者は早期に行方をくらます場合もあることから、この場合、決済代行業者等の関連する第三者に対する請求についてはどのような法律構成が考えられるか。

(1) サイト事業者に対する請求（不法行為構成）

(ア) 概　要

　サイト事業者に対する訴訟物は、不法行為に基づく損害賠償請求と構成するのが一般的である。この場合、訴訟において主に問題となるのは①違法性の立証（サクラの立証）および②行為と損害との因果関係である。

　上記①については、ⓐどのような事実があれば依頼者のメッセージの相手方となった会員がサクラであると認定されるに足るのか、ⓑたとえば会員

A、B、Cというように複数の会員とメッセージのやりとりをしていた場合、個々の会員につきサクラであることの立証が必要かといった問題である。

　上記②については、当該Webサイトにおいて依頼者が購入したポイント料相当額については、クレジット利用明細、振込伝票等、あるいはサイト事業者から徴求したポイント購入履歴等によって比較的容易に客観的な書証の準備が可能である。しかし、不法行為構成における因果関係を厳格に解せば、個々のポイント費消のうち、サクラとのやりとり等に費消されたものは因果関係のある損害と認められるが、サクラではない会員とのやりとりにかかるポイント費消については損害とは認めらないと判断される余地もあるため、相当因果関係の具体性の程度が問題となる。

(イ)　**サクラであることの立証**

　周辺から取得する書証を基に事実上の推定をはたらかせるアプローチとサイト事業者の内部に着目したアプローチの二つが考えられる。

　(A)　周辺から取得する書証を基に事実上の推定をはたらかせるアプローチ

　この方法は、①メールの内容が現実離れしていたり、あえて対価を支払ってまで送信するとは通常考えられない内容である事実、②ポイント購入による収益は結局、サイト事業者に帰することになる事実、③メッセージの相手方が女子アナや芸能人である場合は所属のテレビ局や芸能事務所に照会をかけた結果、これらの者が当該Webサイトを利用していない旨の回答があった事実、④独立行政法人国民生活センターに対する調査嘱託等によって、当該Webサイトに関するPIO-NET情報から、同様の被害事例が寄せられている事実等、いわば相談者（被害者）サイドで収集可能な書証をベースに、メッセージの相手方となった会員がサクラであることを事実上推定させるアプローチである。

　たとえば、さいたま地越谷支判平成23・8・8消費者法ニュース89号231頁は、主に、このようなアプローチが功を奏して、当該サイト事業者のサクラ行為を認定したうえで、サイト事業者およびその代表者個人につき共同不法行為の成立を認めた裁判例として参考になる。[4]

なお、この立証方法に対しては、サイト事業者側からは「原告の推論の積み重ねにすぎない」などの反論がなされる場合がみられる。

そこで、下記(B)のとおりサイト事業者の内部に着目したアプローチを検討する意義がある。

　(B)　サイト事業者の内部に着目したアプローチ

サクラサイト（出会い系サイト）のしくみは、①会員登録することで本件サイトを通じて他の会員とメッセージのやりとりが可能となる、②会員登録後は、会員のメールアドレスあてにサイト事業者が他の会員からメッセージが届いている旨等のEメールを送信する、③会員登録が済むと、各会員ごとにID、専用ログインアドレスが付与される、④会員間でメッセージのやりとりをするためにはポイントを購入する必要がある、⑤購入したポイントは各会員ごとに管理され、メッセージの送受信が行われると所定のポイント数が消費され、当該会員の残ポイント数が減少するし、新たにポイントを購入すれば残ポイント数が増加するといったシステムである（多くのWebサイトは、一送受信あたり500円程度のポイントを消費する）。

このようなWebサイトを運営するには、Webサイト内の会員がすべて登録会員であるならば、サイト事業者は、会員ごとにID、専用ログインアドレス、メールアドレス、ポイントの購入および利用履歴を作成、保存しなければならない。

また、Webサイトがすでに閉鎖されているような場合、これらWebサイト上のデータはすでに消去されたなどとサイト事業者から主張されることがあるが、主張の信憑性はさておき、そのような場合であっても、ポイント購

4　前掲さいたま地越谷支判平成23・8・8がサクラであると認定した主な根拠は、①PIO-NET情報の存在、②アルバイトのサクラを利用した詐欺が刑事事件になった同様事例の存在、③経験則（サイトを通じてメールの交換をすればするほどサイト業者が利益を得られる。直接メールのやりとりができるサイトなのだから、サイト利用者は直接メールのやりとりをするようになれば、ポイント料がかからないですむから、そうするのが自然である）、④直接Eメール等でやりとりができるはずなのに、消費者は多くのポイントを消費していた事実である。

入はサイト事業者の「売上」であるところ、サイト事業者が法人である場合、サイト事業者は、法人税法に基づく会計帳簿の作成および保存義務が課されており、会計帳簿（具体的には補助記入帳の売上帳にあたる部分）には「売上」として、取引の年月日、売上先を記載することとされていることからすれば（法人税法126条、法人税法施行規則54条、別表20⑾等）、仮にWebサイト上のデータが消去されているとしても、同帳簿が保管され、同帳簿には、登録会員ごとの売上および取引年月日（ポイントの購入履歴と記載事項は一致する）が記載されていなければ法人税法違反となる。

以上のとおりであるから、サイト事業者に対し、サクラと思われる相手方についてのポイント購入、利用履歴、あるいは会計帳簿等の提出を求め、正規会員であれば存在すべき履歴や帳簿の記載がなければ、同人はサクラであるとの事実上の推定がはたらくというべきである。

(ウ) **文書提出命令**

本件Webサイトにおける相手方のポイント購入および利用履歴、法人税法に基づく会計帳簿など、上記(イ)の各文書を収集する手段としては、証拠保全申立て（民訴法234条）や文書提出命令（同法221条）が考えられる。以下、申立てを行う頻度が高いと思われる文書提出命令に関する留意点について触れる。

　(A)　文書の存在

ポイント購入および利用履歴については、①上記(イ)のとおり、Webサイトのシステム上、正会員については各会員ごとにポイント購入および利用履歴がなければWebサイトの運営は不可能であることを主張する、②あらかじめ任意交渉段階において依頼者自身のポイント購入履歴等を入手することで、正規の会員であれば同様の文書が存在することを事実上推定させるなどの方法がある。

会計帳簿については、白色申告および青色申告のいずれの場合であっても、その保存期間は「事業年度の確定申告書の提出期限から7年間」とされ（法人税法126条、150条の2、法人税法施行規則59条、67条）、保存方法は紙によ

る保存が原則とされている（法人税法126条等）。したがって、仮にWebサイトを閉鎖していたとしても紙による保存が義務づけられていることからすれば文書の存在は同法上明らかであるといえる。[5]

(B) 証拠調べの必要性

上記(イ)のとおり、サクラ会員であるか否かは当該会員が本件Webサイトにおいてポイントを購入しているか否かに関する事実により明らかである旨を主張する。

なお、証拠調べの必要性がないことを理由に文書提出命令の申立てを却下した決定に対しては、独立に不服申立てをすることができないから[6]、証拠調べの必要性については、Webサイトのしくみをわかりやすく図示した書面の提出を試みるなどして可能な限りの証明を行うべきである。

(C) 文書提出義務

民事訴訟法に基づく各文書提出義務については、ポイント購入履歴等については、同法220条4号イ〜ホのいずれにも該当しないとして、一般提出義務があると構成することが考えられる。

この場合、①「技術又は職業の秘密」該当性（同号ハ）、②自己利用文書該当性（同号ニ）が争点となりうる。

上記①については、判例において「その事項が公開されると、当該技術の有する社会的価値が下落し、これによる活動が困難になるもの又は当該職業に深刻な影響を与え、以後その遂行が困難になるものをいう」とされているところ[7]、サイト事業者側からは「守秘義務に反する」、「開示に応じればサイト会員に混乱を来すことは容易に推測でき、被告会社の業務に多大な影響を及ぼす」などと主張されることがある。前者については当該Webサイトの規約に、たとえば「警察その他の官公庁から情報提供の要請を受けた場合は

---

5 国税庁HP「帳簿書類等の保存期間及び保存方法」〈http://www.nta.go.jp/taxanswer/hojin/5930.htm〉。
6 最決平成12・3・10民集54巻3号1073頁。
7 前掲（注6）最決平成12・3・10。

会員に通知なく情報を提供することを承諾します」等の規定が存在する場合も少なくなく、この場合は当該条項を根拠に、サイト事業者の守秘義務は免除されているとの主張が考えられる。

　また、上記②については、Webサイトが有している各会員の情報のうちID、ニックネームのみが開示対象となるのであり、これらからは個人を特定することは不可能であること等を根拠に開示することによって事業活動に深刻な影響を与えるものではない旨を主張することになろう。判例において「自己利用文書」該当性の基準として、内部文書性、不利益性、特段の事情の不存在の三つの要素を満たす場合は、「自己利用文書」に該当するとの基準が示されているところ[8]、「不利益性」につき、サイト事業者側からは、「開示に応じれば、個人の特定が可能となってプライバシーの侵害となり、サイトの運営に多大な影響を及ぼす」等の主張がなされる。この点については、上記①と同様に、ID、パスワードから個人を特定することは不可能である事実等を主張すべきこととなる。

　なお、サクラサイト詐欺事案において、サイト事業者の会計帳簿については、「帳簿書類は、企業等の取引上、その他営業上の財産に影響を及ぼすべき事項を明確に記録するための資料であるだけでなく、その企業の株主、債権者その他利害関係人に経営状態に関する情報を提供する貸借対照表や損益計算書を作成する基礎となるものということできる」として民事訴訟法220条3号の法律関係文書にあたると判断した裁判例もある[9]。

　また、会計帳簿は、会社法432条の「会計帳簿」であるとして、同法434条を根拠として文書提出命令の申立てを行う方法が考えられる（同条に基づく文書提出命令については、「民事訴訟法上の書証に関する一般原則に対する特則を定めるものである」、「会計帳簿については、書証一般の提出義務に関する民事訴訟法220条所定の要件を要しないで、裁判所はその提出を命じることができる」などとされている（奥島孝康ほか『新基本法コンメンタール会社法2』346頁ほか））。

8　最決平成11・11・12民集53巻8号1787頁。
9　津山簡決平成25・10・16判例集未登載。

から同条を提出義務の原因として構成することも考えられる。

(D) 個々の会員ごとにサクラであることの立証が必要か

　サクラと思われる会員のうち、たとえば「×××という暗号を10回送ってください」などサイト内での特別の役務を受けるためなどとして、個々の会員としては無意味・無価値な情報を提供したり、ポイント支払いを迫るメッセージを送信する会員については、上記(イ)(A)のアプローチのみによっても、「サクラである」との事実上の推定は比較的働きやすい。一方、「○○駅で××時に会いましょう。お付き合いいただいたときのお礼の100万円はその時に持参します」などと、一見リアルな出会い等を求めているかのようなメッセージを送信する会員については、上記(イ)(A)のアプローチのみでは「サクラとは即断できない」との判断がなされる場合がある。確かに、さまざまな業種において、サクラを利用した販売手法が少なからず存在することからすれば、「出会い系サイトだって集客のために多少のサクラはいるが、ちゃんと正規会員同士のメッセージのやりとりがなされる場合もある」とした考え方もあるのかもしれない。しかし、一部とはいえ、会員にサクラが存在することが認められる場合において、立証責任の負担は別として、サイト業者側から他の会員につき正規会員であると認めるに足る主張および証拠がいっさい提出されない、待ち合わせ等を内容とするメッセージを送信する相手方であってもその内容は非現実的であることなどを総合考慮すれば、その余の会員についてもサクラであると判断することも可能であろう。

(E) 東京高判平成25・6・19の大きな意義

　前掲東京高判平成25・6・19は、被害者側の逆転勝訴を言い渡した判決であるところ、次のとおり、立証の観点からも画期的な内容である。

　すなわち、前掲東京高判平成25・6・19は、上記(イ)(B)のようなサイト事業者の内部文書の収集まで至らなくとも、相手方のメッセージの内容およびその結果に着目して、①あり得ない不自然な話で実現もしてないから、各相手方は同内容を実現する意思、能力はない→②上記各メッセージには合理性が見出しがたく、その目的は被害者に多くのポイントを消費させ、サイト事業

者に高額の金員を支払わせることにある→③高額な金員の支払いによって利せられるのはサイト事業者であるところ、各相手方が一般会員であれば高額の利用料金負担義務が生ずるから利益はない→④以上からすれば、各相手方は利用料金負担義務が課せられていないこと、サイト事業者の利益を意図して行動している事実を推認させるとして、サクラであることを認定している。

さらに、具体的なメールのやりとりが不明確である他の相手方についても、同様にサクラであると認定している。そして、被害者がサイト事業者に支払ったポイント料等利用料金全額につき損害であると認めている。

(F) 小　括

前掲東京高判平成25・6・19は、サクラサイト詐欺に関するおそらく高裁レベルの初の判決であり、しかも上記(イ)(B)の立証レベルまでせずとも、上記(イ)(A)の立証方法をベースに事実上の推定を働かせており、しかも、具体的なメッセージのやりとりの記録がない相手方についてもサクラであるとの推定を働かせているのであり、今後の下級審判決にも大きな影響を及ぼすことは明らかである。

(エ) 行為と損害との因果関係

サイト事業者側からは、ポイント料等全額を損害とする主張に対しては、「個々の行為との因果関係が全く不明である」などと主張がされるケースが少なくない。

しかし、前掲東京高判平成25・6・19を踏まえれば、①比較的メッセージの記録が多く残っている相手方会員に関するメッセージの内容、通数等を根拠に当該相手方はサクラである、②このような会員が存在するのだから他の会員についてもサクラであると事実上の推定が働く、③よって、支払ったポイント購入相当額全額がサイト事業者の加害行為と相当因果関係のある損害であるとの主張を行うことが考えられる。

(2) 決済方法ごとの対応

(ア) 口座振込みの場合

本事例におけるWebサイトにつき、サクラサイトである疑いがある場

合、認定司法書士・弁護士は、振り込め詐欺救済法3条の「捜査機関等」（同法3条1項）に該当するから、その振込先口座が「犯罪利用預金口座等」（同法2条4項）の疑いがあるとして、振込先金融機関に対し、口座凍結要請を行う方法も考えられる。

かつては口座凍結要請後、仮に同口座の残高が少額であっても、サイト事業者から既払金全額の返還を内容とする和解の申入れがなされたケースもみられたが、近年は、口座凍結がなされても意に介さないサイト事業者も少なくない。とはいえ、口座名義人が金融機関等に対し、所定の様式による権利行使や、払戻しを請求する訴えを提起すると、振り込め詐欺救済法に従ったスキーム（口座名義人の権利消滅、被害回復分配金の支払い）は終了するものの、口座凍結の効力は依然として継続するものと解されている（東京地判平成22・7・23金法1907号121頁）ことからすれば、仮に同法に基づく手続が終了したとしても、口座凍結要請を行うこと自体に一定の意義があるともいえるだろう。

(イ) クレジットカード決済の場合

クレジットカード決済による場合は、〔図50〕のとおり、いわゆる「ノン・オン・アス取引（決済代行業者介在型）」である場合が多い。そこで実務上は、イシュアおよび決済代行業者に受任通知等を送付することになる。

10　干場力「『振り込め詐欺救済法に係る全銀協のガイドライン（事務取扱手続）』の概要」金法1840号12頁以下を参照されたい。また、東京高判平成23・11・24消費者法ニュース92号164頁は、振り込め詐欺救済法3条1項の「捜査機関等」には、弁護士会、金融庁および消費生活センターなど公的機関や、振り込め詐欺等の被害者代理人となる資格を有する弁護士および認定司法書士が含まれる旨を判示した。

11　振り込め詐欺救済法の実務上の留意点等については、山田茂樹「振り込め詐欺救済法の活用」現代消費者法9号59頁、江野栄＝秋山努編『Q&A振り込め詐欺救済法ガイドブック——口座凍結の手続と実践』を参照されたい。

12　その理由としては、①口座残高が僅少であれば、資金凍結といった事態は回避できるし、新たな振込先口座はメール等によって容易かつ迅速に送信可能であること、②口座凍結要請がなされた口座名義人については、新たな口座開設を認めない運用をとる金融機関もあるようであるが、そうであれば別法人を立ち上げて別法人名義で口座を開設すれば足りると考えられることなどが考えられる。

〔図50〕 クレジットカード決済のしくみ

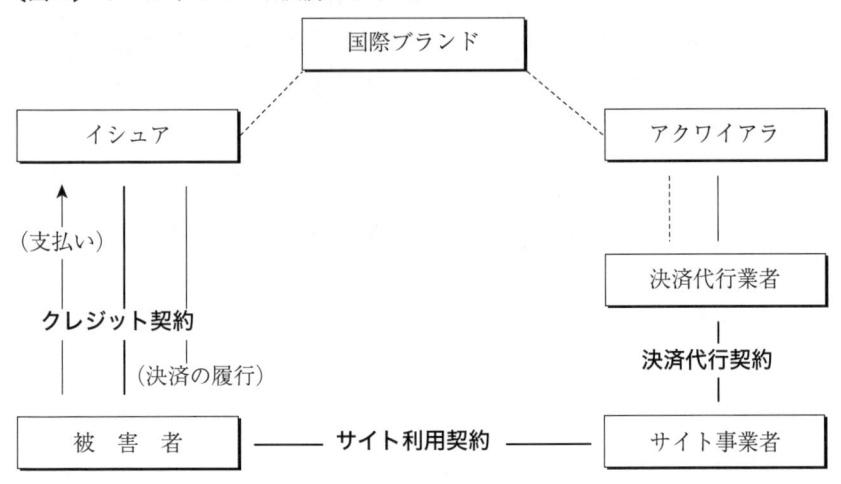

```
              ┌──────────┐
              │ 国際ブランド │
              └──────────┘
             ╱            ╲
    ┌──────┐              ┌──────┐
    │イシュア│              │アクワイアラ│
    └──────┘              └──────┘
       ↑                     ┆
    （支払い）                ┆
                         ┌──────────┐
   クレジット契約           │決済代行業者│
                         └──────────┘
    （決済の履行）          決済代行契約

   ┌──────┐              ┌──────────┐
   │被害者 │─── サイト利用契約 ───│サイト事業者│
   └──────┘              └──────────┘
```

(A) イシュアに対する通知

サクラサイトにおけるカード決済の多くは、支払期間を2カ月を超えない期間の一括払いとするいわゆるマンスリークリア方式であり、割賦販売法の適用はない（割販法2条3項）[13]。このため、同法に規定する「抗弁の対抗」（同法30条の4）に基づく主張はできないから、サイト事業者に対する抗弁（本件Webサイトがサクラサイトであり、ポイント料名目で金銭を詐取された）を同法の抗弁の対抗規定をもって当然には対抗できない。

この場合、信義則上抗弁の対抗を認めうるか否かを検討することになるが、サクラサイトにおけるカード決済の多くは、イシュア（カード発行業務を行うカード会社）とアクワイアラ（加盟店業務を行うカード会社）が分化しているノン・オン・アス方式（しかもアクワイアラとサイト事業者の間に包括加盟店として決済代行業者が介在する類型）による場合であるから、加盟店と

---

13 もっとも、いわゆる「後リボ特約」がある場合は後リボに変更後は、割賦販売法の適用対象である「リボルビング方式」に準じて、抗弁の対抗規定等の適用が可能であるとされる（経済産業省商務情報政策局取引信用課編『割賦販売法の解説〔平成20年版〕』50頁）。

232

クレジット会社との密接関係等に着目して、マンスリークリア方式であっても信義則上の抗弁の対抗を認めた、個別クレジットに関する判決（大阪地判平成18・9・29消費者法ニュース71号178頁等）の射程からははずれるものと考えざるを得ない。

そうすると、ノン・オン・アス方式によるカード決済については、東京地判平成21・10・2消費者法ニュース84号211頁およびその控訴審である東京高判平成22・3・10消費者法ニュース84号216頁[14]において、イシュアにつき「支払請求を停止すべき法的義務はないものの、購入者と加盟店との間のトラブルの有無や内容の状況を確認調査する等して、むやみに購入者が不利益を被ることのないよう協力すべき信義則上の義務を有する」との判断が示されたことを根拠として、イシュアに対し、事案が解決するまで請求および信用情報への事故記録としての登録の留保を求めていくことになる。

また、抗弁の対抗は、単に将来における支払請求を留保させるだけでは根本的な解決とはいえないため、既払金相当額の返還や未払債務の消滅をさせるためにチャージバックの請求やリファンドの促しなど国際ブランドルールによる解決をも求めていくことになる。[15]この際、前掲東京地判平成21・10・2はイシュアにつき、カード会員から苦情の申立てがあった場合、販売店と連絡をとるなど、紛争の解決に向けた信義則上の義務がある旨の判断が示さ

---

14 本件は、クレジットカード会社（いわゆる二次カード会社）がカード会員に対する立替金請求訴訟を提起し（本訴）、これに対し、カード会員が当該クレジットカード会社の調査義務違反などを根拠に損害賠償請求訴訟を提起した（反訴）という事案であるところ、本訴については、抗弁の対抗規定の適用がないことから、抗弁の対抗規定の適用を否定し、立替金請求を認容する一方、反訴については、当該クレジットカード会社につき本文のとおりの信義則上の義務違反があるとして損害賠償を認めた（控訴審（前掲東京高判平成22・3・10）も原審（前掲東京地判平成21・10・2）を維持）。

15 チャージバック等国際ブランドルールについては、山本正行『カード決済業務のすべて──ペイメントサービスの仕組みとルール』を参照されたい。そのほか、国際ブランドルールを利用した実務上の問題点や対応については、前掲（注5）の各文献等や、山田茂樹「積み残された消費者問題──美容医療トラブルといわゆる決裁代行業者によるトラブルについて」市民と法61号28頁などを参照されたい。

れており、イシュアの積極的な対応を促すためにも通知書においてかかる判決の要旨を紹介することも有用であろう。

　(B)　決済代行業者に対する通知

決済代行業者はアクワイアラのいわゆる包括加盟店であるところ、チャージバックが多発すれば、アクワイアラから加盟店契約の打ち切り、無条件チャージバックの対象となるなど、クレジットカード決済の代行を業とする決済代行業者としては死活問題となりうる事態に陥る。そこで、決済代行業者に対しては、①加盟店たるサイト業者が違法行為（サクラサイトを開設）をした事実、②イシュアに対してはチャージバックの請求をした旨等を通知し、自発的なクレジット決済のキャンセル（リファンド）を促すことになる。

　(ウ)　電子マネーの場合

サクラサイトにおいて利用される電子マネーの多くでは、サイト事業者とは別の事業者が電子マネーを発行しており、当該電子マネー発行業者が当該サイト事業者と加盟店契約を締結することにより、当該電子マネーが当該Webサイトにおけるポイント購入の支払手段として機能している。したがって、このような電子マネーは資金決済法の第三者型前払支払手段に該当することになる。第三者型前払支払手段の発行業務は内閣総理大臣（金融庁）の登録を受けた法人に限られており（資決法7条）、登録を受けた電子マネー事業者が、加盟店につき公序良俗に反する取引を行わないように管理するための措置を講じていない場合は、登録拒否事由および登録取消事由とされている（同法27条1号、10条、金融庁事務ガイドライン第3分冊5Ⅱ-3-3）。

サクラサイトにおける電子マネー利用の場合のしくみは〔図51〕のとおりであるところ、以上を踏まえ、電子マネー事業者に対しては、①加盟店たる

16　クレジットカード決済にかかる決済代行業者の実態や問題点については、株式会社野村総合研究所「平成22年度商取引適正化・製品安全に係る事業（諸外国のクレジットカードの決済状況に関する実態調査）報告書」（平成23年3月4日）に詳細な調査報告がある。そのほか、消費者庁「いわゆる決済代行問題の考え方について」（平成23年2月10日）16頁等も参照されたい。

〔図51〕 電子マネー決済のしくみ

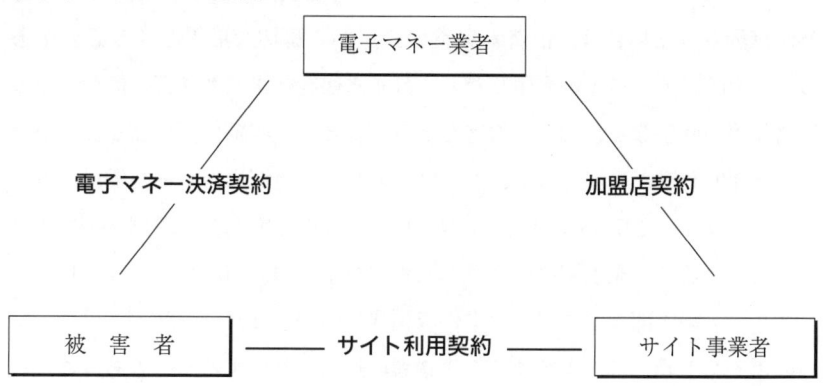

```
                    電子マネー業者
                    ╱        ╲
         電子マネー決済契約    加盟店契約
             ╱                    ╲
    被害者 ──── サイト利用契約 ──── サイト事業者
```

サイト事業者がサクラサイトを開設し金銭を詐取した事実、②かかる事実を看過して漫然と取引を継続した行為は資金決済法上の登録取消事由に該当するおそれがある事実、③Web当該サイトに対する加盟店契約締結時および途上における具体的な加盟店調査の方法の照会、④適切な対応をとらない場合は金融庁へ苦情申立てを行う旨等を通知する。

なお、電子マネーを購入するとID番号が記載された無記名の証票等が交付されるため、同証票等を紛失している場合は被害額を特定することは困難となる。

この場合は、サイト事業者あてに利用履歴の開示等を求めるなどの方法が考えられる。

(エ) コンビニ収納代行の場合

電子マネーとは異なり、収納代行については資金決済法等の特別法による参入規制や加盟店管理義務の根拠となりうる規定はない。[17]

そこで、一般財団法人流通システム開発センターによる「GS1-128による

---

[17] 立法過程において、収納代行については資金決済法の資金移動業として位置づけるべきか否かが問題となったが、結局、意見の対立が解消することはなかったため、直接の規制対象とすることは見送られている。以上の経緯の詳細については、高橋康文『詳説 資金決済に関する法制』157頁等を参照されたい。

標準料金代理収納ガイドライン[18]」において、「悪質な事業者と認められる行為が確認された場合は、消費者保護の観点から適切な措置を執る必要がある」、「実際にトラブルが発生したときは請求書発行事業者や収納代行会社の連絡先等の回答など、適切な対応をとることとし、収納代行会社と受入小売業が情報共有または協力の上、トラブルの解決・軽減に努める必要がある」（同ガイドライン「Ⅱ　運用編──代理収納における消費者保護に関する留意点」）とされていることを根拠に、実際に収納代行手続の窓口となったコンビニエンスストアの本部などに対し、本件収納代行の対象となったサイト事業者からのポイント購入は、当該サイト事業者の違法行為によるものであることから、同ガイドラインに沿った措置を講じてほしい旨等を通知する方法が考えられる。

(3) サイト事業者以外の者に対する請求

(ア) 概　要

以上のとおり、Web サイトの違法性の立証について必ずしも容易ではないのが現状であることに加え、サイト事業者自体が短期間に多数の消費者被害を生じさせて行方をくらませたり、資産を有していない場合も少なくない。したがって、このようなケースにおいて、前述の訴訟外における対応方法が功を奏さない場合は、サイト事業者の役員個人あるいは決済事業者等への責任追及[19]も検討せざるを得ないことになる。

これらの者に対する主張については以下のとおり考えられるが、いずれにせよ、実質的には、上記(1)の Web サイトの違法性の立証が必要となるため、上記(1)の立証方法を確立することが急務となろう。

18　一般財団法人流通システム開発センターHP「公共料金等代理収納 GS1-128（旧：UCC/EAN-128）システム」〈http://www.dsri.jp/baredi/receipt_system.htm〉。

19　決済事業者等への責任追及につき言及するものとして、小田典靖「悪質業者に利用されるクレジットカード会社等の責任について」消費者法ニュース93号171頁、松苗弘幸「悪質商法に利用される決済手段の問題点」（日本弁護士会連合会シンポジウム・消費者法の課題と展望Ⅴ「悪質商法に利用されない決済制度の確立を目指して～消費者トラブルの国際的対応も交えて～」資料）等を参照されたい。

(イ) サイト事業者の代表者等

　サイト事業者の代表者等の役員個人に対しては、①共同不法行為構成（民法719条1項）あるいは②任務懈怠に基づく損害賠償請求権構成（会社法429条）を検討することになる。

　一人取締役である場合や、代表者自身が当該Webサイトの「運営管理者」として当該サイトの「特定商取引法に基づく表示」に記載されている場合など、当該代表者が積極的に当該Webサイトの運営に関与していたことが事実上推認される場合は、当該代表者が、積極的にサイト事業者の違法行為を推進したとして、共同不法行為構成をとることも考えられる[20]。また、会社法429条に基づく任務懈怠については、代表取締役は、他の取締役その他の者に会社の業務を任せきりにし、その業務執行に何ら意を用いないで、ついにはそれらの者の不正行為ないし任務違反を看過するに至るような場合には、自らも悪意または重過失により任務を怠ったことになる（最判昭和44・11・26民集23巻11号2150頁）とするのが判例法理であることからすれば、代表者の任務懈怠についての請求原因事実は、事実上、①サイト事業者の行為が不法行為を構成すること、②本件当時、被告は当該サイト事業者の代表取締役であったことで足りるという考え方も成り立ちうるのではないかと思われる。

　しかし、上記のような考え方もできる一方、基本的には、共同不法行為構成にせよ、会社法429条の任務懈怠構成にせよ、たとえば代表者についていえば、当該代表者が、本件取引について具体的に従業員に対し、いかなる指示監督を行っていたのか（あるいは他人に運営を任せきりにしていた事実）を

---

[20] たとえば、サクラサイト詐欺事案に関する前掲さいたま地越谷支判平成23・8・8は、「被告会社の前記違法行為は、同社の営業方針としてなされた構造的・組織的なものと認められ、被告会社自身の不法行為と認められる」としたうえで、代表者個人につき、「被告……は、本件当時、被告会社の代表取締役の地位にあったものであるから、同社の他の従業員らとともに前記の違法なサイト運営行為を推進していたものと推認することができる」として、代表者個人の不法行為責任（共同不法行為）を比較的緩やかに認めている。

主張立証しなければならず、この場合は、業務運営の決定方法に関する内部文書等に対する文書提出命令（文書の特定、文書の存在の疎明、文書提出命令の対象文書該当性の疎明等が問題となる）や、代表者や従業員に対する尋問等（任意の出頭が見込めない場合の対応等が問題となる）を行うことになるから、その立証は必ずしも容易ではないといえる。

(ウ) **決済代行業者**

　決済代行業者は、たとえば、クレジットカード決済に関していえば、本来であればクレジットカード決済を利用できないサイト事業者にクレジットカード決済を可能とさせていることからすれば、当該サイト事業者の違法行為（サクラサイト詐欺）を幇助しているといえるし、また、①決済代行業者はクレジットカード決済を代行することによって、サイト事業者から手数料等の対価を得ている事実、②決済代行業者とサイト事業者は契約関係がある事実、③クレジットカード決済の観点からみれば、決済代行業者に対するサイト事業者の立場は「枝番・子番」と類似している事実、④クレジットカード決済はマンスリークリア方式であれ、その本質は与信である事実、⑤冷静さを欠く心理状況を連続させたまま決済を可能としている事実（サイト事業者のWebサイトと決済代行業者Webサイトの連続性）、⑥クレジットカード決済を利用したサクラサイト事件が社会問題化している事実からすれば、決済代行業者の上記幇助は少なくとも過失があるといえる。そうすると、決済代行業者に対しては、過失ある幇助者構成（民法719条2項）に基づく請求が考えられる[22]。

(エ) **電子マネー業者**

　電子マネー業者については、①消費者と電子マネー事業者間において、消

21　たとえば、結婚相談所に関する虚偽の説明がなされていたケースにつき、東京高判平成22・1・27消費者法ニュース84号241頁。
22　詳細については、山田茂樹「決済代行業者に対する法的責任追及について」全国クレジット・サラ金問題対策協議会『知っておきたいクレジット・サラ金事件処理の最新論点』156頁）を参照されたい。

費者が指定した加盟店との決済において対価支払いと同様の経済効果を付与することを内容とする準委任契約関係にあると考えられること[23]、②電子マネー業者については、資金決済法に基づく加盟店管理義務が認められることからすれば、加盟店たるサイト事業者がサクラサイト詐欺を行っているにもかかわらず、これを放置し、漫然と決済を行った場合は、善管注意義務違反として債務不履行責任を構成すると考えられる。

(オ) 収納代行業者

サイト利用者・収納代行業者間においては特定のサイトのポイント購入の支払手続を収納代行業者が代行するという準委任契約が成立していると考えられる。

また、収納代行を利用するためには、収納代行業者と当該サイト事業者との間に一定の継続的な契約関係の存在が前提となることからすれば、収納代行業者は善管注意義務の具体的態様あるいは過失の前提となる注意義務として、加盟店管理義務類似の責任を観念することができるものと思われ、かかる義務違反は債務不履行責任を構成すると考えられる。

(カ) イシュア

イシュアおよびカード会員たる消費者間のクレジット契約（入会契約および決済契約）においては、①イシュアの基本的義務は「カード会員から指示された決済を行う」ことであり、さらに、②その付随義務としてイシュアには、仮に会員から決済申込みがあったとしても、対象となる事業者が違法行為をしている事実を知り、または知りうべき場合は、その旨を会員に伝え、場合によっては決済を中止する義務があると解する余地があること、③決済代行業者は、クレジット契約におけるイシュアの債務の内容となっているカード決済行為の一部を担っている事実等からすれば、決済代行業者はイシュアの「履行補助者」に該当する余地もあることなどからすれば、決済代行業者が自己の加盟店たるサイト事業者の違法行為を知ることができたにもかか

---

[23] 近年、電子マネー事業者からは利用者と電子マネー事業者間にはこのような契約関係はないとの主張もなされているようである。

わらずこれを放置して漫然と取引を継続した場合は、イシュアについても債務不履行責任が成立する余地があると考えられる。

4 事前準備等

(1) 相談者に持参してもらう物

相談者には、①利用の端緒から具体的なメッセージのやりとり等の経緯を記載した簡単なメモ、②メッセージ交換に利用したモバイル端末（スマートフォン、ガラケー）、③サイト事業者に対する支払いをしたことを証する書面（クレジット利用明細書、振込伝票、電子マネー証票等）の手配を依頼する。上記①は②の保存されているメールとあわせて経緯を効率よく聴き取りをするため、②は保存されたEメールの確認および保存、さらに、いまだWebサイト運営中の場合は当該Eメールにリンク付された専用ログインアドレスにアクセスするなどして、当該Webサイトのトップページ、規約、「特定商取引法に基づく表示」などWebサイトの内容を示すページを保存したり、メッセージボックスからサクラと思われる会員のメッセージ全文を確認・保存し、後日の交渉ないしは訴訟に備えた証拠を保全するため、③については被害額の把握ないし証拠方法および訴訟外交渉の相手方を特定するためである。

なお、これら画面はプリントスクリーンキーや、紙copi Lite[24]などにより、早い段階でWeb全体を証拠として残しておく必要がある。画面遷移についても、たとえばサクラサイト詐欺における「決済までの流れ」「当初のSNSを利用したメッセージ送信からサイト登録への誘導」など、事案の違法性や関連する事業者に対する責任追及の根拠足りうるため保存する実益があるといえる。

---

24 紙copi Net「ダウンロード」〈http://www.kamilabo.jp/copi/download.html〉。

(2) 把握すべき事項

(ア) サイト事業者の特定

サイト事業者は、自らを特定商取引法の「通信販売」にあたる役務提供を行っているとの前提で、自らのWebサイトには「特定商取引法に基づく表示」ボタンを設け、そこに住所、商号等を記載している場合が多い（特商法11条）。ここで、サイト事業者が法人である場合、前述のとおり、同所に記載された「住所」は会社法上の「本店」とは必ずしも一致しない場合があるため注意が必要である。通常、法人に関する登記記録を取得する際は当該法人の「本店」「商号」を特定する必要があるが、一般社団法人民事法務協会が運営する「登記情報提供サービス」および法務省の運営する登記・供託オンライン申請システム[25]は、本店所在地の特定をせずに「全国から検索する」ことも可能であるため（登記情報提供サービスは平成26年2月3日から）、これらの利用を検討すべきである。

なお、すでにWebサイトが閉鎖されてしまっている場合であっても、検索サイトや任意の出会い系サイト検索サイトを利用することによってサイト事業者を特定することが可能な場合もある。また、サイト事業者の特定以外に規約画面等の確認もしたい場合は、インターネットアーカイブに保存された過去のWeb画面を検索する方法も考えられる[26]。

また、当該Webサイトが出会い系サイト規制法に基づき公安委員会への届出を行っているのであれば、当該公安委員会の管轄内における情報公開条例に基づき、当該Webサイトに関する「インターネット異性紹介事業者台帳」の謄写を求めることで、サイト事業者の特定に資する情報を入手する方法もある。

(イ) Webサイト利用の流れ

依頼者がSNS等から誘導されて当該Webサイトにおいて継続的にメッ

---

25 法務省HP「登記・供託オンライン申請システム」⟨http://www.touki-kyoutaku-net.moj.go.jp/index.html⟩。
26 INTERNET ARCHIVE「Search」⟨http://archive.org/index.php⟩。

セージ交換を繰り返すようになった流れを再現するために、相談者が持参したモバイル端末に保存されているメール等をデジタルカメラによる撮影などの方法により、可能な限りすべて保存するべきである。当該Webサイトにおける利用が長期に及べば、メールの通数も膨大となりこれらを保存することは多大な負担が伴う（2カ月足らずの利用でもメッセージ通数は600通を超える場合も少なくない）。しかし、訴訟に移行した際に、前述のとおり、①送信されたメールの通数、②メールを発信した日時、③その内容等が相まって、当該会員はサクラであるとの推定が働く余地があることから、この作業は極めて重要である。

(ウ) **サクラと思われる相手方についての調査**

　サクラサイト詐欺においては、①芸能人やアナウンサー本人であると装う者、②その他一般人を名乗る場合がある。

　これらの者がサクラであることの立証の根拠事実として、上記①については、当該芸能人やアナウンサーが所属する事務所等に対し、照会文書を送付し事実関係を明らかにすることも考えられる。②については、プロフィール写真に使用されている画像を、TinEye[27]や、Google（Google Chrome）で検索することで、オリジナルソースが判明することがある（たとえば他国の女優であったり、フリー画像等であるなど）。このような調査により当該相手方が実在しない人物（サクラ）であるとの推定を働かせる一根拠となりうる。

(エ) **Webサイト内におけるID・ニックネームとの紐づけ**

　サイト事業者においては、個々の会員につき、①ニックネーム、②ID番号、③メールアドレスを把握しているものと思われる。もっとも、Webサイト利用にかかるポイント購入の際に口座振込みを選択した場合、振込名義人としては、ID番号の記載のみを求められる場合も少なくない。一方、メッセージの送受信についてはもっぱら「ニックネーム」で管理されている。したがって、ニックネームとID番号の客観的な紐づけができていないと、

27　TinEye「Search」〈http://www.tineye.com/〉。

金銭の振込みとメッセージの送受信との関係が不明確な状況となる場合もある。

そこで、当該 Web サイト画面のうち、被害者・サクラの ID 番号およびニックネームが併記されているページ（アカウント画面など）の画像を保存することが望ましいといえる。

(オ) 規約の内容

当該 Web サイトが現存している場合は、規約について全条文を確認および保存しておく必要がある。すなわち、規約にはメッセージ交換に関する費用が記載されているから、相談者の相手方たる会員が送信したメッセージの内容および通数とあわせることによって、「正規の会員であればこのような内容でこのような通数のメッセージを送信することはあり得ない」から当該相手方会員はサクラであるとの事実上の推定を働かせる根拠事実となりうるからである。

また、規約内容と著しく矛盾する内容のメッセージを相手方が繰り返すような場合も同様の根拠事実となりうる。

さらに前述のとおり、文書提出命令申立てに対し、サイト事業者が守秘義務を根拠に文書提出義務がないとの主張を展開した場合に、規約の記載を根拠に守秘義務は免除されるとの主張を行うことも考えられる。

(カ) 決済方法

相談者が当該 Web サイトにおいてポイントを購入した方法につき、①銀行振込み、②クレジットカード決済、③電子マネー、④コンビニ収納代行等のいずれかであるのかを確認する。また、上記①については口座名義人はサイト事業者自身かそれとも第三者名義であるか、②については支払方法がリボ払いかマンスリークリア方式か、③の場合は伝票はすべて残っているのか、④の場合は、収納代行業者以外に決済に関与している第三者がいるか否かなどもあわせて確認する。これは被害額の確認という意味に加え、特別法の適用の可否を検討するためである。

5 受任通知・法的主張

(1) 基本方針

　サクラサイト詐欺事案については、メールのやりとりの相手方がサクラであることの立証につき、前掲東京高判平成25・6・19により従前と比べ立証負担を軽減する判断が示されたとはいえ、いまだその立証が容易とはいえない状況にある。そこで、実務上は、クレジットカード決済等現金振込み以外の方法により決済がなされている場合は、当該決済関与業者に対し、たとえば、【書式5】ないし【書式7】のような通知を送り、訴訟外での解決を試みることを第一に行うべきである。

　上記方法が功を奏さない場合、サイト事業者等に対し訴訟を提起することになる。

【書式5】　イシュアに対する通知書

受　任　通　知

平成〇〇年〇〇月〇〇日

東京都〇〇区〇〇1-1-1
株式会社〇〇〇〇カード　御中

　　　　　〒000-0000　〇〇県〇〇市〇〇××番地
　　　　　後記依頼者代理人司法書士　山野　菊次郎　㊞
　　　　　　　　　　　（認定番号　第000000号）
　　　　　　　　　　　電　話　0000-00-0000

　当職は、この度、後記依頼者から依頼を受け、貴社・依頼者間における、貴社発行にかかる後記記載のカード取引（以下「本件取引」という）に基づく貴社からの請求につき、司法書士法3条1項に定める裁判所提出書類作成業務、簡易裁判所における代理業務及び裁判外の和解業務を遂行するため、同人の代理人に就任いたしました。

　つきましては、以下のとおりお願いいたします。

カード取引の表示
カード番号：1111-1111-1111-1111

通知の趣旨

1　混乱を避けるため，今後，依頼者への連絡や取立行為は中止願います。
2　本件取引にかかる平成○○年○○月から平成○○年○○月までの利用明細および支払状況等の開示を求めます。
3　依頼者の本件取引にかかる貴社への債務の支払方法がリボルビング方式による場合は，通知の趣旨記載のとおりの事由をもって，割賦販売法30条の4に基づき支払停止の抗弁を主張します。
4　通知の理由のとおりであるから，貴社におかれましては，以下の対応をおとりいただきますようお願いいたします。

記

(1)　アクワイアラーに対する検索請求（Retrieval Request）
(2)　チャージバック
(3)　アクワイアラー加盟店たる，いわゆる決済代行業者に対する，リファンドの促し
(4)　依頼者に対する請求については請求保留扱いとする。
(5)　CIC等に対する信用情報の登録につき，本件が解決に至るまで延滞情報等の登録を行わない。

以　上

依頼者の表示
○○県○○市○○1234番地の567
○○　　○○

通知の理由

1～5　省略
6　第○項にあるとおり，本件は複数のニックネームの者がメッセージを送信してきたが，それらは①メッセージの内容がおよそ現実的ではないこと，②これら送信者も一般登録者であるならばメッセージ1通送信あたり400円の支出を余儀なくされていること，③依頼者・依頼者宛にメッセージを送信した者との間で本件サイトにおいてメッセージの交換がなされたとしても，両者は何らの

利益もなく，結局，本件サイト運営事業者がポイント料名目の利益を得ることになることなどからすれば，本件は，劇場型のサクラサイト詐欺であることは明らかである。

7　そうすると，本件サイトはサクラを用いて依頼者を錯誤に陥らせ，ポイント料名目で金銭を詐取したものであって，同行為は公序良俗違反及び不法行為を構成する行為であり，貴社においては貴社カード会員たる依頼者からの苦情申立てに対し，自らの加盟店ではないことを理由にして対応を拒むことはできず，販売店（決済代行業者）と連絡をとり，その結果を連絡するなどの対応をとるべき信義則上の義務があるから（東京地裁平成21年10月2日判決・東京高裁平成22年3月10日判決），通知の趣旨記載のとおりの対応を求める次第である。

以　上

【書式6】　決済代行業者に対する通知書

通　知　書

平成〇〇年〇〇月〇〇日

東京都〇〇区〇〇2-2-2　〇〇〇〇ビル
〇〇〇〇株式会社　御中

〒000-0000　〇〇県〇〇市〇〇××番地
後記依頼者代理人司法書士　山　野　菊　次　郎　㊞
（認定番号　第000000号）
電　話　0000-00-0000

　当職は後記依頼者（以下「依頼者」という）代理人として，次のとおり通知する。

通知の趣旨

1　依頼者名義の後記記載のクレジットカード決済による，貴社を利用先とする平成〇〇年〇〇月から平成〇〇年〇〇月までに係る売上につき，以下の事項の開示を求める。
　(1)　上記売上につき，貴社が決済を代行した，サイト運営事業者の本店・商

号・電話番号・代表者の氏名及び住所その他運営事業者の特定に関する事項（中途で運営事業者が変更している場合においては，現在の運営事業者及び過去の運営事業者のすべての分）及びこれらを裏付けるために貴社が徴求した書類（登記事項証明書など）
   (2) 貴社と上記(1)の運営事業者との間における決済代行に係る契約締結に当たり，貴社が確認した事項（たとえば，電気通信事業法に基づく届出の有無，インターネット異性紹介事業を利用した児童を誘引する行為の規制等に関する法律に基づく公安委員会への届出の有無など）
   (3) 上記(2)の契約の申込に係る書面
   (4) 上記期間の利用履歴（決済日時，クレジット番号，申込金額，請求金額，番組名等が記載されたもの）
2 上記サイト運営事業者に対する調査などの上，本件売上にかかる請求については，全額のキャンセル（リファンド）を求める。
3 依頼者が，サイト番組名「SAKURA」（以下「本件サイト」という）について決済の申込を行った時点において，貴社には消費者センターあるいは弁護士，司法書士等から本件サイトに関する苦情などが寄せられていた事実の有無について回答を求める。

依頼者の表示
○○県○○市○○1234番地の567
○○　　○○

カード取引の表示
カード番号：1111-1111-1111-1111

通知の理由
（省略）

【書式7】 電子マネー発行業者に対する通知書

通　知　書

平成○○年○○月○○日

東京都○○区○○3-3-3

株式会社○○○○　御中

　　　　　　　　　　〒000-0000　○○県○○市○○××番地
　　　　　　　　　　後記依頼者代理人司法書士　山野　菊次郎　㊞
　　　　　　　　　　　　　　　　（認定番号　第000000号）
　　　　　　　　　　　　　　　　電　話　0000-00-0000

　当職は，○○○○（以下「依頼者」という）代理人として，次のとおり通知する。

通知の趣旨

1　貴社と電子マネー決済にかかる加盟店契約をしていた，サイト名「SAKURA」（Http://＊＊＊＊）（以下「本件サイト」という），サイト運営者を株式会社Y（本店：東京都○○区○○3-3-4）とする取引において，依頼者・本件サイト運営事業者間おける決済につき，利用金額たる○○万○○○○円の返金処理を求める。
2　以下の点につき書面による回答を求める。
　(1)　貴社は，資金決済に関する法律（以下「資金決済法」という）に基づく，第三者型前払支払手段の発行者として，「前払式支払手段により購入若しくは借受けを行い，若しくは給付を受けることができる物品又は提供を受けることができる役務が，公の秩序又は善良の風俗を害し，又は害するおそれがあるものでないことを確保するために必要な措置」としていかなる措置を講じているのか。
　(2)　上記(1)の措置に基づき，本件サイト運営事業者との加盟店契約を締結するにあたり，あるいは契約締結後においてはいかなる措置を講じているのか。
3　なお，貴社の回答如何によっては，資金決済法第10条1項3号の登録拒否事由に該当する可能性があるとして，金融庁等へ申入や，認定資金決済事業者協会たる社団法人日本資金決済業協会に苦情の申入を行う予定であることを念のため申し添える。

（依頼者の表示）
　　　　　　　　○○県○○市○○1234番地の567
　　　　　　　　　　　○　　　○　　　○　　○

（メールアドレス：＊＊＊＊＠＊＊＊＊.com）

> 通知の理由
>
> 1～4　省略（※）
> 5　以上のとおりであるから，依頼者の被害回復のために，通知の趣旨記載の事項につき，通知及び回答を求める次第である。
>
> 　　　　　　　　　　　　　　　　　　　　　　　　　　　　以　上

※　経緯を記載し，加盟店たるサイト事業者の行為は公序良俗違反である事実を主張する。

(2)　サイト事業者に対して——訴えに備えての証拠づくりを意識する

サイト事業者に対しては、支払済みのポイント料相当額等の請求に加え、【書式8】のように、①ⓐ相談者に関するポイントの購入履歴および利用履歴の開示請求、ⓑサクラであると主張する会員に関するポイントの購入履歴および利用履歴の開示請求、②確定申告の有無について書面による回答の請求、③サクラであると主張する会員につき、ID番号の保管を求めるといった内容の通知を送る。

上記①については、これらが開示されれば、サクラと主張する会員についても正規会員であれば同様の履歴が存在するとの事実上の推定を働かせる根拠となりうること、②については、確定申告をしているのであれば法人税法に定められている各種帳簿を作成していることは明らかであり、帳簿書類に関する文書提出命令を検討する際の「文書の存在」の立証に資すること、③については、サイト事業者においては前述のとおり、金銭の振込みについてはID番号で管理されており、ニックネームとは必ずしも紐づけされていないところ、かかる紐づけがなされていれば、仮にサクラと主張する会員が正規会員であるとすれば、振込先となった預金通帳の口座や、会計帳簿に当該会員のID番号による金銭の振込みないし支払いの記録が存在するはずであり、これらの記載がなければ当該会員はサクラであるとの事実上の推定を働かせる根拠事実となるからである。

【書式8】 サイト事業者に対する通知書

通 知 書

平成〇〇年〇〇月〇〇日

東京都〇〇区〇〇4-4-4　〇〇マンション444号
株式会社〇〇〇〇　御中

〒000-0000　〇〇県〇〇市〇〇××番地
後記依頼者代理人司法書士　山野　菊次郎　㊞
（認定番号　第000000号）
電　話　0000-00-0000

　ニックネーム「＊＊＊＊」（ID〇〇〇〇〇〇）（以下「依頼者」という）代理人として次のとおり通知する。

通知の趣旨

1　貴社らに対し，連帯して，平成〇〇年〇〇月末日限り〇〇万〇〇〇〇円を支払うよう求める。
2　番組名「SAKURA」（以下「本件サイト」という）において依頼者がメッセージ交換を繰り返した，ニックネーム「A子（26歳）」および同「B男（32歳）」のIDの開示を求める。また，開示に応じられない場合はその理由を書面で明らかにしたうえで，同人らのID番号を保管することを求める。
3　以下につき，平成〇〇年〇〇月末日限り，書面による回答を求める。
（照会事項）
　ア　依頼者の本件各サイトにおけるポイント購入履歴
　イ　依頼者の本件各サイトにおけるポイント利用履歴
　ウ　ニックネーム「A子（26歳）」，同「B男（32歳）」のポイント購入履歴
　エ　ニックネーム「A子（26歳）」，同「B男（32歳）」のポイント利用履歴
　オ　貴社らはこれまでに確定申告をしているか
4　貴社が上記回答に応じず，返金処理も行わない場合は，直ちに訴訟提起，警察署への被害届の提出等を行う予定であるから，この旨申し添える。

通知の理由

1　依頼者は平成〇〇年〇〇月〇〇日，ニックネーム「A子（26歳）」に本件サ

イトに誘導され，当初は無料会員として登録した。
2 　同年〇〇月〇〇日，貴社から，正規会員になれば会員間での携帯番号やアドレスの交換ができるとして正規会員への勧誘メールを受信したため，依頼者は「Ａ子（26歳）」と携帯番号等の交換をしたいと考え，メッセージの送受信が有料である正規会員への登録をした。
3 　その後，平成〇〇年〇〇月〇〇日に〇〇万円（口座名義は貴社），同年〇〇月〇〇日に〇〇万円（口座名義は同上），同年〇〇月〇〇日に〇〇万円（口座名義人は同上の振込によりポイントを購入し，同ポイントは，ニックネーム「Ａ子（26歳）」と携帯番号等を交換するために，ニックネーム「Ａ子（26歳）」や「Ｂ男（32歳）」とのメッセージの送受信に利用した。
4 　ところが，本件サイトは，上記ニックネームの者らから，携帯電話番号等の交換をするためには，「保証システムの同意」が必要であるとしたり，「マスターコードの送信」が必要としたり，マイレージの交換が必要であるなど，様々な要件をつきつけられ，結局，依頼者は携帯番号等の交換をするに至っていない。
5 　本通知ではいちいち具体的なメールを示さないが，これらニックネームの者は，そのメッセージの内容及びメッセージ通数からも貴社らのサクラであることは明らかである。
6 　そうすると，貴社はサクラを利用して，あたかも携帯番号等の交換ができるかのように依頼者を錯誤に陥れ，依頼者の錯誤に乗じて金銭を詐取したものであるから，貴社は民法709条に基づき，少なくとも，依頼者が被った損害として，同人が貴社名義の口座への振込額の合計〇〇万円及び振込手数料合計〇〇〇〇円の合計たる〇〇万〇〇〇〇円を賠償する義務を負うことになる。

以　上

II　アダルトサイト詐欺（架空請求詐欺）

1　事案の特徴

　アダルトサイトに関する相談は、独立行政法人国民生活センターの資料によれば、「全国の消費生活センターに寄せられた2011年度の商品・サービス別の相談件数の1位となり、2009年度以降最多の件数にまで増加し、2012年度も相談件数は減少したものの、引き続き、相談件数は1位となっている」[1]。なお、近年は、スマートフォンでアクセスしたアダルトサイトに関する相談が急増している[2]。

　アダルトサイト詐欺に関する主な相談は「アダルトサイトの動画を閲覧したところ、料金を請求された」、「無料アプリをダウンロードして、アダルト動画を再生したところ高額料金を請求された」、「3日以内に支払うと6万円だがそれを過ぎると9万円などと支払いをあせらせる」など利用料金に関するトラブルである。また、請求画面がパソコン等に貼りついて消えないといった相談が全体の3割を占めている[3]。

　事案の性質からすれば、上記相談件数は氷山の一角であることは容易に想起され、そうするとアダルトサイト詐欺に関する事案は看過できない重大な事案であるといえる。なお、アダルトサイト詐欺に関する相談を分類すると〔図52〕のとおりとなる。

1　独立行政法人国民生活センターHP「アダルト情報サイトの相談が2011年度の相談第1位に——インターネットにアクセスできる機器すべてに注意が必要」〈http://www.kokusen.go.jp/news/data/n-20120906_1.html〉、同「2012年度のPIO-NETにみる消費生活相談の概要」4頁。
2　独立行政法人国民生活センター「スマートフォンからアクセスしたアダルト情報サイトの相談が急増！——"公式マーケット"でダウンロードした無料アプリからの請求も」（平成25年5月21日）〈http://www.kokusen.go.jp/pdf/n-20130521_1.pdf〉参照。
3　「平成25年版消費者白書——消費者政策の実施の状況」（第183回国会提出）101頁。

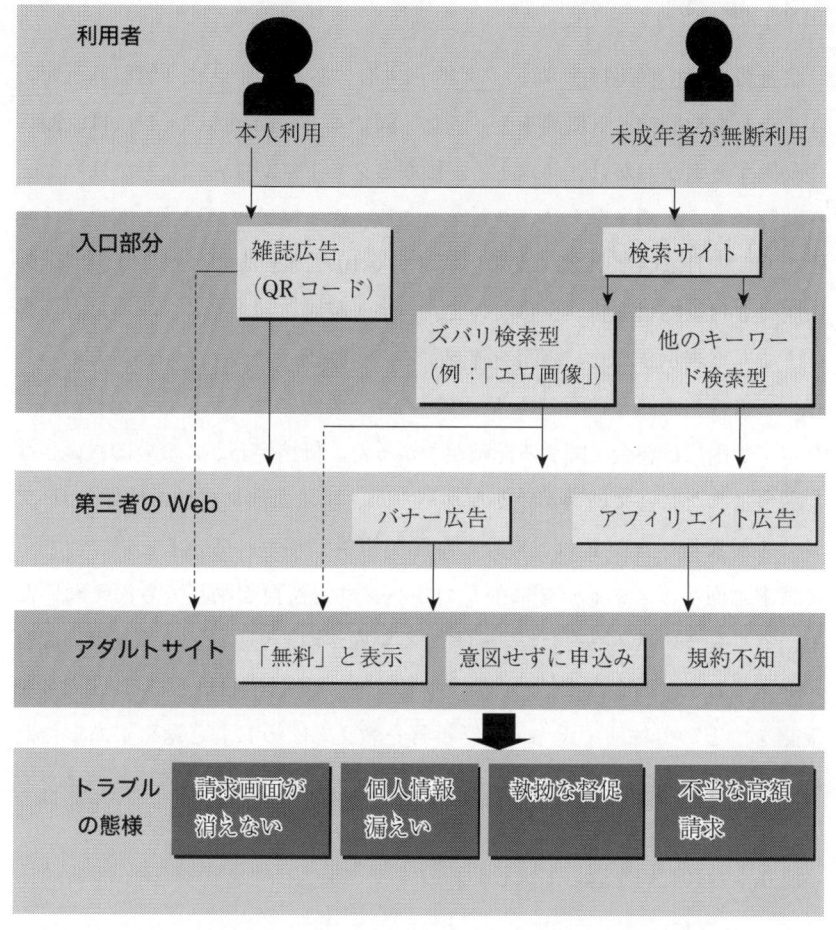

Ⅱ　アダルトサイト詐欺（架空請求詐欺）

〔図52〕　アダルトサイト詐欺に関する相談

| 利用者 | 本人利用 | 未成年者が無断利用 |

| 入口部分 | 雑誌広告（QRコード） | 検索サイト → ズバリ検索型（例：「エロ画像」）／他のキーワード検索型 |

| 第三者のWeb | バナー広告 | アフィリエイト広告 |

| アダルトサイト | 「無料」と表示 | 意図せずに申込み | 規約不知 |

| トラブルの態様 | 請求画面が消えない | 個人情報漏えい | 執拗な督促 | 不当な高額請求 |

　ここではアダルトサイト詐欺に加え、事業者の特定が困難であることや意に反した支払いを余儀なくされるなど、アダルトサイト詐欺と共通点のある架空請求詐欺に関する論点についても、必要に応じて取り上げることとする。

2 事 例

　会社員B（札幌市在住）は、アダルトサイトYのサイトに「無料」と表記があったため同サイトに興味をもった。同サイトの動画のページには、複数の動画データがおかれ、サムネイル画面とタイトルが並んでいた。Bは動画を閲覧しようと画像をクリックしたところ、ポップアップウインドウに「札幌のOCN IP25X.25X.25X.25Xさん！　金10万円を課金しました。下記の口座に3日以内に支払いをしないと、自宅・職場に請求をし、警察にも通報します」と表示された。画面を確認すると、動画のサムネイルが並んでいるページには、画像と動画のスペースがあり、画像には「無料」と記載があったが、動画には料金に関する記載がなかった。価格がわからないのにいきなり課金されたことに納得がいかなかったが、請求画面に自分の地域やIPアドレスが表示されたBは、自分の身元が相手に知られていると思い、さらに請求画面がデスクトップに張りつきパソコンを再起動しても消えないため、怖くなって払込みをした。それでも画面が消えず、サイト事業者の問合せフォームに「お金は支払った」とメッセージを送信したところ、「入金を確認をするので住所・氏名・電話番号を教えるように」と返事があったため、サイト事業者にこれら情報をすべて伝えた。すると請求画面は消えたものの、spamや架空請求メールが大量に届くようになった。

　支払った10万円を返してほしい。

3 検討課題

検討課題	ポイント
(1) 成立要件レベルにおける主張（契約不成立）	契約成立の有無の判断はどのように行うか。
	特定商取引法（不法行為構成における違法性の根拠事実としての行為規制違反の有無)、

(2) 法的主張の検討に際して押さえておくべき特別法	電子消費者契約法（錯誤無効の主張における民法95条ただし書の特例）、風俗営業法（サイト事業者の特定）
(3) 有効要件レベルにおける主張	錯誤無効、公序良俗違反、不法行為構成の検討
(4) 料金が未払いである場合の実務上の対応	訴え提起をされる可能性、請求画面の消去、IPアドレスでどこまでわかるのか。
(5) 相手方の特定が困難である場合の対応	調査嘱託の活用、ツール提供事業者に対する責任追及

(1) 成立要件レベルにおける主張（契約不成立）

　本事例は、無料であるとの認識でアダルト動画をダウンロードしたところ、高額の料金を請求されたという事案である。アダルトサイト詐欺に関する相談については、①「興味があるかたはこちらをクリック！　→http://……」など、当該URLへのアクセスが契約の申込みになるとの認識が消費者にはないにもかかわらず、当該クリックの結果、「契約が成立した」として利用料金を請求されるケースと、②画像や動画の閲覧は無料であるかのように表示されていたため、当該画像等を閲覧する意思を形成したうえで「契約を申し込みますか？　はい・いいえ」と表示されたため、「はい」をクリックしたところ利用料金を請求されるケースがある。

　上記①については、URLはクリックしてみなければその先は閲覧できないこと、そのURLの表示とともになされている文言が、単なる宣伝やサービスの解約であって、契約内容が表示されているわけではないため、当該クリック行為は消費者の「申込み」の意思を伴わないものであることは明らかであるから、契約は不成立であると考えられる。

　上記②については、消費者は無料で当該アダルト画像ないし動画を閲覧するという「申込み」をしたところ、サイト事業者から有償であるとして利用料金を請求されたというものである。申込みと承諾の合意については「契約

類型に固有の要素（売買なら目的物と代金。民555条参照）についての合意が最低限必要だと考えられている[5]」とされていることからすれば、基本的には、このようなケースにおいては対価の支払いについての合意を欠くことになるから契約は不成立であるとの解釈が成り立つ。もっとも、当事者の合意としては「真意のレベルでの合致（内面的合致）ではなく表示のレベルでの合致（外形的合致）[6]」で足りると解されていることからすれば、申込みに至るまでの画面構成、具体的な料金が記載されている規約等の配置位置などから客観的に契約の成立は判断されることになる（インターネット取引に関する規約の拘束力については、第2章Ⅱ1(2)を参照されたい）。したがって、規約が消費者にとって認識が困難な場所に表示されているようなケースにおいては契約の不成立が認められる余地もあるが[7]、その反面、事案によっては仮に消費者が無料であるとの認識であったとしても、規約が容易に確認できるような場所に設置されていた場合は契約の成立が認められる可能性もある。

　本事例においては、消費者の意思（無償で動画を閲覧したいという申込み）と、サイト事業者の意思（当該消費者の申込みに対し、「10万円の利用料を支払えば閲覧させる」というのであるから承諾ではなく新たな申込み）に合致はないし、特にサイト事業者側において、規約の記載など10万円の請求根拠が明らかにされていないことからすれば、サイト事業者からの請求段階の限りにおいては、契約は不成立であると考えられる。

　しかし、その後、消費者の内心はともかくとして、当該消費者は当該動画

4　電子商取引準則ⅰ16は、「単なる宣伝メールを装い、特定URLを表示しているケース」や「有料サービスの解約・退会案内メール（もともと退会しなければならない有料サービスなどは存在してない）などを装い、特定URLを表示しているケース」などにおいて、当該特定のURLをクリックしてしまったというような場合は「契約が不成立と判断しうる例」としている。
5　大村敦志『消費者法〔第4版〕』66頁。
6　大村・前掲（注5）同頁。
7　電子商取引準則ⅰ17は、「契約が不成立と判断される可能性のある例」として、「利用規約の表示はあるが、利用規約の存在が認識しにくいように画面設計がされているケース」をあげている。

の閲覧の対価という認識をもって10万円の支払意思を形成し、これを支払っていることからすれば、表示レベルではサイト事業者からの申込みに対して承諾の意思表示をしていることになり、契約は成立していると解される余地がある。

よって、本事例においては、契約が成立しているとの前提における法的主張を検討する必要があるといえる。

(2) 法的主張の検討に際して押さえておくべき特別法

(ア) 特定商取引法

(A) サイト事業者の特定

アダルトサイトは、Eメールや Web 画面上から申込みを受け、アダルト画像の閲覧という役務提供を行う形式をとる場合が多い。このような事案では、特定商取引法の通信販売に該当することとなる（特商法2条2項）。したがって、この場合、前述のとおり、アダルトサイト事業者は、Webページにおいて広告を表示するにあたり、名称・住所・電話番号などを広告に表示しなければならないとされているため（特商法11条、特商規8条）、同表示によってサイト事業者を特定できる場合がある。

なお、これらの表示は必ずしも会社法上の「本店」と一致していない場合もあり、この場合は、当該サイト事業者の商号につき、登記情報提供サービスなどを利用して、全国から検索したり、その他の電話番号等から調査嘱託等によってサイト事業者を特定することになる。

(B) 虚偽広告等の禁止

通信販売業者は、役務の提供条件について広告をするときは、当該役務の内容や種類、効果、役務の対価等につき、著しく事実に相違する等の表示をしてはならないとされ（特商法12条、特商規11条）、特定商取引法に条違反は行政処分の対象となるほか、直罰規定の対象となる（特商法72条3号）。

したがって、実際には10万円の役務対価であるにもかかわらず、これを「無料」であるかのような虚偽表示をした場合は、特定商取引法12条違反になる。

特定商取引法12条違反が、直ちに私法上の効力に直結するわけではないが、かかる事実は不法行為構成における違法性の根拠事実の一つになりうる。

(C) 顧客の意に反して契約の申込みをさせようとする行為の禁止

通信販売業者が、「顧客の意に反して通信販売に係る売買契約又は役務提供契約の申込みをさせようとする行為」は主務大臣の指示対象行為になるとされ（特商法14条1項、特商令16条1項）、その程度が「取引の公正及び購入者若しくは役務提供を受ける者の利益が著しく害されるおそれがあると認めるとき」（特商法15条1項）は、業務停止命令の対象となるとされている。なお、具体例については、「インターネット通販における『意に反して契約の申込みをさせようとする行為』に係るガイドライン」[8]（以下、「ネット通販ガイドライン」という）において示されている（〈表32〉参照）。

上記の行為規制違反には直罰規定はないものの、取締法規たる特定商取引法の行為規制違反であることからすれば、不法行為構成における違法性の根拠事実の一つとなりうる。

〈表32〉 意に反して契約の申込みをさせようとする行為

特商令の規定	ネット通販ガイドラインの具体例
販売業者が電子契約の申込みを受ける場合において、電子契約に係る電子計算機の操作が当該電子契約の申込みとなることを、顧客が当該操作を行う際に容易に認識できるように表示していないこと（特商令16条1項1号）	・最終的な申込みにあたるボタン上では、「購入（注文、申込み）」などといった用語ではなく、「送信」などの用語で表示がされており、また、画面上の他の部分でも「申込み」であることを明らかにする表示がない場合 ・最終的な申込みにあたるボタンに近接して「プレゼント」と表示されているなど、有償契約の申込みではないとの誤解を招くよ

---

[8] 消費者庁「インターネット通販における『意に反して契約の申込みをさせようとする行為』に係るガイドライン」〈http://www.caa.go.jp/trade/pdf/130220legal_8.pdf〉。

	うな表示がなされている場合
販売業者が電子契約の申込みを受ける場合において、申込みの内容を、顧客が電子契約に係る電子計算機の訂正できるようにしていないこと（同項2号）	・申込みの最終段階の画面上において、申込み内容が表示されず、これを確認するための手段（「注文内容を確認」などのボタンの設定や、「ブラウザの戻るボタンで前に戻操作を行う際に容易に確認しおよびることができる」旨の説明）も提供されていない場合 ・申込みの最終段階の画面上において、訂正するための手段（「変更」などのボタンの設定や、「ブラウザの戻るボタンで前に戻ることができる」旨の説明）が提供されていない場合
販売業者が申込みの様式が印刷された書面により売買契約の申込みを受ける場合において、当該書面の送付が申込みとなることを容易に認識できるように当該書面に表示していないこと（同項3号）	

(イ) 電子消費者契約法

　アダルトサイトのような事業者・消費者間におけるインターネット取引は、電子消費者契約法の規定する「電子消費者契約」（電子消契法2条1項）に該当する。同法は、錯誤に関する民法95条ただし書に関する特則を定めており、そもそも契約の申込みの意思表示を行う意思がない場合（いわゆる誤クリックの場合）や、異なる内容の意思表示を行う意思がある場合において、消費者が誤って申込みのクリックボタンを押してしまったときは、事業者が申込内容の確認措置を講じていた場合を除き、申込者の重過失の有無にかかわらず、錯誤無効の主張ができる旨を規定する。

電子商取引準則ｉ16においては、錯誤による契約の無効主張が可能な例として、「申込者が内心で認識していたサービス提供の代金と、実際に成立した契約の代金とに食い違いがあった場合」などが示されている。

(ウ) 風俗営業法

アダルトサイトが、風俗営業法の「映像送信型性風俗特殊営業」（風営法2条8項）にあたる場合、サイト事業者は事務所の所在地を管轄する公安委員会へ、次の①〜⑤の事項の届出が義務づけられており（同法31条の7第1項）、無届営業をした場合は、6カ月以下の懲役または100万円以下の罰金、またはこれを併科される。

① 氏名または名称および住所並びに法人にあっては、その代表者の氏名
② 当該営業につき広告または宣伝をする場合に当該営業を示すものとして使用する呼称
③ 事務所の所在地
④ Webサイトの URL
⑤ データをおくサーバが自社のものではない場合（レンタルサーバなど）、そのサーバの設置者の氏名または名称および住所

「映像送信型性風俗特殊営業」の具体的該当性については、同法の解釈運用基準に詳しい解釈が示されている。[10]

無届営業による風俗営業法違反は、直ちに民事的効果を生ずるものではないものの、裁判前の交渉材料となったり、不法行為構成における違法性の根拠事実の一つとなろう。

---

9 経済産業省「電子消費者契約及び電子承諾通知に関する民法の特例に関する法律逐条解説」（平成13年12月）⟨http://www.meti.go.jp/topic/downloadfiles/e11225bj.pdf⟩ 20頁によれば、「イ．送信ボタンが存在する同じ画面上に意思表示の内容を明示し、そのボタンをクリックすることで意思表示となることを消費者が明らかに確認できる画面を設置すること」、「ロ．最終的な意思表示となる送信ボタンを押す前に、申込みの内容を表示し、そこで訂正する機会を与える画面を設置すること」が例示されている。
10 警察庁「風俗営業等の規制及び業務の適正化等に関する法律等の解釈運用基準について」⟨http://www.npa.go.jp/safetylife/kankyo/unyoukijun.pdf⟩ 参照。

(3) 有効要件レベルにおける主張

(ア) 公序良俗違反

本事例においては、①Webサイト上に無料であると誤信させるような表示をさせ、申込みを誘発している事実、②IPアドレス等を表示するなどして、あたかも当該消費者を特定できたかのように誤信させ、職場や家族等に知らせるなどとしたり、請求画面をデスクトップ画面に貼りつかせ、これを容易に消去できない状態にするなどして、当該消費者を困惑状況に陥らせたり、金銭の請求をしている事実、③通常のDVDの販売価格などとの比較においても10万円は著しく過大である事実、④特定商取引法の行為規制違反の事実、⑤請求画面をBのパソコンのデスクトップに貼りつかせるプログラムを提供する行為は不正指令電磁的記録作成等（刑法168条の2）に該当する可能性があることなどからすれば、当該サイト事業者は、消費者の知識の不足に乗じて、著しく過大な利益を獲得しているといえる。

よって、本件契約は公序良俗違反により無効であるとの主張を検討しうる。

(イ) 不法行為

不法行為構成における違法性の根拠事実については上記(ア)のとおりとなる。不法行為構成においては、かかる違法行為によって、当該消費者は支払済みの10万円および司法書士等の法律専門家への委任を余儀なくされたとして司法書士等の費用を損害として請求することが考えられる。

また、サイト事業者を相手方とするのみならず、当該サイト事業者が法人である場合はその役員個人についても共同不法行為が成立するとして相手方とすることが考えられよう。

(ウ) 錯誤無効

アダルトサイトにおいて、動画閲覧が無料であると認識して申込みをしたところ、利用料金として10万円を請求されたというケースにおいて、利用料

---

11 法務省「いわゆるコンピュータ・ウイルスに関する罪について」〈http://www.moj.go.jp/content/000076666.pdf〉参照。

金が10万円である旨が比較的わかりやすい場所に掲載されていたときには、客観的には契約が成立していると解される場合がある。この場合、いまだ利用料金を支払っていないケースにおいては、錯誤無効の主張も考えうる。

　本事例においては、①無料でアダルト動画を閲覧したいという動機を形成し、②無料のアダルト動画を閲覧してみようという意思形成をし（効果意思）、③無料のアダルト動画閲覧の申込みの意思表示をしようと意思形成したところ（表示意思）、④利用料金10万円のアダルトサイトの申込みをしてしまった（表示行為）というのだから、効果意思と表示行為が不一致であり、表示上の錯誤が生じているといえる。また、本件錯誤は仮に閲覧の利用料金が10万円であるならば当該消費者は申込みをすることがなかったであろうし、客観的にもそのように解することが相当であることからすれば、要素の錯誤にあたるといえる。

　したがって、本事例においては、錯誤無効の主張も考えられよう。

(4) 料金が未払いである場合の実務上の対応

(ア) 訴えを提起される可能性

　本事例とは異なり、料金を支払う前であれば、「請求を無視をする」というのが、最もシンプルかつ妥当な方法であることはいうまでもない。

　この場合、サイト事業者からは「放置をすれば訴訟も辞さない」旨を告げられることもある。アダルトサイト事業者Xが消費者Yに対して訴訟提起をする場合、契約の成立を前提とすれば、訴訟物は役務提供契約（アダルト動画を視聴させる役務）に基づく代金請求権となり、請求原因事実は、①XがYに対し役務提供の約束をした事実、②YがXに代金支払いの約束をした事実となる。

　上記請求原因事実の立証方法については、通常のインターネット取引であれば、YからXに送信されXにおいて保存しているYの氏名、住所、電話番号、メールアドレス、役務の種類、対価の記載された注文フォームの送信データをプリントアウトしたものなど、請求原因事実①②の内容を認識したうえでYからXに申込みがなされたことを証する文書（電磁的記録）を書

証として提出することになるものと思われる。

　ところが、本事例のようなアダルトサイトにおいては、上記のとおり、Yは住所、氏名はおろか、メールアドレスさえもXに提供せずに、プログラムを実行することで請求画面が表示される事態となっているのであり、同時点において、Xは、プログラムをダウンロードした者の個人情報は何ら有していない状況であり、請求原因事実の主張立証については、さらに、Yがプログラムを実行するに至った経緯、対価の記載されている規約の存在およびその位置（アダルトサイトにおいては、画面をスクロールした最下層などの認識困難な場所に、目立ちにくい色・文字サイズで規約が表示されていることが少なくない）などについても必要とならざるを得ない。そうすると、Xとしては、請求原因事実の主張立証をしようとすると、むしろ、契約の不当性や合意成立について争う根拠となる事実をも証拠方法として提出せざるを得ず、訴訟提起に踏みきることにはデメリットも少なからず存在することになる。したがって、一般的には本件のような事案において、アダルトサイト事業者側から訴訟提起がなされるというケースは多くはないだろうと考えられる。

　(イ)　請求画面の消去

　本事例のように、アダルトサイト業者が、デスクトップに請求画像を貼りつかせるクラッキングまがいのウイルスをWebサイトに仕込み、相手方を困惑させる方法をとるケースも散見される。デスクトップに貼りついた請求画像の消去方法については、独立行政法人情報処理推進機構（IPA）のWeb上で公開されている。[12]

　(ウ)　IPアドレスからどこまで特定可能か

　Webサイトを閲覧しただけで個人を特定されることは、通常ではほとんどないといってもよい。相手方においても把握している情報はインターネット接続のIPアドレス等のみである。「札幌のOCN　IP25X.25X.25X.25Xさ

12　独立行政法人情報処理推進機構HP「Windowsでの『システムの復元』の実施手順」〈http://www.ipa.go.jp/security/restore/〉。

ん！」という表記は、IPアドレスをWHOIS検索（第1章Ⅱ3(4)(ｱ)参照）をすることにより、そのIPアドレスのインターネット接続業者（ISP）とごく大雑把な地域がわかるため、それを表示させ、身元がわかっているかのようにして、閲覧者に心理的なプレッシャーをかけるのである。

実際は、「IP25X.25X.25X.25X」から個人を特定できるのは、個人が契約したインターネット接続をしているプロバイダのみで、プロバイダはプロバイダ責任制限法の発信者情報開示によらなければ発信者情報を外部に開示することはなく、そもそも本事例のようなケースは同制度の対象外であるため、プロバイダから発信者情報が開示されることはない。

(5) 相手方事業者の特定が困難である場合の対応

(ｱ) 訴えの提起

本件のようなアダルトサイト詐欺や情報商材詐欺、架空請求詐欺などにおいては、相手方がEメールあるいはWebページに記載された商号、住所などが虚偽であり、その特定が困難である場合も少なくない。このような場合、振り込め詐欺救済法に基づく口座凍結が奏功するような例外的な場合を除けば、具体的な被害回復の手段としては訴え提起に移行せざるを得なくなるのであり、WebページのURL、記載された電話番号、振込先口座など残された情報を基に、調査嘱託等を利用して、相手方の特定を行うことになる。

この際、訴状における当事者の表示の記載の程度ないし方法が問題となるが、訴状における上記住所および氏名の記載は、他の者と識別することができる程度に特定されていれば、当事者の特定としては十分である（実質的表示説）と考えられる。したがって、訴え提起に際しての当事者の特定としては、たとえば、「(Web上の表記)〒〇〇〇-〇〇〇〇　〇〇県P市〇〇町〇〇番地　株式会社Y」、「住所不詳　カタカナ氏名（〇〇銀行〇〇支店　普通口座番号1234567の口座名義人）」などと記載すれば足りる。

(ｲ) 複数回にわたる調査嘱託申立ての必要性

実際に相手方を特定するためには、調査嘱託の申立て（民訴法151条6号、

186条）を行い、嘱託先から入手した情報が相手方を具体的に特定するには不十分である場合は、同調査嘱託によって得た情報からさらなる調査嘱託の申立てを行うなど、複数回にわたる調査嘱託の申立てを余儀なくされる。この間、裁判所としては、当該事件の受付をしたにもかかわらず、口頭弁論期日を行うことができない状況が続くため、現在の民事訴訟における運用上はあまり好ましくない状況となってしまうことになる。

このため、たとえば「進行に関する意見」を訴え提起時に提出するなどして、裁判所に本件の問題点、繰り返し調査嘱託申立てを行う必要性がある旨の理解を求める方法を行うことも必要であろう。「進行に関する意見」においては、①訴状における当事者の表示が訴え提起時の特定としては十分である旨、②具体的に当事者を特定しなければ違法収益の獲得を認めることになりうること、③被告の特定について困難な事情がある場合に、原告が被告の特定につき可及的努力を行っていると認められる場合には、調査嘱託等をすることなく、直ちに訴状を却下することは許されないというべきであるとした名古屋高金沢支決平成16・12・28判例集未登載[13]を引用しながら、原告が被告の特定につき可能な限りの調査をした事実の主張をする（「進行に関する意見」については、下記5(4)、本章Ⅳ【書式10】参照）。

(ウ)　ツール提供事業者の責任

上記(イ)の調査嘱託等を繰り返すと、バーチャルオフィス提供事業者、電話転送事業者、レンタル携帯電話事業者などさまざまなツール提供事業者の介在が明らかになるものの、これらツール事業者との契約に際して提示された運転免許証等が偽造されたものであったり、同事業者らの本人確認が杜撰であるために、相手方の特定に行き詰まる事態も存在する。

13　本決定は、振り込め詐欺事件における口座名義人を被告とした事案につき、訴状の被告名はカタカナ名、住居表示は「不詳」とされていたため、却下したという事案の抗告審であるところ、「被告の特定について困難な事情があり、原告である抗告人において、被告の特定につき可及的努力を行っていると認められる例外的な場合には、訴状の被告の住所及び氏名の表示が上記のとおりであるからといって、上記の調査嘱託等をすることなく、直ちに訴状を却下することは許されないというべきである」としている。

このような場合は、架空請求詐欺を行ったサイト事業者等の責任追及を断念せざるを得ないが、私法上における被害回復という観点からは、詐欺のツールを提供した事業者あるいは口座名義人に対する共同不法行為（幇助者責任を含む[14]）[15]に基づく損害賠償請求等を検討することにならざるを得ない。

　かかる事業者らがいかなる注意義務を負い、当該義務違反をしたことをもって不法行為が成立した、あるいは幇助につき故意または過失があったかについては、犯罪収益移転防止法や、携帯電話不正利用防止法に基づく本人確認義務が課せられている事業者については、当該各法律に基づく同義務違反があれば、注意義務違反の根拠となりうるが、これらの法律の対象外である

---

[14] 取引型不法行為の事件につき、共同不法行為を認めた裁判例としては、①架空請求詐欺事件において、用いられた携帯電話のレンタル事業者につき「平成16年8月当時、既に、携帯電話を利用した架空請求詐欺を始めとする犯罪が蔓延し、社会問題化していたことが認められる」としたうえで、レンタル携帯電話事業者においては、「当該携帯電話事業が犯罪遂行手段を確保し、犯罪行為を援助、助長することのないよう、販売・レンタル等の営業方法について適正を期する義務を負うというべきである」として、「名前及び住所を明らかにしない顧客に対して、漫然と携帯電話のレンタルを行」った行為につき、注意義務違反があったとしたものとして京都地判平成17・10・26判時1919号132頁、②次々販売の事件において、クレジット会社に対し「もっとも、被告信販会社が、被告販売会社の社会的に著しく不相当な販売行為を知って与信を行っていた場合には、同被告の不法行為を助長したものとして、個別に不法行為を構成する場合がありうる」として、被告販売業者と被告信販会社の提携関係の程度、認識可能性等から一定時期以降の取引に係る既払金相当額を損害として認容したものとして大阪地判平成20・4・23裁判所HP（一部認容）などがある。

[15] 刑法における「幇助」とは異なり、民法719条2項の「幇助者」には過失ある幇助者も含まれる。参考裁判例として、①未公開株詐欺事件において、勧誘に用いられた携帯電話のレンタル事業者につき東京地判平成24・1・25消費者法ニュース92号290頁、②ヤミ金（融資保証金詐欺）事件において、振込先となった預金口座の売買の仲介を行った業者につき神戸地洲本支判平成16・4・20判時1867号106頁ほか、③詐欺行為（紳士録商法）において利用された振込先口座の開設・譲渡をした者につき静岡地判平成17・1・11判タ1213号215頁、④未公開株詐欺事件において、勧誘に用いられた携帯電話のレンタル契約における名義人につき東京地判平成22・12・22判例集未登載、⑤架空請求詐欺事件において、携帯電話不正利用防止法に基づく本人確認を怠ったレンタル携帯電話事業者につき富士簡判平成25・1・22消費者法ニュース96号367頁、⑥原野商法の仲介等をした不動産業者につき大阪高判平成7・5・30判タ889号253頁などがある。

事業者については、注意義務が実体法上措定できるか否かという点から検討せざるを得ない。

4　事前準備

(1)　資料の収集

(ア)　課金に至る経緯

実際に依頼者が利用していた端末（パソコンかタブレットまたはスマートフォンか従来型携帯電話かによって表示が異なる）において、当該Webサイトがどのように表記されていたのかを可能な限り再現し、当該Webサイトの画面を保存する（Webサイト画面の保存方法については、第3章Ⅱ4(2)参照）。これは、電子消費者契約法における民法95条ただし書の特例の適用除外となる「確認を求める措置」を事業者が講じていたか否かの事実、サイト事業者が特定商取引法違反の行為をしていた事実の立証に供するためである。

(イ)　事業者の特定に関する情報

相手方が法人であってWebページを運営し、当該Webページに「特定商取引法に基づく表記」がある場合は同表記の住所、商号から当該法人の登記情報の取得により特定を行う。なお、登記情報の請求などによって相手方の特定に至らない場合は、前述のとおり、当該WebページのURLや同WebページやEメールに記載された電話番号等を基に調査嘱託によって相手方の特定を試みることになるから、Web画面やEメールの保存は早期段階で行うべきである。

アダルトサイトについては、当該Webサイトが「映像送信型性風俗特殊営業」（風営法2条8項）にあたる場合には、前述のとおり、事務所の所在地を管轄する公安委員会への届出が義務づけられており（同法31条の7）、当該事業者の特定に足る事項が届出事項とされているから（同条）、事業者の本店所在地における警察署に対して情報公開請求を行う方法が考えられる。

情報公開請求については、警視庁・各道府県の警察本部のWebサイトから請求書の書式がダウンロード可能である場合が多い。[16]

267

(ｳ)　支払額等の確認

　損害額の確定のため、振込伝票の控えなど、支払方法およびその金額を明らかにする書証の確認をする。

　アダルトサイト被害の場合、家族に知られたくないため、このような書類を破棄してしまっていることも少なくない。この場合は、入金確認をした旨のサイト事業者からのＥメール等をもって支払いの事実およびその額を立証する方法が考えられる。

　クレジットカードの場合は、イシュアから利用明細を取り寄せることが可能である。もっとも、国内のクレジットカード会社はアダルトコンテンツサービスを提供する事業者と加盟店契約を行ってないことが多いため、クレジット決済が可能な事業のほとんどは海外のアクワイアラと加盟店契約を締結した決済代行業者が介在しているケースもみられる。この場合はクレジットカード利用明細には利用先として決済代行業者の表示がなされることが多いため、さらに、イシュアのみならず当該決済代行業者に対しても受任通知を送り、具体的な支払状況や支払い先を確認することになる。

(2)　事情聴取に際しての留意点

　アダルトサイト被害は男女問わず発生している。相談者と対応する専門家は同性のほうがよいと考えがちだが、逆に同性には恥ずかしくて相談できないという者もいる。いずれにせよ、相談しにくい事案であることに十分留意し、適正な対応を行うために、利用の経緯や支払いまでの詳細を具体的に聴き取る工夫が必要である。家族とともに相談に訪れることもあるが、プライバシーが守られる環境での聴取が望ましい。

5　受任通知・交渉・法的主張

(1)　基本方針

　アダルトサイト詐欺においては、事業者の特定が困難である場合や事業者

16　警視庁 HP「申請様式一覧（情報公開・個人情報保護）」〈http://www.keishicho.metro.tokyo.jp/tetuzuki/form/shinsei_kaiji.htm〉参照。

が早期に連絡不能となる場合が少なくないことから、第1に振り込め詐欺救済法に基づく口座凍結要請を検討し、サイト事業者の所在が特定できる場合は、あわせて受任通知を送付するべきである。仮に口座凍結要請が奏功しない場合、あるいは交渉が決裂した場合は、当該サイト事業者あるいはこれに関連するツール提供事業者に対する訴え提訴を検討することになる。

(2) 振り込め詐欺救済法の口座凍結要請

本事例は、アダルトサイトの利用料金の請求が、消費者をして無料であると誤信させる表示をすることによって、当該消費者を誤信させ、その誤信に乗じて申込みをさせたうえで、害悪の告知をして多額の金銭を振り込ませるといった行為であるから、詐欺罪（刑法246条）および強要罪（同法223条）類似の行為であるといえ、さらに、特定商取引法違反（特商法14条1項2号、特商規16条、ネット通販ガイドライン）にあたるといえる。したがって、当該振込先口座は、振り込め詐欺救済法の口座凍結要請の対象となる「犯罪利用預金口座等」（同法2条4項）に該当すると解される。

したがって、当該Webサイトの画面、請求画面、振込みをしたことを証する書面等を添付書類として、速やかに当該預金口座を管理する金融機関に対する口座凍結要請（口座凍結要請に関する留意点等については、第2章Ⅴ1(2)参照）を試みるべきである。

(3) 受任通知

アダルトサイト詐欺のような事案においては、個人情報の流失ないし悪用を避けるという観点から、受任通知に記載する委任者の表示については、IDやメールアドレスなど、サイト事業者において委任者を特定できるに足る情報を記載すれば足り、むやみに住所や氏名などの個人情報を記載することは控えるべきである。

(4) 相手方事業者の特定が困難である場合の訴え提起

前述のとおり、サイト事業者の特定が困難である場合は、いったん訴えを提起したうえで、残された情報を頼りに調査嘱託を繰り返すことにより、相手方の特定を試みることになる（上記3(5)(イ)参照）。このような方法は裁判所

の十分な理解が不可欠である。そこで、たとえば、訴え提起時に「進行意見」(本章Ⅳ【書式10】参照) を提出することも検討すべきである。

Ⅲ　ドロップシッピング等の在宅ワーク詐欺

1　事案の特徴

　アフィリエイトやドロップシッピングなどインターネットを利用した在宅ワーク（内職）につき、PIO-NET に寄せられる相談件数は、一時期よりは減少したものの依然として高い水準にある。

　本来アフィリエイトとは、「提携先の商品広告を自分の Web サイト上に掲載し、その広告をクリックした人が提携先から商品を購入するなどした場合、一定額の報酬を得られる」というしくみであり、ドロップシッピングとは「自分の Web サイト上に商品を掲載し、商品の申込があった場合、メーカーや卸業者から申込者へ商品を直送する」というしくみであって、いずれも上記インターネットショップ等を立ち上げた消費者自らの判断においてその運営が行われるものである。

　しかし、現在問題となっているケースの多くは、事業者（DSP（ドロップシッピングサービスプロバイダ）等）が「短期に収益があがる」、「運営をサポートするから初心者でも心配はいらない」などと告げて、必ずしもこれらの運営について知識をもたない消費者を巻き込んで、ホームページ開設費用、サポート費用などの名目によって高額の対価を支払わせるものの、当該消費者は、結局ほとんど収益を得ることができないといった事案である。

1　独立行政法人国民生活センターHP「アフィリエイト・ドロップシッピング内職」〈http://www.kokusen.go.jp/soudantopics/data/affiliate.html〉。
2　独立行政法人国民生活センターHP「アフィリエイトやドロップシッピングに関する相談が増加！──『簡単に儲かる！』？　インターネットを利用した"手軽な副業"に要注意」〈http://www.kokusen.go.jp/news/data/n-200911043.html〉。なお、ドロップシッピングおよびアフィリエイトの景品表示法上の留意点等については、消費者庁「インターネット消費者取引に係る広告表示に関する景品表示法上の問題点及び留意事項」（平成23年10月28日）を参照されたい。

2　事 例

　ある日、C（40歳代、女性）は、検索サイトにおいて検索ワードを「内職」などと入力して、適当な在宅ワークを探していたところ、検索結果の上位にメルマガ作成等のアルバイトを募集していた株式会社YのWebサイトを見つけた。Cは、検索上位に表示されるくらいだから、評価の高い企業なのだろうと思い、本件Webサイトからアルバイトの申込みをした。

　その後、YのアルバイトとしてCがメルマガ文章を作成し、Yにこれを送信したところ、Y従業員から電話があり「メルマガの文章が上手なのでもっと稼げる話をしたい」、「個人のWebサイトをつくらないか。お勧めの商品をインターネット通販で売り、売れた分だけ儲かる。在庫を抱えなくてもいいのでリスクは少ない」、「Webサイト作成には40万円かかるが、10日もすれば40万円は稼げてしまう。次の月には20万円くらい稼げる」、「あなたはメルマガの文章を作成したり、質問メールへの回答をするだけでよい」、「あとは当社がすべてやる」と告げられた。

　このため、Cは上記告げられた事実を信じて、Yからファクシミリにより送信された「Webサイト制作依頼書」「購入申込書」に署名押印し、Yとの間でWebサイト制作等の役務提供契約を締結し（法定書面の交付はなかった）、Yを口座名義人とする指定口座に、同日40万円を振り込んだ。

　Yは、上記「Webサイト制作依頼書」の記載に従い、Cの希望するWebサイトショップ名にてWebサイトを開設した。ところが、取扱商品は得体の知れない情報商材のみであり、しかも「特定商取引法に基づく表示」には事業者としてCの氏名の表記もないというものであった。

　C自身はパソコンやインターネットに関する知識も乏しく、自分自身の力のみでWebサイトを運営することは到底できない。支払済みの40万円を返金してほしい。

3 検討課題

検討課題	ポイント
(1) 本件取引のとらえ方	特定商取引法の「業務提供誘引販売取引」に該当するか。
(2) 不当利得構成か不法行為構成か	請求額、過失相殺、損益相殺、請求の相手方に関する両主張に差異は何か。両主張をあわせて行う意義があるか。
(3) 立証における留意点	不当利得構成または不法行為構成における証拠方法としては何が考えられるのか。

(1) 本件取引のとらえ方──特定商取引法の「業務提供誘引販売取引」該当性

　本来のドロップシッピングは、〔図53〕のように、参加者は自らオーナーとなって事業を展開する。一方、いわゆるドロップシッピング商法被害においては、〔図54〕のように、当該契約者にWebサイト作成費用等を支払わせて開設したWebショップで行われる業務のうち、運営主体として行うべき業務を当該事業者（DSP）が行い、当該契約者は、もっぱら単純作業を行うものが少なくない。

　このような実態に着目し、近年、ドロップシッピング商法被害につき、結局は、当該事業者が、提供された役務（Webサイト作成）を利用する業務を、自ら当該契約者に提供しているから、かかる行為は「業務提供利益」に該当するとした裁判例が現れている（大阪地判平成23・3・23判時2131号77頁、東京地判平成23・12・22判例集未登載）[3]。

　業務提供誘引販売取引にあたる場合には、当該事業者に対し、対価相当額

---

[3] 近畿弁護士会連合会＝大阪弁護士会編『中小事業者の保護と消費者法』302頁に判決全文が掲載されている。

第4章 類型別被害救済の実務と書式

〔図53〕 通常のドロップシッピング

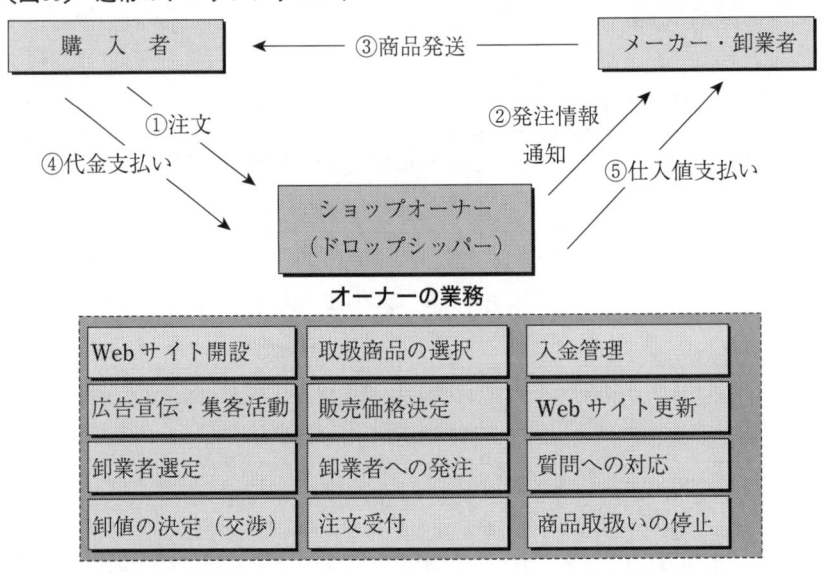

```
購入者 ←──③商品発送──── メーカー・卸業者
  │  ①注文          ②発注情報         ↑
  │ ④代金支払い        通知    ⑤仕入値支払い
  ↓                           │
      ショップオーナー
      （ドロップシッパー）
```

オーナーの業務

Webサイト開設	取扱商品の選択	入金管理
広告宣伝・集客活動	販売価格決定	Webサイト更新
卸業者選定	卸業者への発注	質問への対応
卸値の決定（交渉）	注文受付	商品取扱いの停止

〔図54〕 典型的なドロップシッピング商法のしくみ

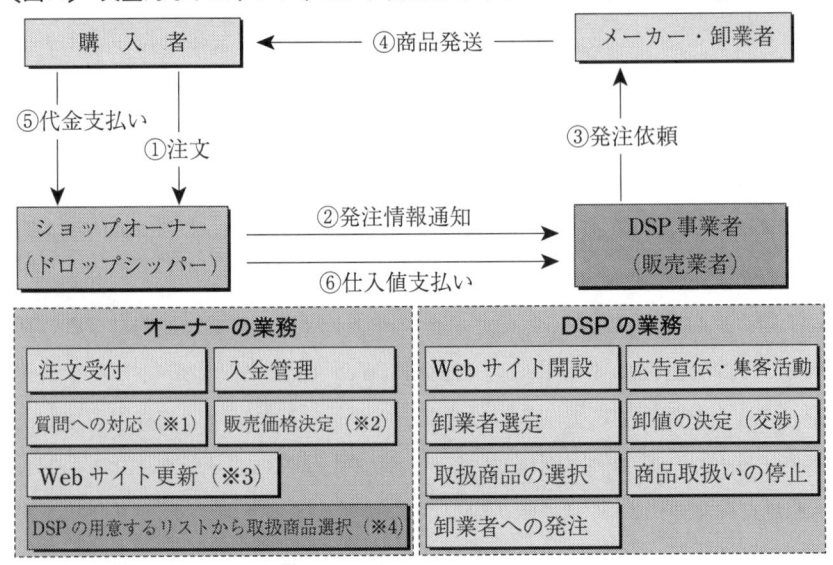

```
購入者 ←──④商品発送──── メーカー・卸業者
  │  ①注文                        ↑
  │ ⑤代金支払い              ③発注依頼
  ↓                              │
  ショップオーナー ──②発注情報通知→ DSP事業者
  （ドロップシッパー）──⑥仕入値支払い→ （販売業者）
```

オーナーの業務		DSPの業務	
注文受付	入金管理	Webサイト開設	広告宣伝・集客活動
質問への対応（※1）	販売価格決定（※2）	卸業者選定	卸値の決定（交渉）
Webサイト更新（※3）		取扱商品の選択	商品取扱いの停止
DSPの用意するリストから取扱商品選択（※4）		卸業者への発注	

※1 DSPが定型文を用意する場合が多い。
※2 DSPから「参考価格」などを示されるケースもある。
※3 オーナーが簡単に更新できるようにDSPがシステム構築する場合が多い。
※4 DSPが用意するリスト以外の商品は自由に販売できないようになっている場合が多い。

の返還を求めるというのであれば、クーリング・オフ（法定書面の交付から20日以内）の主張を検討しうることになる。

(2) 不当利得構成か不法行為構成か

(ｱ) 概要

ドロップシッピング被害については、不法行為アプローチを認めた裁判例として、名古屋地判平成22・12・1判例集未登載および名古屋地判平成22・12・3判例集未登載がある[4]。また、不当利得アプローチのうち、当該取引は特定商取引法の「業務提供誘引販売取引」（特商法51条）にあたるとして、クーリング・オフ（同法58条）を認めた裁判例としては、前掲大阪地判平成23・3・23、前掲東京地判平成23・12・22[5]などがある。

不当利得アプローチと不法行為アプローチの差異は、①請求額（不法行為の場合、対価相当額以外に法律実務家に委任したことによる費用相当額等も請求可能）、②請求の相手方（不法行為の場合、当該事業者の役員個人の責任追及等をあわせて行うことも可能）、③過失相殺処理の対象、④損益相殺処理の対象、⑤原状回復義務に基づく清算の必要性といった点で生ずることになる。

(ｲ) 立証における差異

特定商取引法上のクーリング・オフによる不当利得アプローチは、業務提供誘引販売取引であることの立証と、書面交付がなされていれば、その記載内容に不備があることなどが中心となる。本事例では、同法の法定書面（同法55条2項）の交付はみられないため、本件取引が業務提供誘引販売取引であることの立証がポイントとなる。

一方、不法行為アプローチの場合は、違法性の立証を行っていくこととなり、一連のやりとりや、Cの陳述書・証人尋問が必要になってくるであろう。

以上のとおり、この立証面からは、クーリング・オフによる不当利得アプ

---

[4] 公益社団法人全国消費生活相談員協会HP「JACAS判例紹介」〈http://www.zenso.or.jp/yakudatsu/jacas.html〉138号に担当弁護士による紹介記事が掲載されている。

[5] 近畿弁護士連合会＝大阪弁護士会・前掲（注3）同頁に判決全文が掲載されている。

ローチのほうが消費者の負担は軽いといえる。

下記(3)で、それぞれの主張立証における留意点をそれぞれ解説する。

(ウ) 過失相殺

不法行為アプローチをとった場合、被害者の主張が認容されたとして、過失相殺がなされることがある。そこで、予備的に不当利得アプローチに基づく主張も行うことで、仮に過失相殺が行われたとしても当該部分を塡補する方法が考えられる。

たとえば、仙台高判平成21・12・10消費者法ニュース84号389頁（金・白金の商品先物取引は、消費者側が、ⓐ主位的請求として不法行為に基づく損害賠償請求権、ⓑ予備的に消費者契約法に基づく取消し（断定的判断提供による取消し）を主張したところ、上記ⓐについては認容する一方で4割の過失相殺、さらに、主位的請求の認容額を控除した残額につき、予備的請求に基づく支払いを認容している）がある。同判決につき、事件を担当した千葉晃平弁護士は「先物取引被害事案では、賠償範囲・相手方等の観点から主位的には不法行為構成となろうが、不当ながら今もって過失相殺を行う裁判例が存することから、予備的に消費者契約法取消構成により過失相殺を避けることも有益であろう」とする。[6]

(エ) 損益相殺

また、被害者の主張が認容されたとしても、損益相殺がなされることがある。ドロップシッピングによって利益を得ていた場合、当該利益について損益相殺によって控除すべきとの主張がなされることが考えられるところ、連鎖販売取引などの裁判例では販売活動によるマージンを損益相殺として損害額から控除するものもみられるため注意が必要である。

不法行為アプローチによる場合は、不法原因給付に関する最高裁判例などを引用しつつ、損益相殺を認めない旨の主張をすべきである。[7]

一方、不当利得アプローチによる場合は、そもそも損益相殺の主張自体が

---

6 消費者法ニュース84号389頁（判例和解速報№1516）。

失当である旨を主張することになる（前掲大阪地判平成23・3・23参照）。

　(オ)　**原状回復義務**

　原状回復については、開設済みのWebサイトの対価相当額および当該ドロップシッピング等により得た利益等の清算が問題となる。

　不当利得アプローチとしては、消費者契約法に基づく取消し[8]、特定商取引法に基づく取消し、クーリング・オフなどが考えられるが、訪問販売、電話勧誘販売、特定継続的役務提供に関するクーリング・オフについては、事業者は使用利益相当額の請求を行うことができない旨が規定されている（特商法9条5項等）。一方、連鎖販売取引および業務提供誘引販売取引についてはかかる規定はなく、他の取消権等の場合と同様、一般法の原則に基づいて当事者双方が原状回復義務を負うとされている[9]。このため、主張立証の観点からはクーリング・オフが最も主張権者にとって有利であると解される本事例のような業務提供誘引販売取引においては、原状回復の観点からはいずれのアプローチをとっても大差はないこととなる。

7　たとえば、さいたま地判平成18・7・19裁判所HP、東京高判平成5・3・29判タ861号260頁。なお、この点につき、最判平成20・6・10判時2011号3頁（ヤミ金事件）等が、不法原因給付（民法708条）の観点から、損益相殺を限定していること等からすれば、結果として、加害者に利益を残すことになる損益相殺については、否定されるべきであるとの見解も示されているところである（齋藤雅弘ほか『特定商取引法ハンドブック〔第3版〕』578頁）。

8　消費者契約法2条1項の「消費者」該当性が問題となるが、ドロップシッピング等がおよそ事業実態があるとはいえない場合は、当該契約者は上記「消費者」に該当するという主張も考えられる（消費者庁企画課編『逐条解説消費者契約法〔第2版〕』〔事例2－4〕84頁、東京簡判平成16・11・15裁判所HP等を参照）。

9　立法担当者は「法第58条は、契約の解除の効果については第3項の規定に加え」、「業務提供誘引販売業を行う者は、その契約の解除に伴う損害賠償又は違約金の支払を請求することができない」旨のみを規定しており、その他は一般法の原則によることとなる。したがって、契約の当事者双方は、原状回復義務を負い、業務提供誘引販売業を行う者は、既に受け取った商品代金及び取引料を返還しなければならないし、契約の相手方は、既に引き渡しを受けた商品を返還しなければならない」（前掲通達第5章(3)）とする。クーリング・オフの趣旨からすれば、かかる解釈は必ずしも妥当であるとは思われない。

原状回復義務の考え方については、前者（開設されたWebサイトの対価相当額）については、当該事業者の行為の悪性を主張することで、いわゆる「押し付けられた利得」である旨を主張する方法などが考えられる。また、後者（ドロップシッピングの業務に従事することで得た利益）については、業務に従事したことによって得た利益であるから原状回復の対象とすべきではない点を主張することになろう。[10][11]

(カ)　小括（考えられる法的構成）

以上のとおりであるから、ドロップシッピング被害（あるいは類似の在宅ワーク詐欺）については、クーリング・オフに基づく不当利得返還請求および不法行為に基づく損害賠償請求をあわせて主張する方法が実務的には有用であると思われる。

(3)　立証における留意点

(ア)　不当利得行為性（クーリング・オフ）

本事例のようなドロップシッピング商法におけるクーリング・オフ構成の要点は、「業務提供利益」（特商法51条1項）該当性の立証である。前述のように、当該事業者から交付される契約書やパンフレットの類には、あくまでも運営主体は契約当事者たる旨が記載されているにとどまる。

しかし、実際に業務を行うためには具体的な業務の担当割りが必要である

10　消費者契約における取消権をめぐる議論をまとめたものとして、丸山絵美子「消費者消契約における取消権と不当利得返還(1)(2)」筑波ロー・ジャーナル創刊号109頁以下、同2号85頁以下が参考になる。そのほか、日本弁護士連合会消費者問題対策委員会編『コンメンタール消費者契約法〔第2版〕』96頁以下、齋藤ほか・前掲（注7）728頁以下などがある。

11　前掲大阪地判平成23・3・23は、「原告らは、被告が作成したウェブサイトを利用して、商品及び販売価格をネットショップに掲載する、購入者からの入金を管理する等の業務に現実に従事しており、同原告らがこれらの業務に従事した事実は、クーリング・オフに基づく解除により覆滅されるものではないから（原告らと購入者との間の商品の売買契約及び原告らと被告との間の商品の売買契約の効果も覆滅しない。）、同原告らが取得した上記利益は、これらの業務に従事したことの対価として得た利益というべきであり、これらを同原告らの原状回復請求権の額から控除すべき理由はない。被告の主張は失当である」とする。

ため、担当割りおよび具体的な指示が記載されたEメールが送信される場合もある。この場合はかかるEメールを書証とすることも考えられよう。また、作成されたWebサイトに記載された問合せ先メールアドレス、「特定商取引法に基づく表示」の記載、連絡先電話番号はどうなっているのか、当該Webサイトのみで独立してWebショップ等として成り立ちうるか（実務では、トップページのみが存在し、いずれのリンクボタンをクリックしても当該事業者のWebサイトが表示される、いわば「張りぼて」Webサイトが作成されたのみであるケースもみられる）等も「業務提供利益」該当性を立証するための根拠となりうるだろう。

(イ) **違法性（不法行為構成）**

不法行為構成の要点は、「違法性」の立証である。①事業としての実態があるか（たとえば、注文が数件きたにもかかわらず、いずれも当該事業者において在庫切れであり取引が成立しなかったなどの事実）、②取扱商品（実務では、およそ購入者など現れないであろう怪しげな情報商材しか取り扱うことができなかったケースなどがある）、③次々に契約をさせられたケースにおいては請求された金額と請求時期の間隔（当初少額であったところ徐々に金額が上昇し、しかもその期間が極めて短期である場合は、このような手口自体が詐欺の常套手段といえるだろう）、④当該事業者の預金口座の入出金の動き（運営費用などが引き落とされている形跡がなく、もっぱら個人名での多額の入金と事業者による定期的な出金の繰り返しがなされていたり、同一人物につき上記③のような状態がみられる、弁護士等に返金処理をしたことがうかがわれる場合等）、⑤本店を明かさずにバーチャルオフィスを利用しているといった事実、⑥勧誘文言と実体との相違などが、違法性を立証する事実として考えられよう。

---

12 前掲名古屋地判平成22・12・1では担当弁護士は、「本判決を得るに至る訴訟活動においては、原告に対する勧誘文言の特定（6か月程度で初期費用を上回る利益を得られる）と、それを裏付ける実態がないことの立証（銀行口座に振り込まれた金銭から、初期費用の額と仕入額とを分別し、想定される利益の額との比較考量によった）を行いました」とコメントをしている（前掲（注4）参照）。

279

4 事前準備

(1) 資料の収集・保存

(ア) 紙媒体資料

ドロップシッピング詐欺事案においては、事業者側から業務委託契約書、Webページ作成オーダーシート、パンフレットなどさまざまな名称の紙媒体資料が交付される場合が多い。

これらは、①取引を特定する根拠となること、②事業者の勧誘文言を事実上推定する根拠となることなどから重要な意義をもつ。

なお、上記のとおり事業者から交付される書類は多岐にわたることが多いため、依頼者には「事業者から送られてきた書類があればすべてもってきてほしい」と告げるのが好ましいといえる。

(イ) Webサイトの保存等

ドロップシッピング詐欺事案で収集すべき資料としては、上記(ア)のような契約書やパンフレットなどの紙媒体のほかに、当該事業者（DSP等）自身のWebサイト、当該事業者との契約に基づいて開設された当該消費者をオーナーとするWebサイト、Eメールによるやりとりなどがある。しかし、その多くはインターネット上の電磁的記録にすぎず、改ざんや消去が極めて容易に行いうるものである。

このため、事件を受任した早い段階でWebサイトの現状を保存する必要がある[13]（第3章II 4(2)参照）。

(2) 相手方事業者に関する調査

Webサイト上の「特定商取引法に基づく表示」や契約書に記載された「住所」を本店としてYの登記がなされているか否か、あるいはGoogleマップや検索サイトなどにより、Yが「住所」として表示されている場所が住所としての実体があるか否かを調査する。その意義は、①訴訟提起の際の

---

[13] 画像の保存方法としては、プリントスクリーン機能を利用するほか、紙Copi Lite 〈http://www.kamilabo.jp/copi/download.html〉の利用などがある。

当事者特定および送達の問題、②上記住所を本店として登記がなされていれば、当該法人の登記事項（設立年月日、資本金、役員構成等）から、当該法人の資力を推し量ることができるからである。

なお、上記住所と会社法上の本店が一致しない場合は、振込先口座として指定された金融機関の支店所在地の市区町村に法人登記があるか否かの調査をしたり、上記住所がバーチャルオフィスやレンタルオフィス等である場合は訴訟外の交渉あるいは、調査嘱託等によって訴訟提起後にYを特定することになる（この場合の留意点については本章Ⅱ3(5)(イ)、Ⅳ【書式10】参照）。

5　受任通知

以上の検討を踏まえたうえで、相手方事業者に受任通知を送ることになる。この際、配達証明付き内容証明郵便のみでは、相手方が受領しないまま留置期間を経過すれば、郵便物は返送されることになるから、相手が受領しないことが考えられる場合は、あわせて特定記録サービスを利用して同内容の文書を送るといった方法が考えられよう。特定記録であれば、相手方に郵送した文書の内容の証明はされないまでも、①当該郵便物を差し出した記録が残ること、②内容証明郵便とは異なり配達員は、相手方に郵便ポストに投函する運用となっていること、③配送状況がインターネット上で確認および保存できるから、取消権など到達の事実の証明が求められ、かつ、行使期間制限のある主張が通知書の内容に含まれている場合は意義があるといえる。

【書式9】　Webサイト制作等事業者に対する通知書

```
                    通　知　書
                                        平成○○年○○月○○日

東京都○○区○○1-1-1　○○○○ビル○階
株式会社○○○○　御中
```

〒000-0000　〇〇県〇〇市〇〇××番地
後記依頼者代理人司法書士　山野　菊次郎　㊞
（認定番号　第000000号）
電　話　0000-00-0000

　X（住所：静岡県〇〇市〇〇2-2-2）（以下「依頼者」という）代理人として次のとおり通知する。

通知の趣旨

1　40万円を，平成〇〇年〇〇月末日限り，以下の口座に振込の方法により返金することを求める。
2　貴殿が上記期日までに，本件ウェブサイト制作費全額の返還を行わない場合は，御社及び御社役員個人も被告とした上で，直ちに訴訟提起に移行するとともに，特定商取引に関する法律第60条に基づき，〇〇県に対し貴殿に対する適当な措置をとるべき旨の申出をする予定である旨，念のため申し添える。
3　なお，今後本件についての依頼者本人及びその親族に対する連絡等は一切お控えいただき，ご主張等は，当職宛にするよう求める。

通知の理由

（経緯）
1　依頼者は，平成〇〇年〇〇月〇〇日，貴社営業主任であるツガイ氏（以下「ツガイ氏」という）から，YビジネスのビジネスプランB（以下「本件契約」という）につき，「初期費用40万円は10日くらいで稼げる。次の月には20万円は稼げる」，「あなたはメルマガを作成したり，質問メールに回答するだけでよい」などとの説明を受け，同日，貴社と本件契約を締結し，同年同月22日，40万円を貴社指定の口座に振り込んだ。
（業務提供誘引販売取引該当性）
2　本件契約は，ドロップシッピング類似のシステムの構築及び運営を内容（以下「本件システム」という）とするところ，本件契約に基づき，依頼者は，a 注文メールの受付及び注文メールの貴社への転送，b 入金管理，c 貴社の用意したフォーマットに従ったサイトの取扱商品の入れ替え（依頼者が本件システムにおいて取扱うことのできる商品は貴社から仕入れた商品に限られている（ご利用規約第5条）），d 商品価格の設定を行い，貴社は，ⅰ 取扱商品リストの作成，ⅱ 商品の仕入れ，ⅲ 加入者の貴社からの商品仕入れ価格（卸値）の決定，ⅳ 商品の受注処理及び発送手続，ⅴ 宣伝・集客活動，ⅵ 注文者からのメー

ルに対する返信用の定型文の用意及び注文者からの質問メールに対する回答につき助言を行うものとされている。
3　上記2のとおりであることからすれば，本件システムにおいては，貴社が経営の根幹といえる重要な業務を担っており，依頼者は主に単純な事務手続きを担っているに過ぎず，本件契約に基づき構築された本件システムの運営主体は貴社であり，依頼者は貴社に従属する立場で上記2の行為を行っていたに過ぎないのであり，結局，貴社は本件システムを利用する業務に従事することによって利益を得ることができる旨を告げていることに他ならないから，本件契約は，特定商取引に関する法律第51条に定義される業務提供誘因販売取引に該当する。

（不実告知ないし違法性の存在）
4　また，ツガイ氏は「初期費用40万円は10日くらいで稼げる」などと，本件契約の性質について，依頼者に告げているが，実際には，依頼者のサイトにこれまでに3件の注文が入り，その旨を貴社に転送するも，いずれも「在庫がない」との回答を受け，契約に至らなかった事実に照らせば，上記ツガイ氏の告げた事実は不実告知であるか，あるいは，そもそも実在しない取引をあたかも実在するかのように依頼者を誤認させ，もって，40万円を詐取したものと言わざるを得ない。

（貴社から受領した契約書面）
5　貴社から受領した「契約書」と題する書面は，クーリング・オフができる旨の記載が欠落していることのみをもってしても，特定商取引に関する法律第55条2項に基づく書面には当たらないことは明らかである。

（法的主張）
6　以上のとおりであるから，当職は本書面をもって次のとおりの主張をする。
　ア　特定商取引に関する法律第58条に基づくクーリング・オフ
　イ　同法第58条の2に基づく本件契約の取消
　ウ　消費者契約法4条1項1号あるいは同条2項に基づく取消
　エ　不法行為に基づく損害賠償請求
7　よって，貴社は通知の趣旨記載のとおりの金員を支払う義務がある。

以　上

Ⅳ　インターネットショップに関するトラブル

1　事案の特徴

　インターネットにおける通信販売は年々増加しており、公益社団法人日本通信販売協会（JADMA）によると、JADMA加盟企業の通信販売による売上（テレビ通販なども含む）は過去10年で2倍になり、平成24年には売上総額は5兆900億円に達している。[1]

　インターネット通販は、商品や価格の比較、当該商品についての評判の確認などが容易であり、いつでも思い立った時に、人と話す煩わしさもなく即時に注文が可能であって、利便性の高い販売方法であるといえる。しかし、その反面、商品の性能、状態、あるいは取引の相手方事業者の信用性についても、もっぱらインターネット上の表示から取得し、これを基に契約締結意思を形成するものであるから、①商品が広告と違う、思っていたものと違う、②代金を支払ったにもかかわらず商品が届かず、事業者と連絡がとれない、③返品に応じてもらえないなどのトラブルが発生することも少なくない。

　なお、このような問題点はインターネット通販に限らず、テレビ通販や紙媒体の広告などでも発生する。しかし、テレビや新聞広告などは、第三者の広告媒体を使用するから、通常、当該第三者による厳格な広告審査基準が設けられているのに対し、インターネットの場合は、（検索サイトにおける検索連動型広告など、第三者のWebページ上に表示される広告につき一定の広告審査基準が設けられている場合があるものの）サイト事業者が第三者による広告媒体を利用せずに、自らのホームページ上で広告を行い、あるいはアウトロー的な第三者と共謀して、あたかも信頼性の高い事業者であるかのように装っ

---

[1] 公益社団法人日本通信販売協会HP「売上高調査（統計）」〈http://www.jadma.org/data/index.html#01〉参照。

て、これを拡散させることは容易であり、さらに、トラブルが発生した場合にはWebサイトを閉鎖するなどして消息を絶つことが容易であるという特徴がある。

2 事 例

　D（40歳代、女性、会社員）は、フリー（無料）のメーリングリストの広告部分に表示された「気になるところに巻くだけみるみる痩せる！　高周波ダイエットバンド！　計測メジャー付　絶対の自信でお勧めします！」という文言に興味をもち、半信半疑でリンクが張られていたURLをクリックした。販売業者PのWebサイトには、「たった1日で驚きの効果！」、「なぜ痩せるのかのメカニズム」などの効果を実証したかのような表現が続き、体験者のコメントも写真入りで掲載されていた。また、商品価格については、「定価12万円のところ、100万個販売記念で限定1000個8万円」と記載されていた。Dは、Webサイトの表示をみて効果がありそうだし、価格も今ならお得だと考え、当該ダイエットバンド1本を購入する意思を形成し、Webサイト上の「注文する」ボタンをクリックして申込みをした。なお、代金についてはクレジットカード決済を選択した。

　後日、商品が届き、さっそくDは痩せたいと思っていたウエストに指示書どおりバンドを巻いて過ごし、メジャーで計ってみたが変わった様子はなく、4日間試したものの痩身効果はみられなかった。

　このため、サイト事業者にメールで問い合わせたところ、「効果には個人差がある」との回答に終始し、「商品を返品するから代金を返してほしい」旨をメールしたところ、「当商品は返品できません。Webサイトにもその旨の表示があります」とのメールが返信されてきた。申込み時にはそのような記載は気がつかなかったが、あらためて、じっくりと当該Webサイトを確認すると、画面をスクロールさせた最下層に、背景の色と区別がつきにくい配色を使った小さな文字で「返品不可」との記載がなされていた。

　商品を返品して代金を返金してほしい。

3 検討課題

検討課題	ポイント
(1) 適用対象となる特別法	・いかなる広告表示規制法の対象となるか ・広告表示規制違反の意義 ・消費者契約法、電子消費者契約法の適用可能性およびその意義
(2) 特定商取引法に基づく主張の検討	・解約返品権行使の可否 ・行為規制違反事実の有無
(3) 消費者契約法に基づく取消権行使の可否	・広告が「勧誘に際して」にあたるか
(4) 錯誤無効主張の可否	・動機の錯誤無効が主張できるか
(5) 公序良俗違反	・公序良俗違反となる評価根拠事実は何か

(1) 適用対象となる特別法

(ア) 広告表示規制法

(A) 景品表示法

インターネット上のWebページの表示は、景品表示法の対象となる「表示」（景表法2条4項、景表法定義告示2五）に該当する。本事例においては、①ダイエットバンドの効能に関する「たった1日で驚きの効果！」、「なぜ痩せるのかのメカニズム」などの表示につき、当該ダイエットバンドにはそのような効果はなく、表示と実際の商品が異なっていれば契約締結の意思形成をしなかったであろうという場合は、「著しく」優良であることを表示したとして優良誤認に該当する可能性、②「定価12万円のところ、100万個販売記念で限定1000個8万円」との表示につき、たとえば定価12万円自体が架空の価格であるような場合は、有利誤認（二重価格表示）に該当する可能性がある。

これらの表示が優良誤認等の不当表示にあたる場合、消費者庁による措置命令（景表法6条）や適格消費者団体による差止めの対象となる（同法10条）。

(B) 特定商取引法

本件取引は、インターネットを通じて消費者が契約の申込みを行う商品の売買契約であるから、特定商取引法の「通信販売」に該当する（特商法2条2項、特商令2条2号）。

通信販売においては、広告において、販売業者の氏名・住所等の法定事項の表示が義務づけられるとともに（特商法11条、特商規8条）、商品の性能、効能、効果等の法定事項につき、著しく事実に相違する表示や、実際のものよりも著しく優良であり、もしくは有利であると人を誤認させるような表示を禁止している（特商法12条）。同違反行為に対しては直罰規定が設けられており、違反行為は違法性が極めて高い行為であるといえる（同法72条）。本事例については、痩身効果がないにもかかわらず、そのような効果があるかのように広告表示をしているものと思われ、特定商取引法12条違反に該当する可能性がある。[4]

2　公益財団法人公正取引協会『景品表示法ガイドブック〔平成25年1月改訂版〕』15頁は、景品表示法において不当表示となる「著しく」優良または有利の「著しく」につき「些細な誤認であって、消費者も競争業者も許容する程度の誤認は不当表示から除くというのが『著しく』の趣旨です。表示と実際のものとが違っていることを知っていれば購入しなかったであろう場合はもちろん、知っていればその商品でなくてもよかったと思わせる場合など、商品の選択に影響するような誤認は『著しく』に該当します」とする。

3　消費者庁「不当な価格表示についての景品表示法上の考え方」（平成12年6月30日）〈http://www.caa.go.jp/representation/pdf/100121premiums_35.pdf〉。

4　消費者庁取引物価対策課＝経済産業省商務情報政策局消費経済政策課編『特定商取引に関する法律の解説〔平成21年版〕』110頁は、「商品の効果」とは、商品を使用することによる得られるききめのことであり、例示として「ダイエット食品による体重減少の程度」をあげており、食品と器具、体重とサイズという違いはあるものの事例と類似であるといえる。また、「誇大広告であるかの判断基準は、一般消費者からみて誤認する表示であれば足り、専門的知識を有する者にその基準を求めるものではない」とする。

(C) 薬事法

本事例における高周波ダイエットバンドは、薬事法の「医療機器」(薬事法2条4項、薬事法施行令1条、別表第1・78の「家庭用電気治療器」) に該当するものと思われる[5]。医療機器については、同法において虚偽または誇大広告が禁止されており(薬事法66条1項)、薬事法66条違反には直罰規定がおかれている(同法85条)。

本事例については痩身効果がないにもかかわらず、そのような効果があるかのように広告表示をしているものと思われ、薬事法66条違反に該当する可能性がある。

上記行為義務違反は、直ちに私法上の契約の効力には影響を及ぼすものではないが、違法性の根拠事実の一つとなりうる。

(D) 広告表示規制違反の意義

上記(A)〜(C)の行為義務違反は、直ちに私法上の契約の効力には影響を及ぼすものではないが、違法性の根拠事実の一つとなりうる。

(イ) 消費者契約法および電子消費者契約法該当性

本事例における契約が、消費者契約法の「消費者契約」(消契法2条3項)に該当することは明らかである。

また、本事例では、Dがサイト事業者のWebページを介して、同Webページの手順に従って、注文ボタンをクリックすることによって申込みが行われているから、電子消費者契約法の「電子消費者契約」(電子消契法2条1項)にあたる。

(2) 法定返品権行使の可否

(ア) 概 要

前述のとおり、本事例の取引は特定商取引法の「通信販売」(特商法2条2

---

[5] 薬事法2条4項は、「医療機器」とは、「人若しくは動物の疾病の診断、治療若しくは予防に使用されること、又は人若しくは動物の身体の構造若しくは機能に影響を及ぼすことが目的とされている機械器具等(再生医療等製品を除く。)であって、政令で定めるものをいう」とする。

項）に該当する。通信販売には、民事規定として法定返品権（同法15条の2）が定められている。

　法定返品権は、商品または指定権利の売買につき、商品の引渡しを受けてから8日を経過するまでの間は契約の解除を行うことができるとする規定である。

　法定返品権は、①当事者間の特約（返品特約）があれば特約が優先する、②役務提供取引は含まれない、③初日不算入、④到達主義、⑤返品費用は購入者負担、⑤使用収益相当額の清算ルールがないという点でクーリング・オフとは異なる（第2章II 4(6)参照）。

　したがって、返品についての特約がある場合には、契約の解除をすることはできない。

　この返品特約は、広告に表示し（特商法11条4号）、さらに当該契約が「電子消費者契約」（電子消契法2条2項）にあたる場合等は、広告表示とは別に最終申込画面に特約を容易に認識できるように表示した場合に限り有効である（特商法15条の2ただし書、特商規16条の2）。これらの要件を満たさない場合、「返品特約」は無効であり、原則どおり法定返品権の行使が可能となる。

　返品特約の具体的な表示方法については、別途「通信販売における返品特約の表示についてのガイドライン」（以下、「返品特約ガイドライン」という）において解釈基準が示されている。また、電子商取引準則においても具体的な解釈が示されており参考になる。[6]

(イ)　返品特約は成立しているか

　本事例は、広告表示たるWebサイト画面上における「画面をスクロールさせた最下層に背景の色と区別がつきにくい配色を使った小さな文字で『返品不可』との記載がなされていた」とあり、サイト事業者は、かかる記載をもって返品特約の存在を主張しているから、上記返品特約が有効に成立しているといえるかを検討することになる。

6　電子商取引準則 i 62以下。

返品特約ガイドラインによれば、インターネットにより広告をする場合は、①表示の文字のサイズは12ポイント以上で、表示の場所は商品の価格など消費者が必ず確認すると思う項目の近くにそれと同じ大きさで表示し、②色文字や太字を利用し返品特約以外の事項との区別がはっきりしていることなどがあげられているところ、本事例における表示はそのような表示がなされていないものと思われる。

また、本事例は電子消費者契約であるところ、最終申込画面において、返品特約につき、消費者が容易に認識することができるように表示されていないものと思われる。

そうすると、本事例における「返品特約」は無効であるから、原則どおり、法定返品権行使期間中であれば、Dは法定返品権を主張し、本件売買契約を解除することが可能と考えられる。

なお、返品特約の成立については、販売業者側に立証責任があると解されているから[7]、申込み時点における広告表示や最終申込画面から「返品特約」が成立していないことが明らかである場合はもちろん、Webサイトが改変されていたり、すでにWebサイトが消滅しているなど必ずしも「返品特約」の成立が明らかではない場合についても、法定返品権の行使期間中である場合は、早期に主張すべきである。

(3) 消費者契約法に基づく取消権行使の可否──「勧誘をするに際し」該当性

消費者契約法は、事業者が「消費者契約法の締結について勧誘をするに際し」消費者を誤認させ、あるいは困惑させることによって契約の申込み等を行った場合につき、当該意思表示を取り消すことができると規定する(消契法4条)。

不特定多数向けの広告は「勧誘」にはあたらないとするのが立法担当者解釈であり(第2章Ⅱ4(3)(ウ))、下級審判決において、「広告」が事業者の一連の

---

[7] 電子商取引準則 i 63。

Ⅳ　インターネットショップに関するトラブル

勧誘行為の一部として判断されているものはみられるものの、「広告」そのものが「勧誘」に該当すると明確に判断したものはみられない。[8]

そうすると、本事例は、Webページにおける広告表示の記載によって契約締結の意思を形成した事案であるから、有力な反対説があるにせよ、実務の観点からは、個別の事案につき、「勧誘をするに際し」に該当するとして、消費者契約法に基づく取消権の主張を行うことは困難であるといわざるを得ない。すでに述べたとおり、「広告」を一律に「勧誘」に該当しないとして、同法の取消権行使の対象としないことには合理的な理由があるとはいえないこと、インターネット取引においては動機の錯誤に基づく無効の主張に限界があることなどからすれば、虚偽広告による誤認の場合も、同法の取消権の対象とする改正が早期になされるべきである。

(4)　錯誤無効

(ｱ)　動機の錯誤による無効が認められるか

本事例は、ダイエットバンドにおける瘦身効果という、物の性状に関する錯誤である。物の性状に関する錯誤については、一般的に「動機の錯誤」と解されている。動機の錯誤の成立については「動機が明示あるいは黙示に表示されて法律行為の内容となる」ことが必要であるところ（大判大正6・2・24民録23輯284頁、最判昭和29・11・26民集8巻11号2087頁）、学説においては、インターネット取引においては動機が表示されることはほとんどないから動機の錯誤に適用されることはないと思われるとの指摘がある（第2章Ⅱ1(3)参照）。

本事例は、ダイエットバンドを巻くだけでダイエット効果が得られると思ってDは購入の意思を形成したところ、当該バンドにそのような効果がないとすると、Dは当該バンドを購入しなかったというのであれば、Dには動機の錯誤があったと解される。ただし、当該動機が「表示されていたか否か」については、効果について事前にメールで問合せなどをしていたような

8　東京地判平成17・11・8判時1941号98頁、判タ1224号259頁（パチンコ攻略法における雑誌広告の事例）。

場合以外は、当該動機を表示していたと解することは困難である。そうすると、本事例については、基本的には「動機の錯誤」無効の主張は困難であるといえる。

　もっとも、①事業者のWebサイトには「確実に痩せる」「絶対の自信」などと、痩身効果がある商品の広告を行っていることは客観的に明らかであること、②当該バンドはダイエット以外に使い途がないこと、③動機の錯誤に関する判例法理については当該動機が法律行為の内容となっているか否かを重視しているとの指摘があるところ[9]、本事例は痩身効果がある旨を宣伝し、同効果があるとの前提で当該バンドの価格設定がなされているのであれば、動機は法律行為の内容になっていると解する余地もあること、④動機の錯誤につき表示を要件とするのは、取引の相手方の信頼の保護にあるところ、取引の相手方が動機の錯誤を招来させる要因を作出しているような場合は、当該相手方を保護する必要性を欠くと解されることからすれば、本事例につき、動機の錯誤による無効を検討する余地も全くないとはいえない。

　(イ)　参考となる裁判例

　大阪地判昭和56・9・21判タ465号153頁は、高周波電流を利用した脱毛機の売買契約等につき永久脱毛をうたった広告等の表示を行い、さらにその効果を保証したところ、期待していたような脱毛効果がみられなかったとして購入者が錯誤による無効等を主張したという事案につき、「被告は本件機械を販売するにあたり原告らに対し本件機械を指示された使用方法に従って相当期間使用すれば永久脱毛が可能であり本件機械はそのような性能を有するものであると表示しかつこれを保証して販売したものであり、原告らはいずれも本件機械が右表示とおりの性能を有し原告らもこれを相当期間使用する

---

[9]　法務省民事局参事官室「民法（債権関係）の改正に関する中間試案の補足説明」（平成25年4月）14頁。たとえば、最判昭和37・11・27判時321号17頁等は、山林の売買契約の事案につき、売主から近隣に道路が開通する旨の説明を受け、買主がこれを信じ、当初の買受希望価格を大幅に上回る価格で購入したという事案につき、動機が表示されていたか否かを特に考慮することなく、要素の錯誤該当性を判断している。

ことによって右にいうところの永久脱毛の効果を得られるものと信じて買受けたものと認めるのが相当である」としたうえで、「原告らは本件機械を被告により指示された方法に従い相当期間これを使用して脱毛を試みたか結局被告が保証しました原告らが期待したような永久脱毛の効果は得られなかつたものというべく、他に特段の事由が主張、立証されない限り本件機械は原告らに対し被告が表示し保証したような永久脱毛を達成させ得る性能を有しなかつたものと推断せざるを得ない」として、動機の表示の有無について言及せずに、「以上の認定事実および判断に照らすと、原告らが本件機械を購入しあるいは前記講習を受講するについては原告ら主張の錯誤が存し、かつ右錯誤は右各契約の要素に関するものであると認めるのが相当であり、右各契約は効力を有しないものであつたというべきである」として錯誤無効を認めている。

もっとも、前掲大阪地判昭和56・9・21は、商品につき販売業者がその性能につき保証をしている事案であり、本事例のように明確に商品の保証がされていないケースが射程内となるか否かについては慎重な検討が必要であろう[10]。

(5) 公序良俗違反による無効

本事例において、公序良俗違反の主張（第2章Ⅱ1(7)参照）を検討する場合、①主観的要素（契約締結過程）における評価根拠事実として、ダイエットバンドにつき、広告表示のとおりの効果がないと思われるにもかかわら

---

[10] 石川博康「高周波電流を利用した永久脱毛機の売買契約と要素の錯誤」消費者法判例百選46頁は、本判決につき、「そもそも本判決では錯誤の対象となった事項である永久脱毛の性能について売主による保証が存在したことが認められており、そのような動機が表示されていたか否かにかかわらず売主の性能保証を通じて当該事項が契約の内容になっていたと考えられる事案である」とし、「本判決において動機の表示の有無が問題とされていないとは言っても、それは、動機の錯誤の取扱いに関する一つの立場を示したものというより、売主の性能保証によって物の性状が契約の内容となっていた場合については、動機の錯誤に関する法的規律を経由することをそもそも要せずして当該事項に関する錯誤が端的に法律行為の要素の錯誤を構成し得ることを明らかにした裁判例として特徴づけられるべきものと解される」（下線部は筆者による）とする。

ず、第三者の体験談などを用いるなどして、これが事実であると信じ込ませるように巧妙に広告表示がなされている事実（特定商取引法などの取締規制違反）、②客観的要素（契約内容）における評価根拠事実として、痩身効果がないのであれば、通常のバンド１本が８万円は市場価格と比べて著しく高額である事実があげられる。

(6) 商品の効果についての立証

　以上みてきたとおり、本事例においては、ダイエットバンドにつき痩身効果が認められるか否かが重要なポイントとなる。この点については、最終的には、専門家による鑑定意見書などによる立証も必要となる場合もあるが、まずは、①受任通知において、当該ダイエットバンドにつき痩身効果が認められる科学的根拠を具体的に示すよう求める、②独立行政法人国民生活センターに対し、PIO-NET に登録されている当該サイト事業者の販売するダイエットバンドに関する相談件数および具体的な相談内容の開示を求める（調査嘱託等の方法による）、③体験談に利用されている体験者の写真がフリー画像などから利用されているものであるか否かを調査する、④インターネット上での検索結果（なお、当然だがインターネット上の口コミはすべてを鵜呑みにするわけにもいかないから、あくまでも、どの程度被害が出ているかの内容と量的なものの印象をつかむことができる程度の意味にとどまることに留意すべきである）などの方法によって、痩身効果の不存在が事実上推定されるに足る事実を抽出・収集することが考えられる。

4　事前準備

(1) Web サイト画面の保存

　端緒となったメーリングリストの広告、当該 Web サイトにおけるダイエットバンドの広告表示、さらには現に Web サイトが運営継続中である場合は、最終申込画面が設定されていれば、当該画面を保存しておく必要があろう。

　また、特定商取引法に基づく事業者の特定に関する表示（特商法11条、特

商規8条1号など)の画面が「特定商取引法に基づく表示」などとして、別ページにある場合はこれも保存する(Webサイトの画面保存方法については、第3章II 4(2)参照)。

(2) 相手方事業者の特定

特定商取引法に基づく表示により、Webサイト事業者の住所、氏名(商号)が判明し、当該事業者が法人である場合は、同記載から当該法人の登記情報の取得を試みることになる(第3章II 3(1)(イ)参照)。もっとも、詐欺的なインターネット通販サイトでは、日本語で表記はなされているが、Webサイトが海外のものであり、WHOIS検索によっても当該事業者の特定には至らないケースもある。

(3) 支払方法の確認

支払方法によって適用対象となる法律や、対処方法が異なるため、事案における支払方法を正確に確認する必要がある。

本事例は、クレジットカード決済であるから、クレジットカードの請求書などを持参してもらい、決済年月日、利用店名記載、利用金額、支払方法を確認する。

この際、リボ払いなど割賦販売法の適用対象となる支払方法である場合は、イシュアに対し、同法に基づく支払停止の抗弁を主張するとともに、チャージバックやリファンドなどの国際ブランドルールに基づく解決に着手するよう求める。一方、マンスリークリア方式であって割賦販売法の適用対象とならない支払方法である場合は、イシュアに対し、東京地判平成17・11・8判時1941号98頁、判タ1224号259頁(前掲(注8)参照)を引用して、信義則上、支払請求を停止するよう求めるとともに、あわせて、クレジットカードの国際ブランドルールによる解決(第2章IV 2参照)を求めるなどの対応をとることになる。

5 受任通知・交渉

(1) 基本方針

(ア) 決済関与業者に対する通知

クレジットカード決済により購入されている場合は、クレジットカード会社（イシュア）に対して、取引明細書の開示を求めるとともに、支払停止の抗弁、チャージバックの要請等の主張が考えられる場合は、これらの主張も受任通知（決済関与業者に対する通知に関しては、本章Ⅰ5(1)参照）に記載する必要があろう。また、クレジット決済代行業者が介在する場合は、決済代行業者に対し取引明細書の開示を求めるとともに、リファンドを求める旨記載する必要があろう。

(イ) サイト事業者に対する交渉

法定返品権、公序良俗違反による無効等に基づき支払った金員の返還を求めるとともに、①返品特約が有効に成立していると主張するのであれば、同特約の当該Webサイトにおける具体的な表示方法、②ダイエットバンドに痩身効果があると主張するのであればその科学的根拠につき書面による回答を求める。

(2) 主務大臣に対する申出

特定商取引法12条は、前述のとおり、誇大広告等を禁止行為と定め、同義務違反は主務大臣の行政処分の対象とされる（特商法14条、15条）。そこで、本件につき、サイト事業者からダイエットバンドについての痩身効果につき、具体的な科学的根拠が示されないなどの対応がとられる場合、主務大臣（消費者庁または都道府県知事）に対し、適当な措置をとるべき旨を申し出ることも考えられる。

行政処分の申立ては私法上の効果に直結はしないが、当該サイト事業者につき調査が開始されたり、同人が行政処分を受けた場合は、その後の交渉や訴訟における証拠方法として、かかる処分の事実等を活用することも期待できる。

Ⅳ　インターネットショップに関するトラブル

(3) 訴えの提起、進行意見の提出

　サイト事業者の特定が困難な場合、いったん訴えの提起をしたうえで、残された情報を頼りに調査嘱託を繰り返すことにより、相手方の特定を試みることとなる。

　この場合、裁判所の理解を得るため、前掲名古屋高金沢支決平成16・12・18を引用した「進行意見」をあわせて提出することも検討すべきである（本章Ⅱ 3 (5)(イ)参照）。

【書式10】　進行意見（インターネットショップ詐欺に関するもの）

平成〇〇年（ハ）第　　　号
原　　告　C
被　　告　Y₁ほか 1 名

進行に関する意見

平成〇〇年〇〇月〇〇日

〇〇簡易裁判所　御中

〒000-0000　〇〇県〇〇市〇〇××番地
後記依頼者代理人司法書士　山野　菊次郎　㊞
（認定番号　第000000号）
電　話　0000-00-0000

1　本件事件の特質（当事者の特定について）
　本件は、いわゆるネットショップ詐欺被害の事件であり、被告らは巧みに自らを特定する事項を隠蔽している。
　このため、被告らの真の氏名（商号）及び住所（本店）は現時点においては不明である。そこで、訴状において、被告 Y₁ の氏名（商号）については、同人が開設していた Web（略）に記載されたものを便宜氏名（商号）として記載し、住所（本店）についても、上記 Web 表示のとおりの記載とした（ただし、上記住所（本店）については、以下 2 のとおり、当該住所（本店）所在地の市役所から実在しない旨の回答を得ている）。
　また、被告 Y₁ については口座名義のカタカナ名をもって便宜、氏名とし、住所は不詳とした。

297

被告 Y₁ については，上記のとおり特定の Web の開設者であること，また，被告 Y₂ については特定の預金口座の名義人であることからすれば，訴状における上記住所及び氏名の記載は，他の者と識別することができる程度に特定されているといえ，当事者の特定としては十分であるといえる（実質的表示説）。

2 訴訟提起前における調査嘱託及び文書送付嘱託の必要性
　　上記1のとおりであることからすれば，訴状記載の住所宛への送達（公示送達は除く）は困難（ないしは送達場所として不適当）であることは明らかである。
　　原告が，被告らの特定のために行った調査結果は以下のとおりであること，被告らの住所が上記のとおりであって，訴え提起前の証拠処分としての調査嘱託（民訴132条の4）は利用できない事案であることなどからすれば，原告は被告の特定につき可及的努力を行っており，さらなる特定のための調査は，釈明処分としての調査嘱託（民訴151条6号）及び文書送付嘱託によるほかない。

記

(1) 被告 Y₁ が Web 上において住所とする「〇〇県〇〇市〇〇番地」については，〇〇市役所に照会したところ，上記住所は存在しない旨の回答を受けている。
(2) 本件契約書に記載された「000-0000-0000」は，総務省が NTT コミュニケーションズ株式会社に割り当てている番号であることまでは判明しているものの，契約者の情報については，上記会社からは，裁判所からの嘱託を受けた場合に限り回答すると告げられている。
(3) 被告 Y₂ を名義人とする本件口座については，当該金融機関から調査嘱託を受ければ本人確認資料等を提供する旨の回答を受けている。

3 参考となる裁判例など
　　なお，名古屋高裁金沢支部平成16年12月28日判決・公刊物未登載（参考資料1）は，振り込め詐欺事件における口座名義人を被告とした事案につき，訴状の被告名はカタカナ名，住居表示は「不詳」とされていたため，却下したという事案の抗告審であるところ，「被告の特定について困難な事情があり，原告である抗告人において，被告の特定につき可及的努力を行っていると認められる例外的な場合には，訴状の被告の住所及び氏名の表示が上記のとおりであるからといって，上記の調査嘱託等をすることなく，直ちに訴状を却下することは許されないというべきである」としている。

また、①調査嘱託を行えば、送達先が明らかになった可能性があるにもかかわらず、これを行わずに、公示送達に至った点については、送達が無効であると解される可能性があり（大阪地裁平成21年2月27日判決・判タ1302号286頁）、②運用として、送達場所につき、「必要であれば、裁判所が職権で調査嘱託をすることもできる」（裁判所書記官研修所監修『民事実務講義案Ⅱ』17頁）とされているところである。

4　調査嘱託等によることの相当性
　　本件は訴状記載のとおり、極めて悪質な事案であり、同人らの行為は社会的に到底許されるべき行為ではない。しかしながら、このまま相手方を特定（もちろん、現実の本店や住居所及び氏名の特定であって、訴訟提起レベルでの特定とは異なる）できなければ、被害者たる原告の被害は回復されず、加害者たる被告らが違法に収益を取得した状態を野放しすることになる。
　　また、以上のとおりであることからすれば、本件においては、調査嘱託の結果、被告らの本店（住所）及び商号（氏名）が判明する可能性もある。
　　よって、訴訟係属前における調査嘱託を行うことが、訴訟の進行としては適当であるといえる。

5　送達について
　　上記のとおりであるから、原告代理人としては、訴訟提起後、訴訟係属前の段階において、訴訟提起と同時に申立をした、調査嘱託を採用していただき、同嘱託を受けた結果に基づき、訴状における被告らの本店（住所）及び商号（名称）などを訂正するとともに、送達場所の指定をし、同所への送達を求める旨の申請等を行う予定である。
　　なお、上記嘱託によっても、被告らの特定が不可能である場合は、一部取り下げ又は公示送達の申立を行う所存である。

6　立証方法について
　　すでに提出の書証に加え、少なくとも、原告本人の証拠調べに係る申出をする予定である。

以　上

添付書類
1　名古屋高裁金沢支部平成16年12月28日判決文全文

V　占いサイトに関するトラブル

1　事案の特徴

　独立行政法人中小企業基盤整備機構が運営するJ-Net21の経営基礎ガイドのアンケート調査結果によれば、「占いサイト」につき「よく利用している」と「たまに利用している」をあわせた「利用率」は、全体の11％にのぼる。男女別にみると、「利用率」は男性が9％、女性が14％であり、女性の利用率のほうが高い。年代・性別で比較すると、利用率が最も高いのは20歳代女性（17％）、次いで60歳代女性（16％）、30歳代女性（14％）の順となっている。

　また、1回あたりの利用金額については無料での利用者が最も多く（79％）、年代別・性別でみると利用経験者のうち、1回に3000円以上を使うユーザーの割合は、30歳代・40歳代女性で5％、50歳代女性で4％となっている。

　このような占いサイトのうち、悪質な占いサイト被害の典型的な手口は、①無料サイトであるとして、勧誘メール等により消費者を会員登録させる、②複数回にわたり鑑定を繰り返すことで、当該消費者の悩みごとなどを把握する、③その後、有料契約に切り替える（主にポイント制）、④脱会しようとする消費者に対しては、将来の不安を煽るような鑑定結果を送りつけるなどして鑑定料名目の金銭を奪取するといったものである。

1　独立行政法人中小企業基盤整備機構 J-Net21（中小企業ビジネス支援サイト）HP「占いサイト」〈http://j-net21.smrj.go.jp/establish/startup/cons_fortunetellingsite.html〉。
2　そのほか、占いサイト被害につき、独立行政法人国民生活センターに寄せられた相談事例については以下を参照されたい。独立行政法人国民生活センター HP「無料占いのはずがいつの間にか有料に！」（2013年5月13日）〈http://www.kokusen.go.jp/t_box/data/t_box-faq_qa2013_02.html〉。

2　事 例

　E（40歳代、女性）は、職場での人間関係がうまくいかず、精神的に落ち込んでいたところ、ある日、携帯電話に「運気を上昇させて最高級の幸福を手に入れませんか？」というメールが届いた。メールに表示されていたリンクからサイトにアクセスするとQの占いサイトであった。Eは同占いサイトに登録したところ、サイトに所属するという占い師からメッセージが届くようになった。

　占い師からは「オーラの変質を正しくすることによりあなたの悩みが解消され、願いが叶う方向へと進みます。オーラの変質を正すためにも私あてに『改善』と折り返しご連絡をいただけますか？　貴方の願いが叶い、幸せな未来が訪れることを心から望んでおります」とのメッセージが届いた。

　このため、Eは「改善」というメッセージを送信した。すると、占い師から「Eさんのオーラ変質の進行をできる限り止めさせていただきました。しかしオーラの輝きが弱くなっています。この状態では何をやっても上手くいかないのは明らかです。ほころびが時間とともにどんどん大きくなり、大きな穴を開けるでしょう。穴が開いてからでは改善は難しくなります。そうなる前に対処しましょう。今度は『幸福』とのメッセージを20回送信してください。そうすれば、必ずあなたは幸せになります」とのメッセージが届いた。このため、Eは占い師Rの指示に従えば、幸せになれるのだと信じ込み、「幸福」というメッセージを20回送信した。

　本件サイトは、当初は無料の占いサイトであったにもかかわらず、いつの間にか「鑑定依頼」および占い師へのメッセージの返信ごとに150ポイント（1500円）が必要となっていた。当該占いサイトにおけるポイント制のしくみは、あらかじめ、クレジットカード決済等でポイントを購入し、購入したポイントについては、各会員ごとにポイント残数が管理され、「鑑定依頼」ごとに利用ポイントが、ポイント残数から差し引かれるというものであった。

本件占いサイト利用が有料となった以後も、占い師Rからは、次々とEの不安を煽る同じようなメッセージが届いた。Eは不安に陥り、自分が職場の人間関係がうまくいかないことから精神的な疾患を抱えている事実を占い師に告げるなど、次第に占い師Rに依存するようになり、クレジットカード決済でポイントの購入を続け、占い師Rに鑑定依頼をし、あるいは占い師の指示に従って、複数回にわたり指定された言葉の送信を続けた。ポイントの購入・利用額は100万円にも及んだ。

　しかし、結局、何の効果も得られなかった。また、占い師Rの名前をインターネットで検索してみても、実際に存在する占い師であると認識できるような情報はいっさい見当たらず、かえって、本件占いサイトは悪質な占いサイトで、占い師Rはニセモノであるとの書き込みのあるWebサイトが複数検索された。

　支払済みの100万円を返してほしい。

3　検討課題

検討課題	ポイント
(1)　占いサイトの特徴	・占いサイトのしくみ ・サクラサイトとの相違点 ・占い契約の法的性質（占い師側の債務とは何か、占い師とサイト事業者との関係） ・適用対象となる特別法
(2)　消費者契約法に基づく取消しの可否	占い師による鑑定は消費者契約法の各取消事由の対象となるか。
(3)　公序良俗違反および不法行為構成	公序良俗違反等を導くために抽出すべき事実は何か。

(1) 占いサイトの特徴

(ア) 占いサイトのしくみ

　占いサイトは、当該 Web サイトに登録した利用者が、Web サイトに所属しているさまざまなジャンル（四柱推命、占星術、スピリチュアル等）の占い師に対して、Web サイト上で鑑定を依頼し、依頼を受けた占い師が依頼者に回答するというしくみである。

　具体的には、〔図55〕のように、①まず、占いサイトに登録する、②次に、鑑定を依頼するために必要となるポイントを購入する、③ Web サイト内で、占い師を選択し、あるいは、占い師から届いたメッセージに返信する形で、メッセージを入力し、鑑定依頼ボタン（サクラサイトのメッセージ送信ボタンに相当する）をクリックする（規約に従ったポイントが費消される）、④占い師からの鑑定結果を占いサイトが会員に送信するという流れである。

　占いサイトには、所属する占い師のプロフィールページがあることが多く、当該 Web ページには、占い師の写真、占いのジャンル、占い師としての実績、略歴等が表示されていることも少なくないところ、非対面での役務提供であるため、当該占い師が実在するか否かは必ずしも定かではない。

〔図55〕　占いサイトのしくみ

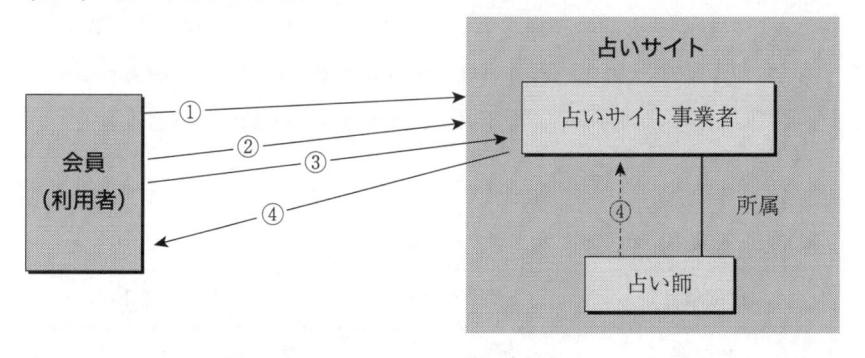

①登録　②ポイント購入　③鑑定依頼（ポイント費消）
④占い師の鑑定結果をサイト事業者が会員あてに送信

この点については、サクラサイト詐欺事件における相手方がサクラであるか否かといった点に類似するようにもみえるが、占いサイトにおける占い師は当該Webサイトに所属していることが前提であるから、当該占いサイト側において、「占い師とは無関係である」、「利用者同士のやりとりなので関知していない」などの言い逃れはできない。

　なお、占い師が実在する場合は、事案によっては、当該占い師個人をも相手方として責任追及するとことも検討すべきであろう。

(イ)　**占いサイトとサクラサイトの違い**

　悪質占いサイトのWebサイト上のしくみは、あらかじめポイントを購入させて、役務提供をするたびにポイントを費消させるという点において、サクラサイト詐欺と似ている。しかし、その手口は、サクラサイト詐欺のように「文字化け解除料」や「個人情報交換手数料」などの名目により一度に高額の支払いをさせるというものではなく、占い師が利用者の不安感を煽るメッセージを送信するなどして、鑑定依頼をするように仕向け、継続的な鑑定依頼をさせることによって、鑑定依頼に必要であるポイント料名目の金銭を獲得するといったものである。

　サクラサイトでは、メッセージ等を通じてやりとりを行うのは当該Webサイトの「利用者同士」であるという建前であるのに対して、占いサイトでは、鑑定依頼やその回答を通じてやりとりを行うのは、利用者と「Webサイト側の占い師」であるという点に、本質的な違いがある。

　占いサイトとサクラサイトの違いを整理すると〈表33〉のとおりとなる。

〈表33〉　**悪質占いサイトとサクラサイトの比較**

比較項目	サクラサイト	占いサイト
利用者	会員制	会員制
有料ポイント制	ただし、メッセージ送信1回あたり150ポイント	ただし、メッセージ送信1回あたり50ポイント

	(1500円) 程度（サクラサイトに比べて高額）	(500円) 程度
ポイント購入の決済手段	多様	多様
相手方とのメッセージのやりとりの手段	Webサイト内でメッセージの送受信（ただし、「メッセージ送信」ではなく、「鑑定依頼」というボタンになっているWebサイトもある）	Webサイト内でメッセージの送受信
メッセージの相手方	当該Webサイト所属の占い師と称する存在	利用者を装ったサクラ
ポイント消費名目	鑑定依頼・相談と回答（メッセージの送受信）が中心	メッセージ送受信等のほかに、文字化け解除料、個人情報交換手数料、会員ランクアップなど
主なトラブル	鑑定が終わらない、何の効果もないなど	出会えない、お金がもらえない、文字化けが解除されない、個人情報の交換ができないなど

(ウ) **占いサイトの法的性質**

(A) 契約当事者

　占いサイトは、占いサイト事業者の会員である利用者が、特定の占い師による鑑定を依頼し、これに対し、占いサイト事業者が当該特定の占い師による鑑定結果を会員に送信するという流れである。したがって、占いサイトは、利用者・占いサイト事業者間において準委任契約類似の契約が成立していると考えられ、所属の占い師は占いサイトにかかる契約の当事者ではなく、占いサイト事業者の履行補助者と解されよう。

305

(B) 契約の内容

　占いサイトは、占いサイト業者と利用者との間において、「占いサイト事業者側は、利用者の求めに応じて選択された占い師による鑑定を提供する、利用者側は占い師の鑑定結果の提供を受けた対価を支払う」という基本契約（〔図55〕①）、個々の占いごとの占い契約（〔図55〕③④）、個々のポイント購入（〔図55〕②）契約が存在するものと解される。

(C) 占い契約におけるWebサイトの債務

　占いとは、さまざまな方法で、人の心の内や運勢や未来など、直接観察することのできないものについて判断することや、その方法である。占いは「当たるも八卦、当たらぬも八卦」といわれているように、一般的には占い師が占いを行い、その鑑定結果を会員に伝える行為がサイト事業者側の債務であって、占いの結果が実現することは債務の内容とはならないであろう。

(エ) **適用対象となる特別法**

(A) 特定商取引法

　占いサイトは、インターネットを通じて消費者が契約の申込みを行う役務提供契約であるから、特定商取引法の「通信販売」（特商法2条2項、特商令2条2号）に該当する。したがって、消費者の承諾を得ないで電子広告メールを送信すること（特商法12条の3）、誇大広告等（同法12条）はいずれも禁止行為であり、各違反行為はいずれも直罰規定が設けられており、違反行為は違法性が極めて高い行為であるといえる（同法72条）。

　占いサイト事業者が、消費者からの承諾がないにもかかわらず本事例のようなEメールを送り付ける行為は、同メール中に当該Webページへのリンクが張られている事実も踏まえると「電子広告メール」の送信（特商法12条の3）にあたるといえる。

　また、占いサイトにおけるWebページ上の表示は、Webサイトの役務内容に関する広告であると解されるところ、占いサイトにおいては、①「驚きの的中率！　運勢アップ。大金を手にしたなど喜びの声続々！」といったWebサイト自体の優良性をうたう表示、②所属する占い師のプロフィール

のページに表示された内容（経歴など）が、問題となりうる。これらについては、当該表示がなければ消費者が申込みをしなかったなど、著しく事実と相違する表示である場合は（上記②の場合において、極端なケースでは、当該占い師は実在しないなど）、特定商取引法12条違反に該当する可能性があるといえるだろう。

(B) 特定電子メール法

占いサイト事業者が、消費者からの承諾がないにもかかわらず事例のようなメールを送り付ける行為は、当該メールは「自己又は他人の営業につき広告又は宣伝を行うための手段として送信をする電子メール」であるから、特定商取引法に加え、特定電子メール法違反にも該当する（特電法2条2号、3条）。同条違反は主務大臣の措置命令の対象となる行為となる（特電法7条）。

(C) 景品表示法

インターネット上のホームページの表示は、景品表示法の対象となる「表示」（景表法2条4項、景表法指定告示2五）に該当する。したがって、上記(A)で例示した表示が同法の優良誤認等の不当表示にあたる場合は、消費者庁による措置命令（景表法6条）や適格消費者団体による差止め（同法10条）の対象となる。

景品表示法においては、占いサイトの表示にしばしばみられるような「開運」「金運」などの神秘的内容であっても同法の不当表示規制の対象となりうる場合があるとの解釈が示されている[3]。

(D) 行為規制違反の効果

上記(A)～(C)の行為義務違反は、直ちに私法上の契約の効力には影響を及ぼすものではないが、違法性の根拠事実の一つとなりうる。

(2) **消費者契約法に基づく取消権行使の可否**

(ア) 消費者契約法の適用の有無

占いサイト事業者は、消費者契約法の「事業者」（消契法2条2項）であり、相談者は「消費者」（同条1項）であるから、本件における各契約は同法の「消費者契約」（同条3項）となるため、同法の対象となる。

(イ) 「勧誘をするに際し」該当性

　消費者契約法は、事業者が「消費者契約法の締結について勧誘をするに際し」消費者を誤認させ、あるいは困惑させることによって契約の申込み等を行った場合につき、当該意思表示を取り消すことができると規定する（消契法4条）。

　本事例については、占いサイト事業者は占い師をして、Ａに対して個別に鑑定に関する勧誘メールを送信しているのであり、かかる行為は消費者契約法の「勧誘」にあたると解される[4]。

(ウ) 取消権の対象となる行為といえるか

　占いサイト事業者は、占い師からのメッセージとして、Ｅの将来の生活状況につき、Ｅを不安に陥れる内容のメッセージを送信する一方で、占い師の指示どおりメッセージの返信を行うことによって、「必ず幸せになる」などと断言することによって、「占い師のメッセージに従えば幸せになることができる」とＥを誤信させ、ポイント購入を繰り返させている。したがって、「Ｅの将来の生活状況」という、「将来において変動が不確実な事項」につき断定的判断の提供をしたとして、断定的判断提供による取消しの主張も考え

---

[3] 片桐一幸編著『景品表示法〔第3版〕』64頁は、「『開運』や『金運』のような神秘的内容、『気分爽快』のような主観的内容、『健康になる』のような抽象的内容に関する表示んついては、こうした内容の表示のみであれば、通常、一般消費者は、表示された効果や性能について具体的なイメージを持つことはなく、むしろ、単なるパッフィングであると解し、これらの文言が消費または役務の選択を左右することにはならないと考えられるが、何らからの事情から、このような表示が一般消費者にとって商品または役務の選択に際しての重要な判断基準となっていると考えられ、さらにこららの表示内容に加えて具体的かつ著しい便益が主張されているなどによって、表示内容全体から判断して、商品または役務の内容について、一般消費者に実際のものよりも著しく優良であると誤認される場合には、優良誤認表示に該当すると判断されることがある」とする。公正取引委員会「不当景品類及び不当表示防止法第4条第2項の運用指針──不実証広告規制に関する指針」（平成15年10月28日）もほぼ同様の解釈を示している。なお、株式会社フジアートグループに対する排除命令（公取委平成15・12・5 平成15年(排)第22号を参照（金運上昇を標ぼうする財布の事例））。

[4] 松本恒雄ほか編『電子商取引法』20頁、消費者庁企画課編『逐条解説消費者契約法〔第2版〕』93頁。

うる（消契法4条1項2号）。

　しかし、消費者契約法4条1項2号の対象は「財産上の利得」に限定されるというのが立法担当者の解釈であり、「非財産上の利得」につき同号の取消しを認めた裁判例が皆無ではないものの、司法上の確立した判断とはいえない。

　　(エ)　取消権構成の問題点

　さらにいえば、上記(1)(ウ)(B)のとおり、占いサイトにおける契約は個々の占いごとに成立していると解されること、ポイント購入は特定の占い契約ごとに購入することはなく、ある程度まとまったポイント数をあらかじめ購入していることからすれば、事業者の勧誘行為と消費者であるEの申込行為との因果関係が必ずしも明らかでなく、法律構成が複雑化するともいえる。

　以上からすれば、本事例につき消費者契約法に基づく取消権を検討する実益は大きいとはいえないことになる。

　(3)　公序良俗違反および不法行為構成

　　(ア)　公序良俗違反による無効

　本事例において、公序良俗違反の主張（第2章Ⅱ1(7)参照）を検討する場合、主観的要素（契約締結過程）における評価根拠事実として、①占いサイトへの誘導が未承諾の迷惑メールによる事実（取締規制違反）、②占い師の執拗な勧誘（大量のメッセージ）が行われた事実（事業者の勧誘方法）、③占い師が不安を煽って勧誘し、鑑定依頼を行わせた事実（事業者の勧誘方法）、④被害者に精神疾患があり、それを占い師に告げている事実（被害者の属性）、さらに、⑤当該占い師自体が実在しない者であると考えられること、客観的要素（契約内容）における評価根拠事実として、Ⓐ不必要に鑑定依頼のボタン

5　消費者庁企画課・前掲（注4）113頁。

6　非財産上の利得につき、断定的判断提供による取消しを認めた裁判例としては、①神戸地尼崎支判平成15・10・24消費者法ニュース60号58頁、兵庫県弁護士会HP（運勢や将来の生活状況）。控訴審である大阪高判平成16・7・30兵庫県弁護士会HPは否定（ただし、公序良俗違反無効を認める））、②大阪高判平成19・4・27判時1987号18頁（和解契約における相手方の経営状態）がある。

を多数回にわたりクリックさせる事実（本事例では20回に分けてメッセージを送信させている）、⑬一般の占いにおける鑑定料と比べ、鑑定料が異常に高額である事実（給付の不均衡）、ⓒ当該占い師自体が実在しない者であると考えられることからすれば、一連の本件占いサイト事業者の行為は公序良俗に違反し本件契約は無効との主張も考えられよう。[7]

(ｲ) **不法行為構成における違法性**

　占いサイト事業者は、未承諾による勧誘メールを送信し、占い師からの鑑定結果等として複数回にわたりメッセージを送りつけ、Ｅを不安に陥れ、もってポイント料相当額の金銭を奪取しているのであり、これら行為は、詐欺的投資勧誘被害に関する裁判例や近時のサクラサイト詐欺に関する裁判例などを踏まえれば、一連一体のものととらえるべきである。したがって、財産的損害額たるポイント料相当額との因果関係については、上記一連一体との関係について認められれば足りると解される。また、違法性の評価根拠事実としては、公序良俗違反における評価根拠事実（上記(ｱ)参照）が相当する。

　大阪高判平成20・6・5兵庫県弁護士会HP（原審：神戸地判洲本支判平成19・12・25兵庫県弁護士会HP）は、被控訴人（被害者）が控訴人（占い師）に悩みを相談したところ、超自然的な能力の話をされ、害悪を告知されて不安を煽られ、多額の出損をさせられた事案につき、「易断による鑑定料の支払又は祈禱その他の宗教的行為に付随して祈禱料の支払を求める行為は、その性格上、易断や祈禱の内容に合理性がないとか、成果が見られないなどの理由によって、直ちに違法となるものではない。しかしながら、それに伴う金銭要求が、相手方の窮迫、困惑等に乗じ、殊更にその不安、恐怖心を煽ったり、自分に特別な能力があるように装い、その旨信じさせるなどの不相当な方法で行われ、その結果、相手方の正常な判断が妨げられた状態で、過大な金員が支払われたような場合には、社会的に相当な範囲を逸脱した違法行為として、不法行為が成立するというべきである」と判示している。[8]

---

[7] 易学受講契約等につき、公序良俗違反を認めた裁判例として、前掲（注6）大阪高判平成16・7・30がある。

4 事前準備

(1) 資料の収集・保存

(ア) ポイント購入に関する資料

占いサイトは、有料ポイント制のサクラサイト同様、クレジットカード、電子マネー、コンビニ収納代行、銀行振込などの多様な決済方法が利用されている場合が少なくない。したがって、被害額を把握するために、これらの資料を収集する必要がある（Webサイトの利用代金等に関する資料の収集方法については、第3章II 4(3)、本章I 4(2)(カ)参照）。

(イ) Webサイト画面の保存等

占いサイトは、サクラサイトとは異なり、会員専用ページにアクセス可能である場合、鑑定依頼（送信メッセージ）の内容や、鑑定依頼に対する回答（受信メッセージ）は、比較的長期間消去されずに保存されているケースもある。

メッセージが大量に保存されている場合は、メッセージのやりとりを時系列に従って整理することにより、占い師のいかなるメッセージが要因となって被害者が鑑定依頼を続けたのかが明確になる。このため、メッセージが残されている場合は、速やかに収集保存する必要がある（Webサイト画面等の資料の収集方法は、第3章II 4(2)、本章I 4(2)(イ)参照）。

また、鑑定依頼や回答だけでなく、被害者が鑑定を依頼した占い師のプロフィールや、占い師の略歴、写真等が掲載されている場合は、Webサイトの虚偽表示や占い師の実在性を検討するうえで重要な証拠となりうるから、速やかに保存する必要がある。

(2) 相手方事業者に関する調査

基本的には、サクラサイト詐欺と同様であるから、本章I 4(2)(ア)〜(オ)を参照されたい。ただし、占い師個人の責任を追及する場合は、占いサイト事業

---

8 そのほか、近時の裁判例では、京都地判平成21・7・8国民生活センターHPがある。

者に対し、たとえば、占い師の情報につきサイト事業者に対し、開示を求める方法を試みることが考えられる（【書式11】参照）。

5 受任通知・交渉・訴え提起

(1) 基本方針

㋐ 決済関与業者に対する通知

クレジットカード決済によりポイントが購入されている場合は、クレジットカード会社（イシュア）に対して、取引明細書の開示を求めるとともに、支払停止の抗弁、チャージバックの要請等の主張が考えられる場合は、これらの主張も受任通知（決済関与業者に対する通知に関しては、本章Ⅰ5(1)参照）に記載する必要があろう。また、クレジット決済代行業者が介在する場合は、決済代行業者に対し取引明細書の開示を求めるとともに、リファンドを求める旨を記載する必要があろう。

㋑ サイト事業者に対する交渉

受任通知により、公序良俗違反による無効等を主張し、支払った金員の返還を求めるとともに、メッセージの送受信記録の開示、占い師が実在するか否か、当該占い師の本名や住所等の情報の開示を求める。

なお、決済代行業者が介在するクレジットカード決済が行われている場合は、イシュアや決済代行業者との交渉により決済の取消し処理の交渉と並行して、占いサイト業者に返金を求めることになる。このあたりの対応方法についても、本章Ⅰ3(3)㋒㋕を参照されたい。

【書式11】 サイト事業者に対する通知書

通　知　書

平成〇〇年〇〇月〇〇日

東京都〇〇区〇〇4-2-12-100号
株式会社ウラナイ　御中

〒000-0000　○○県○○市○○××番地
後記依頼者代理人司法書士　山野　菊次郎　㊞
（認定番号　第000000号）
電　話　0000-00-0000

後記依頼者（以下「依頼者」という）代理人として次のとおり通知する。

1　依頼者は，貴社が運営する占いサイト「占い生活」（以下「本件サイト」という。）（http://uranaiseikatsu.com/）の利用者であったが，本件サイトの占いサイトの利用は，本件サイトの占い師「マダムサチコ」による不当な勧誘により行われたものである。具体的には，依頼者の不安定な精神状態につけこんで，不安を煽り，呪文のようなメッセージを送るように指示をして，延々と鑑定依頼を続けさせ，依頼者は，総額金100万円分のポイント代金を支払った。
　　このような本件サイトの占い師による，勧誘により行われた鑑定依頼及び鑑定依頼に必要となるポイント代金の購入は，公序良俗違反により無効であり，依頼者が貴社に支払った金員（クレジット決済及び振り込み）は全額返金されるべきものである。そこで，同額につき返金処理を求める。
　　貴社が上記に応じないのであれば，平成○○年○○月○○日までに，2項以下の照会事項にすべて，回答の上で，クレジット決済及び振り込みにより取得した対価につき，正当な給付保持権限があることを明らかにされたい。
2　本件サイトの占い師「マダムサチコ」は実在する占い師なのか。
3　本件サイトの占い師「マダムサチコ」が実在する場合，貴社との関係（例えば，雇用契約なのか業務委託契約なのか），本名，住所，年齢及び連絡先を明らかにされたい。
4　貴社が上記回答に応じず，返金処理も行わない場合は訴訟提起に移行する予定である旨申し添える。

以上

依頼者の表示
ニックネーム　あいう
（ログインID　11111111）

(2)　訴え提起

　交渉で任意の返還がなされない場合は、訴訟に移行する。上記3(3)のとおり、公序良俗違反（暴利行為論）により契約無効を主張して不当利得返還請

求を行うか、不法行為に基づく損害賠償請求を行うことになる。

Ⅵ 未成年者による親権者のクレジットカード不正利用

1 事案の特徴

　インターネット取引におけるクレジットカード決済については、クレジットカード番号、カード名義人、有効期限といった最低限のクレジットカード識別情報のみで決済が可能であったり、いったんクレジットカード識別情報が入力されると、それ以降、過去にクレジットカード決済を行ったWebサイト等においては入力が不要になる場合があることから、カード名義人たる親権者はクレジットカードを財布に入れるなど物理的に管理している認識でいるところ、同居の未成年の子がクレジットカード識別情報やすでに同情報が入力されている親権者のモバイル端末を利用するなどして、カード名義人たる親権者に無断でクレジットカード決済を行うケースがみられる。特に近年では、出会い系サイトにおけるポイント購入[1]やオンラインゲームにおけるゲーム内通貨等の購入[2]といったケースにおいてこのようなトラブルが増加している。

2 事例

　F_1はY社のクレジットカードを所持しているが、ほとんど財布に入れたままであり、月に2回程度のガソリンの給油に際して利用している程度であった。ところが、数日前に届いたクレジット会社Sの「カード利用明細書」

---

[1] 独立行政法人国民生活センターHP「決済代行会社から請求される出会い系サイト利用料金」〈http://www.kokusen.go.jp/jirei/data/200405.html〉。

[2] 独立行政法人国民生活センターHP「大人の知らない間に子どもが利用！　オンラインゲームのトラブルにご注意を」（平成24年12月20日）〈http://www.kokusen.go.jp/pdf/n-20121220_2.pdf〉。

をみると、請求額が110万円にも及んでいた。利用店名をみると、利用した覚えがないTという業者名が記載されており、しかもドル建て表示がされていた。当該クレジットカードについては、数カ月前に同居の高校生の息子F_2（17歳・アルバイトなどはしていない）に「授業でクレジットカードを習ったからみせてほしい」と言われたため、同人にカードを手渡したところ、同人は自分の部屋にクレジットカードを持っていき、10分ほど後に返却したということがあった。このため、念のためにF_2に今回のクレジット会社からの請求につき思い当たることがないか確認したところ、F_2はF_1から与えられているスマートフォンを使って、SNSで女性と知り合い、その女性に誘導されて出会い系サイトUに登録することとなり、その女性とのメッセージ交換などのために、ポイント購入が必要になり、当該クレジットカードの識別情報のみを入力して複数回にわたりポイント購入のためにカード決済を繰り返したとのことであった。

　F_1としては、出会い系サイトの利用も許可していないし、ましてやクレジットカードは無断で利用されたものであるのだから、クレジット会社Sの支払いを拒絶したい。なお、クレジット会社Sに確認したところ、Tは決済代行業者であるとのことである。

3　検討課題

検討課題	ポイント
(1)　クレジット契約における当事者と役務提供契約における当事者	各契約の当事者はどのように考えられるのか（ダイヤルQ^2に関する判例を参考に検討する）。
(2)　クレジット契約と割賦販売法	マンスリークリア方式の場合イシュアからの請求を拒絶する法律構成としてどのようなものが考えられるか。
(3)　未成年者取消しにおける留	共同親権行使、未成年者の詐術、処分を許さ

意点	れた財産に該当するか。
(4) 未成年者取消しにおける原状回復の範囲	すでに受けた役務をどのように評価すべきか。
(5) 同居の親族利用とカード会員の責任	カード規約に従って、カード会員たる親権者は無過失責任を負うのか。

(1) クレジット契約における当事者と役務提供契約における当事者

　本事例のようなケースにおいて、S社のクレジットカード会員であるF_1名義のクレジットカードが利用されていることからすれば、F_1およびS社が契約の当事者であることは明らかである。

　一方、サイト事業者Uとの出会い系サイトに関する契約は、本事例のように親権者F_1名義のスマートフォンであっても、未成年者F_2が当該スマートフォンによりサイト事業者Uが運営する出会い系サイトを利用していたというのであれば、ダイヤルQ^2に関する最高裁判決の考え方[3]を踏まえれば、あくまでも契約当事者は未成年者F_2およびサイト事業者Uと解すべき

〔図56〕 **クレジット契約と役務提供契約における契約当事者**

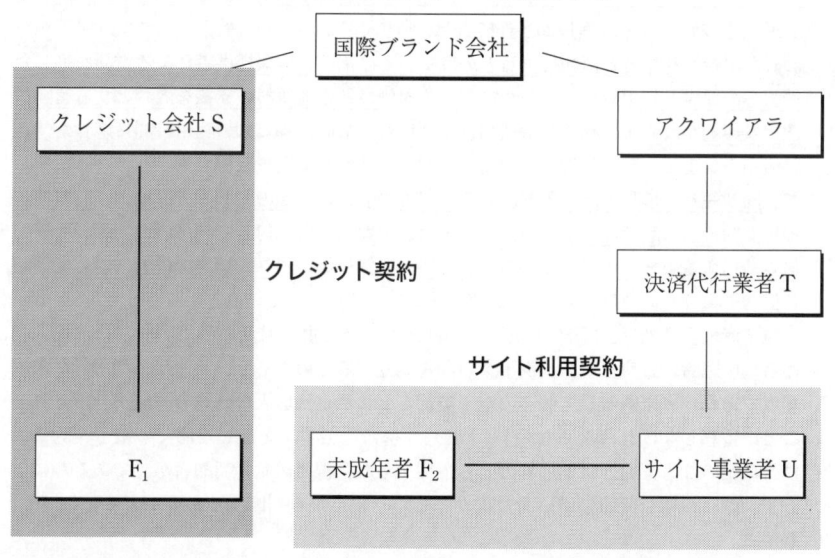

である（〔図56〕参照）。この点については、電子商取引準則においても同様の解釈が示されているし、実務においても相手方の対応は上記前提に立つものである。

(2) クレジット契約と割賦販売法

本件の決済方法は、支払期間を2カ月を超えない期間の一括払いとするいわゆるマンスリークリア方式であり、割賦販売法の適用はない（割販法2条3項）。このため、同法に規定されている「抗弁の対抗」（同法30条の4）の適用対象とはならないから、サイト事業者に対する抗弁（未成年者取消し）を同法の抗弁の対抗規定をもって当然には対抗できない。

この場合、信義則上抗弁の対抗を認めうるか否かを検討することになるが、サクラサイトにおけるカード決済の多くは、イシュア（カード発行業務を行うカード会社）と、アクワイアラ（加盟店業務を行うカード会社）が分化しているノン・オン・アス方式（しかもアクワイアラとサイト業者の間に包括加盟店として決済代行業者が介在する類型）による場合であるから、加盟店とクレジット会社との密接関係等に着目して、マンスリークリア方式であっても信義則上の抗弁の対抗を認めた個別クレジットに関する判決（大阪地判平

---

3 最判平成13・3・27集民201号667頁は、「加入電話からQ²情報サービスの利用が行われた場合、利用者と情報提供者との間で、その都度、情報提供者による電話を通じた情報等の提供と利用者によるこれに対する対価である情報料の支払を内容とする有料情報提供契約が成立し、利用者は情報提供者に対して同サービスの利用時間に応じた情報料債務を負担し、情報提供者は利用者に対する情報料債権を取得することになる。そして、同サービスの利用が加入電話契約者以外の者によるものであるときには、有料情報提供契約の当事者でない加入電話契約者は、情報提供者に対して利用者の情報料債務を自ら負担することを承諾しているなど特段の事情がない限り、情報提供者に対して情報料債務を負うものではない」（下線部は筆者による）としている。

4 電子商取引準則は、「個々の電子契約はあくまでも携帯電話の利用契約とは別途、利用者（申込者）とサービス提供事業者間に成立するものであり、サービス利用者が未成年者であれば、原則として個々の電子契約ごとに法定代理人の同意の有無が判断されることに留意しなければならない」（ⅰ53）、「携帯電話端末を通じた個々の電子契約は、携帯電話の加入契約とは別のものとして捉えられ、携帯電話の契約者が誰であるかによらず、個々の電子契約の申込者は誰か、という観点から判断する必要がある」（ⅰ56）とする。

成18・9・29消費者法ニュース71号178頁等）の射程からははずれるものと考えざるを得ない。

そうすると、ノン・オン・アス方式によるカード決済については、東京地判平成21・10・2消費者法ニュース84号211頁およびその控訴審である東京高判平成22・3・10消費者法ニュース84号216頁において、イシュアにつき「支払請求を停止すべき法的義務はないものの、購入者と加盟店との間のトラブルの有無や内容の状況を確認調査する等して、むやみに購入者が不利益を被ることのないよう協力すべき信義則上の義務を有する」との判断が示されたことを根拠として、イシュアに対し、事案が解決するまで、①請求および②信用情報への事故記録としての登録の留保を求めていくことになる。

また、単に将来における支払請求を留保させるだけでは根本的な解決とはいえないため、既払金相当額の返還や未払債務の消滅をさせるためにチャージバックの請求やリファンドの促しなど国際ブランドルールによる解決をも求めていくことになる。この際、上記判決はイシュアにつき、カード会員から苦情の申立てがあった場合に販売店と連絡をとるなど紛争の解決に向けた信義則上の義務がある旨の判断が示されていることから、イシュアの積極的な対応を促すためにも、通知書においてかかる判決の要旨を紹介することも有用であろう。

(3) 未成年者取消しにおける留意点

(ｱ) 概　要

前述のとおり、本件においては、クレジット契約の当事者は親権者F_1―クレジット会社S、出会い系サイト利用契約の当事者は未成年者F_2―サイト事業者Uである。クレジット契約に基づきクレジット会社SがF_1に請求する債権は、サイト事業者Uの利用に関するものであるから、未成年者F_2―サイト事業者U間の契約を未成年者取消しすれば、同契約についての原状回復義務が発生し、サイト事業者Uは決済代行業者Tを通じて受領済みの対価を返還することとなる。そうすると、クレジット契約についていえば、上記のとおりのキャンセル処理が行われる結果、クレジット会社Sの

F_1 に対する請求債権は消滅することとなる。よって、本件においては、第1に未成年者取消しの主張をすべきこととなる。

(イ) 処分を許された財産にあたるか

未成年者につき「処分を許された財産」（民法5条3項）が問題になりうる場合としては、①あらかじめプリペイドカードを交付していた場合、②未成年者がアルバイトをしていた場合、③携帯電話は未成年者名義であり決済方法としてキャリア課金（第2章Ⅳ4(2)参照）が利用されていた場合などがある。上記①については、こづかいと同様であり「処分を許された財産」に該当すると解されることになろう。②については収入全額を「処分を許された財産」とみるべきではなく、個別の契約ごとに親権者の同意が必要であると解すべきである（この点については第2章Ⅱ1(4)(イ)参照）。③については、未成年者名で携帯電話利用契約をすることに同意した意味につき、キャリア課金限度額（未成年者が契約者である場合は成人よりも低めに設定されている）までどのように使ってもよいことまでも許容した包括的な合意として、「処分を許した財産」と解することができるのかが問題となる。この点については、ⓐ包括的に同意したと推定できる場合があるという考え方[5]、ⓑ個別の有償役務提供契約等ごとに同意が必要であるとする考え方[6]がある。

思うに、法定代理人が携帯電話利用契約に際して与えた同意の意味として「限度額までなら何に使ってもいい」と解することは必ずしもできないこと、未成年者が利用するWebサイトを法定代理人があらかじめ予見することが困難であること、民法は未成年者を制限行為能力者として特別に保護する規定をおいていることからすれば[7]、上記②と同様に、個別の有償役務提供契約

---

[5] 電子商取引準則は、「キャリア課金については、未成年者が携帯電話利用契約者である場合、あるいは親が契約者であっても利用者として未成年者が登録される場合などは、利用額の上限が成年である場合よりも低額に設定される、または上限額を任意に低額に設定できるようにされている場合がある。このようなケースでは、法定代理人が明確に認識した上で上限の設定をしたと認定できるステップが踏まれていれば、個別のサービスの利用契約についても、上限額の範囲で予め包括的に同意したと推定できる可能性がある」（i 59）とする。

等ごとに法定代理人の同意は必要であると解されよう。

　本事例においては、親権者F_1が未成年者F_2にクレジットカードを手渡しているが、あくまでも「資料として見せる」趣旨で手渡したにすぎないから、かかる行為をもってクレジットカードについて自由に処分を許したと解することはできない。

　(ウ)　未成年者の詐術にあたるか

　制限行為能力者が、行為能力者であることを信じさせるために詐術を用いたときは、未成年者取消しを主張することはできないとされているところ（民法21条）、最判昭和44・2・13民集23巻2号291頁は、「詐術」とは、積極的詐術のみならず「無能力であることを黙秘していた場合であっても、他の言動とあいまって、相手方を誤信させ、または誤信を強めたとき」は詐術にあたるが「単なる黙秘は詐術にはあたらない」とし、「詐術に当たるとするためには、無能力者が能力者であることを信じさせる目的をもってしたことを要すると解すべきである」としている。

　そこで、本事例のような出会い系サイトにおける典型的なケースとして、たとえば、①Webサイトのトップ画面の「18歳以上　YES／NO」という

6　松本恒雄「クレジット契約と消費者保護」ジュリ979号24頁は、未成年者がクレジットカードの会員になることにつき法定代理人の同意があった場合につき「法定代理人の同意といえども包括的な同意を与えることは任意に行為能力を創設することにほかならず、許されていない」として、カードを利用した個別取引についても同意が不要にはならないとする。また、坂東俊矢「未成年者取消権についての市民法理論と消費者法理」現代消費者法3号30頁は、「法定代理人による同意がその後の契約にまで及ぶとするならば、それは制限行為能力者としての未成年者保護の潜脱をもたらすことになり、妥当でない」とする。その他、携帯電話利用契約につき法定代理人が同意していたとしてもその後の契約条件の変更についても包括的に同意したとする条項の効力を否定した裁判例として、札幌地判平成20・8・28判例集未登載、釧路地帯広支判平成18・7・13判例集未登載がある。

7　坂東俊矢「キャッチセールスによる化粧品等の販売契約と未成年者取消権」消費者法判例百選5事件は、「包括的な同意にも、収入の金額や未成年者の生活の状態に対応して、自ずから限界がある。実際の可処分所得と比べて高額であったり、生活に必要であるとは判断できない商品等に関しては、改めて法定代理人による個別の同意が必要である」とする。

標記につき「YES」をクリックした場合、②入会登録フォームで生年月日を入力していたが、実際の年齢だとエラーになってしまうため、徐々に生年月日を古くしていったら、たまたま18歳となる時点で登録が完了したという場合、③出会い系サイト規制法11条および出会い系サイト規制法施行規則5条に基づく児童でないことの確認方法として運転免許証の生年月日欄に関する画像データを送るように指示され、親権者の運転免許証を無断で持ち出して同運転免許証の写メールを送信した場合が「詐術」にあたるか否かを検討する。

　上記①②は、そもそも18歳と偽った行為が仮に詐術であったとしても、「児童」ではないことを偽ったにすぎず、成年であると偽ったことにはならないから取消権には影響がない。なお、仮に①が20歳以上であるか否かを答えるシステムであった場合であっても、同画面の先を閲覧したいという意思で「YES」をクリックする場合が多いと思われ、そのような行為のみでは「成年者であることを信じさせる目的があった」とはいえないから詐術にはあたらないだろう。②につき仮に20歳となる時点で登録が完了したという場合、虚偽の生年月日を入力したという点において、相手方をして成人であると誤信させた行為であるということもできるが、生年月日を繰り返し入力しエラーが出続けても、入会手続は継続して可能としていることからすれば、サイト事業者において、かかる行為を行うことを事実上誘導しているとも考慮しうること、成人であると信じさせる目的があったというよりは結果とし

8　出会い系サイト規制法では18歳未満を「児童」と定義づけ（同法2条1号）、児童のサイト利用を禁止しているため（同法6条等）、このような措置がなされている。

9　電子商取引準則は、「事業者が電子商取引の際に画面上で、申込者の生年月日（または年齢）を入力させるようにしているのに、未成年者が虚偽の生年月日（または年齢）を入力し、その結果、事業者が相手方を成年者と誤信した場合などは、当該未成年者は取消権を失う可能性もあると解される」とする一方、「もっとも、詐術を用いたと認められるか否かは、単に未成年者が成年を装って生年月日（または年齢）を入力したことにより判断されるものではなく、事業者が故意にかかる回答を誘導したのではないかなど、最終的には取引の内容、商品の性質や事業者の設定する画面構成等の事情を考慮して、判断されるものと解される」（i 60）とする。

て成人の生年月日を記入することになったにすぎず、成人であると偽ろうとする故意はないものと解することもできることからすれば、詐術にはあたらないと考えられる。[10]

　上記③は相手方たるサイト事業者をして「成人である」と誤信させる行為であるといえる。しかし、「児童ではないこと」の確認を求められた結果、親権者の運転免許証の画像データを送信したというのであるから、仮に積極的な詐術の意思があるとしても「成人であることを信じさせる目的」ではなく、「児童ではないことを信じさせる目的」であると解されること、SNSを利用して、未成年者の性的好奇心を煽って本件Webサイトへ誘導した手口であることからすれば、かかる行為は詐術にはあたらないとも考えられよう。

　㈎　共同親権行使

　父母が婚姻している場合には、父母が共同して親権を行使することが原則である（民法818条3項）。判例上は親権の行使は父母双方の意思に基づくことは必要だが、双方名義で行う必要はないとされている（最判昭和32・7・5集民27号27頁）。

　もっとも、実務上、相手方にとっては、親権者双方の意思に基づくものであるかが必ずしも明確ではないから、親権者両名の名義で未成年者取消しの主張をする必要があろう。

　この点、事件を受任する司法書士等としては、本件のように一方親権者のクレジットカードが不正利用されたというケースでは、クレジット契約に関しては、契約当事者である当該一方親権者からの委任に基づき交渉等を行うが、Webサイト利用契約については、他方の親権者からも委任を受けたうえで未成年者取消しを主張することになる点につき注意が必要である。

10　前掲最判昭和44・2・13のほか、谷口知平＝石田喜久夫編『新版注釈民法(1)』399頁は、「制限行為能力者の行為や言動が、客観的に見れば相手方に能力について誤った観念を生じさせる場合であっても、制限能力者が欺罔の故意を有していなかった場合には、取消権は排除されない」とする。

(4) 未成年者取消しにおける原状回復の範囲

(ア) 現存利益の考え方

未成年者取消しをした場合、当該未成年者は現存利益の範囲内で返還の義務を負うとされている（民法121条）。したがって、取消しの時点ですでに浪費し現存しないものにつき、未成年者はその価格返還等の義務を負わないことになる。しかし、いわゆる「出費の節約」があった場合は、当該出費に見合う利得が現存していると解される余地もある[11]。たとえば、近年の裁判例をみると、未成年者の携帯電話利用契約の事案につき、前掲札幌地判平成20・8・28は、「本件契約に係る携帯電話を利用しているところ、これに対応する範囲の料金支払債務を免れているから、被告には、これにより役務提供を受けた限度において利益が現存するものということができる」として現存利益として通話料金そのものを認めている（もっとも携帯電話会社側の権利濫用にあたるとして7割の減額が認められている[12]）。

(イ) 本事例における検討

未成年者がオンラインゲームサービス等をすでに利用した場合については、ゲーム自体が遊興で行われることからすれば、返還すべき現存利益は存在しないものと解される[13]。これに対し、本事例のような出会い系サイトについては、本件Webサイトを利用することにより、ほかのSNSなどでメッセージ交換をする場合の出費の節約ができたのだから、当該相当額につき現存利益があるとの主張が考えられる。しかし、本件Webサイトにおける相手方とのメッセージのやりとりは実在する人物とのメッセージのやりとりであるか明らかではないし、そもそも当該人物と他の通信方法でメッセージのやりとりをすることは考えられないこと、当該相手方とメッセージのやりと

---

11 河上正二『民法総則講義』54頁ほか参照。
12 本判決を取り上げたものとして、猪野亨「携帯電話利用契約をめぐる訴訟からみる未成年者保護」現代消費者法3号34頁。
13 電子商取引準則は、「未成年者が高額のゲームサービス等を既に利用してしまったような場合については、返還すべき現存利益が存在しないと評価され、未成年者はサービス利用料金相当額の返還義務を負わない場合が多いと考えられる」（ⅰ60注16）とする。

りをしたことによる具体的なメリットは見受けられないことからすれば、オンラインゲームの場合と同様に、現存利益はないものと解してよいであろう。

(5) 同居親族の利用とカード会員の責任

(ア) 概　要

サイト事業者Uが未成年者取消しに応じない場合は、親権者F_1がクレジット会社Sの請求に基づき未成年者F_2の無断使用相当額につき支払義務を負うか否かが問題となる。

(イ) 典型的なクレジットカード規約

クレジットカードについては、おおむね、①カード会社から会員に貸与されるものであること、②会員はクレジットカードにつき善管注意義務をもって使用および保管すること、③カードは他人に貸与、譲渡、質入れ、担保提供等に使用することはできないことなどが規約によって規定されている。

また、紛失、盗難など他人に不正利用された場合、会員は直ちにクレジットカード会社および最寄りの警察署にその旨を届けるなどの所定の手続を行えば、不正利用された分については保障制度が適用される旨規定されている。

ただし、①会員の故意または重大な過失によって生じた場合、②会員の家族、同居人、留守人等、会員の関係者によって使用された場合、③他人の譲渡、貸与または担保差入れしたカードによって生じた等の場合は、会員がその損害の全部を負担するなどとされている。

上記のとおり、カード規約上は、会員の家族がクレジットカードを利用した場合は、会員は故意、重過失、過失の有無にかかわらず、クレジットカード会社に生じた損害を負担する旨が規定されている（以下、「本件規約」という）。本件規約を文字どおり解釈すれば、会員の家族等がクレジットカードを利用した場合は、いかなる場合であっても会員はその利用分を負担せざるを得ないという結論に至るが、そのような結論は、個人の意思に基づかない債務は負わないという私的自治の原則や過失責任主義をとる民法の原則からすれば、会員に酷であるといえる。そこで、本件規約につき、以下のとお

り、①本件規約自体を無効として民法の原則に戻って責任負担を導き出すべしとする主張、②本件規約の有効性を争うのではなく、本件規約の解釈により妥当な責任負担を導き出す方法が考えられる。

(ウ) 公序良俗違反無効

本件規約については、会員の家族等の利用の場合にはいかなる事情があっても会員の責任とする旨の規定であって合理性がなく、公序良俗違反であるとの主張である。ただし、裁判例をみると、たとえば、大阪地判平成5・10・18判タ845号258頁は、「会員と密接な関係にある者の使用については、それ以外の第三者による使用と区別して、会員により重い責任を果たしても必ずしも不当とはいえないので、右規定が公序良俗に違反するとはいえない」としているなど、現行民法上においては、その主張が認められるのは必ずしも容易ではないのが現状であろう。

(エ) 消費者契約法に基づく無効

本事例のようなクレジット契約は消費者契約であるところ、前述のとおり、本件規約は、民法の原則に比して消費者の義務を加重するものであり、信義則の基本原則に反するから、消費者契約法10条に基づき無効であるとの主張である。[14]

ただし、裁判例をみると、たとえば、さいたま地判平成19・6・1裁判所HPは、「カード会社にとっては家族等による利用が不正利用か否かの判断が難しいことからすれば事務処理上個別的な事情の有無を問わず、画一的な取り扱いをすることの必要性は否定できない」こと、「カード名義人はカード会社に対して、貸与されたカードの管理につき善管注意義務を負って」いること、「家族等による不正利用を防止することができる立場にあること」等の事情を考えあわせると、「家族等の不正利用と第三者による不正利用の場合と区別し、家族等による不正利用の場合にはカード名義人に対してより

---

[14] 上田孝治「クレジットカード不正使用事案における責任分配ルールについて」消費者法ニュース78号131頁、福崎博孝『カード被害救済の法理と実務』211頁などが参考になる。

重い責任を課することを内容とする本件規定には合理性があるというべきである」として、消費者契約法10条に反するものではないとしている。

前掲さいたま地判平成19・6・1は、公序良俗違反無効を否定した前掲大阪地判平成5・10・18判タ845号258頁の判決とほぼ同様の判断基準をとっており、消費者契約法10条無効が認められるのは、民法上も信義則違反になるものに限られるとする「確認説」と呼ばれる見解に立つものであると思われる。[15]

ただし、消費者契約法が、事業者と消費者の情報の量および質並びに交渉力の格差を前提とした法律であることを鑑みれば、消費者契約法10条で無効とされるものは民法で無効とされるものに限定されないとする「創造説」と呼ばれる考え方も有力に展開されており、この説に立つのであれば、本件規約は同条に基づき無効であると解する余地もあるだろう。[16]

(オ) 解　釈

本件規約につき、会員は家族等の不正利用の場合はいかなる場合であっても責任を負うと解するのではなく、重過失がない旨を主張立証すれば免責されると解する余地があるとする解釈を展開する考え方である。裁判例をみると、長崎地佐世保支判平成20・4・24金法1300号71頁、消費者法ニュース76号220頁[17]は、未成年者が親の財布からクレジットカードをいったん抜き取り、そのカード番号や有効期限（カード識別情報）をメモしたうえで、カードを財布に戻し、有料アダルトサイトのポイント購入等に際し、カード番号等を入力して不正使用したという事案であるところ、以下のように判断して会員

15　消費者庁企画課編『逐条解説消費者契約法〔第2版〕』222頁。
16　「創造説」を支持する学説としては、落合誠一『消費者契約法』150頁、日本弁護士連合会消費者問題対策委員会『コンメンタール消費者契約法〔第2版〕』191頁等があり、判例・裁判例としては、最判平成18・11・27民集60巻9号3437頁、大津地判平成18・6・28消費者法ニュース69号260頁がある。なお、前掲最判平成18・11・27につき、法制審議会民法（債権関係）部会は、「『公の秩序又は善良の風俗』に反するという民法第90条の基準を満たす悪質性の度合いは、『信義則に反して消費者の利益を一方的に害する』という消費者契約法第10条の基準を満たすための悪質性よりも高いことを前提としていると考えられる」（部会資料42・37頁）としている。

には重過失がなかったとしてクレジットカード会社の請求を棄却している。

　まず、「会員に対しその帰責性を問わずに支払責任を負担させることは、民法の基本原理である自己責任の原則に照らして疑問がある上、本件補償規約に合意したＹ社〔筆者注：クレジットカード会社〕及び会員の合理的意思にも反するものというべき」としたうえで、本件規約につき「Ｙ社が会員の家族等による『盗難』であることさえ主張立証すれば、会員の帰責性まで主張立証しなくても補償規約の適用が除外されることを明らかにしたに止まり、会員側が自己に帰責性がないことを更に主張立証し、補償規約の適用を受けようとする余地を排斥する趣旨まではない」、「会員は自己に重過失がないことを主張立証すれば足りる」とした。

　そして、会員の重過失の有無については、カード利用は、インターネット上で本件カードのカード識別情報のみを入力する方法により行われているところから「カード識別情報を知る第三者が会員本人になりすまして他人のカードを利用することが容易に可能な利用方法であったといえる」とし、カード識別情報という無体物についての管理については会員による管理にはおのずから限界があり、「カード識別情報の入力による利用方法を提供するＹ社において、カード識別情報に加えて、暗証番号など本人確認に適した何らかの追加情報の入力を要求するなど、可能な限り会員本人以外の不正利用を排除する利用方法を構築することが要求されていたというべきである」としたうえで、Ｙ社にはそのような利用方法を構築していたとはいいがたく、「被告が本件カードを入れた財布をタンスの上に置き、Ｆ〔筆者注：息子〕が容易に入手可能な状態にしておいたことについて、被告に何らかの帰責性が問

17　本判決の評釈としては、河上正二「未成年者による有料サイト利用と親のクレジットカード不正利用」消費者法判例百選98事件、尾島茂樹「家族によるクレジット・カードの不正利用と会員の責任——インターネット決済と平成20年４月24日長崎地裁佐世保支部判決の問題点」クレジット研究41号195頁などがある。また、本判決の被告代理人によるものとして、福博孝「有料サイトの利用とクレジットカードの支払いをめぐる訴訟における未成年の子の親の責任——長崎地佐世保支判平成20・４・24をもとに」現代消費者法３号39頁、福崎・前掲（注14）がある。

われ得るとしても、本件で本人確認情報の入力が要求されていれば（ただし、生年月日や住所等では意味をなさない）、Fによる本件各カード利用を防ぐことができたことに照らすと、被告には重大な過失はなかったと認めるのが相当である」としている。

前掲長崎地佐世保支判平成20・4・24は、クレジットカード決済システムを構築したクレジット会社につき、いわゆるシステム責任者論に立って、システム上の欠陥があることからクレジット会社の落ち度を認め、その反面、かかるシステムにおいてはカード会員には管理に限界があることを認めて、本件規約をそのまま適用させるのではなく、カード会員に重過失があった場合に限り責任を負うとしている。

そうすると、本件においても、Webサイトにおけるカード決済は、単にクレジットカード識別情報の入力だけで足りるものであったのか、3Dセキュア等さらなるパスワード入力まで求められていたのかが重要なポイントになると思われる。

(カ) 過失相殺・信義則・権利濫用法理

本事例については、①今回不正利用されたカードはこれまでもっぱらガソリンの給油代金に利用されていたカードであるところ、突如1カ月の間に110万円もの高額決済がなされているという異常性があり、カード会社においても、不正利用検知システム[18]などによって不正利用を察知し、オーソリ対応（カード加盟店がクレジットカード会社に対して、カード利用者の信用確認をすること）として与信拒否あるいは保留応答の対応ができたと考えられること、②カード識別情報のみの入力でクレジットカード決済が可能であったことからすれば、クレジット会社のF_1に対する請求は、信義則あるいは権利濫用法理に基づき請求額は縮減されるとの主張が考えられる。また、カード会社の訴訟物は損害賠償請求権であると解するならば、過失相殺の主張が考

---

18 不正利用検知システムとは、取引をスコアリングし、一定のルールを設けることで不正傾向をシステム的に選別するシステムのこと。山本正行『カード決済業務のすべて』37頁を参照されたい。

える余地があろう。

4 事前準備

(1) 資料の収集・保存

(ア) クレジット決済

本事例にかかる①クレジット利用明細書、②クレジットカードの持参を求める。なお、③クレジットカード規約についてもWebサイトなどで具体的規定を確認しておくことが望ましい。

上記①は、具体的な利用状況を把握することに加え、「利用店名」欄から本件に関与する決済代行業者を特定できる場合もある。②は、クレジット会社（イシュア）に対する受任通知にクレジットカード識別情報（カード名義、有効期限、カード番号）を記載することで受任の範囲を明確にするために必要である。③は、クレジット会社は規約に基づいて主張を行うことが予想されるため、あらかじめその内容を理解しておく必要があるからである。

(イ) Webサイト利用

まず、①実際にメッセージの交換に使用したスマートフォン端末を持参してもらう。また、②利用したWebサイトが現在も運営中である場合は、トップページ、規約、特定商取引法に基づく表示、児童でないことの確認画面など、すべてのWebページを保存するべきである。

上記①は、当該端末に残されたメール等から本件Webサイトへ登録した経緯、具体的なメッセージのやりとりを確認するためである。②は、特定商取引法に基づく表示欄からサイト事業者を特定したり、Webサイトの構成が未成年者を成人と回答させるように誘導するものであるか否か等を確認するためである。

(2) 事情聴取に際しての留意点

(ア) 親権者を同席させるか否か

本事例のような事案では、親権者が未成年者を同行させて来所するケースも少なくないところ、未成年者は親権者にすでに厳しく叱られており委縮し

ている様子をみせていたり、異性の親の前では性的な話題を話しづらそうであることも少なくない。このような場合には、親権者を同席のまま未成年者に利用実態等の聴取を行ったとしても、すべてを正直に話せる環境とはいえないため、場合によっては親権者にはいったん席をはずしてもらい、未成年者と1対1で事情聴取をするほうが好ましいだろう。

(イ) クレジットカードの管理状況

前述のとおり、出会い系サイト事業者に対する未成年者取消しが功を奏さない場合は、クレジット会社Yに対しカード会員である親権者F_1が支払義務を負うか否かが争点となる。前掲長崎地佐世保支判平成20・4・24はカード規約を解釈により「カード会員に重過失がない場合は支払い義務を負わない」との判断を示しているため、下記(ウ)と相まって、クレジットカードの管理状況につき、カード会員たるF_1の落ち度の有無を確認する必要がある。

(ウ) クレジット決済の流れ

前掲長崎地佐世保支判平成20・4・24にあるように、無体物であるカード識別情報にはおのずから管理の限界があるため、仮にクレジットカード識別情報のみで決済が可能というのであれば、規約の解釈によって、カード会員たるF_1には重過失がないから、クレジット会社Sの請求につき支払義務を負わないとの構成も考えられるため、クレジット決済の流れについて対応する必要がある。

(エ) 詐術の有無

未成年者に対し、成人として生年月日または年齢を入力した事実がないか否かを確認することになる。

実際の聴取り方法としては、当該Webサイトへの誘導の経過から会員登録、メッセージのやりとり、ポイントの購入といった経緯を詳細に聴き取り、特に年齢や生年月日の入力に際してどのような数字を入力したのか、仮に成人としての年齢等を入力したというのであればなぜそのような年齢等を入力したのかを聴取することになる。

5 受任通知・交渉

(1) 基本方針

以上のとおりであることからすれば、本事例において、F_1のクレジット会社Sに対する支払義務を争うことは必ずしも容易ではないといえる。そうすると、サイト事業者U―未成年者F_2間のサイト利用契約を未成年者取消しをして、キャンセル処理を行わせることで、クレジット会社SのF_1に対する請求債権を消滅させる方針が、立証の負担や迅速な解決といった点からも第一に検討すべきこととなる。

したがって、クレジット会社（イシュア）、決済代行業者、サイト事業者にはそれぞれ下記(2)のような通知を行い、サイト事業者Uのキャンセルを促すことになる。

(2) 受任通知送付とそのポイント

受任通知送付に関する一般的な留意点については、第3章Ⅱ5を参照されたい。

(ア) イシュアに対する通知

留意点については、本章Ⅰ5(1)を参照されたい。

【書式12】 イシュアに対する通知書

受 任 通 知

平成〇〇年〇〇月〇〇日

株式会社〇〇クレジット　御中

〒000-0000　〇〇県〇〇市〇〇××番地
後記依頼者代理人司法書士　山野　菊次郎　㊞
（認定番号　第000000号）
電　話　0000-00-0000

当職は、この度、後記依頼者から依頼を受け、貴社・依頼者間における、貴社

発行にかかる後記記載のカード取引（以下「本件取引」という）に基づく貴社からの請求につき，司法書士法3条1項に定める裁判所提出書類作成業務，簡易裁判所における代理業務及び裁判外の和解業務を遂行するため，同人の代理人に就任いたしました。
　つきましては，以下のとおりお願いいたします。

カード取引の表示

　　　　　カード名称：○○カード
　　　　　カード番号：1111-1111-1111-1111
（以下「本件カード」という）

通知の趣旨

1　混乱を避けるため，今後，依頼者への連絡や取立行為は中止願います。
2　本件取引にかかる平成○○年○○月から平成○○年○○月までの利用明細及び支払状況等の開示を求めます。
3　通知の理由のとおりであるから，貴社におかれましては，以下の対応をおとりいただきますようお願いいたします。

記

(1)　アクワイアラーに対する検索請求（Retrieval Request）
(2)　チャージバック手続
(3)　依頼者に対する請求については請求保留扱いとする。
(4)　CIC等に対する信用情報の登録につき，本件が解決に至るまで延滞情報等の登録を行わない。
(5)　アクワイアラー加盟店たる，いわゆる決済代行業者に対する，リファンドの促し

以　上

依頼者の表示

　　　　　静岡県○○市○○1-1-1
○　○　　○　○

通知の理由

1　貴社作成にかかるカード利用明細書中，ご利用先「ABCD」は，依頼者の子B（未成年者）（以下「未成年者」という）が，本件クレジットカードを無断

利用したものである。
2　当職が未成年者に確認したところ，これはいわゆる出会い系サイトのポイント購入にかかるもののようである（したがって，利用先として表示される事業者は決済代行業者であるものと思われる）。
3　未成年者が利用したサイトについてはサクラサイト詐欺である可能性も高いことに加え，そもそも未成年者の法定代理人である依頼者及びその配偶者は，当該サイトの利用につき同意を与えていないから，本件各サイトの利用契約につき，未成年者取消の主張を行う予定である。
4　①東京地裁平成21年10月2日判決及びその上級審である東京高裁平成22年3月10日判決（消費者法ニュース84号）において，イシュアにつき「支払請求を停止すべき法的義務はないものの，購入者と加盟店との間のトラブルの有無や内容の状況を確認調査する等して，むやみに購入者が不利益を被ることのないよう協力すべき信義則上の義務を有する」との判断が示されたこと，②サイト業者は未成年者取消の結果，その対価相当額を返還せざるを得ない状況となるが，サイト業者自体がそのような清算に素直に応じるか否かは不明であること，本件が未成年者による契約トラブルであることによる要保護性の観点から，通知の趣旨記載のとおりの対応を求める次第である。
5　なお，上記1ないし4とは別に，貴社の依頼者に対するクレジット決済契約に基づく請求についていえば，本件は未成年者が本件カードを用いてインターネット上でカード決済を行ったものであるが，当職が未成年者に決済方法について確認したところ，カード番号，有効期限，セキュリティーコード（CVV2など）の入力のみで決済は可能であり，いずれも3Dセキュアのような不正利用を防止する対策は講じられていなかったとのことである。よって，貴社のクレジットカード規約の規定にかかわらず，依頼者には不正利用についての重過失はなく，貴社からの請求は認められないと解されるから（長崎地裁佐世保支部判決平成20年4月24日金融・商事判例1300号71頁），以上の点からも貴社の請求には応じられない。

以　上

(イ)　決済代行業者に対する通知

留意点については、本章Ⅰ5(1)を参照されたい。

【書式13】　決済代行業者に対する通知書

通　知　書

平成○○年○○月○○日

○○○○株式会社　御中

　　　　　　　　　〒000-0000　○○県○○市○○××番地
　　　　　　　　　後記依頼者代理人司法書士　山野　菊次郎　㊞
　　　　　　　　　　　　　　　　（認定番号　第000000号）
　　　　　　　　　　　　　　　　電　話　0000-00-0000

　当職は，後記依頼者（以下「依頼者」という）代理人として，次のとおり通知する。

通知の趣旨

1　依頼者名義の後記記載のクレジットカード決済による，貴社を利用先とする平成○○年○○月から平成○○年○○月末日までに係る売上につき，以下の事項の開示を求める。
　(1)　上記売上につき，貴社が決済を代行した，サイト運営事業者の本店・商号・電話番号・代表者の氏名及び住所その他運営事業者の特定に関する事項（中途で運営事業者が変更している場合においては，現在の運営事業者及び過去の運営事業者のすべての分）及びこれらを裏付けるために貴社が徴求した書類（登記事項証明書など）
　(2)　貴社と上記(1)の運営事業者との間における決済代行に係る契約締結に当たり，貴社が確認した事項（たとえば，電気通信事業法に基づく届出の有無，インターネット異性紹介事業を利用した児童を誘引する行為の規制等に関する法律に基づく公安委員会への届出の有無など）
　(3)　上記(2)の契約の申込に係る書面
　(4)　上記期間の利用履歴（決済日時，クレジット番号，申込金額，請求金額，番組名等が記載されたもの）
2　上記サイト運営事業者に対する調査などの上，本件売上にかかる請求については，全額のキャンセル（リファンド）を求める。

　　　　　　　　　　依頼者の表示
　　　　　　　　静岡県○○市○○○1-1-1
　　　　　　　　　　○　○　　○　○

　　　　　　　　　クレジットカードの表示

カード番号：1111-1111-1111-1111
(以下「本件カード」という)

通知の理由

1　貴社決済代行に係る本件クレジットカード決済はいずれも依頼者の子（未成年者）（以下「未成年者」という）が，本件クレジットカードを無断利用したものである。
2　当職が未成年者に確認したところ，これらの多くはいわゆる出会い系サイトのポイント購入にかかるもののようであり，中には未成年者が明確な利用意思をもたないままカード決済に至った架空請求まがいのケースも含まれているようである。
3　未成年者が利用したサイトについてはサクラサイト詐欺である可能性も高いことに加え，そもそも未成年者の法定代理人である依頼者及びその配偶者は，当該サイトの利用につき同意を与えていないから，本件各サイトの利用契約につき，未成年者取消の主張を行う予定である。
4　そうすると，サイト業者は未成年者取消の結果，その対価相当額を返還せざるを得ない状況となるが，①サイト業者自体がそのような清算に素直に応じるか否かは不明であること，②本件が未成年者による契約トラブルであることの要保護性の観点から，通知の趣旨記載のとおりの対応を求める次第である。
5　よって，通知の趣旨のとおりの主張をする次第である。

以　上

(ウ)　サイト事業者に対する通知

　未成年者取消しについては、共同親権行使が原則であるため、カード会員F_1のみならず、その配偶者からも委任を受けたうえで主張する必要がある。なお、本来であれば通知書には委任者として親権者の住所・氏名を記載すべきであるが、サクラサイト事業者等を相手方とする場合、当該事業者は利用者の住所・氏名を把握していないから、むやみに個人情報を提供することは厳に慎むべきである。したがって、実務上は、以下のとおり、サイト事業者に対する未成年者取消しの通知にはサイト事業者が把握している未成年者のメールアドレスのみを記載し、必要に応じて、別途、イシュアあるいは決済代行業者に対して、本件Webサイトの利用者が未成年者であることを証す

Ⅵ　未成年者による親権者のクレジットカード不正利用

る書面および親権者からの委任状を提示するなどの方法が考えられる。

【書式14】　サイト事業者に対する通知書

通　知　書

平成〇〇年〇〇月〇〇日

〒150-0013
東京都〇〇区〇〇1-1-1　〇〇ビル〇階
株式会社さくら　御中

〒000-0000　〇〇県〇〇市〇〇××番地
後記依頼者代理人司法書士　山野　菊次郎　㊞
（認定番号　第000000号）
電　話　0000-00-0000

　当職は，購入者の表示記載の者（以下「購入者」という）の親権者代理人として以下のとおり通知します。

1　購入者が，貴社が運営するサイト「サクラカモ」における以下のとおりのポイント購入契約は，同人が未成年者であるから（平成10年生），すべて民法5条2項に基づき取り消します。

記

　平成〇〇年
　　①〇〇月〇〇日　10000，5000，3000，10000，20000，20000
　　②〇〇月〇〇日　10000，3000，10000，10000
　　③〇〇月〇〇日　30000，20000，3000，10000
　　合　　　計　164000（以上単位はすべて円）

2　貴社におかれましては，未成年者取消に伴い，受領済みのポイント対価相当額につき，速やかに清算処理（キャンセル処理）されたい。

以　上

購入者の表示
メールアドレス：miseinenda@yo.wakaru.jp

Ⅶ オンラインゲームに関するトラブル

1 事案の特徴

　オンラインゲームは、インターネットへの接続等を通じてプログラムが提供されるゲームであり、従来のゲーム（パッケージゲーム）とは異なり、インターネットに接続されていることにより、ゲーム提供業者は理論上ゲームを供給し続けて終了させないようにすることが可能である。また、インターネット上で複数のプレーヤーの参加を可能とすることにより、ゲーム内でのコミュニティが形成され、これによって、ゲームからの離脱が困難になる場合もある。また、本来はゲーム以外の目的で利用しているWebサイト（SNSなど）がゲームを提供している場合もあり、その結果、さほどゲームに興味のない者であっても日常的に閲覧している画面から容易にアクセスできるといった特徴がみられる。

　独立行政法人国民生活センターによれば、オンラインゲームに関する相談件数は、平成22年に2043件だったものが、スマートフォンやタブレットの普及によって平成24年には2倍以上の5616件となり、平成25年の相談件数も高水準となっている（平成24年の同時期の件数を上回っている）。[1]

　オンラインゲームに関するトラブルは、①未成年者使用、②高額使用、③ゲーム提供業者による一方的な利用停止措置や突然のゲームサービスの終了に伴う清算などゲーム提供事業者と利用者間のトラブル、④利用者同士のRMT[2]などの取引におけるトラブル、⑤IDやパスワードの乗っ取りやハッキングなどがあげられる。ここでは、上記③を事例として取り上げ、オンラインゲームに関する相談のうち過半数近くの割合を占める未成年者の利用[3]につき、オンラインゲーム特有の留意点についてのみ言及することとする（そ

---

[1] 独立行政法人国民生活センターHP「オンラインゲーム」〈http://www.kokusen.go.jp/soudan_topics/data/game.html〉参照。

のほか、未成年のインターネット取引トラブルに関する留意点などは、本章Ⅵ参照)。

2　事　例

　G（アルバイト）は、スマートフォンを購入したばかりであったところ、職場の同僚から勧められ、無料のオンラインゲーム（RPG）のアプリをダウンロードした。ゲーム自体は無料であり、最初は無料の範囲内で遊んでいたが、ほかの仲間が強いモンスターを仲間にしていたり、強力なアイテムを持っているのをみると羨ましくなり、ゲーム内でアイテムを購入したり、ガチャをやるためにポイントをクレジットカードで購入するようになった。クレジットカード情報を一度登録すると、次からはクレジットカードの有効期限や番号などの入力を省いて簡単にポイントが購入できるため、Gは、総額30万円分ものポイントの追加購入を繰り返し、アイテムや仲間のモンスターを充実させていった。しかし、ある日、当該ゲームのサービスが1週間後に終了する告知が一方的になされた。ゲーム製作会社が事業から撤退することが原因らしい。これまでに購入したアイテムが使用できなくなるし、ポイントで購入した未使用のゲーム内通貨も残っている。規約には「ゲームは当社の都合によりいつでも終了することができます」、「理由のいかんを問わず、ゲーム内アイテムの対価の払戻しはいっさいいたしません」とある。有料アイテムは購入したばかりである。購入金額相当額を返金してほしい。

2　RMT（リアルマネートレード）とは、ユーザ同士の、実際に金銭のやりとりが発生する取引である。ゲームで取得できるアイテムや、ゲームをする際のIDやパスワードを売買する。ゲーム運営会社は規約上これを禁止しているものが多いが、実態を掌握するのは事実上不可能である。
3　前掲（注1）参照。

3　検討課題

検討課題	ポイント
(1) オンラインゲームのしくみ	・ゲーム形態による区分 ・オンラインゲームにおける支払手段 ・当事者間の法律関係
(2) 適用対象となる法律	・特定商取引法、景品表示法、資金決済法、消費者契約法
(3) 規約の有効性	・規約は成立してるといえるか ・規約は有効であるか
(4) 未成年者利用の問題	・年齢確認を行う設計となっている場合における詐術該当性 ・取消権行使の相手方および取消対象となる契約 ・現存利得はどのように考えればよいか

(1)　オンラインゲームのしくみ

(ア)　ゲーム形態による区分[4]

　オンラインゲームは、以下のとおり、「ウェブアプリ」と「ネイティブアプリ」に大別される[5]。後述するコンプガチャが社会問題化した際には「ウェブアプリ」に関する事例が多くみられたが、スマートフォンの普及により、最近は「ネイティブアプリ」に関する事例が多くみられる。

---

[4]　ガジェット速報HP「激動のスマホゲーム業界『ネイティブアプリ』の復権と岐路に立たされるソーシャルゲーム」〈http://ggsoku.com/2013/05/column-native-app/〉参照。

[5]　両者の違いについては、たとえば、マイクロウェーブHP「スマフォ用Webアプリとネイティブアプリの違い」〈http://www.micro-wave.net/column/web_mobile_strategy/app.php〉参照。

(A)　ウェブアプリ（ソーシャルゲーム）

　ウェブアプリは、ゲームのプログラムはネットワーク上にあり、ブラウザとSNSのIDのみを保有していれば、iOSやAndroidといったOS（オペレーティングシステム）環境が異なっていても、スマホ端末（デバイス）にゲームのプログラムをダウンロードすることなくゲームをすることが可能である。

　ただし、ネットワーク上にゲームプログラムがあるため、処理速度が遅くなったり、複雑なプログラムによるゲームには不向きであるとされる（〔図57〕参照）。

〔図57〕　ウェブアプリ（ソーシャルゲーム）のしくみ

※OSを問わず、ブラウザとSNSのIDがあればプレイ可能。
※端末にはゲームプログラムをおかず、ゲームの都度、専用ブラウザを利用してネットワークにアクセスしてゲームを行う。
※ゲームプログラムはサーバ上にあるため、反応が遅くなったり、複雑なプログラムによるゲームには不向き。

　(B)　ネイティブアプリ

　近時主流となっているネイティブアプリは、App Store（OSはiOS）やGoogle Play（OSはAndroid）などのアプリストアから端末にプログラムをダウンロードする必要がある（なお、アプリストアを経由しないでダウンロードできるアプリも存在するが、本書ではアプリストアからダウンロードされたネ

イティブアプリを対象として解説する）。ダウンロード後は原則としてオフライン状態でもゲームは可能である（〔図58〕参照）[6]。

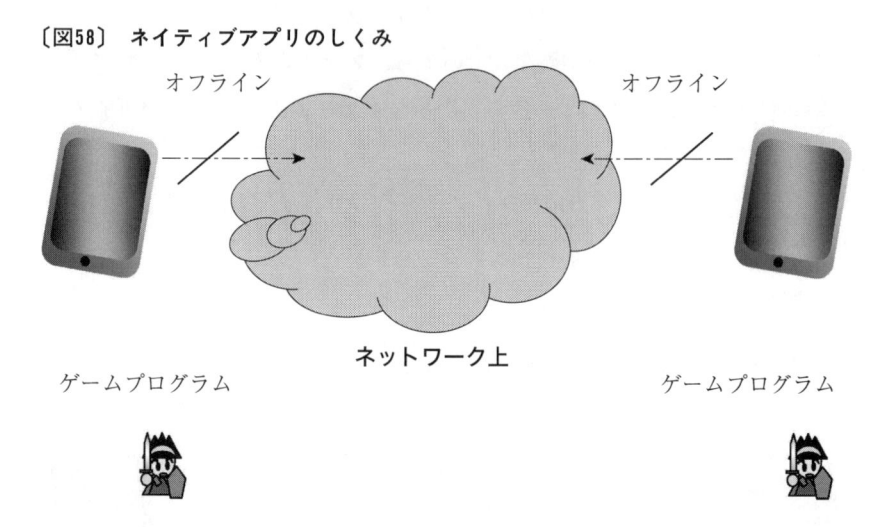

〔図58〕 ネイティブアプリのしくみ

※端末（デバイス）にゲームプログラムをおく。このため原則としてオフライン状態でもプログラムは完結しており、ゲームを行うことができる。

(イ) オンラインゲーム提供契約の性質

アイテムやモンスターはコンピュータプログラムであり、売買のようにもみえる。しかし、そのアイテムはゲーム外で使用できず、原則として自由に改変することはできない。したがって、オンラインゲームは、コンピュータプログラムを一定条件の下で使用するライセンス契約ということができる。ライセンス契約とは、使用許諾契約とも呼ばれ、「ライセンサ（ベンダー）がライセンシ（ユーザ）に対し、情報財を一定範囲で使用収益させることを約し、ライセンシがこれに同意することによって成立する契約をいう」とされる[7]。

---

6 もっとも、ゲームの主な部分はネイティブアプリとしながら、これにユーザ間のネットワーク上でのやりとりを可能にしたり、一部データ管理をネットワーク上で行うアプリも存在する。

アプリ提供事業者側がアプリ提供を中止するなどして、アイテムが利用できなくなった場合、後述のとおり、アプリ提供事業者のユーザに対する債務不履行となり、アプリ提供事業者はユーザに対し損害賠償責任を負う場合もあると考えられる。

(ｳ) **オンラインゲームにおけるゲーム内通貨の購入**

(A) ウェブアプリの場合

ウェブアプリ（SNS をプラットフォームとするウェブアプリの場合）では、オンラインゲーム上のゲーム内通貨の購入方法としては、従来はいわゆる携帯電話のキャリア課金により、ユーザがアプリ提供事業者から直接購入するケースもみられた。近年ではウェブアプリのプラットフォームたる SNS 事業者のいわゆるプラットフォーム共通通貨をクレジットカード等により購入し、当該プラットフォーム共通通貨でゲーム内通貨を購入する方法が増えてきているもようである。

プラットフォーム共通通貨の購入方法としては、他のインターネット取引と同様、クレジットカードによるポイント購入のほか、電子マネー、収納代行などがある。なお、キャリア課金によるゲーム内通貨の購入の場合、キャリア課金を利用して Edy、mobile Edy などの電子マネーを購入することも可能である。

このため、ゲームのポイント購入についても Edy は広く使われており、事実上携帯電話会社と直接の契約関係がない事業者との電子契約にも使用が可能となっている。また、Paygent などキャリア課金を代行する決済代行サービスも存在する。

(B) ネイティブアプリの場合

ネイティブアプリでは、ゲーム内通貨の購入方法は、アプリストア運営事

7　電子商取引準則iii 1 参照。
8　いずれも、現在のサービスでは毎月の上限額が比較的低価額に設定されている。たとえば、docomo は月 1 万円、KDDI は契約期間と年齢に応じて月 1 万円〜5 万円、ソフトバンクモバイルは契約期間と年齢に応じて 1 万円〜5 万円となっている。

業者を通じて行われる（ネイティブアプリ内でゲーム内通貨の購入を選択すると、アプリストアのWebサイトに移行し、同サイトにおいてゲーム内通貨を購入・決済することになる）。

(エ)　**ゲーム内通貨の清算**

ゲーム内通貨を使用していない状態において、アプリ提供事業者がサービスを停止した場合の清算については、それぞれ以下のとおりとなる。

(A)　ウェブアプリの場合

ゲーム内通貨が資金決済法の前払式支払手段に該当するのであれば、アプリの提供を停止した場合、アプリ提供事業者は未使用のゲーム内通貨の払戻しが義務づけられる（資決法20条）。しかし、ウェブアプリの場合、近年はプラットフォーム共通通貨を購入し、これを使ってさらにゲーム内通貨を購入しており、プラットフォーム共通通貨が前払式支払手段に該当する場合はあるとしても、ゲーム内通貨が前払式支払手段に該当するか否かは必ずしも明らかではない。

このため、アプリ提供事業者がアプリの提供を停止した場合、ゲーム内通貨を払い戻すのではなく、プラットフォーム事業者がゲーム内通貨をプラットフォーム共通通貨に交換するなどの取扱いがとられる場合がある。

前払式支払手段に該当しない場合は、第一に規約があるときは、規約に従って清算されることになる。ただし、何らの清算（払戻し）もしないとの条項は、消費者契約法上、無効となる可能性がある（下記(3)(イ)参照）。

(B)　ネイティブアプリの場合

ネイティブアプリの場合、ゲーム内通貨の購入方法は、アプリストア運営事業者を通じて行われる（ネイティブアプリ内でゲーム内通貨の購入を選択すると、アプリストアのWebサイトに移行し、同サイトにおいてゲーム内通貨を購入・決済することになる）。したがって、利用期限が適用除外（180日間）に該当するなどの事情がなければ、ゲーム内通貨は前払式支払手段に該当する場合があり、この場合は、アプリの提供を廃止したときはゲーム内通貨の払戻しが義務づけられることになる（資決法20条）。

前払式支払手段に該当しない場合については、上記(A)と同様である。

(オ) 当事者間の法律関係

(A) ウェブアプリの場合

ウェブアプリについては〔図59〕のとおり、①SNS事業者（プラットフォーム事業者）とユーザ間における基本契約（オンラインゲームの利用に限られない）、②SNS事業者（プラットフォーム事業者）とアプリ提供事業者（SAP）との契約、③ユーザとアプリ提供事業者間における契約が存在する。

〔図59〕 ウェブアプリにおける契約関係とゲーム内通貨購入の流れ

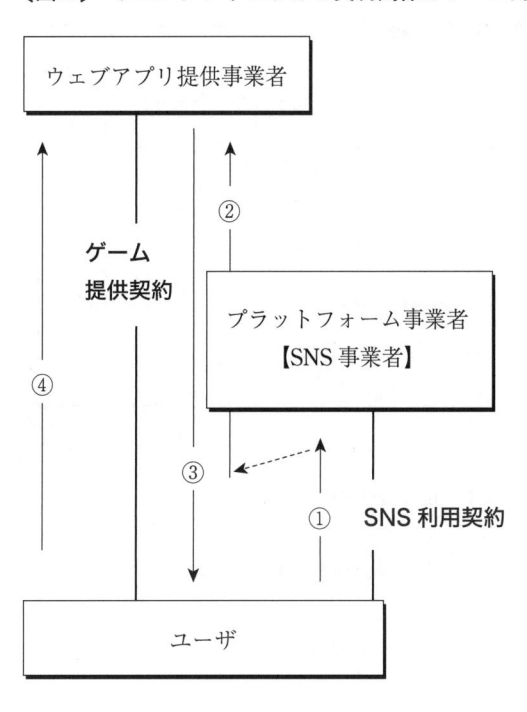

```
┌──────────────────┐
│ ウェブアプリ提供事業者 │
└──────────────────┘
    ↑       ↓
    │       │②
    │       │
ゲーム      ┌──────────────────┐
提供契約    │ プラットフォーム事業者 │
    │④    │  【SNS事業者】     │
    │      └──────────────────┘
    │       ↓③  ⤡
    │       │
    │       ↓     ①  SNS利用契約
┌──────────────────┐
│      ユーザ       │
└──────────────────┘
```

・ユーザはSNS運営事業者とSNS利用契約をする（ID・PW設定）。
・ユーザはウェブアプリ提供事業者とゲーム提供契約をする（プログラムをダウンロードする）。

【ゲーム内通貨購入】
①共通通貨購入、②共通通貨でゲーム内通貨購入、③ゲーム内通貨付与、④ゲーム内通貨を利用してアイテム購入。

(B) ネイティブアプリの場合

オンラインゲームのうち、ネイティブアプリにおける、消費者（ユーザ）、アプリストア運営事業者、アプリ提供事業者の法律関係は、（参考10）（参考11）のとおり、アプリストアによって規約の定め方が異なる。もっとも、

(参考11)はアプリストア運営事業者が、アプリ提供につきアプリ提供事業者の代理人である旨が明記され、(参考10)はその旨の記載はないが、アプリ提供事業者は同アプリストア上でアプリを提供し、アプリストア運営事業者は、ユーザからのダウンロードの都度、その許諾をアプリ提供事業者に求めているわけではないことなどからすれば、(参考10)も(参考11)と同様に解される。ネイティブアプリにおける当事者間の関係を図示すると〔図60〕のとおりとなる。

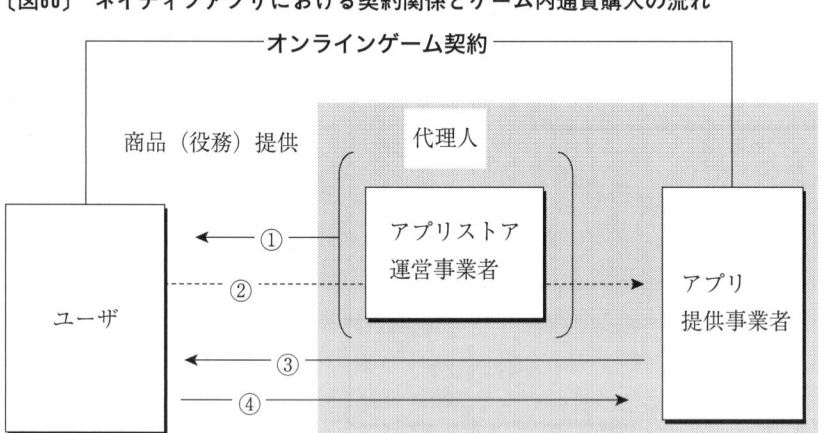

〔図60〕 ネイティブアプリにおける契約関係とゲーム内通貨購入の流れ

① ユーザはアプリストアからアプリ提供事業者のゲームをダウンロードする。
② ユーザはアプリストア運営事業者を通じて、アプリ提供事業者のゲーム内専用通貨を購入する(アプリストア運営事業者の仮想通貨等を購入しているのではない)。
③ アプリ提供事業者はユーザーにゲーム内専用通貨を付与する。
④ ユーザは上記③のゲーム内専用通貨を使い、ガチャやアイテム購入する。

(参考10) Google Play 利用規約(Google 社)[9](抄)

2．Google Play の提供
直接販売、代理販売およびアプリの販売　製品(データファイル、アプリケーション、書かれたテキスト、モバイルデバイス、ソフトウェア、音楽、オーディオ

ファイルやその他のサウンド、写真、ビデオまたは他の画像をいいます）を Google Play から購入する場合、ユーザーは、次のいずれかの者から購入することになります。

(a) 　Google Ireland Limited （「Google」といいます）から直接
(b) 　製品の提供者（「提供者」）から。Google は提供者を代理します（代理販売）
(c) 　Android アプリの場合、Android アプリの提供者から。(「アプリ販売」)

それぞれの場合に、ユーザーは、別途、以下のとおり売買契約を締結することになります。

(a) 　直接販売の場合、Google Ireland Limited との間で本規約類（適用される範囲で）
(b) 　代理販売の場合、購入する製品の提供者との間で本規約類（適用される範囲で）
(c) 　アプリ販売の場合、購入する製品の提供者との間で。

代理販売の場合、Google 利用規約における「本規約は、第三者の受益権を創設するものではありません」という規定は適用されません。

製品へのアクセス　ユーザーは、Google Play を、ユーザーの携帯電話、コンピュータまたはその他のサポートされているデバイス機器（「デバイス」）上で利用することができます。入手できる製品は国によって異なり、すべての製品がユーザーの所在国で利用できるとは限りません。これらの製品には、Google によって提供されるものもあれば、Google と提携していない第三者によって提供されるものもあります。Google は、第三者により製造される、または第三者により販売される製品について何らの責任も負いません。第三者により販売される製品は、Google Play ストア上でその旨が明記されます。

（参考11）　App Store サービス規約（iTunes 株式会社）[10]（抄）

追加の Mac App Store および App Store 利用条件
……お客様は、各サードパーティ製品に関する使用許諾をアプリケーション提供

9　Google Play「Google Play 利用規約」〈http://play.google.com/intl/ja_jp/about/play-terms.html〉参照。

> 者から取得していること、iTunes は各サードパーティ製品をお客様に提供する際のアプリケーション提供者の代理人として行為していること、iTunes はサードパーティ製品に関するお客様とアプリケーション提供者との間の使用許諾契約の当事者ではないことについて了解するものとします。各サードパーティ製品のアプリケーション提供者は、該当するサードパーティ製品、それに含まれる内容、免責されていない限度での一切の保証、および当該サードパーティ製品に関連して、お客様または第三者が提起するクレームに対して、単独の責任を有するものとします。

(2) 適用対象となる特別法

(ア) 特定商取引法

オンラインゲーム契約は、ユーザーがインターネットを通じてダウンロードをするなどして申込みをする契約であるから、特定商取引法の「通信販売」に該当する(特商法2条2項)。

したがって、特定商取引法の表示規制(特商法11条、12条)などの対象となる。

(イ) 消費者契約法

アプリ提供事業者、プラットフォーム事業者、アプリストア運営事業者はいずれも「事業者」(消契法2条2項)であることは明らかである。したがって、ユーザーが「消費者」(同条1項)であれば、上記各当事者とユーザー間における契約は「消費者契約」(同条3項)となる。

したがって、消費者契約法の不当条項規制(消契法8条〜10条)の対象となる。

(ウ) 景品表示法

(A) 景品類の制限

前述のとおり、景品表示法は景品類の制限をしているところ、オンラインゲームにおける「コンプガチャ」につき、平成24年、消費者庁は景品表示法

---

10 Apple Online Store「サービス規約」〈http://www.apple.com/legal/internet-services/itunes/jp/terms.html〉参照。

3条に基づく「懸賞による景品類の提供に関する事項の制限」5項で禁止される「カード合わせ」にあたる場合があると発表し、それを受けて国内の大手オンラインゲーム提供業者6社がコンプガチャの全面廃止を発表した。

いわゆる「カード合わせ」とは、2以上の種類の文字、絵、符号等を表示した符票のうち、異なる種類の符票の特定の組合せを提示させる方法を用いた懸賞による景品類の提供のことをいう。これは、たとえば、AからDまでのすべてのカード（合計5枚）を揃えたら一定の景品がもらえるというもので、最初は異なるカードが出やすいが、すべてのカードが揃うには後になるほど確率が低くなる。しかし、最初の頃と同じ確率でカードが出ると錯覚してしまうことから、欺瞞的手法として景品表示法で全面的に禁止されている。

なお、コンプガチャが廃止されて以降も、パッケージガチャ等、高額利用を誘引するシステムが開発され、このような対価の高額化に関する相談も増加している。

11　消費者庁「『カード合わせ』に関する景品表示法（景品規制）の運用基準の公表について」（平成24年6月28日）〈http://www.caa.go.jp/representation/pdf/120628premiums_2.pdf〉参照。

12　消費者庁「インターネット上の取引と『カード合わせ』に関するQ&A」（平成25年1月9日）〈http://www.caa.go.jp/representation/keihyo/pdf/130109premiums_1.pdf〉参照。

13　たとえば、異なるカード5枚を集める必要があるとされる場合、最初の1枚は、どのカードが出てもいいので、5分の5の確率、次の1枚は最初の1枚以外のカードが必要なので、5分の4の確率、さらに次の1枚はすでに出ている2枚以外のカードが必要なので5分の3の確率、そして、最後の1枚を出す確率が低いにもかかわらず、今までと同じくらいの確率で揃うものと錯覚してカードの購買をしてしまうことになりかねないということである。

14　独立行政法人国民生活センター「オンラインゲームに関する相談の状況」（2013年12月5日）〈http://www.caa.go.jp/adjustments/pdf/121205shiryo1.pdf〉によれば、たとえば、「大きなボックス（ガチャ）にアイテムが300個入っている。その中に欲しいアイテムがあり手に入れたければ、すべて購入すれば確実に手に入れられる。ただし、ガチャ1回300円とすると合計9万円必要となる」ものなどがある。

(B) 不当表示規制

　オンラインゲームは、ダウンロードおよびゲームを行うこと自体は無料であるが、その後のアイテム購入等において課金システムを採用している場合が少なくない。

　このようなフリーミアム[15]における表示につき、消費者庁は「インターネット消費者取引に係る広告表示に関する景品表示法上の問題点及び留意事項」（平成24年5月9日）において、「フリーミアムのビジネスモデルを採用する事業者が、まず大きな顧客基盤を確保するための顧客誘引手段として、サービスが無料で利用できることをことさらに強調する表示を行うことが考えられる。そのような表示により、例えば、実際には付加的なサービスを利用するためには利用料の支払いが必要であるにもかかわらず、付加的なサービスも含めて無料で利用できるとの誤認を一般消費者に与える場合には、景品表示法上の不当表示として問題となる」としたうえで、フリーミアム式のオンラインゲームにつき問題になる表示の例示として、「ゲームをプレイできるサービスにおいて、実際にはゲーム上で使用するアイテムを購入しないとゲームを一定のレベルから先に進めることができないにもかかわらず、『完全無料でプレイ可能』と表示すること」をあげている。

(エ)　資金決済法

　前述のとおり、オンラインゲームにおけるゲーム内専用通貨をクレジットカード等により直接アプリ提供事業者から購入した場合は、①価値の保存、②対価発行、③対価性を有すると考えられるから、適用除外（利用期限が180日以内である場合など）に該当しない限り、資金決済法の前払式支払手段に該当する（資決法3条1項）。

---

[15]　free（「無料」の意）にPremium（「上質な」の意）を組み合わせた造語で、基本的なサービスを無料で提供し、付加的なサービスを有料で提供して収益を得るビジネスモデルを指す（消費者庁「インターネット消費者取引に係る広告表示に関する景品表示法上の問題点及び留意事項」（平成24年5月9日）〈http://www.caa.go.jp/representation/pdf/111028premiums_1_1.pdf〉2頁）。

この場合、すでに触れたように、アプリ提供事業者がアプリ提供を停止した場合は、ゲーム内専用通貨の払戻し義務が発生する場合がある（資決法20条）。

(3) 規約の拘束力

(ア) 規約は成立しているといえるか

規約の成立要件については、電子商取引準則に基づいて検討すると、当該規約につき、①利用者がWebサイト利用規約の内容を事前に容易に確認できるように適切にサイト利用規約をWebサイトに掲載して開示されていること、②利用者が開示されているサイト利用規約に従い契約を締結することに同意していると認定できるか否かが判断基準となる。[16]

(イ) 規約は有効か

本事例は、突如アプリ提供事業者から「1週間後にゲームサービスの提供を停止する」と告知があり、「ゲームは当社の都合によりいつでも終了することができます」、「理由のいかんを問わず、ゲーム内アイテムの対価の払戻しはいっさいいたしません」との規約に基づき、購入済みのアイテムについては何らの清算も行わないとされている。

オンラインゲーム自体、ある程度継続して利用される性質であることからすれば、そのゲームに際して利用するアイテムの購入契約におけるアプリ提供事業者の債務は、単にゲーム内においてアイテムを引き渡すだけでなく、相当期間ゲーム内において利用させることであると解される。[17]

そうであるとすれば、一方的なゲームサービスの中止は、アプリ提供事業

---

[16] なお、電子商取引準則2(2)②では、「取引の申込み画面（例えば、購入ボタンが表示される画面）にわかりやすくサイト利用規約へのリンクを設置するなど、当該取引がサイト利用規約に従い行われることを明瞭に告知しかつサイト利用規約を容易にアクセスできるように開示している場合には、必ずしもサイト利用規約への同意クリックを要求する仕組みまでなくても、購入ボタンのクリック等により取引の申込みが行われることをもって、サイト利用規約の条件に従って取引を行う意思を認めることができる」としており、必ずしも同意クリックを要求しなくても同意の意思を認めることができる場合があるとの解釈が示されている。

者の債務不履行であり、ゲームサービス終了に際し、何らの清算も行わないとする本件条項は、債務不履行に基づく損害賠償請求につき事業者の債務を免除する趣旨のものとして、消費者契約法8条1号につき無効であると解される。

また、一方的にゲームサービスの提供を中止できるという条項をもあわせて考慮すると、当該条項は消費者契約法10条により無効であるとも解されるだろう[18]。

(4) 未成年者利用の問題

(ア) 詐　術

(A) 未成年者の利用に関するアプリの環境整備

オンラインゲームに関する相談については、未成年者に関する相談が全体の半分弱を占めており、深刻な問題となっている[19]。このような状況を受け、一般社団法人日本オンラインゲーム協会（JOGA）は、平成25年（2013年）4月、「スマートフォンゲームアプリケーション運用ガイドライン」（以下、「ガイドライン」という）を公表している[20]。

ガイドラインは、未成年者であるか否かの確認のための環境整備、未成年者利用の際の保護者の明示的な同意を得ること、未成年者に対しては回数、上限設定をするしくみを導入することなどが示されており、ネイティブアプリにおいて、ゲーム内専用通貨の購入に際し、年齢を選択させ、未成年者である場合は親権者の同意の有無の確認を求める画面表示をするなどの環境が

17　松本恒雄監修『ソーシャルメディア活用ビジネスの法務』161頁は、「個々のゲームアイテムの購入契約におけるゲーム提供事業者の債務は、単に『ゲームアイテムを付与すること』ではなく、『ゲームアイテムを付与したうえ相当期間利用させる』というものであって、すぐに利用できなくなるのであれば、ゲーム提供事業者には、契約上の債務の不履行があると考えることができる。この場合、ユーザーはゲームアイテム購入契約を解除して、代金の返還を求めることができる」とする。
18　松本・前掲（注18）161頁（注1）参照。
19　前掲（注1）参照。
20　日本オンラインゲーム協会「スマートフォンゲームアプリケーション運用ガイドライン」〈http://www.japanonlinegame.org/pdf/JOGA130405.pdf〉。

352

(B) 詐術の考え方

　以上のような環境整備を整えたアプリにおいて、未成年者が年齢を「20歳以上」と選択した場合、あるいは、実年齢を選択したうえで「親の同意を得ている」を選択した場合、アプリ提供事業者等からは「当該未成年者が詐術を行ったから未成年者取消しは認めない」との主張がなされることが少なくない。

　この点については、単に未成年者が上記のような行動をとった事実のみならず、年齢確認の方法、ゲーム自体が高額のガチャやアイテムを購入に安易に至らしめる誘引性を有していなかったのかなど、個々の事情を総合して判断されるべきである[21]。

(イ) 取消権行使の相手方および取り消すべき契約

　ウェブアプリにおいて、①プラットフォーム共通通貨を購入したうえで、②ゲーム内専用通貨を購入し、③さらに同専用通貨を用いてアイテムを購入している場合、実務上は、プラットフォーム事業者に対し未成年者取消しを行えば清算されることもあるが、アプリ提供事業者に対して、上記②についても、未成年者取消しを行うほうがよいだろう[22]。

　ネイティブアプリの場合は、実務上アプリ提供事業者とのゲーム内専用通貨購入契約につき未成年者取消しを行うことで足りる場合もあるが、上記同様、個々のアイテム購入契約についても未成年者取消しを行うほうがよいであろう。

---

[21] 電子商取引準則は、「詐術を用いたと認められるか否かは、単に未成年者が成年を装って生年月日（または年齢）を入力したことにより判断されるものではなく、事業者が故意にかかる回答を誘導したのではないかなど、最終的には取引の内容、商品の性質や事業所の設定する画面構成等個別の事情を考慮して、判断されるものと解される」（ⅰ61）とする。

[22] 厳密に考えると、個々のアイテム購入契約を取り消さないと、同契約についてはアイテムを提供したにもかかわらず、未成年者側からは対価支払いがない状態を存置することになる。

(ウ) 現存利得

未成年者取消し後の現存利得については、オンラインゲームの場合は原則として、遊興のために利用しているのであるから、返還すべき利得はないと解され[23]、ダウンロード等した当該オンラインゲームを消去すれば足りると解される[24]。

4 事前準備・受任通知・交渉

(1) 検討する資料等

オンラインゲームについては、たとえば、ウェブアプリの場合、①SNSとゲーム開発会社の規約内容、②上記①の同意のプロセス(規約がどのように表示され、どのように同意することになっているのか)、③SNSとゲーム開発会社の「特定商取引法の表示」など相手方を特定するに足る事項、④ポイントの購入および費消した記録(購入年月日、金額等)、⑤購入したアイテムやモンスターを表示している画面、⑥当該アプリ(ゲームサービス)提供中止の予告がなされた年月日を表示した画面等を保存する必要がある。ネイティブアプリ型であれば端末に保存されていることも多いが、ウェブアプリの場合はWebサイト自体が消去されてしまう場合も考えられる。この場合についてはWebアーカイブスによって同ページが残されているか否かを調査する方法も考えられよう(具体的な調査方法等については、第3章Ⅳ参照)。

(2) 交　渉

(ア) アプリ提供事業者等に対する通知

原則として、ほかの事件同様、契約の相手方当事者に対し受任通知を送付して交渉を開始することになる。もっとも、規約において、アプリストア事

23　オンラインゲーム利用による利益は、一般的には「遊興費」にあたると解されるだろう。電子商取引準則は、「未成年者が高額のゲームサービス等を既に利用してしまったような場合については、返還すべき現存利得が存在しないと評価され、未成年者はサービス利用料金相当額の返還義務を負わない場合が多いと考えられる」(ⅰ61脚注16)とする。

24　電子商取引準則ⅲ28。

業者がアプリ提供事業者の代理人となっている場合は、アプリストア事業者あてに受任通知を送付することになる。

　事業者によっては、書面および電話交渉ではなく、Eメールによる交渉を希望するケースがある。この点については、取消権等、特定の日付に意思表示をし、かつ同通知を相手方が受領した年月日につき厳格な証明を残す必要のある主張を行う場合は、かかる主張のみは配達証明付き内容証明郵便等で行い、そのほかの個々の交渉についてはEメールで行うことも考えられる。

(イ)　**決済関与事業者に対する通知**

　本章Ⅰ5(1)を参照されたい。また、未成年者が親権者のクレジットカードを無断利用した場合の通知については、本章Ⅵ5(1)(イ)を参照されたい。

＝事項索引＝

〔アルファベット〕

CGM（消費生成メディア） 8
DNS（ドメインネームサーバ） 43
DSP（ドロップシッピングサービスプロバイダ） 273
EC複合型（決済） 15
Eメール（電子メール） 23
Eメールデータの復元 47
FTP 23
GS1-128による標準料金代理収納ガイドライン 132, 183
gTLD 44
HTML 37
HTTP 23, 37
ICANN 38
IE 37
IP 19
IPアドレス 19
ISP（インターネットサービスプロバイダ） 18
LAN（ローカルネットワーク） 21
OS（オペレーティングシステム） 39
POP3 23
PRマーク（制度） 13, 51
RMT（リアルマネートレード） 338
SEO（検索エンジン最適化）対策 12
SMS（ショートメッセージサービス） 23
SMTP 23
SNS（ソーシャル・ネットワーキング・サービス） 23
spamメール（迷惑メール） 31, 108
SSL（セキュアサーバランゲージ） 37
TLD（トップレベルドメイン） 38
Webサイト開設 42
Webサイト画面の保存 201
Webサイトの利用代金等に関する資料 204
WHOIS検索 44

〔あ行〕

アクセスプロバイダ 20
アプリストア 344
アクワイアラ 117
アダルトサイト 252
アダルトサイト詐欺 252
アフィリエイト（広告） 8, 9, 50, 102
異議をとどめない承諾 134
イシュア 117
インターネット・オークションにおける「販売業者」に係るガイドライン 98
インターネット消費者取引に係る広告表示に関する景品表示法上の問題点及び留意事項 102
インターネットショップ 284
インターネット接続 18
インターネット通販 2
インターネット通販における「意に反

して契約の申込みをさせようとする
　行為」に係るガイドライン　99,258
インターネットプロトコル　19
ウェブアプリ（ソーシャルゲーム）
　340
訴え提起前の証拠収集処分　215
占いサイト　300
売上金の仮差押え　212
映像送信型性風俗特殊営業　260
越境取引　17,116
オーソリゼーション（取引の承認要
　請・応答）　112
オンラインゲーム　315,338

〔か行〕

カード合わせ　349
会社法　170
回収代行型キャリア課金　132
架空請求詐欺　252
割賦販売法　114
加盟店管理義務　128
仮差押債権目録　212
仮差押対象財産　211
仮差押命令申立て　207
為替取引　129
勧誘メール規制　93
規約の拘束力　69
キャリア課金　132,343
共同不法行為　170
業務提供誘引販売取引　87
業務適正化義務　116
銀行振込決済代行業者　182
銀行振込決済代行業者の特定　197

銀行振込み　182
金融庁事務ガイドライン　128,184
クーリング・オフ　87
口コミサイト　51,102
クラウド（サービス）　27
クリアリング（売上清算）　112
クレジット（後払い）　112
クレジットカード決済　183
クレジットカードにおける国際ブラン
　ドルール　122
クレジット決済代行業者の特定　193
携帯音声通信事業者　141
携帯電話不正利用防止法　141
景品表示法　101
景品表示法指定告示による不当表示
　104,106
景品類　102
契約の成立　65
ゲーム内通貨　338
決済代行業者　118
決済方法の把握　181
検索サイト　12
検索連動型広告　9
検索ワード（検索クエリ）　12
口座凍結（取引停止等）要請　138,
　182
口座売買等の禁止　146
口座名義人の預金払戻請求　140
口座預金の仮差押え　182
公序良俗違反　80
行動ターゲティング広告　9
抗弁の対抗　116
国際裁判管轄　175

357

事項索引

国際ブランドルール（チャージバックプロセス）　123
個人情報　150
個人情報の不正取得　150
個人情報の利用目的　152
個人情報保護法　147
コンテンツ連動型広告　9
コンビニ収納代行　132
コンビニ収納代行業者の特定　196
コンビニ収納代行の決済代行業者の特定　197

〔さ行〕

サーバレンタル契約　42
債権譲渡型キャリア課金　132
在宅ワーク（内職）　271
サイト事業者が利用する連絡手段の確認　185
サイト事業者の特定　181,190
錯誤無効　70
サクラサイト（出会い系サイト）　220,304
サクラサイト詐欺　220
サクラであることの立証　224
詐術　76
自家型前払式支払手段　126
事業者の特定　190
資金移動　129
資金移動業　125,129
資金決済法　125
資金清算業　125
自前（自宅）サーバ　42
収納代行　183

受任通知送付の方針　206
証拠の保存　199
承諾　65
消費者契約　83
消費者契約法　83
商品の効果の立証　294
商品発送メール　69
処分禁止の仮処分　24
処分を許された財産　73
ステルスマーケティング　51
セツルメント（清算）　112
捜査機関等　139
送信ドメイン認証技術　34

〔た行〕

ターゲティング広告　9,50
代表者に対する責任追及　170,186
代表者の不法行為（共同不法行為）　170
ダイレクトメッセージ　23
第三者型前払式支払手段　126
チャージバック　123
注文受付メール　67
注文メール　66
調査嘱託申立て　215,264
通信に関して知り得た他人の秘密　55,160
通信の秘密　55,159
通信販売　87
通信販売における広告表示規制　89
通信販売における返品特約の表示についてのガイドライン　98
ツール提供事業者　4

358

出会い系サイト（サクラサイト）
　220,304
デビット（即時払い）　112
電気通信事業者　55,159
電気通信事業における個人情報保護に
　関するガイドライン　154
電気通信事業法　55,158
電子承諾通知に関する民法95条ただし
　書の特例　81
電子商取引準則　100
電子消費者契約　81
電子消費者契約法　81
電子マネー（前払式支払手段）　126,
　183
電子マネー発行業者の特定　195
電子マネー発行の決済代行業者の特定
　197
電子メール（Eメール）　23
電子メール（Eメール）の保存　199
電子メール広告をすることの承諾・請
　求の取得等に係る「容易に認識でき
　るよう表示していないこと」に係る
　ガイドライン　98
電話勧誘販売　87
動機の錯誤　71
到達時期　67
特定事業者（犯収法）　4,143
特定商取引法　87
特定電気通信　55
特定電子メール法　108
飛ばし口座　146
ドメイン　29
ドメイン取得代行契約　42

取締役会設置会社　173
取締役会非設置会社　173
ドロップシッピング　102,275

〔な行〕

内国郵便約款　184
なりすまし　78
日本司法支援センター（法テラス）
　209
ネイティブアプリ　340
ノン・オン・アス方式　117

〔は行〕

バーチャルオフィス　144
発信者情報（契約者情報）開示請求
　22,57,162,164,169
犯罪収益移転防止法　143
犯罪利用預金口座　138
被保全権利　208
表見代理　78
表示　105
表示上の錯誤　71
ファイルデータの復元　46
風俗営業法　260
不当勧誘（消契法）　83
不当条項（消契法）　85
不当表示（景表法）　104
不法行為　79
ブラウザ（ソフト）　37
フラッシュマーケティング　102
フリーミアム　102,350
振り込め詐欺救済法　137
振り込め詐欺救済法に係る全銀協のガ

359

イドライン（事務取扱手続）　139
プリペイド（前払い）　112
プロキシ　42
プロバイダ　→　ISP
プロバイダ責任制限法　55, 162
文書提出命令（民訴法）　216, 217
文書提出命令（会社法）　218
ヘッダ情報　31
返品特約　98
包括信用購入あっせん　115
包括的同意の有無　73
法人税法　176
法定代理人の同意　73
法定返品権（特商法）　97
法の適用に関する通則法　175
法律扶助の利用　209
ホスティングサービス　42
ホスティングプロバイダ　20
保全の必要性　208

〔ま行〕

前払式支払手段（電子マネー）　125, 126, 183
マンスリークリア方式　120
未成年者取消し　71
未成年者取消しにおける原状回復の範囲　78
未成年者による親権者のクレジットカード不正利用　315
民事訴訟法　175, 215
民事訴訟法による証拠収集　215

民事保全法　207
民事保全法による債権・証拠保全　207
民法　65
無権代理（表見代理）　78
迷惑メール（spamメール）　31, 108
迷惑メール規制　108
申込み　65
申込みの誘引　66

〔や行〕

役員に対する責任追及　170, 186
役員の任務懈怠（会社法）　171
約款法理　69
有名人（芸能人）ブログ　8
有利誤認（景表法）　104, 106
優良誤認（景表法）　104, 106
預金口座の失権手続　139

〔ら行〕

リセラー　39, 185
リターゲティング広告　9
リファンド　125
レジストラ　38, 185
レジストリ　38
レターパックによる送金　184
レンタルオフィス　143
レンタル携帯電話会社の特定　199
レンタルサーバ　42
レンタルサーバ業者の特定　198
レンタル携帯電話事業者　141

＝判例索引＝

〔大審院・最高裁判所〕

大判大正4・12・24民録21輯2182頁 …………………………………………69
大判大正6・2・24民録23輯284頁 ……………………………………………71, 291
大判昭和4・5・3民集8巻447頁 ………………………………………………78
大判昭和9・5・1民集13巻875頁 ………………………………………………81
最判昭和28・11・26民集7巻11号1288頁 ……………………………………73
最判昭和29・11・26民集8巻11号2087頁 ……………………………………291
最判昭和32・2・7民集11巻2号227頁 …………………………………………78
最判昭和32・7・5集民27号27頁 ………………………………………………73, 323
最判昭和36・4・20民集15巻4号774頁 ………………………………………67
最判昭和37・11・27判時321号17頁 …………………………………………292
最判昭和41・6・11民集20巻5号1118頁 ………………………………………165
最判昭和42・10・27民集21巻8号2161頁 ……………………………………134
最判昭和44・2・13民集23巻2号291頁 ………………………………………77, 321, 323
最判昭和44・11・26民集23巻11号2150頁 ……………………………………171, 237
最判昭和45・3・26判時590号75頁 ……………………………………………171
最判昭和45・7・16民集24巻7号1061頁 ………………………………………171
最判昭和48・5・22民集27巻5号655頁 ………………………………………171
最判昭和56・10・16民集35巻7号1224頁 ……………………………………175
最判昭和57・2・23民集36巻2号183頁 ………………………………………69
最判平成9・11・11民集51巻10号4077頁 ……………………………………134
最決平成11・11・12民集53巻8号1787頁 ……………………………………218, 228
最判平成12・3・10民集54巻3号1073頁 ………………………………………217, 227
最判平成12・7・7集民54巻6号1767頁 ………………………………………171
最判平成13・3・12刑集55巻2号97頁 …………………………………………130
最判平成13・3・27集民201号667頁、判タ1072号115頁 ……………………135, 318
最判平成15・4・8民集57巻4号337頁 …………………………………………86
最判平成17・12・16判時1921号61頁 …………………………………………70
最判平成18・11・27民集60巻9号3437頁 ……………………………………327
最決平成19・12・11民集61巻9号3364頁 ……………………………………57

361

最判平成20・6・10判時2011号3頁 ……………………………………………277
最判平成22・4・8民集64巻3号676頁 ………………………………23, 166, 168
最判平成22・4・13民集64巻3号758頁 …………………………………………169

〔高等裁判所〕

大阪高判昭和40・6・29下級民集16巻6号1154頁 ………………………………69
東京高判昭和57・3・31判タ471号217頁 ………………………………………171
東京高判昭和57・4・13判タ476号187頁 ………………………………………171
東京高判平成5・3・29判タ861号260頁 ………………………………………277
大阪高判平成7・5・30判タ889号253頁 ………………………………………266
大阪高判平成16・7・30兵庫県弁護士会HP ……………………………309, 310
名古屋高金沢支判平成16・12・28判例集未登載 ………………………………265
大阪高判平成19・4・27判時1987号18頁 ………………………………………309
大阪高判平成20・6・5兵庫県弁護士会HP ……………………………………310
仙台高判平成21・12・10消費者法ニュース84号389頁 ………………………276
東京高判平成22・1・27消費者法ニュース84号241頁 ………………………238
東京高判平成22・3・10消費者法ニュース84号216頁 ………113, 120, 233, 319
知財高判平成22・6・29裁判所HP ………………………………………………202
東京高判平成23・11・24消費者法ニュース92号164頁 ……………………139, 231
東京高判平成24・10・24判時2168号65頁 ………………………………………61
東京高判平成25・6・19消費者法ニュース97号383頁 ……………222, 229, 244

〔地方裁判所〕

札幌地判昭和54・3・30判時941号111頁 …………………………………………70
大阪地判昭和56・9・21判タ465号153頁 ………………………………………292
東京地判昭和57・3・25判タ473号243頁 …………………………………………70
大阪地判平成5・10・18判時1488号122頁、判タ845号258頁 ……………79, 326
札幌地判平成7・8・30判902号119頁 ……………………………………………79
神戸地尼崎支判平成15・10・24消費者法ニュース60号58頁、兵庫県弁護士会HP
 ……………………………………………………………………………………309
神戸地洲本支判平成16・4・20判時1867号106頁 ………………………………266
静岡地判平成17・1・11判タ1213号215頁 ……………………………………266
東京地判平成17・9・2判時1922号105頁 ……………………………………66, 68

362

京都地判平成17・10・26判時1919号132頁	143, 266
東京地判平成17・11・8判時1941号98頁、判タ1224号259頁	291, 295
東京地判平成18・2・27判タ1256号141頁	80
大津地判平成18・6・28消費者法ニュース69号260頁	327
釧路地帯広支判平成18・7・13判例集未登載	321
さいたま地判平成18・7・19裁判所HP	277
大阪地判平成18・9・29消費者法ニュース71号178頁	233, 318
さいたま地判平成19・6・1裁判所HP	326
東京地判平成19・6・27判タ1275号323頁	153
東京地判平成19・8・3判例集未登載	68
神戸地洲本支判平成19・12・25兵庫県弁護士会HP	310
東京地判平成20・2・26判時2012号87頁	80
東京地判平成20・4・11証券判例セレクト31巻406頁	172
大阪地判平成20・4・23裁判所HP	266
長崎地佐世保支判平成20・4・24金商1300号71頁、消費者法ニュース76号220頁	79, 86, 327, 329, 331
札幌地判平成20・8・28判例集未登載	73, 78, 321, 325
京都地判平成21・7・8国民生活センターHP	311
東京地判平成21・10・2消費者法ニュース84号211頁	120, 233, 319
東京地判平成22・7・23金法1907号121頁	140, 231
名古屋地判平成22・12・1判例集未登載	275, 279
東京地判平成22・12・7判例集未登載	165
東京地判平成22・12・22判例集未登載	266
大阪地判平成23・3・23判時2131号77頁	273, 275, 277, 278
さいたま地越谷支判平成23・8・8消費者法ニュース89号231頁	170, 224, 237
東京地判平成23・12・22判例集未登載	273
東京地判平成24・1・25消費者法ニュース92号290頁	5, 141, 266
東京地判平成24・5・22判時2168号67頁	58, 61, 161
さいたま地判平成25・3・13判例集未登載	131
東京地判平成25・5・29消費者法ニュース98号279頁	122
大分地判平成25・10・23消費者法ニュース98号192頁	184

〔簡易裁判所〕

茨木簡判昭和60・12・20判時1198号143頁 …………………………………………75
東京簡判平成16・11・15裁判所HP ………………………………………………277
富山簡判平成17・9・7消費者法ニュース65号164頁 …………………………70
大阪簡判平成24・11・8消費者法ニュース94号109頁 …………………………7
富士簡判平成25・1・22消費者法ニュース96号367頁 ……………………143, 266
津山簡決平成25・10・16判例集未登載 ……………………………………………228

＝編著者・著者略歴＝

山田　茂樹（やまだ・しげき）

〔略　歴〕　1976年生まれ、1997年司法書士試験合格、1999年司法書士登録、2000年司法書士山田茂樹事務所開設。日本司法書士会連合会消費者問題対策本部消費者法制ワーキングチーム座長（2007年〜2011年）、静岡大学教育学部非常勤講師（2010年、2012年）、内閣府消費者委員会事務局委嘱調査員（現在）、静岡県消費生活相談専門アドバイザー（現在）、日本司法書士会連合会消費者問題対策委員会委員（現在）　ほか

〔主な著書〕　共著『消費者契約法改正への論点整理』（信山社・2013年）、共著『司法書士による被告事件の実務――訴訟活動の事例と指針』（民事法研究会・2013年）、共著『わかる！　民法改正』（中央経済社・2013年。イラスト担当）、共著『ここがポイント！　消費者法』（民事法研究会・2012年）、共著『おしゃべり消費者法』（民事法研究会・2012年）、共著『ここがポイント！　改正特商法・割販法』（民事法研究会・2010年）、単著『司法書士という生き方』（早稲田経営出版・2009年）、共著『悪質商法被害救済の実務』（民事法研究会・2009年）、共著『高齢者の消費者被害Q&A』（学陽書房・2008年）、共著『司法書士のための法律相談NAVI』（第一法規・2008年）、共著『実践　簡裁民事訴訟』（民事法研究会・2006年）

〔主な論文等〕　「インターネット取引における消費者契約法の論点からみた現状と課題」現代消費者法20号、「ドロップシッピング等インターネット内職商法の問題点と対処方法」現代消費者法18号、「インターネット消費者取引被害の現状と課題」市民と法79号、「決済代行業者に対する法的責任追及について〜サクラサイト詐欺事件を題材として」（全国クレジット・サラ金問題対策協議会『知っておきたいクレジット・サラ金事件処理の最新論点』所収）、「事例からみる高齢者の消費者被害救済の実務と課題」現代消費者法15号、「実務からみた消費者契約法の論点と課題――法施行10年経過を踏まえて」市民と法73号、「消費者法制における実質的平等の追求」月報司法書士471号、「振り込め詐欺救済法の活用」現代消費者法9号、「積み残された消費者問題――美容医療トラブルといわゆる決済代行業者によるトラブルについて」市民と法61号　ほか

番井　菊世（つがい・きくよ）

〔略　歴〕　1969年生まれ、1999年司法書士試験合格、2000年司法書士登録、札幌市において独立開業。日本司法書士会連合会消費者問題対策委員会委員、適格消費者団体特定非営利活動法人消費者支援ネット北海道理事・検討副委員長、札幌司法書士会地域連携推進ワーキングチーム「きりばたけ通信」編集責任者

〔主な著書〕　共著『ここがポイント！　消費者法』（民事法研究会・2012年）、共著『ここがポイント！　改正特商法・割販法』（民事法研究会・2010年）、共著『高齢者の消費者被害Q&A』（学陽書房・2008年）、共著『実践　簡裁民事訴訟』（民事法研究会・2006年）

平野　次郎（ひらの・じろう）

〔略　歴〕　1981年生まれ、2006年司法書士試験合格、2007年司法書士登録、2010年大阪府堺市西区において独立開業。2011年大阪青年司法書士会会長、2012年全国青年司法書士協議会近畿ブロック会幹事長、大阪司法書士会空き家問題対策検討委員会副委員長（現在）

〔主な著書〕　共著『出会い系サイト詐欺被害対策マニュアル』（出会い系サイト・アダルトサイト被害対策会議・2011年）

〔主な論文等〕　「実務現場報告——出会い系サイト詐欺の手口と被害回復の方法」現代消費者法16号

インターネット消費者取引被害救済の実務

平成26年3月22日　第1刷発行

定価　本体3,500円（税別）

編 著 者　山田茂樹
発　　行　株式会社　民事法研究会
印　　刷　シナノ印刷株式会社

発行所　株式会社　民事法研究会
　〒150-0013　東京都渋谷区恵比寿3-7-16
　　〔営業〕TEL 03(5798)7257　FAX 03(5798)7258
　　〔編集〕TEL 03(5798)7277　FAX 03(5798)7278
　　http://www.minjiho.com/　info@minjiho.com

落丁・乱丁はおとりかえします。　ISBN978-4-89628-923-7　C2032　￥3500E
カバーデザイン／袴田峯男

◆法律実務家と消費生活相談員の会話から、被害救済の考え方がわかる！

トラブル事案に学ぶ

おしゃべり消費者法

司法書士 中里 功・宮内豊文・山田茂樹 著

Ａ５判・206頁・定価 1,575円（本体 1,500円）

本書の特色と狙い

▶消費者被害の相談に応じていると、いろいろと疑問が湧いてきます。疑問に思って、本を読むと、バシッて書いてあって、「あーそうなんだって」思うけど、自分の相談への対応がこれでいいの？と悩むことありませんか。そんな疑問に本書は答えます／

▶法律実務家である司法書士がどんなふうに相談に応じ、何を考え、悩み、被害救済の方針を立てるか、その法的思考のプロセスが、事案を検討する会話を通じて、楽しくわかります／

▶消費者被害救済に関係する消費者法って何なのか、どんな歴史があって生まれてきたものなのか、また、消費者被害救済にかかわる人・機関にはどのようなものがあるのか、それらがどう連携しているのかを学ぶことができます／

▶消費者法以外に契約トラブル解決の基本である「民法」については、その基本的な条項をコラムで解説／　消費生活相談員のホンネが伝わる「ホット・たいむ」欄も／

▶日々現場で相談に応じる消費生活相談員のための、さらに消費者問題に取り組もうとする司法書士・弁護士等法律実務家のための新しい実務の教科書／

本書の主要内容

「業務提供利益をもって誘引するという要件が備わってないよね」

テーマ１　消費者問題って何？
テーマ２　消費者問題の担い手
テーマ３　パチンコ攻略法
テーマ４　未公開株／証拠金取引
テーマ５　従業員商法
テーマ６　パソコン入力の内職
テーマ７　出会い系サイト

「センターで解決できなければ……」

「……裁判例なども参考になると思います」

「……該当するということになるけど、おかしくないの？」

発行　民事法研究会

〒150-0013　東京都渋谷区恵比寿3-7-16
（営業）TEL. 03-5798-7257　FAX. 03-5798-7258
http://www.minjiho.com/　info@minjiho.com